国家级教学团队

国家级特色专业 · 东北财经大学金融学系列教材

CORPORATE FINANCE
公司金融学

（第二版）

王振山　王立元　编著

东北财经大学出版社
Dongbei University of Finance & Economics Press
大连

图书在版编目（CIP）数据

公司金融学 / 王振山，王立元编著. —2版. —大连：东北财经大学出版社，2025.1. —（国家级特色专业·东北财经大学金融学系列教材）. —ISBN 978-7-5654-5463-9

Ⅰ. F276.6

中国国家版本馆CIP数据核字第2024MX3355号

东北财经大学出版社出版

（大连市黑石礁尖山街217号　邮政编码　116025）

网　　址：http://www.dufep.cn

读者信箱：dufep@dufe.edu.cn

大连天骄彩色印刷有限公司印刷　东北财经大学出版社发行

幅面尺寸：185mm×260mm　字数：430千字　印张：18.5　插页：1

2025年1月第2版　2025年1月第1次印刷

责任编辑：时　博　孙　平　责任校对：一　心

封面设计：潘　凯　版式设计：原　皓

定价：53.00元

教学支持　售后服务　联系电话：（0411）84710309

如有印装质量问题，请联系营销部：（0411）84710711

总序

金融体系与金融能力的竞争是当代世界各国竞争的重要领域，也是支持各国在政治、经济、军事、文化等方面有效竞争的重要基础。随着我国对外开放的逐步深入和社会主义市场经济体系的逐步确立，我国经济和金融日益融入世界经济和金融一体化进程，特别是我国加入了世界贸易组织和近年来人民币国际化进程加快，我国金融体系和金融能力迅速提升，同时也面临着来自世界金融强国的前所未有的挑战与压力。如何抓住机遇、迎接挑战，加快完善我国金融体系、提升金融竞争能力和确保国家金融安全，是我国各级政府和金融界的重大课题。这一问题的解决有赖于加快金融体制改革、完善金融体系、提高货币宏观调控能力和金融风险管理水平、增强金融创新能力等诸多方面。而解决问题的关键是培养一大批掌握现代金融技术、具备先进管理知识的高素质金融人才。因此，大力提高我国金融学教育和研究水平，推进金融学教育与研究的现代化和国际化，是实施我国金融发展战略的重要举措。

金融学教学与科研能否为金融发展提供有效支撑是当前中国金融学科面临的根本挑战。近年来，我国高等院校金融教育规模迅速发展，质量有了较大的提高，为经济社会发展以及高等教育自身的改革与发展作出了重要贡献。特别是2007年，教育部、财政部决定实施“高等学校本科教学质量与教学改革工程”（简称“质量工程”）以来，在国家级特色专业、国家级教学团队、精品课程建设和教材建设、人才培养模式改革创新方面取得了显著成果，带动了我国高等院校本科教育水平和科研实力的提升，产生了良好的社会效益。

教育部“质量工程”提出，启动“万种新教材建设项目”，加强新教材和立体化教材建设，鼓励教师编写新教材，积极做好高质量教材推广和新教材选用工作。在此背景下，东北财经大学以金融学和保险学两个国家级特色专业、金融学专业教学团队和证券投资学教学团队两个国家级教学团队为平台，组织编写了“国家级特色专业·东北财经大学金融学系列教材”。在本系列教材之前，我们已编写出版了三套系列教材。20世纪90年代初期的第一套系列教材，是解决由无到有的问题；20世纪末期的第二套系列教材是解决全和新的问题；21世纪初期的第三套系列教材是解决体系和质量的问题；目前陆续出版的这套系列教材是要解决突出质量和特色的问题。

教材建设是教育部“质量工程”的一项重要内容，是学校课程中最重要的物质条件之一，直接关系到教学质量和教学效果。但是，教材建设不可能一蹴而就，而是动态的、渐进的、连续的过程，这个过程的每一个环节都对作者提出了新的要求，它是作者教学、实践和科研成果的体现。因此，我们在教材编写过程中力求达到三个目的：一是教材的编写是围绕着“知识、能力、素质”的人才培养目标来展开的；二是教材能够体现金融类专业培养方案中对人才培养规格的要求；三是教材能够反映新的教育思想，处理好现代与传统、理论与实践、技术与应用的关系。我们在教材建设中努力做到四个同步：一是教材建设与金融发展改革相同步；二是教材建设与教学改革相同步；三是教材建设与人才培养目标相同步；四是教材建设与科学研究相同步。同时，在教材建设中我们注重了以下五个方面：第一，教材编写应明确三个问题，即由谁编写、为谁编写和如何编写；第二，教材编写者应具备三个条件，即编写者应具有编写高水平教材的经历、具有一定的科研水平和实践的经历；第三，教材编写应做到三个结合，即理论与实践相结合、定量分析与定性分析相结合、综合练习与实验实训相结合；第四，教材编写应体现三个特性，即系统性、新颖性、实用性；第五，教材编写应突出三个特色，即教材结构设计特色、体例设计特色、内容编写特色。在突出特色的同时，形成集主教材、多媒体教材、辅助教材、电子教案于一体的有机结合的立体化教材。

本次系列教材的推出，是为了适应国内国际金融业发展的新形势，满足高等院校经济管理类专业和金融学科相关专业的教学需要以及金融实务部门从业人员培训的需要。编写者是一批学术水平高、教学经验丰富、实践能力强的高校教师，具有理论与实践相结合的双重背景，为编好系列教材提供了保障。本系列教材包括：《金融学（货币银行学）》《金融经济学》《金融学教程》《金融市场学》《国际金融学》《商业银行经营管理学》《证券投资学》《公司金融学》《金融工程学》《国际银行管理》《保险学》《利息理论》等。我们期待着，在教学改革和教材建设中与专家学者们达成共识，真诚地合作，使教材建设的成果能够及时反映学科的最新进展。

由于我们的时间和精力有限，教材中难免存在缺点和不完善之处，我们欢迎各院校师生、金融业界同仁和广大读者批评指正。

国家级特色专业·东北财经大学金融学系列教材编委会

第二版前言

直到20世纪80年代，中国传统金融学教育的课程体系设置和教学内容安排仍然以中央银行为核心的货币控制体系和商业银行为主体的信用体系为研究对象，其重点关注的问题实际上属于经济学范畴的宏观经济和金融问题及金融现象。这样的知识结构对学习者理解和把握宏观层面的货币与信用活动规律和趋势，提升对货币政策和金融监管目标和意图的认识无疑具有重要意义。但对微观经济活动主体，包括个人与家庭，特别是企业或公司，参与金融活动、应对其日常经济活动中的金融决策问题，则帮助非常有限。随着中国对外开放和市场经济的稳步推进，特别是金融市场的发育、成长和金融机构市场化改革的逐步实现，企业和个人的金融意识不断提高，在市场化金融环境下自主处理和解决金融决策问题的需求显著增强，党的二十大报告更是提出了建设金融强国的宏伟目标。在此背景下，为了适应金融发展对微观金融决策人才的迫切需要，中国金融学教育开始学习和借鉴国际主流金融学教育的成熟经验，逐步构建以公司金融学和金融市场学为基础的课程体系。这一课程体系及其构建的知识结构主要关注微观经济主体所遇到的金融问题和微观金融现象，应对金融管理和决策问题，因而将其归属于管理经济学范畴可能更为恰当。当然，最初的公司金融学教学内容主要以引进的各种版本的国际教材为主要依据。经过20多年的课程体系和教学内容的建设，由国内学者编写和出版的公司金融学教材开始逐渐占据国内大学的主流课堂。但是，由于不同高校金融人才培养定位、培养规格和层次存在差异，现有教材仍不能满足不同特色的专业教学需要。鉴于此，我们编写了这本公司金融学教材，主要用来满足普通高校金融学及相关专业大学本科高年级及研究生的教学需要。

本教材的编写主要总结了我们多年来在教学实践中积累的经验和学生对教学内容、教学效果的反馈，同时借鉴了主流教材的结构安排和体例。具体来说，本教材内容共设计为12章：第1章，作为本教材的开篇之章，首先界定公司金融学与其他相近课程的联系与区别、明确本课程的定位和性质，然后概述公司金融活动所依赖的市场环境和公司金融理论发展历程，最后阐述公司金融管理的目标和原则。第2章，讲授财务分析与财务计划，为公司金融的分析提供知识准备，主要介绍公司财务报表的内容与构成、财务报表分析的主要方法以及财务计划的编制方法。第3章，主要介绍货币时间价值原理、具有不同现金流特征的年金现值和终值的计算、主要收益率概念以及净现值决策的基本规则和分离理论。第4章，主要介绍风险和收益的概念、单项资产和组合资产的收益和风险的度量方法、投资组合的多元化分析和最优投资组合分析方法以及资本资产定价模型与套利定价理论的基本原理及其应用。第5章，主要介绍债券和股票的特征、类型及其定价原理以及证券价格与利率的关系。第6章和第7章，主要讨论公司金融三大主题之一的资本预算问题。其中第6章重点介绍投资项目决策的净现值、内部收益率等评价方法，现金流预测方法，沉没成本、机会成本、资本成本等基本概念以及资本成本的计算方法。第7章主要介绍投资项目的敏感性分析、场景分析和盈亏平衡分析方法以及在考虑项目不确定性、资本限额、企业负债和不同生命周期条件下的资本预算问题。第8章和第9章，主要讨论公司金融第二大研究主题，即资本结构问题。其中第8章主要介绍经营杠杆、财务杠杆的衡量方法，资本结构、资本成本与公司价值的关系，资本结构理论的发展进程以及主要的资本结构理论及其应用。第9章主要介绍股利支付的主要方式、特点，不同股利支付形式的财务处理、对公司价值和投资者收益的影响，同时重点讨论了股利政策的各种理论解释以及股利政策实践中的主要问题。第10章，关注公司金融的第三大研究主题，即营运资本管理问题，介绍营运资本的构成、营运资本管理的特点与意义，重点讨论营运资本管理的主要方面，包括流动资产管理中的现金管理、销售管理和存货管理，流动负债管理中的商业信用管理、短期借款与商业票据管理等问题。第11章，主要讨论期权在公司金融管理中的应用问题，首先介绍期权的概念、构成要素、期权市场特征与期权定价原理，之后重点讨论期权在公司价值评估、公司投资决策和融资决策中的应用。第12章，作为本教材的最后一章，讨论公司金融最热门的一个话题，即公司兼并与收购问题，首先介绍公司并购的概念、类型以及并购动因方面的理论解释，然后介绍并购的交易与支付方式，重点讨论并购的估价方法、并购的防御策略以及并购和并购后的重组对公司控制权的影响。本教材虽然在结构安排方面沿袭了国际主流教材的编写惯例，但各章内容相对独立，可以根据教学需要进行顺序的调整和内容的取舍。

本教材在内容编排和体例设计方面的主要特色有：第一，每一章的章首归纳了目标引领，章后设有本章小结、关键概念和综合训练，便于对学生在学习前的引领和学生学习后的归纳总结、练习。第二，尽管许多人质疑当前教学中常常学非所用，但我们仍然认为理论训练的不足实际上是导致无法学以致用的真正原因。因此，在本教材内容安排方面，重点讨论公司金融各种经典理论的发展进程、内涵和应用条件等，为学生系统提升理论素养创造条件。第三，为了同时提高学生的理论学习在公司金融实践场景的应用能力，本教材在每一章设置了开篇导读，通过实践中的问题引出各章讨论的主题。在各章具体内容的阐述中更结合了大量实例，从而实现理论思考与实践问题的紧密结合。第四，国内现行各种版本的公司金融学教材大多借鉴和引用了国外多种流行教科书，但在翻译和引进过程中，由于译者的理解存在差异，许多关键词汇对应了多种不同的中文用词。为了避免对这些公司金融专业用语理解上的歧义，本教材对所有关键术语均给出了对应的英文用词，以尽量帮助学生对这些专业名词有一致的理解。

本教材在编写过程中参阅了大量现行国内外主流教材和相关文献，书后列示了这些教材和文献的相关信息，在此向这些作者和出版者一并表示感谢。许多学生在之前的教学实践过程中也提供了有价值的反馈信息，在此表示感谢并祝他们学有所成、学以致用。东北财经大学出版社编校同仁的卓越工作推进了本教材的编辑和出版，我们同样在此表达我们的谢意。

本教材由东北财经大学王振山教授、王立元副教授编著，具体由王立元副教授执笔、王振山教授统稿和审定。但是，限于我们的能力和水平，书中错漏之处在所难免，敬请读者批评指正。

王振山　王立元

2024年6月

目　录

第1章

公司金融概述

目标引领

1. 了解公司金融与财务管理、会计学的关系；
2. 掌握公司金融学的内涵与外延；
3. 熟悉企业的三种组织形式及其特点；
4. 熟悉金融市场的功能、类型以及金融资产的价值构成；
5. 了解公司金融管理的目标和原则。

思维导图

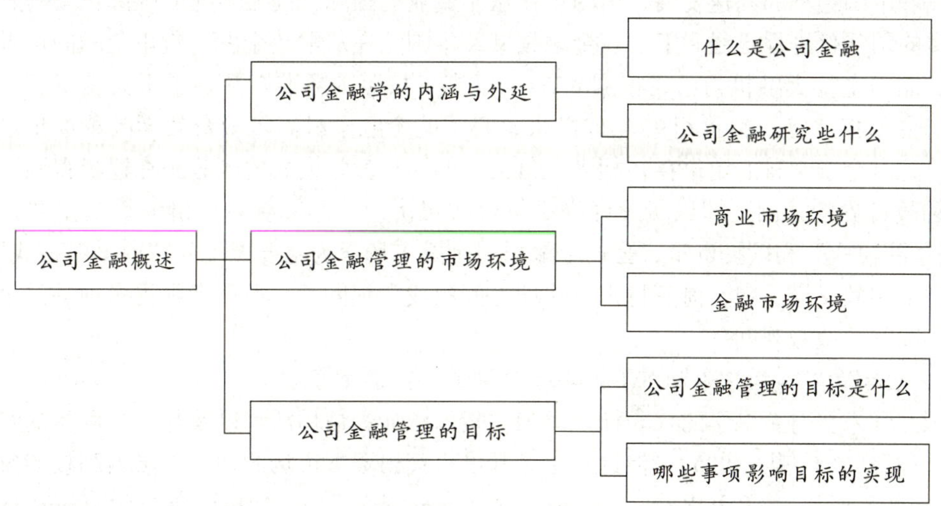

开篇导读

2021年，英特尔宣布将投资100亿美元在以色列南部的迦特镇建立一家芯片工厂。2023年12月，英特尔宣布将追加150亿美元投资，用于扩建工厂，总投资将达到250亿美元。以色列政府承诺向英特尔提供32亿美元的补贴。财联社2024年6月11日消息：英特尔已经暂停了在以色列扩建工厂的计划。英特尔回复了有关暂停扩建以色列工厂的报道，但该公司并未直接承认或否认，也没有提及以色列业务是否受到巴以冲突的影响。

2021年1月11日消息：丰巢科技是一家智能快件柜服务提供商，主打产品是24小时快递自助开放平台——“丰巢”智能快递柜，以提供平台化快递收寄业务。近日，丰巢科技获得4亿美元战略投资。

2024年6月25日，常熟经开控股有限公司2024年面向专业投资者公开发行公司债券（第一期）发行工作已经结束。本期债券的最终发行规模达到了6亿元，其最终票面利率为2.38%，全场倍数为2.53倍。

关注经济新闻的人，会经常在网络或平面媒体看到类似新闻。从这些消息中我们可以解读到这样一些内容：英特尔公司或将以扩建的方式扩大投资规模，丰巢科技和常熟经开分别以项目融资和公司债券的方式获得了长期资金。那么，英特尔公司出于何种原因决定扩大投资，以及为什么选择扩建而不是建造新厂的方式进行投资？丰巢科技为什么不选择银行贷款，常熟经开又为什么不选择发行股票的方式获得融资？这些都是公司金融学将要解答的问题。本章将对公司金融学这门课程进行整体的介绍。

1.1 公司金融学的内涵与外延

1.1.1 公司金融学的定位

随着中国经济的高速发展，中国正在从制造业的国际化向服务业的国际化发展，金融业发展的国际化进程已经到来。在金融领域，中国正在从财政金融、货币金融向证券金融转化，国内主要金融机构已经根据WTO的规则，按照国际准则开始了重大变革。与实务部门的变革相适应，20世纪90年代以来，我国的金融学科高等教育教学改革逐步走向深化。尽管对金融学科的定位存在相当的争论，但两种教学模式的区分正在逐步得到国内学术界和教育界的认同，即以货币经济学、金融经济学、国际金融经济学等为主要课程的“经济学院模式”和以投资学、公司金融学、金融市场学为主要课程的“商学院模式”。在这两种金融教学模式中，前者特别关注理论问题或宏观问题，而后者则更多地关注金融领域的实践问题或微观问题。

1）公司金融学与货币银行学、国际金融学定位之比较

国内学术界对金融学的代表性定义为“货币流通和信用活动以及与之相联系的经济活动的总称”（刘鸿儒，1995），但这一定义并没有突出资本市场的地位。国内高校传统的金融学专业主要以“货币银行学（money and banking）”和“国际金融学（international finance）”两大代表性科目为主线，这是与特定的历史经济环境密切相关的。在传统体制下，由政府主导的银行业间接融资是金融实践的中心内容，与此相适应，围绕银行体系的货币金融研究成为金融学科的绝对主导；始于20世纪80年代的改革开放促使对外贸易日渐活跃并达到了相当繁荣的程度，因而国内高校相应地大面积开设以国际收支和国际贸易为核心的国际金融类课程。西方学界理解的金融学（finance），集中反映在以公司投融资和公司治理为核心内容的公司金融（corporate finance）和以资产定价为核心内容的投资学（investments），随着中国经济国际化进程的加快，金融的教学与研究也开始与国际接轨，公司金融学课程也在国内各高校纷纷开展起来。

金融学科课程设置由“货币银行学”到“货币银行学+国际金融学”再到“货币银行学+国际金融学+公司金融学”的演进，反映了中国金融高等教育与时俱进的发展轨迹，

它不是单纯在“经济学院模式”与“商学院模式”之间的选择，而是具有中国特色的金融学科课程设置的不断完善。

2）公司金融学与财务管理学、会计学范畴之辨析

一个开放的经济体有四大部门：居民、厂商、政府和对外部门。这四个部门同时也是财务管理活动的行为主体。因而，广义的财务管理学相应地可以分为四大分支：私人财务管理、公司财务管理、公共财务管理和国际财务管理。公司财务管理（即公司金融）因其包含了财务管理学最广泛、最基础的原理和思想而成为狭义财务管理的代名词。

在传统的计划经济体制下，财务管理不论在理论界还是实务领域都被划入广义会计学的范畴，这种认识沿袭至今，使人们谈及“财务”便容易与“会计”画上等号，这是一种误解。财务管理学与会计学从研究对象到研究的出发点都有很大的差别。一般来讲，会计分为财务会计与管理会计两大分支。其中，财务会计的主要功能是为外部使用者（包括目前的和潜在的投资者、债权人、政府机构、企业客户、咨询机构、股票交易所等）提供信息，财务会计从日常的账务处理直至财务报表的编制，必须严格遵循并符合国家法令和社会公益要求的规范化程序和规则，以取信于企业外部具有不同利益关系的经济主体；管理会计的主要功能是为企业内部使用者提供管理信息，为提高企业的管理水平和经济效益服务，它更加注重会计信息的管理功能，不需要遵循特定的信息处理规范，可以对会计信息进行整理和加工，使之更适合管理的需要。

与会计工作不同，财务管理一边联系着金融市场，一边联系着实物资产投资。经济主体通过筹资活动从金融市场上获得所需的资金，通过长期投资活动将资金用于购置实物资产和其他生产要素，并据此开展生产经营活动；由生产经营活动创造出的现金收益或者用于企业的再投资，或者用于回报金融市场上的投资者。财务管理的主要工作是进行长期投资决策、长期筹资决策以及营运资本管理[①]。就研究的对象而言，财务管理学研究的是财务资源也就是货币资金，其研究过程围绕着货币资金的取得与使用展开，而会计学研究的是账，其研究过程围绕着记账、用账、算账、报账展开；就研究的着眼点而言，财务管理立足现在，着眼未来，侧重于对未来的经济行为进行预测，而会计学则立足当前，着眼过去，侧重于对历史的经济交易进行记录、总结和分析。尽管财务管理工作需要大量的会计信息，但两者在研究的方法以及研究的内容方面都有显著的差异。

1.1.2　公司金融学的内涵

作为微观金融学的基础性课程，公司金融一词来自英文corporate finance的翻译，也被称为financial management、managerial finance或enterprise finance。作为财务管理学的重要分支，公司金融研究的是“公司”这个特定主体的财务管理活动，因此，我们对其内涵的探究有必要从“什么是财务管理”开始。

基翁（Keown）等（1997）认为，财务管理与经济价值或财富的保值增值有关，是有关创造财富的决策，股东的财富创造是公司金融管理的核心。为了说明这一点，我们比较两个公司——Merck公司和IBM公司。在1993年底，Merck公司的股票总市值为460亿美元，公司自创建以来，投资者共投入170亿美元，换句话说，经营管理活动为股东创造的

① 刘力. 公司财务［M］. 北京：北京大学出版社，2007：13-14.

价值是290亿美元，或者说经营管理活动使股东财富增值290亿美元。IBM公司1993年底的股票市值为540亿美元，但公司投资者的总投资额为700亿美元，从而损失160亿美元。因此，我们说Merck公司为它的股东创造了价值，而IBM则使它的股东蒙受了损失。范·霍恩（Van Horne）（2005）指出，财务管理是在一定的整体目标下关于资产的购置、融资和管理。财务管理活动涉及公司当前与未来经营行为所需资源的取得与分配，即融资活动和投资活动。公司融资活动的目标是要从企业内部或外部取得尽可能低成本的资金来源，而投资活动的目标则是要把所取得的资源用于能够增加公司价值的资产，投融资活动的综合结果是尽可能地使公司所有者的财富增加。

因此，我们对财务管理进行如下定义：财务管理是研究经济主体当前或未来一定时期财务资源的取得与使用的管理活动。

经济学是研究资源的稀缺性以及如何对稀缺资源进行合理有效配置的学科，经济学中的资源有四大类，即土地、劳动、资本和企业家才能。财务管理学的研究对象是财务资源，它属于经济资源中资本的范畴，是狭义的资本即货币资金，也就是说，财务管理学研究的对象是货币资金；货币资金的取得就是筹资，即如何以较低的成本筹集到可以长期使用的资金，而货币资金的使用就是投资，即怎样将筹集到的资金用于旨在增加公司价值的资产。从这个意义上讲，财务管理活动可以被简单地概括为“投融资活动”，也就是“金融”活动。

1.1.3 公司金融学的外延

公司金融学是研究厂商（公司）这一经济部门的财务管理活动的科学，我们用“三大研究主题”和“两大理论体系”来概括其研究内容。

1）三大研究主题

从实践的角度，公司金融学主要研究三个内容。图1-1的资产负债表模型可以说明这一点。在这个资产负债表模型中，左边表示资金的运用，反映公司的资金投资于什么样的资产，资产按照使用期限的长短分为流动资产和非流动资产；右边表示资金的来源，反映公司通过什么途径获取资金，按照资金来源的性质以及资金可用时间的长短分成流动负债、非流动负债和股东权益。

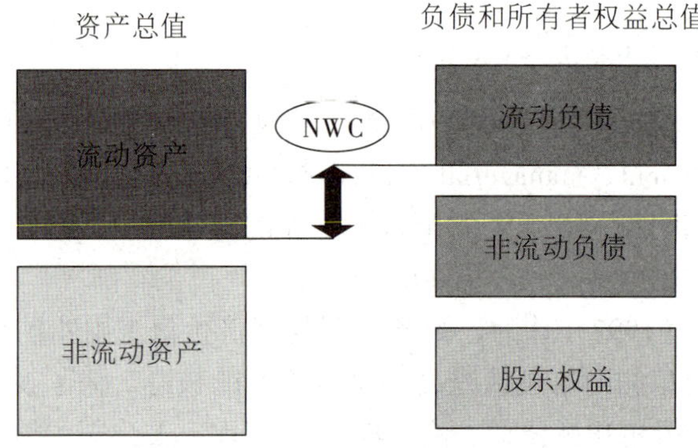

图1-1 资产负债表模型

资产负债表模型的左下方区域体现了公司金融学的第一个研究内容。作为一个生产经营单位，企业需要购置资产来进行产品的生产或提供服务，并因此获取销售收入和利润。企业购置资产的行为就是企业的长期投资活动，我们把企业长期投资的计划与管理过程称为资本预算决策（capital budgeting decision）。一般来说，企业的资本预算决策包括以下内容：一是做什么，即选择投资的方向；二是做多少，即确定投资的数量；三是何时做，即选择投资的时机；四是怎样做，即以什么样的生产方式和资产形式完成所选定的生产经营活动。资本预算决策的基本特点是：当前支出，未来收益。由于未来的收益具有不确定性，因而资本预算决策既要考虑投资活动推迟了当前消费而必须获得的补偿——我们称之为投资的时间价值，还要考虑未来投资收益的不确定性必须获得的风险补偿——我们称之为投资的风险价值。资本预算决策是企业最重要的管理决策，它决定了企业资金的运用方向以及未来的收益状况，从而决定了企业的内在价值。如果资本预算决策发生失误，纠正这种失误通常要付出极高的代价，因而企业的决策者在进行资本预算决策时，必须认真分析投资项目预期产生的现金流量，寻找那些真正能给企业带来价值增值的投资机会。

资产负债表模型的右下方区域体现了公司金融学的第二个研究内容。资产负债表的右边揭示了企业的各项资金来源，图1-2反映了企业主要的长期融资方式。对于一个企业而言，可以长期使用的资金通常有内部融资和外部融资两种筹集方式。内部融资是企业依靠其内部积累进行的融资，它是将自己的储蓄转化为投资的过程；内部融资有折旧和留存收益两种形式，在不借助外部融资的情况下，折旧可以维持企业的简单再生产，而留存收益则是进行扩大再生产的内部融资方式。在发达的市场经济国家，内部融资是企业首选的融资方式，是企业资金的重要来源；当内部融资无法满足企业资金需要时，企业会转向外部融资。外部融资是指吸收其他经济主体的储蓄，以转化为自己的投资的过程。按照融资的不同环节所用金融证券的形态是否变化，外部融资可以分为直接融资和间接融资，其中直接融资的特征是不同融资环节金融证券的形态没有改变，主要有股票和债券融资两种形式，而在间接融资过程中，不同融资环节金融证券的形态发生了变化，间接融资的主要形式是银行贷款。按照融资方式性质的不同，外部融资可以分为债务融资和权益融资，其中债务融资以偿还本金和定期支付利息为特征，包括银行贷款和债券融资两种形式，而权益融资则无须还本，且不必须支付额外的现金流量，权益融资以股票融资为主要形式。

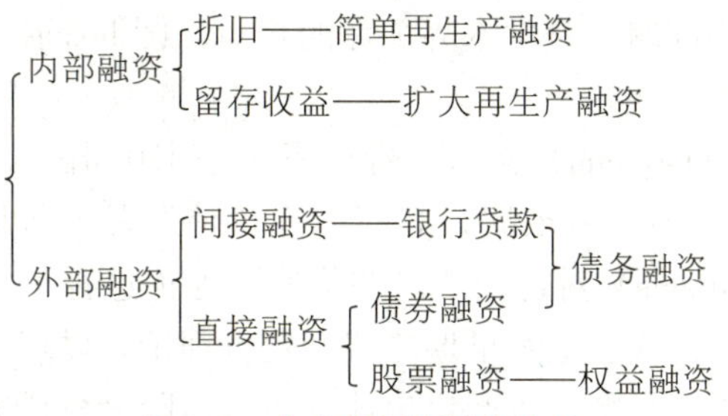

图1-2　企业的长期融资方式

企业如何筹集可以长期使用的资金就是企业的长期筹资活动，我们称之为资本结构决策（capital structure decision）。就企业的外部融资而言，债务融资具有成本低、风险高的特征，权益融资成本高但风险小，这就产生了如何在融资成本和融资风险各有优劣的债务融资和权益融资之间进行选择和权衡的问题，这是资本结构决策要解决的第一个问题，可以被概括为"负债-权益比"问题（debt/equity或D/E问题）。就企业的内部融资而言，在现代化大生产的背景下，企业几乎不可能维持简单再生产，因而留存收益成为最重要的内部融资来源。留存收益的多少取决于企业净利润的分配，也就是企业的股利分配政策；在净利润既定的前提下，股利支付得越多，可作为企业内部资金来源的留存收益就越少。根据优序融资理论[①]，内部融资不足以满足资金需求时，企业会寻求外部融资，所以在未来投资需求既定的前提下，留存收益越少，需要通过外部融资解决的资金数量越大，外部融资的"负债-权益比"也会因此而呈现出不同的结果。因此，如何确定企业的股利支付水平成为资本结构决策要解决的第二个问题，我们称之为"股利支付率"问题（dividend/earnings或D/E问题）。公司金融的第二大研究主题，即广义的资本结构决策围绕着两个"D/E"比率展开：其一是"负债-权益比"，也就是通常所说的"狭义的资本结构"；其二是"股利支付率"，即股利政策。

资产负债表模型的上半部分体现了公司金融学的第三个研究内容，我们一般称之为营运资本管理（working capital management）。营运资本管理的目的是保证企业日常生产经营活动正常进行的资金需求和各类短期债务的偿还，包括决定日常的现金持有量和存货保有量，决定企业是否进行赊销以及按什么条件进行赊销（即应收账款管理），决定企业怎样获得短期资金（即利用商业信用还是利用银行短期贷款）等。营运资本管理涉及企业资产负债表中的流动资产与流动负债，流动资产与流动负债之差被称为净营运资本（net working capital，NWC）。正常经营的企业净营运资本一般为正数，否则就会出现"短借长占"，即短期债务资金被固定资产占用的情况，这是企业流动性恶化的征兆；如果企业不能清偿到期债务，就会面临破产的命运。营运资本管理是公司财务管理者日常工作最重要的组成部分。

2）两大理论体系

从理论的角度，公司金融学的研究涉及两大理论体系，分别是资产定价理论体系和资本结构理论体系。

资产定价（assets pricing）是指资产所有者为了实现其基本目标而在资产的未来收益和有关风险之间所作的权衡（trade-off），或者说资产定价理论主要研究投资者最优资产配置和最优风险均衡收益问题。资产定价理论在现代金融学理论体系中占有十分重要的地位，是金融研究中的核心问题，是学术界关注的焦点。图1-3展示了资产定价理论体系的框架。

1934年，格雷厄姆（Graham）在《证券分析》一书中指出，股票的内在价值将是决定公司未来盈利能力的重要判断依据，其"内在价值"基本等同于其未来的盈利能力。1938年，威廉姆斯（Williams）对这一"内在价值"理论进行了实践层面的提升，提出了著名的股票"内在价值"公式。这是早期的资产定价理论，以现金流贴现分析为基础。不确定性概念的引入直接推动了金融资产定价理论中的风险分析研究的进展。标准金融学定价理论被视为金融革命的产物，它包括资本资产定价理论、套利定价理论、期权定价理论、跨期均衡定价理论等，从一定层面上说，它们都是从均衡框架和理性假设出发而导出的经济均衡模型。

---

① 优序融资理论详见8.2.4。

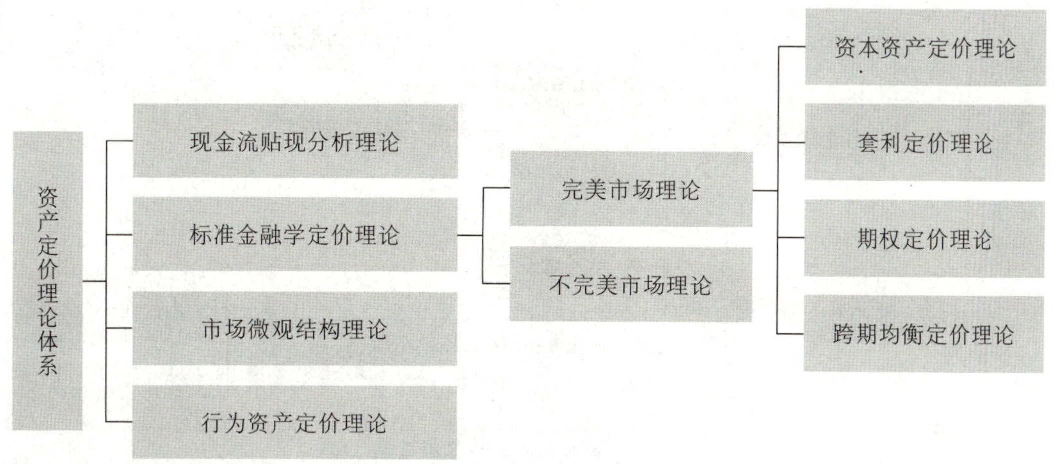

图1-3　资产定价理论体系框架

市场微观结构理论在20世纪60年代末开始获得了较好的发展，德姆塞茨（Demsetz）的《交易成本》一文为市场微观结构理论构建了理论基础，而经历了金融市场的实践和修正之后，在1995年，哈拉（Hara）所著的《市场微观结构理论》一书，正式建立了市场微观结构理论的模型框架。该理论在其框架内有意降低资本资产定价模型（CAPM）及有效市场假说（EMH）中严苛化的市场和预期，并将交易成本理论、博弈论、信息经济学有效融入，使市场微观结构理论实现对资产交易的过程和结果予以分析，就特定市场的微观结构如何左右和影响金融市场进行过程性分析。

行为金融学是金融学、心理学、行为学、社会学等学科相交叉的边缘学科，它是和有效市场理论相对应的一种学说，主要内容可分为套利限制（limits of arbitrage）和心理学两部分。行为资产定价理论否认了有效市场假说对市场价格最优估计的论断，认为在这一过程中，建立在理性人假定基础上得出的合理证券市场价格只能反映金融市场的基本面。行为资产定价理论更为关注人的价值表现在投资选择和资产定价中的作用。

在对金融资产定价理论的发展历程及理论实质的分析中，可以发现资本市场的动态均衡和资产价格对信息作出的反应，是实现有效市场假说的前提，与理性人假说共同构筑了标准金融理论的基础。信息经济学的引入、对EMH假说的前提修订，为研究金融信息的微观传递建立了根基。而行为资产定价理论、线性可预测理论，也随着金融资产定价理论的论战进行了在各自模型框架内的深入研究，大量的研究成果开始问世，为金融资产的定价提供了更多维度的认知空间和评价方法，在理论发展与市场检验的互相促进中更好地服务于金融市场。

资本结构（capital structure）通常是指公司的投资者提供的各种类型的资本占资本总额的比重。对资本结构问题的研究需要回答一个根本性问题，即是否存在一个最佳资本结构使公司价值达到最大化。这个问题对于公司的管理层具有非常重要的意义。图1-4展示了资本结构理论的框架。

20世纪50年代以前，早期资本结构理论以格雷厄姆、威廉姆斯、杜兰特（Durand）为代表。1952年，大卫·杜兰特在《企业债务和股东权益成本：趋势和计量问题》一文中，系统地总结了资本结构的三种理论：净收益理论、净经营收益理论和折中理论。大卫·杜兰特的归纳都是建立在对投资者行为的假设推断和经验判断的基础上，而非来自大量的统计数据推断。

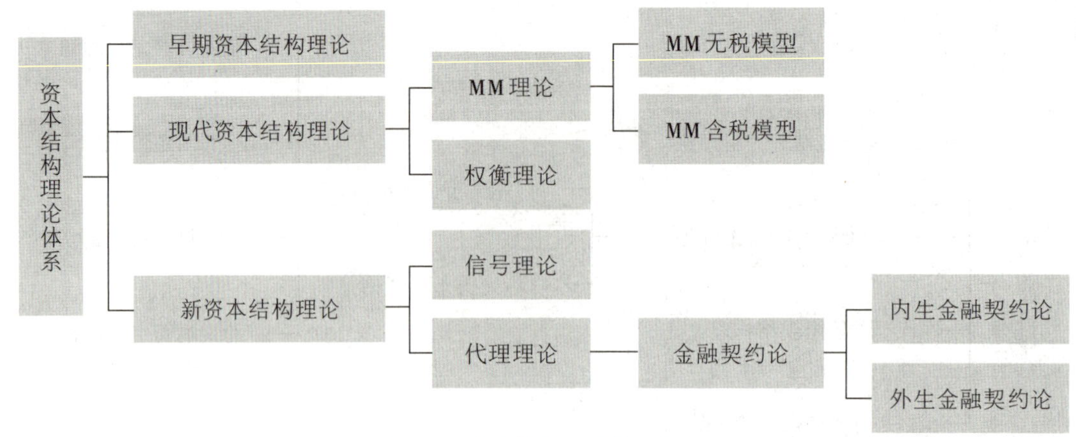

图1-4 资本结构理论体系框架

1958年，弗兰克·莫迪格里亚尼（Franco Modigliani）和默顿·米勒（Merton Miller）在《美国经济评论》上共同发表了《资本成本、公司财务和投资理论》一文，提出MM理论。这一理论的精髓在于分析了公司融资决策中最本质的关系——公司经营者与投资者各自的目标和行为及其相互作用，由此奠定了现代资本结构研究的理论基石。后人对该理论的发展就在于放宽其假定，使理论更加接近于现实。围绕着MM理论，理论界产生了带有浓厚的感情色彩的大论战，秉持不同观点的各方在论战中交替上升，推进了现代资本结构理论的发展。

60年代末，资本结构理论顺着MM理论的假设条件主要分为两大分支：税差学派和破产成本主义学派。它们围绕着债务的“双刃剑”作用展开了论战，并在论战中螺旋式推进，直到权衡学派结合了债务的节税效应和产生的相关成本提出了权衡模型。

启智增慧1-1
公司金融学的产生与发展

70年代后对资本结构理论的研究一反现代资本结构理论只注重“税收”“破产”等内部因素对公司最优资本结构的影响，力图通过“信息”“激励”等概念从公司外部因素来展开资本结构问题的分析，从而把权衡难题转化为结构或制度设计问题，这标志着一种新学术潮流的兴起，因而被称为新资本结构理论。

1.2 公司金融管理的市场环境

1.2.1 企业的三种组织形式

市场经济最基本的细胞是企业，市场经济条件下的企业有三种常见的组织形式：独资企业、合伙企业和公司制企业（公司）。

1）独资企业（sole proprietorship）

独资企业是由一个人拥有的无法人地位的经济组织。在独资企业中，业主个人直接拥有企业的全部资产并直接负责企业的全部负债。独资企业设立相对容易，所需费用较低；独资企业不是企业所得税的纳税主体，其收益以业主个人收入的形式纳税；政府对独资企业的监管较少。独资企业的业主对企业的债务承担无限责任（unlimited liability），即业主以本人的全部财产对企业的债务负责，当企业的资产不足以偿还企业所欠债务时，业主的个人损失有可能超过其投资在企业的全部资金；独资企业的存续期受业主本人生命期的限制，因而企业的寿命期有限；独资企业的所有权转让非常困难，现在的所有者必须完全放弃企业的所有权，把企业出售给一个新的所有者才能实现转让；由于企业的财务实力取决于独资企业业主个人的财务实力，因此这种企业的总筹资规模局限于业主个人的财富。

由于制度的特殊性，我国还有外商独资企业和国有独资企业。外商独资企业是外资企业的一种，指外国的公司、企业、其他经济组织或者个人，依照中国法律在中国境内设立的全部资本由外国投资者投资的企业。国有独资企业是指按照《公司法》规定，由国家授权的投资机构或者国家授权的部门单独投资设立的国有独资的有限责任公司。因此，我国的外商独资企业和国有独资企业实际上是公司制企业。

2）合伙企业（partnership）

合伙企业是指有两个或两个以上所有者的企业组织形式。它与独资企业唯一的区别在于所有者多于一人，除此之外，合伙企业具有与独资企业相似的优缺点：设立比较容易、业主只缴纳个人所得税、政府监管较少，但是合伙者承担无限责任、公司存续期有限、转移所有权困难，因而筹资困难，所筹集到的资金通常局限于所有业主的财富总和。合伙企业又有普通合伙（general partnership）和有限合伙（limited partnership）两种形式。

在普通合伙企业中，所有的合伙人都是普通合伙人，拥有相同的权利与义务。合伙人通常按照他们对合伙企业的出资比例分享利润或分担亏损；合伙企业本身不缴纳所得税，其收益直接分配给无限合伙人。每位合伙人的行为都代表整个企业而不是其个人自身，合伙人与企业有关的任何不当活动都可能损害其他合伙人，即使他们并未直接介入这些不当活动。每位合伙人对企业的债务承担无限连带责任，当合伙企业破产时，如果任一合伙人无法偿还其应负责的债务，其他合伙人必须代偿不足的部分，代偿后他们将保有对无法偿还债务的合伙人的追索权。另外，如果普通合伙企业中的任意一位合伙人退伙或者死亡，那么该合伙企业必须解散，这种要求对于合伙人较多的企业来说非常麻烦，它导致企业的寿命较短，具有很大的不稳定性。

在有限合伙企业中，合伙人分为普通合伙人（也叫无限合伙人）和有限合伙人两种。这种企业允许一个或多于一个的合伙人仅以自己投入的资本为限对债务承担有限责任，他们是有限合伙人。组建有限合伙企业需要满足两个条件：第一，至少存在一个普通合伙人对企业的债务负有无限连带责任；第二，有限合伙人不能参与企业的经营管理活动。有限合伙企业允许有限合伙人通过转让其份额退出企业，这就避免了普通合伙制下一旦某位合伙人死亡或退出，合伙企业就必须解散的麻烦。在实践中，有限合伙企业运行得并不好，因为很少有人愿意独自承担企业的全部债务风险。

3）公司制企业（corporation）

公司制企业是国家设立的法人，是所有权与经营权相互分离的企业组织形式。公司制企业是不同于其所有者的独立法人，具有类似于自然人的权利和义务，它可以以自己的名义拥有财产、订立合同、对外投融资，可以起诉他人或被人起诉，也可以成为其他公司的股东或合伙企业的合伙人等。公司制企业具有以下特征：

第一，公司的所有权与经营权相分离，即股东作为公司的所有者，绝大多数只担负出资责任而不从事经营管理活动，他们投票选举公司董事会，再由董事会选择经理人负责公司的具体经营事务，因而股东的人数不受限制；如果公司的原始所有者或管理者死亡或丧失民事行为能力，公司仍然可以继续存在，因而公司具有无限存续期。

第二，股东对公司的所有权以持有公司的股权来确认，股权可以分割为均等的股份，股东拥有的股份数量占所有流通在外的股份总数的比例代表了股东在公司所有权中的比重；股票可以在金融市场上自由买卖，通过股票的买卖，公司的所有者也将发生变化，因而公司的所有权比独资企业与合伙企业易于转让。

第三，股东以出资额为限对公司承担有限责任，这种有限责任使得股东的个人财产与对公司的投资相分离，一旦公司失败，股东损失的最大额度就是他对公司的投资额，其他个人财产不会受到牵连和损失。

第四，由于公司具有无限存续期、所有权容易转让以及有限责任等优点，因此它比较容易在金融市场上筹集到大量的资金。

除了上述优点，公司制企业也有两个显著的缺点：

第一，股东双重纳税（double taxation）。公司作为一个法人，需要像自然人那样为自己的所得纳税，这是公司所得税；而当公司将利润分配给股东时，股东还要再次为自己收到的利润纳税，这是个人所得税。这样，股东在得到自己的投资回报之前缴纳了两次所得税：一是在公司层面缴纳一次公司所得税；二是在个人层面缴纳一次个人所得税。

第二，设立公司需要满足的条件较多，难度较大。与独资企业和合伙企业相比，公司制企业的组织形态更为复杂，因而其组建的难度和条件要远远高于前两者。

公司制企业需要有公司章程（corporate charter）和一系列管理细则（bylaws）来描述和规范公司的运行。公司章程通常包括以下信息：拟设立的公司名称、营业范围、资本金数量、董事会成员人数和董事会成员的姓名与地址等。管理细则是公司创始人制定的一整套指导公司内部管理的规章制度，通常包括：如何选出董事、现有股东是否拥有优先认股权、在必要情况下修订规章制度的程序等。

公司制企业分为有限责任公司和股份有限公司。有限责任公司的股份不必划分成相等的份额，股东人数受到限制，我国《公司法》规定有限责任公司的股东人数不得超过50人；股份有限公司的股份要划分成相等的份额，股东人数没有上限，但应有发起人，发起人应当在2人以上200人以下。

企业的业主可以对企业的组织形式进行选择。一般来说，创业型企业更愿意选择独资企业或者合伙企业的形式，大型以及成长型企业倾向于选择公司的形式。尽管每种企业组织形式都有其优势，但随着企业规模的增长以及在资本市场上筹资需求的增长，公司的优势越来越明显。

1.2.2 金融市场与公司

我们对企业投融资的研究以公司的投融资为主体，而公司的投融资行为与金融市场密不可分。金融市场是指以个人和机构作为参与主体、以金融资产作为交易对象而形成的供求关系及交易机制的总和。金融市场不是某种特定类型的组织或结构，不具有实物形态，而是一个完整的体系，这一体系把借款人和贷款人联系起来[①]。

1）金融市场的功能

金融市场的功能可以概括为：通过市场机制对资源进行时空配置，对风险进行合理管理。在这里，我们着重讨论金融市场对资源进行时空配置的功能。首先，金融市场通过调节消费与储蓄进行资源的时间优化。金融市场使我们的当前消费可以不同于目前收入，即进行跨期收入的转移。当我们借款时，我们用未来的收入换取目前的收入；当我们储蓄或投资时，我们用目前的收入换取更多的未来收入。比如，年轻人借钱上大学或购买房屋和汽车等消费品，因此他们几乎没有储蓄；成年人事业稳定，收入达到高峰期，通常把更多的收入储蓄起来；退休人员用过去储蓄积累的资金来支付退休后的生活开支。这就是金融市场的跨期资源配置功能。其次，金融市场通过调节融资与投资进行资源的空间优化。一个经济体中的各个部门（企业、家庭、政府及对外部门）每天都会发生货币的收支，而货币的收支经常出现不平衡，一些部门会出现收入大于支出的情况，比如处于扩张期的家庭收入大于消费支出，我们称之为盈余部门，而另一些部门会出现收入小于支出的情况，比如在初创期通常支出大于收入，我们称之为赤字部门。金融市场提供了一种促进资金从盈余部门向赤字部门转移的机制，这就是金融市场的空间资源配置功能。金融市场的跨时空资源配置功能的核心就是促进储蓄向投资转化。

金融市场主要通过三种方式将储蓄转化为投资（如图1-5所示）。

1.直接转移

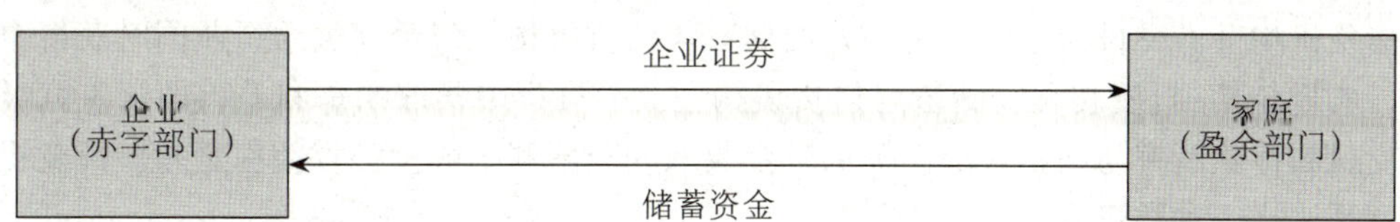

2.以投资银行为中介的直接转移

3.以储蓄与信贷机构为中介的间接转移

图1-5 金融市场促进储蓄-投资转化的方式

第一种方式是储蓄资金在借款人和贷款人之间直接转移。这种储蓄投资转化方式不经

① 我们通常把参与金融市场交易的双方称为借款人和贷款人，我们用“借款人”代表通过各种贷款融资的个人、政府以及利用贷款融资的公司，用“贷款人”代表以贷款方式提供资金的人。这里的“贷款”是指包含了银行贷款、债券、股票以及其他金融资产在内的各种融资工具。

过任何金融中介机构，需要资金的非金融企业（赤字部门）直接向拥有资金的家庭（盈余部门）发行金融证券，实现储蓄资金的转移。新公司组建时通常采用这种方式筹集资金。例如，高新技术企业在创立时，可以直接向风险投资家融资，如果风险投资家觉得新公司提供给市场的产品或服务有希望获得成功，那么可以采用贷款或入股的方式进一步为该公司提供资金。风险投资（venture capital）就是这样一种储蓄-投资转化方式。根据美国全美风险投资协会的定义，风险投资是由职业金融家投入到新兴的、迅速发展的、具有巨大竞争潜力的企业中的一种权益资本。这种投资方式不需要抵押，也不需要偿还。如果投资成功，投资人将获得几倍、几十倍甚至上百倍的回报；如果失败，投进去的资金也就血本无归。风险投资使年轻人创业成为可能，在过去的三四十年里培育了为数众多的世界知名企业。

第二种方式是储蓄资金通过投资银行转移。投资银行作为中介向融资的企业提供发行企业证券的便利，在储蓄-投资转化的过程中，企业证券和储蓄资金仅仅是通过投资银行实现在赤字部门（企业）和盈余部门（家庭）之间的交换。投资银行主要提供两种服务：第一，在现有市场条件下，协助企业设计最能吸引投资者的证券；第二，帮助企业将这些证券卖给家庭。通过提供这些服务，投资银行收取佣金或服务费。企业发行股票、债券融资就是这样一种融资方式。

第三种方式是通过商业银行、共同基金等储蓄与信贷机构促使储蓄向投资转化。在这种资金转移方式下，作为中介的储蓄与信贷机构一方面从居民部门获得资金，同时将储蓄与信贷机构证券交付给家庭；另一方面储蓄与信贷机构将资金提供给企业同时获得企业证券，实现储蓄-投资转移。储蓄与信贷机构在这一过程中赚取的是利差，即从家庭吸收资金支付的存款利率与向企业部门提供资金收取的贷款利率或投资收益率之差。商业银行贷款就是这样一种融资方式。

在金融市场促进储蓄-投资转化的三种方式中，前两种在储蓄资金从盈余部门（家庭）流向赤字部门（企业）的过程中，作为媒介的证券仅有一种（企业证券），我们把这种在储蓄-投资转化过程中只使用一种证券的融资方式称为直接融资；第三种方式在储蓄资金从盈余部门（家庭）流向赤字部门（企业）的过程中使用了两种证券（储蓄与信贷机构证券和企业证券），我们把这种在储蓄-投资转化过程中使用两种或两种以上证券的融资方式称为间接融资。

2）金融市场的主要分类

金融市场上存在着多样化的投资工具和市场参与者，我们通常根据投资工具的种类、投资年限、借款人和贷款人的类型、市场区位和交易类型等来区分金融市场。金融市场的种类很多，在这里我们将讨论其中比较典型的代表。

（1）货币市场与资本市场

按照金融证券到期时间的不同，我们把金融市场分为货币市场和资本市场。货币市场（money market）是指所有为短期（1年以内）金融证券的交易而设置的交易机构与交易程序的总称。资本市场（capital market）是指所有为长期（1年以上）金融证券的交易而设置的交易机构与交易程序的总称。货币市场仅包括短期债务工具，这些短期债务工具一般由高信用等级的借款人发行，如国库券、银行承兑票据以及银行可转让存单等；资本市场的交易工具包括银行中长期贷款、普通股、优先股以及期限在1年以上的债券等。

（2）初级市场与次级市场

按照金融证券交易程序的不同，我们把金融市场分为初级市场和次级市场。初级市场（primary market）又称为一级市场、发行市场，是指证券首次提供给潜在的投资者的交易场所。次级市场（secondary market）又称为二级市场、流通市场，是指投资者买卖已经发行的证券的市场。初级市场的交易会增加经济系统中可流通的金融资产的存量，而次级市场的交易活动并不影响经济系统中的金融资产存量；金融市场促进储蓄向投资转化的功能发生在初级市场而不是次级市场上。例如，2007年10月，经中国证监会批准，中国石油（证券代码601857）以每股16.7元人民币的价格发行40亿A股，并于2007年11月5日在上海证券交易所上市，中国石油的股票在当年10月的交易发生在初级市场，11月5日开始，投资者可以在次级市场上买卖中国石油的股票。

（3）交易所市场与柜台市场

按照金融交易组织方式的不同，我们把金融市场分为交易所市场和柜台市场。交易所市场（exchange market），又称场内交易市场（on-the-floor market），它是一个有形实体，在物理上占据一定的空间（如建筑物或建筑物的一部分）。柜台市场（over-the-counter market，OTC），又称场外交易市场或店头市场，它是一个无形的市场，是指除交易所以外的证券交易组织。在有形的交易所市场内，金融证券的价格由经纪人或交易商以现场公开竞价的方式确定，在柜台交易市场上，金融证券的价格通过电报、电话、电传等以协商的方式确定。纽约股票交易所（NYSE）、芝加哥商品交易所、香港联合交易所、上海证券交易所、大连商品交易所等都是交易所市场；美国NASDAQ市场以及短期金融证券交易的货币市场都属于柜台市场。

3）金融资产的价值构成

金融市场的交易对象是金融资产，我们接下来讨论金融资产的价值构成。金融资产，又称为金融证券、金融工具，它是指人们对未来现金流的索取权，其价值取决于该金融资产所能带来的未来现金流入量。由于现金流是未来的、尚未发生的，因而它具有时间性和风险性两个特征。

在金融市场构建的借贷关系中，贷款人即货币的所有者因向借款人让渡资金的使用权而获得补偿，这个补偿额的高低通常按让渡资金时间的长短来计算，这就是金融资产现金流入量的时间性特征。在金融资产的买卖过程中，生产性投资风险从金融资产出售者（借款人）手中转移到金融资产购买者（贷款人）手中。货币的所有者承担生产性风险，因而要求生产性投资人（金融资产出售者）支付一定的报酬作为承担风险的补偿，这个补偿额的大小与投资风险成正比，这就是金融资产现金流入量的风险性特征。与金融资产的时间性与风险性特征相对应，金融资产的价值由时间价值和风险价值两部分组成，表现在金融资产的收益率上，就是无风险收益率和风险溢价：

$$金融资产的收益率=无风险收益率+风险溢价 \tag{1-1}$$

其中，无风险收益率衡量金融资产的时间价值；风险溢价衡量贷款人为承担各种风险而获得的补偿。

在现实的金融市场上，政府发行的短期债券的利率通常被作为无风险收益率的代表，但是这个无风险收益率仅仅是名义上的，因为经济中的通货膨胀会影响货币资本的实际购买力，也就是影响金融资产的实际收益率。在通货膨胀的影响下，名义收益率和实际收益率之间的关系可以用以下公式来表示：

$$1 + r = (1 + i) \times (1 + h) \tag{1-2}$$

启智增慧 1-2 经理为股东的利益服务吗？

其中，r为名义收益率；i为实际收益率；h为通货膨胀率。这三者之间的关系可以近似地描述为：

$$实际收益率=名义收益率-通货膨胀率 \tag{1-3}$$

金融资产的风险有多种类型，因此，根据不同的风险类型估计风险溢价的大小，并确定金融资产的收益率就变得十分复杂，我们将在后面的章节讨论这个问题。

1.3 公司金融管理的目标

1.3.1 利润最大化与股东财富最大化

公司金融管理的目标是公司财务管理预期实现的结果，也是评价公司财务管理效果的基本标准。关于公司金融管理的目标是什么，主要有利润最大化和股东财富最大化两种观点。

1）利润最大化

利润最大化是现代微观经济学的理论基础。在微观经济学中，利润最大化通常被当作公司的目标。利润的测度有绝对数指标（如毛利润、营业利润、税后利润等），也有相对数指标（如销售利润率、资产收益率、净资产收益率等）。利润直接体现了投资者投资的目的和公司的获利目标，这一认识有其内在的理论依据和现实基础：它是一定时期公司全部收入减去全部费用后的溢余，能够计量，易于明确责任、考核业绩，便于纳入公司的全面预算体系。但是利润指标没有指明利润产生的阶段，是在当年最大化还是在更长的期间最大化？在实践中，财务管理者可以通过限制研发支出以及削减例行保管费用来提高当年的利润，但很明显这对企业的长期发展不利。如果我们根据某个目标来制定财务决策，那么这个目标必须是精确的、不易导致误解的，并能适用于现实世界中的各种复杂问题。在微观经济学中，利润最大化一般是作为一个理论上的目标存在，经济学家们用它来证实企业是如何使利润增长的，但它忽略了现实中财务管理者在决策中面临的复杂问题，具体表现在以下三个方面：

首先，微观经济学的研究为了简化理论而忽略了企业在现实中每天面对的利润指标中没有包括一个因素：不确定性或风险。以利润最大化为目标，项目和投资的选择所依据的是对其预期的收益或加权平均收益的比较，而不考虑某一项目是否比其他的项目风险更大；微观经济学也论及风险，但只是点到为止。而在现实中，就风险特性而言，不同的项目区别很大，如果在财务管理中忽略这些差别，结果将导致错误的决策。

其次，利润最大化的另一个问题是忽略了报酬的时间价值。如果目标只涉及本年的利润而忽略了其后年度的利润，这显然是不合理的。如果我们使用未来利润的平均值最大化作为标准，这也是不正确的。因为投资决策要考虑时间价值，对于相同的现金流入来说，发生的时间越早其价值越大。因此，现实中的时间价值要求在做决策时不能仅仅以利润最大化为标准。

最后，也是最重要的一点是，会计利润忽略了股东所提供的资金的成本。当我们计算会计利润以及会计收益率的时候，债务的利息成本通常在计算利润之前被扣除了，但股东所提供的资金的成本却被忽略了，对此可以从两方面解释：其一，股东的投资作为权益资本并不必然地需要支付股利，这使得股东的资金不像借债融资那样，以利息的形式将成本明确下来，容易让人产生“不支付股利就没有成本”的错觉。实际上，股东提供的资金是有成本的，它是一种机会成本，也就是股东的资金投资于别处原本可以获得的回报，这种机会成本是无法通过利润指标反映出来的。其二，即使企业向股东支付了股利，这部分支出也没有在利润中以成本的形式体现出来，因为根据会计核算的要求，股利的支付是对利润的分配，在会计报表中它在利润项目之后出现，如果以会计利润，比如净利润，作为财务管理追求的目标，自然就会忽略在其后发生的股东提供资金所带来的成本，即股利。

由此可知，以利润最大化作为公司金融管理的目标有一定的片面性，而股东财富最大化一般被认为是比较适合的公司金融管理的目标。

2）股东财富最大化

投资者投资企业的根本目的，在于创造或获取尽可能多的财富，这种财富不仅表现为公司利润，它还应首先表现为公司资产的价值。利润增多了，如果随之而来的是资产贬值，则潜伏着暗亏，对投资者而言，无异于釜底抽薪；反之，如果公司资产价值增多了，生产经营能力提高了，则公司将具有持久的盈利能力和雄厚的抗风险能力，这无论从短期还是长期看，投资者都可以获得丰厚的回报，这就是公司财富最大化的现代公司金融管理目标。

公司财富可以用公司价值来衡量。公司价值是指公司全部资产的市场价值（包括股票的市场价值与债务的市场价值之和），它是以一定期间归属于投资者的现金流量，按照资本成本或者投资机会成本贴现的现值表示的。公司价值不同于利润，利润只是新创造价值的一部分，而公司价值不仅包含了新创造的价值，还包含了公司潜在的或预期的获利能力。在公司负债水平一定的情况下，公司价值的变化主要体现在公司股票的价格上，股票投资报酬的现值越大，股票的市场价值就越高，公司的价值就越大，因此公司价值最大化可以用股东财富最大化来代替（关于股东财富最大化与公司价值最大化的关系，本书将在第8章进一步探讨）。

首先，股东财富最大化与公司价值最大化的利益目标是一致的。股东对企业收益具有剩余要求权，这种剩余要求权赋予股东的权利与义务、风险与收益都大于公司的债权人、公司的经营者和公司员工等利益相关者，如果股东的利益能够得到保障，那么公司其他当事方的利益都能够得到保障。

其次，股东财富的具体载体股票价格克服了利润指标的三个缺陷。在股份制经济条件下，股东的财富由其所拥有的股票数量和股票市场价格两方面来决定，当股票价格达到最大时，股东财富也达到最大。而公司股票的价格取决于公司经营活动产生的净现金流量和相关风险的大小，以贴现现金流方法（DCF approach）计算出的股票价格兼顾了货币的时间价值、现金流的不确定性以及权益资本的成本。

以股东财富最大化作为公司金融管理的目标也存在一些问题：一方面，对于非上市公司，这一目标值不能依据股票市价作出评判，而需要通过资产评估的方式进行；另一方面，公司股票的价格并非公司所能完全控制的指标，其价格波动也并非与公司财务状况的实际变动完全一致，这给公司实际经营业绩的衡量也带来了一定的困难。

1.3.2 社会责任与代理问题

企业承担社会责任的必要性以及解决代理问题的需求，使企业必须承担相应的成本，这会抵减股东财富，影响公司金融管理目标的实现。

企业作为市场主体，它不仅要为其所有者提供收益，而且还要承担相应的社会责任。企业社会责任（corporate social responsibility，CSR）是指企业在创造利润、对股东承担法律责任的同时，还要承担对员工、消费者、社区和环境的责任。企业的社会责任要求企业必须超越把利润作为唯一目标的传统理念，强调在生产过程中对人的价值的关注，强调对消费者、环境、社会的贡献，例如，为员工提供安全的工作环境、向需求者提供安全合格的产品、避免或治理空气污染和水污染等。企业承担社会责任需要支付相应的成本，我们把企业的这种成本称为“社会成本”。作为企业必须负担的一项成本，它是股东财富的一个抵减项目，影响着公司金融管理目标的实现。

20世纪70年代，詹森和麦克林对委托-代理问题进行了系统的阐述。公司是一种所有权和管理权相分离的企业组织形式，在两权分离的背景之下，由于公司的委托人（所有者）与代理人（管理者）的目标函数不一致，加上双方之间存在着信息不对称现象，代理人有可能作出侵害委托人利益的决策，这就是委托-代理问题。为了解决委托-代理问题，公司建立起相应的激励和约束机制，所有者采取直接或间接的手段对管理者进行监督和制约，这些措施和机制都将使公司增加相应的成本，这就是“代理成本”，代理成本的存在也会抵减股东的财富，影响公司金融管理目标的实现。

本章小结

公司金融学是财务管理学的一个分支，它是研究公司当前或未来一定时期财务资源的取得和使用的管理活动。公司金融学是微观金融的一门基础课程。它的研究内容可以概括为三大研究主题和两大理论体系，其中前者包括资本预算决策、资本结构决策和净营运资本管理，后者包括资产定价理论体系和资本结构理论体系。

在现代经济中，企业作为最基本的商业细胞，主要有三种组织形式：独资企业、合伙企业和公司。公司是大型成长型企业首选的组织形式。在现代经济中，金融市场最主要的功能是促进储蓄向投资转化，金融市场的储蓄-投资转化功能包括直接融资和间接融资两种方式。

在金融市场上，金融资产是指未来现金流的索取权。现金流的未来特性决定了金融资产的价值由时间价值和风险价值两部分组成，因而金融资产收益率由无风险收益率和风险补偿率构成。

公司金融管理的目标是实现股东财富最大化，其载体就是股票的价格。在实现财务管理目标的过程中，企业承担社会责任以及解决代理问题都会产生相应的成本，从而会抵减股东财富、影响财务管理目标的实现。

关键概念

资本结构决策　净营运资本　独资企业　合伙企业　公司制企业　直接融资　间接融资　货币市场　资本市场　初级市场　次级市场　交易所市场　柜台市场　金融资产　委托-代理问题

综合训练

思考题

1. 会计与财务管理的区别是什么？
2. 直接融资与间接融资的区分依据是什么？
3. 非上市公司应以什么作为公司金融管理的最终目标？为什么？
4. 如何理解“以股东财富最大化为目标并不损害其他利益相关者的利益”？

即测即评

综合训练参考答案

第2章

财务分析与财务计划

目标引领

1. 了解三大财务报表的基本构成；
2. 了解财务报表的百分比分析方法；
3. 掌握四类主要的财务比率；
4. 熟悉财务报表的杜邦分析方法；
5. 了解财务计划模型的组成部分；
6. 掌握预测外部融资需要量的销售百分比法；
7. 熟悉影响公司外部融资需要量的因素。

思维导图

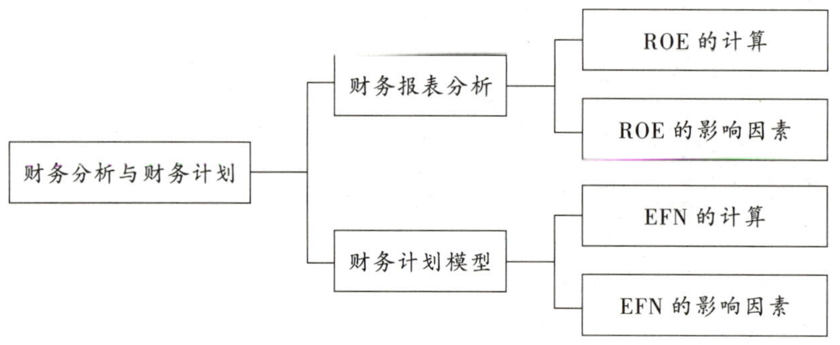

开篇导读

沃伦·巴菲特是世界上最著名的投资人之一，通过他的伯克希尔-哈撒韦公司，巴菲特对可口可乐、美国运通、DIRECTV、IBM、美国富国银行等世界知名企业进行了很多重要的投资。巴菲特对待事物有着长远的眼光，他的价值投资法借鉴了本杰明·格雷厄姆的理论，认为投资者应该努力去寻找股价低于其内在价值的股票。伯克希尔-哈撒韦公司始终在寻找新的投资机会。

2024年6月19日智通财经消息："股神"巴菲特的伯克希尔-哈撒韦公司在过去几天里增持了更多西方石油的股份，累计持有这家石油生产商近29%的股份，价值约153.7亿美元。交易所文件显示，伯克希尔-哈撒韦公司在6月13日、14日和17日的三笔独立交易中买入了略多于290万股西方石油公司股份，总计花费约1.76亿美元。在最近一次购买之后，伯克希尔-哈撒韦公司已经连续九个交易日购买西方石油股份。

仅在本月，伯克希尔-哈撒韦公司就收购了约550万股西方石油股份，累计持股达到2.553亿股。

巴菲特的价值投资在很大程度上依赖于本章所阐述的评价公司优势和劣势以及获取内在价值评估所需关键信息的分析方法。虽然很多人认为财务报表“只是会计”，但事实上财务报表不仅仅是会计。你会在本章看到，财务报表中的数据能够为经理、投资者、贷款人、客户供应商等提供丰富的信息，用于各种各样的目的。财务报表还可以凸显公司的优势和劣势，从而帮助管理者更好地提升绩效和预测结果。

2.1 基本财务报表

财务报表（financial statements）是公司定期发布的关于公司过去绩效信息的会计报告。美国证券交易委员会（Securities and Exchange Commission，SEC）要求公众公司必须每季度和每年向SEC报送财务报表。中国证券监督管理委员会（China Securities Regulatory Commission，CSRC）要求上市公司必须定期发布年度报告、中期报告和季度报告，年度报告中的财务会计报告应当经具有证券、期货相关业务资格的会计师事务所审计[①]。私募公司通常也编制财务报表，但一般不必向公众披露。财务报表对于公司的外部利益相关者而言，它是股东、债权人、税务当局、财务分析师以及其他利益相关者获取公司信息的重要工具；对于公司内部管理者而言，它是制定公司财务决策的一个重要依据。公司的财务报表有三种主要类型：资产负债表、利润表和现金流量表。接下来我们将详细阐释这些财务报表的内容。

2.1.1 资产负债表

资产负债表（balance sheet）是反映企业在某一特定时点的财务状况的会计报表。它的基本恒等式是：

资产=负债+股东权益

资产负债表分为两个部分：左边为资产，反映公司资金的运用情况，包括现金、存货、厂房、设备等公司的投资，这是公司的经营资源。右边是负债和股东权益，反映公司的资金来源，体现了公司的不同权利人对公司经营资源的要求权，其中负债是来自债权人的资金，反映债权人对公司资产的要求权；股东权益是来自公司所有者的投资，反映所有者对公司资产的要求权。资产账户按照资产的流动性，即资产转化为现金所需时间的长短顺序列示；负债和股东权益账户按照要求偿付的时间顺序排列，比如，应付账款如果要在30天内偿付，那么这项负债可以使用的时间较短，所以列示在资产负债表右侧的上部，然后是使用时间相对较长的应付票据，再下来就是可以长期使用的债务（如银行贷款、公司债券等），最后列示的是股东权益账户，它代表着业主所有权并且永远不需要偿付。

表2-1是环通公司2023年12月31日和2024年12月31日的资产负债表，它像一张“快照”，反映出该公司在2023年12月31日和2024年12月31日的资产负债状况。

① 《上市公司信息披露管理办法》第十九条。

表2-1 **环通公司2023年和2024年的资产负债表（简表）**

12月31日 单位：百万元

资产	2024年	2023年	负债和股东权益	2024年	2023年
流动资产：			流动负债：		
货币资金	30.4	30.0	应付票据/短期债务	7.0	6.4
交易性金融资产	12.0	9.0	应付账款	58.4	49.0
应收账款	37.0	26.4	1年内到期的非流动负债	26.6	24.6
存货	30.6	28.6	其他流动负债	4.0	8.0
其他流动资产	4.0	2.0	流动负债合计	96.0	88.0
流动资产合计	114.0	96.0	非流动负债：		
非流动资产：			长期借款	199.8	112.6
固定资产：			租赁负债	—	—
土地	44.4	41.4	递延所得税负债	15.2	14.8
建筑物	73.0	61.0	非流动负债合计	215.0	127.4
设备	79.4	66.4	负债合计	311.0	215.4
减：累计折旧	(37.4)	(35.0)	股东权益：		
财产、厂房和设备的净值	159.4	133.8	股本	31.0	31.0
商誉	40.0	—	资本公积	15.7	15.7
其他非流动资产	42.0	28.0	盈余公积	8.7	6.7
非流动资产合计	241.4	161.8	未分配利润	—	—
			减：库存股	(11.0)	(11.0)
			股东权益合计	44.4	42.4
资产总计	355.4	257.8	负债和股东权益总计	355.4	257.8

1）资产（assets）

资产是企业所取得和控制的能够用来进行生产经营活动并带来未来经济利益的经济资源，其所有权属于企业法人。按照变现时间的长短，资产包括流动资产和非流动资产。流动资产是指现金或者能在1年内转换成现金的资产。流动资产（current assets）包括：货币资金①、交易性金融资产②、应收账款、存货和其他流动资产等。非流动资产是指使用寿命较长，变现时间在1年以上的资产，主要包括固定资产、长期股权投资和无形资产等。

（1）关于存货和固定资产的计价。存货是按照成本与市价孰低法（lower of cost or market method）计价的，固定资产的账面价值是根据历史成本法（historical cost method）确定，而不是按重置成本法（replacement cost method）计算。

（2）关于折旧。固定资产通常会发生磨损，使用一定时间之后要报废，因此，公司每年要减少设备的账面价值，这个减少额就称为折旧（depreciation）；公司依据折旧计划逐

① 这里的货币资金是指现金。
② 这里的交易性金融资产是指可用于交易的有价证券。

年减少固定资产的账面价值，折旧计划取决于资产的使用期限；折旧只是确认固定资产因磨损而减值的一种方法，它并不是公司需要实际支付现金的费用，理解这一点十分重要。

2）负债（liabilities）

资产负债表右边的负债分为流动负债和非流动负债。流动负债（current liabilities）是需要在1年内或大于1年的一个营业周期内清偿的债务，主要包括应付账款、应付票据、短期借款、1年内到期的非流动负债、应付职工薪酬和应交税费等应付未付项目，以及预收款项等。非流动负债是到期时间超过1年的负债，主要包括长期借款、租赁负债[①]以及递延所得税负债等。

（1）关于自发性负债与自主性负债。负债按其形成可区分为自发性负债和自主性负债。自发性负债，是指随着生产经营活动的进行而自动形成和增加的负债，如应交税费、应付职工薪酬、其他应付款等；这些资金的提供者的目的不是直接索取投资回报，企业使用这些资金也不需要支付成本。自主性负债，是指企业在筹资过程中有意识地主动增加的负债，如通过向银行借款、发行债券等方式形成的负债；这些资金的投入者向企业投入资金后直接索取利息回报，企业使用这些资金要付出直接成本。

（2）关于递延所得税负债。递延所得税负债是指由于税法与会计制度确认收益、费用或损失的时间不同而产生的会计利润（或利润总额）与应税所得之间的时间性差异。该差异在“纳税影响会计法”下核算确认，而在“应付税款法”下不予确认。由于递延所得税负债最终都是要支付的，所以其作为负债出现在资产负债表中。

3）股东权益（stockholders’ equity）

企业的总资产与总负债之差就是股东权益，也称为股权账面价值。它表示企业在会计意义上的净价值，在经济学上，它反映的是股东的剩余索取权，即当企业的资产变现并偿付所有债务后的剩余，不论多少都归股东所有。

（1）关于优先股和普通股。优先股是一种混合证券，其特征介于普通股和债务之间。在企业破产时，优先股的求偿顺序在债务之后、在普通股之前；优先股的股利是固定的，所以优先股股东不会从企业增长的利润中获利。需要说明的是，许多企业不发行优先股，即使发行规模也不会很大。所以，在财务中涉及“权益”一词时，一般都指“普通股权益”。

（2）关于股东权益账户的构成。普通股权益账户一般包括：股本、资本公积和留存收益等。留存收益是企业长期保留利润的一部分，而不是将所有的利润都用于分发股利；留存收益代表了对资产的要求权而不是资产本身，企业保留利润的目的主要是用于扩大投资，这意味着留存收益会被用于建造厂房、购置设备、采购原材料等，而不是被存放在某个银行账户上。因此，资产负债表中的留存收益（包括盈余公积和未分配利润）并不代表现金，也不代表可以作为股利付出的资金。

（3）关于股东权益的市场价值。资产负债表上列示的很多资产项目都是以历史成本计价的，而不是它们当前的真实价值。比如一座办公楼在资产负债表上的价值是其历史成本减去累计折旧后的净值，但它的真实价值可能比几年前购买时的价格高出很多。同时，企业很多有价值的资产并没有反映在资产负债表中，比如员工的专业技能、公司的市场地

① 公司定期支付租金以换取资产的使用权的长期租赁契约。

位、公司与客户和供应商的关系、管理团队的素质等，这些都是资产负债表未能披露的资产项目。因此，股权的账面价值不能够准确地反映股权的真实价值，投资者为购买股权而愿意支付的价格与股权的账面价值有可能显著不同。股票的每股市价乘以股票数量，就是公司的股权总市场价值，它与公司资产的历史成本无关，而是取决于投资者对这些资产未来产生的现金流的期望。

2.1.2　利润表

利润表（income statement）是反映企业在某个会计期间内的经营成果及其分配情况的财务报表。利润表的恒等式为：

利润=收入-费用

利润表中的项目按照利润的形成和利润的分配各项目分项列示。利润表有单步式与多步式两种格式。单步式利润表将所有的收入和所有的支出分别集中列示，一步得出利润。多步式利润表则分别按照主营业务收入与支出、其他业务收入与支出、投资收益与支出和营业外收入与支出等几个层次列示，不同层次收入与费用的配比，分别形成了毛利润、营业利润、息税前收益（利润）、税前利润和税后利润（净利润）等不同层次的利润。

表2-2是环通公司2023年和2024年的利润表相关信息，反映出该公司在2023年和2024年的收入、成本及盈利状况。

表2-2　环通公司2023和2024年的利润表相关信息　单位：百万元

	2024年	2023年
销售收入	373.4	352.2
销货成本	（306.8）	（294.6）
毛利润	66.6	57.6
销售费用	（27.0）	（26.0）
管理费用	（16.4）	（15.2）
折旧和摊销	（2.4）	（2.2）
营业利润	20.8	14.2
营业外收入（费用）	—	—
息税前利润（EBIT）	20.8	14.2
利息收入（费用）	（15.4）	（9.2）
税前利润	5.4	5.0
所得税费用	（1.4）	（1.2）
当期	（7.0）	（3.2）
递延	5.6	2.0
净利润	4.0	3.8
基本每股收益	0.556	0.528
稀释每股收益	0.526	0.500

1）毛利润（gross profit）

利润表的第一行和第二行列出了产品的销售收入、销货成本，第三行就是毛利润，即销售收入与销货成本之差。毛利润是企业经济效益的源泉，在一定程度上反映了企业生产管理水平的高低。

2）营业利润（operating income）

各种费用不与生产产品和提供劳务直接相关，而是在企业的日常经营活动中发生的费用，包括管理费用、销售费用等，还有一类营业费用是折旧和摊销，这类费用并没有引起现金支出，表示企业因资产磨损消耗或报废淘汰而产生的成本。毛利润减去各种费用之后就是营业利润。

3）息税前利润（EBIT）

营业利润之后，接下来考虑企业的非主营业务产生的其他收入或费用。营业利润调整其他来源的收入或费用后，就可以得到公司的息税前利润（earnings before interest and taxes，EBIT）。息税前利润排除了资本结构对公司财务费用以及所得税的影响，反映企业行政管理和销售管理效率的高低。

财务分析师和银行信贷管理员等经常要计算公司在扣除利息、税金、折旧和摊销等费用之前的收益，即不考虑利息、税金、折旧和摊销的收益，我们称之为EBITDA（earnings before interest，taxes，depreciation and amortization），由于折旧和摊销不是公司的现金流出，所以EBITDA反映的是公司通过经营活动获得的现金。表2-2中，环通公司2023年的EBITDA为1 640万元（1 420+220）。

4）税前利润与净利润（EBT与net income）

从EBIT中扣除支付的债务利息就可以得到公司的税前利润（earnings before taxes，EBT），这是公司缴纳所得税的税基；税前利润减去公司的所得税费用，即可得到公司的净利润（net income），这是属于企业所有者（股东）的实际收益。净利润表示的是公司股东的总盈余，通常以每股为单位来表示，即公司的每股收益（earnings per share，EPS），用净利润除以流通股总数得到每股收益。环通公司2024年年底拥有720万股流通股，其每股收益为：

$$EPS = \frac{\text{净利润}}{\text{流通股股数}} = \frac{400}{720} = 0.556(\text{元/股})$$

如果公司以股票期权（stock option）来补偿员工，或者发行了可转换债券（convertible bonds），公司的流通股数量就有可能增加，这种股票数量增加的现象称为股权稀释（dilution）。稀释的EPS是根据增加了的流通股数量计算的每股收益，比如环通公司发行的可转换债券全部转换后公司的股数将增加40万股，那么它稀释后的每股收益就是0.526元/股（400/760）。

2.1.3　现金流量表

现金流量表（statement of cash flows）是用来反映企业在一定的会计期间内有关现金收入、现金支出及投资与筹资活动的财务报表。现金流量表利用利润表和资产负债表的信息来编制，从投资者的角度来看，要想评估公司的价值，现金流量表提供的信息是三大财务报表中最重要的。现金流量表由三个部分组成：经营活动产生的现金流量、投资活动产生的现金流量和融资活动产生的现金流量。

表2-3是环通公司2023年和2024年的现金流量表（简表）。

表2-3 环通公司2023年和2024年的现金流量表（简表） 单位：百万元

	2024年	2023年
经营活动：		
净利润	4.0	3.8
折旧和摊销	2.4	2.2
其他非现金项目（递延所得税负债）	（5.6）	（2.0）
以下科目变动对现金的影响：		
应收账款	（10.6）	（0.6）
应付账款	9.4	（1.0）
存货	（2.0）	（2.0）
经营活动产生的现金流量	（2.4）	0.4
投资活动：		
资本性支出	（28.0）	（8.0）
并购及其他投资活动	（54.0）	（4.0）
投资活动产生的现金流量	（82.0）	（12.0）
筹资活动：		
支付股利	（2.0）	（2.0）
发行或回购股票	—	—
短期借款的增加	2.6	6.0
长期借款的增加	87.2	5.0
筹资活动产生的现金流量	87.8	9.0
货币资金的变动	3.4	（2.6）

1）经营活动产生的现金流量

经营活动中的现金流量是用与经营活动有关的全部非现金项目对净利润进行调整。首先用净利润加上非现金费用。例如，计算净利润时扣除了折旧，但是这并没有引起实际的现金流出，因此在计算公司产生的现金流量时要把它加回来；同样，其他非现金费用也要加回（如递延所得税负债等）。

然后再根据流动资产（不包括货币资金）和流动负债的变化作出调整。净营运资本（流动资产与流动负债之差）的变动源于应收账款、应付账款或存货的变动。增加的应收账款金额表示的是公司额外借给客户的资金，它会减少公司的可用现金；同理，应付账款的增加要加上，因为它实际上是公司从其供应商那里借用的资金，会增加公司的可用现金；最后要减去存货的增加，存货的增加不作为一项成本费用来记录，对净利润没有影响（只有当存货实际售出后才将存货成本计入净利润），但对于公司而言，增加存货就意味着现金支出，所以要从现金流中减去存货的增加；应付票据和其他短期债务将被放在后面的筹资活动产生的现金流量中。

2）投资活动产生的现金流量

投资活动产生的现金流量指资本性资产发生的变化，即固定资产的取得和固定资产的出售，也就是净资本性支出（net capital expenditures）。要确定公司的这类现金流量，就要减去公司实际支付了现金的资本性支出；同时还要扣除其他资产的购置成本和投资成本，如公司收购等。由表2-3可知，环通公司2024年在投资活动中支出了8 200万元的现金。

3）筹资活动产生的现金流量

筹资活动产生的现金流量包括支付给股东的现金股利、发行股票收到的现金、回购股票支出的现金，以及因短期和长期借款发生变动而引起的现金流。

启智增慧2-1 财务分析中的重要工具：Microsoft Excel

从表2-3整体来看，2024年环通公司采用了借款（主要是长期借款）来满足投资和经营活动的资金需求，虽然环通公司的现金余额增加了，但公司负的经营现金流量和投资活动中过高的支出可能会引发投资者的一些顾虑，如果这种模式不变，环通公司就要继续借款以维持经营。

2.2　财务报表分析

财务报表分析，又称财务分析，是以财务报表和其他资料为依据，对财务数据和相关信息进行汇总、计算、对比和说明，对企业的经营成果、财务状况、现金流量等重要指标进行分析与评价，以期为报表使用者提供决策的依据。财务分析既是对已完成的财务活动的总结，又是财务计划和预测的前提，通常有以下几种分析方法：百分比分析法、比率分析法，以及对财务状况进行综合分析的杜邦分析法等。

2.2.1　百分比分析法

财务报表分析的核心是比较。我们在对财务报表进行分析时，经常需要将公司的财务报表与其他类似的公司进行比较，或者将公司今年的财务报表与以往年度进行比较。但是由于不同公司的资产规模有差异，或者同一公司不同年份的资产规模有变化，直接对财务报表进行比较通常会很困难，因此我们尝试把绝对数财务报表转化为相对数财务报表以方便比较，这种把常规的资产负债表和利润表项目表示为百分比进行财务分析就是百分比分析（percentage analysis），它又有结构百分比分析和定基百分比分析两种具体的方式。

1）结构百分比分析

结构百分比分析又称为共同比分析（common-size analysis）或垂直分析（vertical analysis），它的具体做法是：在分析资产负债表时，将总资产（负债加股东权益）设为100%，然后将各个报表项目表示为总资产（负债加股东权益）的一定比例，在分析利润表时，将销售收入设为100%，其余各利润表项目表示为销售收入的一定比例。通过结构百分比报表分析我们可以了解财务报表的内部结构。在分析结构百分比资产负债表时，要注意两项内容：第一，资金的来源渠道——包括流动负债、非流动负债和权益；第二，资产的构成——包括各项流动资产和非流动资产的比例。对利润表进行结构分析的意义在于，销售收入在不同程度上对几乎所有费用项目都产生影响（所得税费用除外，因为它只与税前利润而不是销售收入有关）。结构百分比报表对于进行公司间的比较尤为重要，把一家公司的结构百分比报表与竞争对手或同行业平均水平的结构百分比报表进行比较，能够突出账户构成及分布上的差异，从而查明产生这类差异的原因。

表2-4与表2-5分别是R.B.Harvey电子公司（以下简称Harvey电子公司）的资产负债表和利润表，把表2-4中的每个项目都表示成总资产的百分比，把表2-5中的每个项目都表示成销售收入的百分比，就得到Harvey电子公司的结构百分比资产负债表（见表2-6）和结构百分比利润表（见表2-7）。

表2-4　Harvey电子公司2022年、2023年、2024年的资产负债表相关信息

12月31日　　单位：千元

	2022年	2023年	2024年
资产			
货币资金	2 507	11 310	19 648
应收账款	70 360	85 147	118 415
存货	77 380	91 378	118 563
其他流动资产	6 316	6 082	5 819
流动资产合计	156 563	193 917	262 517
固定资产净值	79 187	94 652	115 461
其他非流动资产	4 695	5 899	5 491
资产总计	240 445	294 468	383 469
负债和股东权益			
应付账款	35 661	37 460	62 725
应付票据	20 501	14 680	17 298
其他流动负债	11 054	8 132	15 741
流动负债合计	67 216	60 272	95 764
非流动负债	888	1 276	4 005
负债合计	68 104	61 548	99 769
股本	12 650	20 750	24 150
资本公积	37 950	70 350	87 730
盈余公积	121 741	141 820	171 820
未分配利润	—	—	—
股东权益合计	172 341	232 920	233 700
负债和股东权益总计	240 445	294 468	383 469

表2-5　Harvey电子公司2022年、2023年、2024年的利润表相关信息　单位：千元

	2022年	2023年	2024年
销售收入	323 780	375 088	479 077
销货成本	148 127	184 507	223 690
毛利	175 653	190 581	255 378
销售费用	131 809	140 913	180 610
管理费用	7 700	9 595	11 257
息税前利润	36 144	40 073	63 511
利息费用	1 711	1 356	1 704
税前利润	34 433	38 717	61 816
所得税费用	12 740	14 712	23 490
税后利润	21 693	24 005	38 326

通过分析表2-6我们发现，Harvey电子公司的流动资产在全部资产中占比较高，其中流动性较差的存货和应收账款又占流动资产的绝大部分，我们可以初步判断这家公司的现金持有量相对较少，流动性存在一定程度的隐患。

表2-6　Harvey电子公司2022年、2023年、2024年的百分比资产负债表（%）

12月31日

	结构百分比资产负债表			定基百分比资产负债表		
	2022年	2023年	2024年	2022年	2023年	2024年
资产						
货币资金	1.0	3.8	5.1	100.0	451.1	783.7
应收账款	29.3	28.9	30.9	100.0	121.0	168.3
存货	32.2	31.0	31.0	100.0	118.1	153.2
其他流动资产	2.6	2.1	1.5	100.0	96.3	93.3
流动资产合计	65.1	65.8	68.5	100.0	123.9	167.7
固定资产净值	32.9	32.2	30.1	100.0	119.5	145.8
其他非流动资产	2.0	2.0	1.4	100.0	125.6	117.0
资产总计	100.0	100.0	100.0	100.0	122.5	159.5
负债和股东权益						
应付账款	14.8	12.7	16.4	100.0	105.0	175.9
应付票据	8.5	5.0	4.5	100.0	71.6	84.4
其他流动负债	4.6	2.8	4.1	100.0	73.6	142.4
流动负债合计	27.9	20.5	25.0	100.0	89.7	142.5
非流动负债	0.4	0.4	1.0	100.0	143.7	451.0
负债合计	28.3	20.9	26.0	100.0	90.4	146.5
股本	5.3	7.0	6.3	100.0	164.0	190.9
资本公积	15.8	23.9	22.9	100.0	185.4	231.2
盈余公积	50.6	48.2	44.8	100.0	116.5	141.1
未分配利润	—	—	—	—	—	—
股东权益合计	71.7	79.1	74.0	100.0	135.2	164.6
负债和股东权益总计	100.0	100.0	100.0	100.0	122.5	159.5

表2-7的结构百分比利润表说明了在每1元的销售收入[①]中各项占比。就Harvey电子公司2024年的利润表而言，在每1元的销售收入中，产品销货成本占0.467元，销售和管理费用占0.377元，把所有的成本费用扣除之后，净利润剩下0.08元。

表2-7 Harvey电子公司2022年、2023年、2024年的百分比利润表（%）

	结构百分比利润表			定基百分比利润表		
	2022年	2023年	2024年	2022年	2023年	2024年
销售收入	100.0	100.0	100.0	100.0	115.8	148.0
销货成本	45.8	49.2	46.7	100.0	124.6	151.0
毛利润	54.2	50.8	53.3	100.0	108.5	145.4
销售和管理费用	40.7	37.6	37.7	100.0	106.9	137.0
折旧费用	2.4	2.5	2.3	100.0	79.3	99.6
息税前利润（EBIT）	11.1	10.7	13.3	100.0	111.0	176.0
利息费用	0.5	0.4	0.3	100.0	79.3	99.6
税前利润	10.6	10.3	12.6	100.0	112.4	179.5
所得税	3.9	3.9	4.9	100.0	115.5	184.4
税后利润	6.7	6.4	8.0	100.0	110.7	176.7

2）定基百分比分析

定基百分比分析又称为指数趋势分析（index-number trend analysis）或水平分析（horizontal analysis），它的具体做法是：将基期年份资产负债表或利润表的所有项目设为100%，然后将其他年份的报表项目表示为基期项目的一定比例。定基百分比分析得到的最重要信息就是趋势信息，比较几个不同的会计期间的报表可以解释某种趋势的方向、速度和范围。定基百分比分析还可以比较相关项目的趋势。比如，某公司销售收入逐年上升5%，而销货运输成本同时上升10%，或应收账款以10%的比例增加，而销售收入仅提高3%，对此就需要作进一步调查并给出解释了。在表2-6中，Harvey电子公司的结构百分比资产负债表显示其现金持有量较少，流动性风险较大，短期偿付能力令人担忧，但是从该公司的定基百分比资产负债表来看，2023年和2024年两年，Harvey电子公司的货币资金账户有较大幅度的增长，其增长速度远远大于其他资产，这说明Harvey电子公司流动性不足的状况得以缓解，短期偿付能力有所提高。

2.2.2 比率分析法

比率分析（ratio analysis）是在财务信息中的各个数据之间进行比较和考察的方法。通过比率分析，可以对企业的偿债能力、资产运用能力、盈利能力以及市场价值有所了解，进而为判断和预测企业的总体财务状况和未来发展趋势提供依据。比率分析是最流

① 此处销售收入指销售净额。销售净额是指从销售总额中减去销售退回与折让的金额。销售净额=销售总额-（销货退回+销货折让）。

行且适用范围最广的财务分析工具，财务比率表达了两个财务数据之间的数学关系，这是通过单纯考察构成比率的各项要素难以获知的。同时，财务比率是分析的起点而不是终点，比率的效用究竟如何，取决于运用是否有技巧、解释是否恰当，这是比率分析最具挑战性的方面。财务比率通常包括以下几类：流动性比率、杠杆比率、周转率比率、盈利性比率和市场价值比率。下面我们将以Harvey电子公司为例，逐一计算这些财务比率，除非特别说明，我们使用的都是期末（即2024年）的财务报表（见表2-4和表2-5）。

1）流动性比率

流动性比率（liquidity ratios）反映企业短期内在不引起不适当压力的情况下偿付短期债务的能力。公司的短期流动性风险主要来自筹集营运资本的需要，公司收到货款或劳务收入前，通常必须向其供应商支付款项，这时公司通常通过短期借债来弥补现金的不足，因而流动性比率关注的是流动资产和流动负债。在这里，我们介绍三种流动性比率。

（1）流动比率

流动比率（current ratio）是流动资产与流动负债的比率。

$$流动比率 = \frac{流动资产}{流动负债} \tag{2-1}$$

Harvey电子公司2024年的流动比率为：

$$流动比率 = \frac{262\ 517}{95\ 764} = 2.74$$

Harvey电子公司的流动比率为2.74，我们可以说，相对于每1元的流动负债，Harvey电子公司有2.74元的流动资产，或者说Harvey电子公司的流动资产对流动负债的覆盖倍数是2.74。

对于供货商等债权人而言，流动比率越高越好，因为这意味着公司清偿短期债务的能力较强；对于公司而言，高流动比率有可能意味着现金和其他短期资产的运用效率低下，事实上，可以合理地认为，很高的流动比率表明公司在降低存货方面存在问题。如果公司的借款能力较强，那么流动比率低未必是坏信号。一般而言，流动比率小于1表明公司下一年的流动负债比预期可变现的资产多，公司面临流动性风险；虽然国际公认的合理流动比率为不小于2，但是公司应在降低流动性风险与营运资本占用现金这两者之间作出权衡。

流动比率受不同类型的交易影响。如果公司以长期债务筹资，则现金和非流动负债增加，流动负债不变，从而流动比率上升。如果流动资产和流动负债等量增加，那么它对流动比率的影响取决于变化前的流动比率水平[①]。

（2）速动比率

速动比率（quick ratio）又称酸性测试比率（acid-test ratio），是速动资产与流动负债的比率。

$$速动比率 = \frac{流动资产 - 存货}{流动负债} \tag{2-2}$$

---

① 如果流动资产和流动负债等额增加，变化前的流动比率大于1，那么变化后的流动比率将会降低；如果变化前的流动比率小于1，那么变化后的流动比率将会提高。

Harvey电子公司2024年的速动比率为：

$$速动比率=\frac{262\,517-118\,563}{95\,764}=1.50$$

流动资产中，存货相对于其他流动资产其流动性较差，存货的账面价值不能准确地反映其市场价值，因为账面价值没有把存货的质量考虑在内；另外，存货过多往往是公司短期内陷入困境的一个标志，公司可能因为高估了销售而过多地购置原材料，使得流动性被存货所拖累。为了衡量一个公司不需要变卖存货就能清偿短期债务的能力，我们引入了速动比率。它考察公司的速动资产（货币资金、交易性金融资产，也就是扣除了存货之后的流动资产）覆盖流动负债的倍数。对于速动比率，国际上公认的安全标准为1，但是在进行财务分析时，也要根据公司的具体情况作出判断，例如生产白酒类产品的企业速动比率通常都远远小于1，但这并不一定表示这些企业将会陷入流动性危机，因为白酒行业的特殊之处在于存放时间越长的产品价值越高。所以，对这些企业而言，存货多并不是坏事。

速动资产包括的项目并不是一成不变的。如果有证据表明公司存货可以迅速变现，那么存货可以列入速动资产；如果公司客户的商业信誉恶化，连环欠债严重，应收账款流动性变差，那么速动资产中就应该剔除应收账款。

（3）现金比率

现金比率（cash ratio）是货币资金与流动负债的比值。它表明了公司以流动性最强的形式持有资产的比率，这是债权人最为关心的流动性比率，最能反映企业直接偿付流动负债的能力。

$$现金比率=\frac{货币资金}{流动负债} \tag{2-3}$$

现金比率是在企业因赊销而形成大量的应收账款时，考察公司的变现能力时所运用的指标。现金比率越高，说明变现能力越强，此比率也称为变现比率。一般认为现金比率在20%以上为好。但这一比率过高，就意味着企业流动资产未能得到合理运用，而现金类资产获利能力低，这类资产金额太高会导致企业机会成本增加。

2）杠杆比率

杠杆比率（leverage ratio）反映公司负担长期债务的能力，即公司负担财务杠杆[①]的能力。常用的杠杆比率有以下三种：

（1）负债比率

负债比率（debt ratio）是公司的负债总额与资产总额的比率，它把对所有债权人所有期限的债务[②]都考虑在内，反映公司的资产总额中有多少是通过负债得到的。

$$负债比率=\frac{负债总额}{资产总额} \tag{2-4}$$

Harvey电子公司的负债比率为：

$$负债比率=\frac{99\,769}{383\,469}=0.26$$

① 关于财务杠杆的定义，大体有两种观点：其一，将财务杠杆定义为"企业使用债务融资的程度"，这种定义强调财务杠杆就是负债。其二，认为财务杠杆是指在筹资中适当举债，如果负债使得企业每股利润上升，称为正财务杠杆；如果使得企业每股利润下降，通常称为负财务杠杆，这种定义强调的是通过负债经营引起的结果。一般来说，企业在经营中总会发生借入资金。企业负债经营，不论利润是多少，债务利息是不变的，于是，当息税前利润（EBIT）增大时，每1元息税前利润所负担的利息就会相应减少，从而给投资者收益带来更大幅度的提高，这种债务对投资者收益的影响被称作财务的杠杆作用。

② 负债总额=资产总额-权益总额=流动负债+非流动负债。在这里，如果有优先股的话，权益总额包括优先股。

也就是说，Harvey电子公司有26%的债务，或者说Harvey电子公司每1元的资产中有0.26元来自负债。负债比率越高，负债占总资产的比重越大，债权人在公司清算时遭受损失的可能性越大；负债比率低的公司偿还债务的能力相对较强，债权人的债权也相对安全。负债比率可以衡量公司财务风险的大小。

负债比率有两个变化形式：权益乘数（equity multiplier）和负债权益比（debt-equity ratio）。

$$\text{权益乘数}=\frac{\text{资产总额}}{\text{所有者权益总额}} \tag{2-5}$$

$$\text{负债权益比}=\frac{\text{负债总额}}{\text{所有者权益总额}} \tag{2-6}$$

Harvey电子公司的权益乘数和负债权益比分别为：

$$\text{权益乘数}=\frac{383\,469}{233\,700}=1.64$$

$$\text{负债权益比}=\frac{99\,769}{233\,700}=0.43$$

关于负债比率需要说明两点：第一，负债比率与它的两个变化形式——权益乘数和负债权益比，三者只要给定其中之一，另外两个就可以计算，因而它们在本质上是相同的[①]；第二，由于流动负债更多是公司为经营资金的周转而借入，非流动负债更能反映出债权人以投资为目的的资本投入，所以有时人们会考虑非流动负债率。

（2）利息保障倍数

利息保障倍数（interest coverage ratio），又称已获利息倍数（times-interest-earned ratio），它等于息税前利润（EBIT）与利息支出的比值。

$$\text{利息保障倍数}=\frac{\text{息税前利润}}{\text{利息支出}} \tag{2-7}$$

Harvey电子公司的利息保障倍数为：

$$\text{利息保障倍数}=\frac{63\,511}{1\,704}=37.3$$

如果说负债比率反映的是公司的静态偿债能力，或者公司在清算的情况下通过资产变现的能力，那么利息保障倍数反映的则是公司的动态偿债能力，或者公司通过经营活动创造收益来偿还债务的能力。Harvey电子公司的利息保障倍数为37.3，表明该公司的经营收入扣除所有经营成本之后，还是应支付利息的37.3倍。一般来说，利息保障倍数越大，公司运用收益偿还利息的能力越强。

（3）现金涵盖率

利息保障倍数是基于EBIT计算的，由于计算EBIT时已经扣除了非现金项目折旧和摊销，因此EBIT并不能真正度量可用于支付利息的现金有多少。由于利息多数情况下是对债权人的现金支出，我们引入一个现金涵盖率（cash coverage ratio），它是息税及折旧和摊销前的利润（earnings before interests，taxes，depreciation and amortization，EBITDA）与利息支出的比值。

$$\text{现金涵盖率}=\frac{EBITDA}{\text{利息支出}}=\frac{EBIT+\text{折旧和摊销}}{\text{利息支出}} \tag{2-8}$$

---

① 权益乘数 = 1 + 负债权益比，负债比率 $=1-\frac{1}{\text{权益乘数}}$。

Harvey电子公司的现金涵盖率为43.9（（63 511+11 257）÷1 704），通过该公司的利息保障倍数和现金涵盖率我们可以看出，Harvey电子公司的长期债务清偿能力较强。

3）周转率比率

周转率比率（turnover ratios）又称资产管理比率（assets management ratios），用于衡量公司的资产管理效率，旨在说明公司在多大程度上能集中有效地运用资产来获得收入。计算这些比率是为了解答以下问题：资产负债表上报告的各类资产账面总价值是否合理，与现在及未来的销售水平相比是否过高或过低？如果企业在资产上投资过度，经营性资产和资本会过高，会减少它的自由现金流和降低股价；如果企业没有足够的资产，它会错失销售机会，危及盈利能力、自由现金流以及股价，因而在资产上进行合理的投资十分重要。我们在这里介绍三种不同种类资产的周转率。

（1）应收账款周转率和应收账款周转天数

应收账款周转率（accounts receivable turnover）是赊销收入与应收账款之比。

$$应收账款周转率 = \frac{赊销收入}{应收账款} \tag{2-9}$$

其中，应收账款可以用年末余额，也可以用平均应收账款（即（年初应收账款+年末应收账款）/2）。由于应收账款是因企业赊销而产生的，其周转率的分子应为企业的赊销金额；如果得不到年赊销收入的数据，就用企业销售收入净额[①]代替，这就相当于假设所有的销售收入都是赊销。

应收账款周转天数（days sales outstanding，DSO）是指企业从取得应收账款的权利到收回款项、转换为现金所需要的时间。

$$应收账款周转天数 = \frac{365}{应收账款周转率} \tag{2-10}$$

Harvey电子公司的应收账款周转率为4.7次（479 077÷（85 147+118 415）÷2），平均收账期为78天（365÷4.7）。

应收账款周转率用于衡量年度内应收账款余额周转的次数，它反映了企业对应收账款的使用效率，也反映了企业信用政策的宽严程度。应收账款同企业的其他资产相同，也是一项投资，它的目的是促进销售、减少存货。如果应收账款周转率高，说明每一单位应收账款产生的销售额大，单位资金的使用效率高，企业可以在较短时间内收回货款，在一定程度上可以弥补企业流动性比率低的不足；如果应收账款周转率低，企业将有大量资金被客户占用，这会造成自身资金周转困难，若因此而从银行借款，则会背上较重的利息负担。当然，过高的应收账款周转率可能意味着企业信用政策过于苛刻，销售收入中的现金支付率要求较高，容易影响销售量，丧失市场份额。

应收账款周转天数表明企业平均需要多长时间收回应收账款，又称为平均收账期（average collection period，ACP），它是应收账款周转率的一个辅助性指标。一般地，应收账款周转天数越短，说明流动资金使用效率越高。编制账龄分析表可以得到关于企业应收账款更为详细的信息。账龄分析表表明尚未收回的不同期限的应收账款额，如3~30天、31~60天、61~90天和90天以上的应收账款在全部应收账款中所占的比重。我们还可以通

① 所谓销售收入净额，是指销售收入减去当期销售收入中扣除的项目，如销售折扣、销货折让和销售退回等。产品或商品销售收入净额包括已经收到货款的销售收入和尚未收到货款但已经确认的销售收入（即赊销金额）。需要注意的是，赊销一般是企业的商业机密，不对外公布。

过与企业销售货物的付款条款相对比来评价公司的应收账款周转天数。比如Harvey电子公司销售条款规定客户必须在50日内支付，那么公司78天的平均收账期意味着客户基本上没有按期付款，这使得Harvey电子公司丧失了本来可以投资于生产性项目的资金；另外，某些情况下客户延迟支付就意味着客户正陷入财务困境，此时Harvey电子公司能否收回货款都成问题，所以，如果信用政策没有变，而平均收账期持续时间延长，这就表明公司急需采取措施加速应收账款的回收。

（2）存货周转率和存货周转天数

存货周转率（inventory turnover）是销货成本与存货的比率。存货周转率是对流动资产周转率指标的补充说明，是衡量企业销售能力及存货管理水平的综合性指标。它用于反映存货的周转速度，即存货的流动性及存货资金占用量是否合理，促使企业在保证生产经营连续性的同时，提高资金的使用效率，增强企业的短期偿债能力。

$$\text{存货周转率} = \frac{\text{销货成本}}{\text{存货}} \tag{2-11}$$

其中，存货可以用期末存货，也可以用平均存货（即（年初存货+年末存货）/2）。由于存货是按照成本计算价值的，因此用销货成本[①]参与存货周转率的分析是合理的。如果销货成本的数据无法获得，可以用销售收入代替。

存货周转天数（days sales in inventory），是指企业从取得存货开始，直至实现销售为止所经历的天数。

$$\text{存货周转天数} = \frac{365}{\text{存货周转率}} \tag{2-12}$$

Harvey电子公司的存货周转率为2.13次（223 690÷（91 378+118 563）÷2），存货周转天数为171天（365÷2.13）。

存货周转率用于衡量存货实物1年里循环周转的次数，反映公司存货使用效率的高低。存货周转率高，说明存货管理较好，使用效率高；存货周转率低，说明公司存货管理不良，产供销脱节，存货使用效率低。过多的存货会加大公司的资金占用，增加利息负担，使公司的资产流动性减弱。

存货周转天数反映存货售出之前在企业存留的平均时间，又称在库天数。周转天数越短，说明存货变现的速度越快，存货的使用效率越高。

（3）总资产周转率

总资产周转率（total assets turnover）是销售收入与总资产之比。

$$\text{总资产周转率} = \frac{\text{销售收入}}{\text{总资产}} \tag{2-13}$$

Harvey电子公司的总资产周转率为1.41次（479 077÷（294 468+383 469）÷2）。

4）盈利性比率

盈利性比率（profitability ratios）反映的是公司的流动性、资产管理以及债务对经营结果的综合影响，主要有与销售额有关的比率、与投资额有关的比率和与净投资有关的比率三大类。

---

① 举例说明这个问题：去年销售了60单位的产品，销售收入为600元，销货成本为360元，其中存货为20单位，即120元。用销售收入除以存货，周转率为600÷120=5（次）；用销货成本除以存货，周转率是360÷120=3（次）。从已知条件来看，我们知道存货实物周转了3次（60÷20）。销售收入是按照市价表示的，其中包含了利润，而存货是按照成本价表示的，用销售收入计算往往高估了真实的存货周转率，所以用销货成本作为分子更为合适。

（1）销售利润率

销售利润率（profit margin，PM）是与销售额有关的盈利性比率，它是公司税后净利润与销售收入之比①。一般来说，销售利润率反映企业以较低的成本或较高的价格提供产品和劳务的能力。

$$销售利润率 = \frac{净利润}{销售收入} \times 100\% \tag{2-14}$$

（2）资产收益率

用不同的利润做分子，我们可以得到两个不同的资产收益率：资产净收益率和资产息税前收益率。

资产净收益率（net return on assets，ROA net）是净利润与总资产之比。②

$$资产净收益率 = \frac{净利润}{总资产} \times 100\% \tag{2-15}$$

资产息税前收益率（EBIT return on assets，ROA EBIT）是息税前利润与总资产之比。

$$资产息税前收益率 = \frac{息税前利润}{总资产} \times 100\%^{③} \tag{2-16}$$

资产净收益率（ROA net）和资产息税前收益率（ROA EBIT）都是与投资额有关的盈利性比率，二者的差异是由债务融资引起的，后者又被称为基础盈利能力（basic earning power，BEP）比率，因为它反映在排除不同的财务杠杆和不同的税制环境影响的情况下，公司使用现有资产从事主营业务获取利润的能力。

（3）权益收益率

权益收益率（return on equity，ROE）又称为净资产收益率、净投资收益率，它是与股东的净投资有关的收益率，是净利润与股东权益之比。

$$权益收益率 = \frac{净利润}{股东权益} \times 100\%^{④} \tag{2-17}$$

权益收益率表明公司剩余利润占股东权益账面价值的比率，财务杠杆既影响权益收益率的分子，又影响它的分母。一个健康的企业权益收益率一般高于资产收益率，但在某些经营绩效不好的年份，权益收益率会低于资产收益率，这是因为财务杠杆增大了股票的风险。

Harvey电子公司的销售利润率是8%（38 326÷479 077×100%），资产净收益率是11.31%（38 326÷（294 468+383 469）÷2×100%），资产息税前收益率是18.74%（63 511÷（294 468+383 469）÷2×100%），权益收益率是16.43%（38 326÷（232 920+233 700）÷2×100%）。

下面对反映公司盈利能力的ROA和ROE进行分解。

公司的资产收益率（ROA）可以分解为两个财务比率的乘积。

---

① 使用不同层次的利润作为分子可以得到不同的销售利润率，最常用的是以净利润做分子的销售利润率。

② 一般情况下，资产收益率这一概念独自使用时，专指资产净收益率。

③ 这是没有考虑节税效应的资产息税前收益率。考虑了节税效应的资产息税前收益率的计算应进行相应的修正，即使用税后净营业利润（net operating profit after tax，NOPAT）作为分子，这里 $NOPAT=EBIT(1-T)$：$\frac{EBIT(1-T)}{总资产} = \frac{NI + 利息(1-T)}{总资产}$，这个收益率也称为投入资产收益率（return on investment capital，ROIC）。

④ 与普通股股东相比，优先股股东对公司收益有不同的要求权，因而权益收益率的计算应剔除优先股的影响。具体做法是，用扣除优先股股利后的净利润做分子，用普通股股东权益做分母。

$$资产收益率 = \frac{净利润}{销售收入} \times \frac{销售收入}{总资产} = 销售利润率 \times 总资产周转率 \quad (2\text{-}18)$$

由此我们可以看出，公司要想提高每1元投资获取的利润，可以从两方面着手：一是提高销售利润率；二是加快总资产的周转率。在现实中，公司通常难以做到两者兼顾，往往侧重于提高其中的某一个比率。以零售业为例，超市的经营侧重于提高总资产周转率，而珠宝玉器店的经营则侧重于销售利润率的增长；同一个公司在生产周期的不同阶段或者在不同的宏观经济背景下侧重点也有所不同。

公司的权益收益率可以分解为三个财务比率的乘积。

$$权益收益率 = \frac{净利润}{销售收入} \times \frac{销售收入}{总资产} \times \frac{总资产}{股东权益} = 销售利润率 \times 总资产周转率 \times 权益乘数 \quad (2\text{-}19)$$

根据公式（2-18）和公式（2-5）、公式（2-6），权益收益率还可以表示如下：

$$权益收益率 = 资产收益率 \times (1 + 负债权益比)$$

即：

$$权益收益率 = ROA \times (1 + \frac{D}{E}) \quad (2\text{-}20)$$

由此可见，在资产息税前收益率保持不变的情况下，提高负债水平能够提高公司的权益收益率，但同时也提高了权益资本收益的风险。我们通过以下例子说明债务对权益资本收益影响的双重效应。

【例2-1】公司A和公司B的总资产规模以及息税前利润水平相同，总资产均为1 000万元。但A公司没有债务，而B公司有利率为10%的债务600万元。为简化分析过程，假设没有税收。相关财务信息见表2-8。

表2-8　**相关财务信息**　金额单位：万元

项目＼情形	情形1		情形2	
	公司A	公司B	公司A	公司B
总资产	1 000	1 000	1 000	1 000
债务（利率10%）	0	600	0	600
股东权益	1 000	400	1 000	400
EBIT	140	140	60	60
利息	0	60	0	60
净利润	140	80	60	0
ROA	14%	14%	6%	6%
ROE	14%	20%	6%	0

在经济状况较好的情况下（情形1），A、B两家公司的EBIT都是140元，资产息税前收益率都是14%，由于B公司有债务，所以B公司的权益收益率（20%）大于A公司的权益收益率（14%）。

为什么会产生这样的差异呢？因为B公司虽然与A公司具有相同的资产收益率，但它使用了成本较低的债务资本；只要支付给债权人10%的利息，剩余的由债务资本创造的额外4%的收益就归属于B公司的股东，与此同时财务杠杆发挥作用，结果就提高了B公司股东权益的回报。

既然增加债务能够增加股东的回报，为什么B公司不多借一些债务呢？原因在于债务是一种固定支付型的融资方式。假设经济陷入萧条（情形2），公司销售收入锐减，A、B两家公司的EBIT均降为60元，则资产息税前收益率均降为6%，此时A公司资产获得的收益全部归属于股东，所以权益收益率与资产息税前收益率相等，而B公司的股东使用债权人的资金获得的回报不足以弥补债权人的成本，所以不得不让渡自己资金所获得的收益，结果在财务杠杆的作用下，股东的权益回报率为0。

由此可见，债务对权益资本的回报率会产生两种影响。在经济状况好的时候，使用债务可以为股东的收益锦上添花，在经济状况不好的时候则会雪上加霜。股东权益收益率由两个因素决定：其一是公司的资产息税前收益率和债务利率之差；其二是公司债务与权益资本之比（即公司的财务杠杆）。由此，我们可以得到权益收益率的另一个计算公式：

$$ROE = ROA + (ROA - i) \times \frac{D}{E} \quad (2\text{-}21)$$

[①]

其中，ROA是资产息税前收益率；i是债务利率；$\frac{D}{E}$是负债权益比。

对公司盈利能力比率ROA和ROE的分解有助于帮助我们理解财务报表的杜邦分析方法。

5）市场价值比率

市场价值比率（market value ratios），将企业股票的市场价格与其盈利、账面价值等联系在一起，向管理层揭示投资者对企业过去经营状况和未来预期的看法。如果企业的流动性比率、周转率比率、盈利性比率都很好，那么市场价值比率也会较高，企业的股票价格会与预期更为接近。这组指标仅适用于公开上市交易的公司。假设Harvey电子公司在2024年末有1 500万股流通在外的普通股股票，年末股票每股价格为24.47元，其每股收益[②]和每股账面价值[③]分别为：

$$EPS = \frac{\text{净利润}}{\text{流通在外的普通股股数}} = \frac{38\ 326\ 000}{15\ 000\ 000} = 2.56(\text{元})$$

---

① 这个公式是在不考虑税率的情况下得出的，当引入公司所得税时，该公式修正为：$ROE = ROA + [ROA - i(1-T)] \times \frac{D}{E}$，其中$ROA$是税后的资产息税前收益率，它的分子是$EBIT$（$1-T$）。

证明如下：因为$ROA = \frac{EBIT(1-T)}{D+E}$，所以

$$ROA + [ROA - i(1-T)] \times \frac{D}{E}$$

$$= \frac{NI + I(1-T)}{D+E} + \left[\frac{NI + I(1-T)}{D+E} - \frac{I(1-T)}{D}\right] \times \frac{D}{E}$$

$$= \left[\frac{NI + I(1-T)}{D+E}\right]\left(1 + \frac{D}{E}\right) - \frac{I(1-T)}{E}$$

$$= \frac{NI}{E} + \frac{I(1-T)}{E} - \frac{I(1-T)}{E} = \frac{NI}{E} = ROE$$

② 当公司有发行在外的优先股的时候，每股收益的计算如下：EPS=（税后净利润-优先股股利）/流通在外的普通股股数。

③ 每股账面价值也叫每股净资产，是股东权益总额减去优先股权益后的余额与流通在外的普通股股数之比。

$$每股账面价值 = \frac{股东权益}{流通在外的普通股股数} = \frac{233\ 700\ 000}{15\ 000\ 000} = 15.58(元)$$

（1）市盈率

市盈率（price-to-earnings ratio，P/E）是用股票当前的每股市场价格除以上一年度普通股每股收益，或者用公司股票的总市值除以公司净利润。

$$市盈率 = \frac{每股市价}{每股收益} \tag{2-22}$$

Harvey电子公司的市盈率为9.56倍（24.47÷2.56）。我们可以说，Harvey电子公司的股票按9.56倍于利润的价格交易。

市盈率衡量投资者愿意为每股的当前利润支付多少钱。一般而言，市盈率高，说明投资者看好这一公司的股票，认为该公司未来会有更大的发展，因而在该股票提供的每股收益与其他股票相当的情况下，愿意出较高的价格购买这一股票，所以股票市盈率高的公司有较好的发展前景。

（2）市值面值比

市值面值比（price-to-book ratio，M/B）等于每股市价除以每股账面价值，也称为市净率（即每股市价除以每股净资产）或市账率。通常情况下，资产利用率高、盈利能力强、发展前景好的企业有较高的市净率。

$$市净率 = \frac{每股市价}{每股账面价值} \tag{2-23}$$

Harvey电子公司的市值面值比为1.57（24.47÷15.58）。

市值面值比是一个衡量企业历史经营情况的非常粗略的指标，这个指标小于1通常说明总体上公司没有能够为股东成功地创造价值。这个比率越高，市场价值相对于账面价值越大；高比率说明企业产生的市场价值比按公认会计原则规定记录的账面价值大，隐含的信息是企业经营良好。当然，对市场价值与账面价值的差异还有其他可能的解释，因而要得出正确的结论，通常还需要其他的信息。

（3）企业价值

企业价值（enterprise value，EV）评估的是公司潜在的经营性资产的价值，这些资产不受融资方式的束缚，独立于任何现金和有价证券。

$$企业价值 = 股权市值 + 带息负债市值 - 货币资金 \tag{2-24}$$

Harvey电子公司的价值为：

$$24.47 \times 15\ 000\ 000 + 4\ 005\ 000 - 19\ 648\ 000 = 351\ 407\ 000(元)$$

这个价值可以理解为接管或收购Harvey电子公司所需付出的成本，也就是说，要支付371 055 000元来购买Harvey电子公司的全部股权并且偿付其债务，但由于同时得到该公司19 648 000元的货币资金，所以净成本为351 407 000元。

关于企业价值计算中的股权市值和带息负债市值，需要说明以下两点：

第一，股权市值（market capitalization）是上市公司每股股价乘以发行在外的股份数。它与公司资产的历史成本无关，仅仅取决于投资者对这些资产未来产生的现金流的期望。

第二，带息负债，又称为融资性负债，是由公司的融资活动产生的，包括来源于商业银行、租赁公司等在内的金融机构的负债，以及发行债券所募集的资金，公司需要为这些融资性负债支付市场利率水平的利息[①]。有些时候我们无法掌握公司带息负债市场价值的信息，在这种情况下，通常的做法就是用公司发行在外的带息负债的账面价值作为替代[②]。

2.2.3 杜邦财务分析法

不同的财务指标之间存在着各种各样的相互关联。由美国杜邦公司首先采用的杜邦分析法（DuPont analysis）就揭示了权益收益率与其他相关财务比率之间的关系，有利于财务人员深入了解公司的财务状况和经营状况。

杜邦分析法的原理是：以权益收益率为核心，将其分解为最基本的财务比率，以考察影响公司盈利能力的各种因素，评价公司的财务状况和经营绩效。图2-1描述了杜邦财务分析体系中各财务指标之间的内在联系。

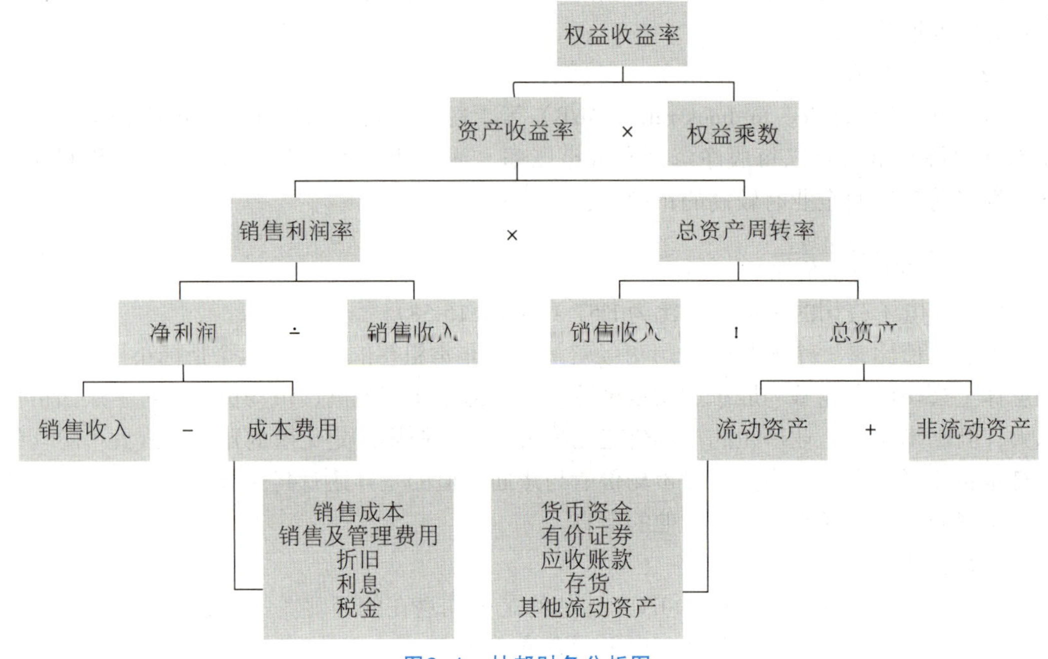

图2-1 杜邦财务分析图

权益收益率可以分解为三个因子的乘积（见公式（2-19））：

权益收益率 = 销售利润率 × 总资产周转率 × 权益乘数

这个公式又称为杜邦恒等式（DuPont identity），它表明权益收益率受以销售利润率衡量的经营效率、以总资产周转率衡量的资产运用效率和以权益乘数衡量的财务杠杆三个方面的因素影响。

提高资产收益率和权益乘数可以使权益收益率提高，但是提高资产收益率与提高权益乘数的意义不同。资产收益率反映的是公司利用现有资产创造利润的能力，它的提高是公司经营效率和资金利用效率提高的结果，表明投资者的投入在公司中得到了更加有效的利

① 与之相对的是经营性负债，它由公司的日常经营活动产生，主要来源于供应商和客户，包括应付账款和预收账款等，公司无须为经营性负债支付市场利率水平的利息，其本身在性质上不属于公司的融资活动，不是公司融资结构和所有权结构的构成部分，通常其合约是短期的。

② 由于债务的市场价值和账面价值区别不大，实务中通常会忽略这一差异。

用，是公司管理人员对股东的贡献；而权益乘数的提高虽然也可以提高权益收益率，但它是以提高股东的财务风险为代价的。

资产收益率由销售利润率和总资产周转率的乘积决定，因此，提高资产收益率可以从提高销售利润率和提高资产周转率两方面入手。提高销售利润率又可以从两方面入手：一是提高销售收入；二是降低销货成本和各种费用支出。提高总资产周转率实际上是要在资产总额不变的情况下提高销售收入，这同样需要从两方面入手：一是降低单位产品成本，从而在资产周转期不变的情况下减少单位产品占用的资产，使同样的资产可以产生更多的销售收入；二是提高各类资产的周转率，缩短产品占用资产的时间，创造更多的销售收入。

根据2024年年末账面价值计算，Harvey电子公司2024年的资产收益率为9.99%，销售利润率为8%，总资产周转率为1.41，权益乘数为1.64，显示该公司16.4%的权益收益率在相当程度上依赖于销售利润和较高的财务杠杆。

2.3 财务计划模型

财务计划是企业以货币形式对计划期内资金的取得与运用以及各项经营收支及财务成果进行的预测。对于公司而言，财务计划可以使决策者和执行者对未来可能出现的情况有所预测；考察不同的投资计划对资金的需求状况，以及如何满足这些投资需求；考察各种可能出现的情况，并指出各种情况的出现会对公司产生的影响，以及应对意外情况的措施和手段；通过对不同方案未来财务状况的分析，比较不同的投融资方案的财务结果及其对股东的影响，增强企业经营活动的可行性。

2.3.1 财务计划模型的构成

财务管理中的预测是指估计公司未来的融资需求。与预测融资需求相关的基本内容包括：经济假设、销售预测、预计财务报表、资产需要量、融资需要量和调节变量。

1）经济假设（economic assumptions）

销售预测是编制财务计划的出发点，而经济假设又是预测的出发点。基本经济假设是对计划期内相关经济环境的状态和变化的假设，如经济是增长还是衰退，宏观经济政策是否稳定，国际经济环境会发生怎样的变化，企业面临的实际竞争环境如何，企业的竞争对手会采取什么竞争策略等。在诸多的经济假设中很重要的一个就是利率。

2）销售预测（sales forecast）

在公司的财务计划过程中，销售预测至关重要。销售预测应该反映出以下信息：（1）公司在新的一年里能否继续保持过去的销售趋势。（2）可能影响销售趋势的因素预计对销售造成的影响。销售预测是根据市场供需情况的发展趋势，以及公司的销售单价、市场营销活动、产品改进、分销途径等方面的计划安排，对公司的产品在计划期内的销售量或销售额所作出的预计或估量。它不仅要对本公司产品销售的历史资料和未来市场上的供需情况进行分析，还需要考虑与本公司及整个行业有关的政治经济形势和各项重要经济指标的变动、产业发展趋势，以及文化和科技的发展情况等。由于销售取决于未来的经济假设，而未来的经济状况是不确定的，因此销售预测不确定性程度用与销售水平对应的标准差来衡量。销售预测通常以销售增长率的形式表示。公司可以借助专业的咨询机构来进行销售预测。

3）预计财务报表（pro forma financial statements）

财务计划要求编制预计资产负债表（pro forma balance sheet）、预计利润表（pro forma income statement）、预计资金来源与运用表（pro forma sources-and-uses-of-cash statement），这些报表统称为预计财务报表。预计财务报表是财务计划的一个重要结果。

4）资产需要量（asset requirements）

财务计划要确定计划的资本性支出以及计划的净营运资本支出。

5）融资需要量（financial requirements）

财务计划还要进行融资安排，包括股利政策和财务政策等。

6）调节变量（plugs）

如果财务人员假设销售收入、成本和利润将按一个特定的比率g_1增长，同时又要求资产和负债按照另一个不同的比率g_2增长，那就必须有第三个变量来进行协调，否则这两个增长率将无法相容。比如，要使这两个增长率相互协调，则发行在外的股票就不得不按照一个不同的比率g_3增长。这里发行在外的股票就被称为“调节变量”，即选择发行在外的股票的增长率来使利润表项目的增长率和资产负债表项目的增长率相适应。

【例2-2】KF公司2023年的资产负债表和利润表相关信息见表2-9。

表2-9 KF公司2023年的资产负债表和利润表相关信息 单位：万元

利润表		资产负债表			
销售收入	1 000	资产	500	负债	250
销货成本	800			股东权益	250
净利润	200	总计	500	总计	500

2023年，KF公司的销售利润率是20%，公司从未分配过股利，其负债权益比为1，公司的财务人员假设所有的变量都与销售收入保持同比率增长。

假设该公司2024年的销售收入预计增长20%，则所有的资产负债表项目和利润表项目都按照20%的比率增长，我们可以得出KF公司2024年预计的资产负债表和利润表相关信息（见表2-10）。

表2-10 KF公司2024年预计的资产负债表和利润表相关信息 单位：万元

利润表		资产负债表			
销售收入	1 200	资产	600	负债	300
销货成本	960			股东权益	300
净利润	240	总计	600	总计	600

现在我们必须使这两张报表协调一致——怎样在2024年利润为240万元的情况下让股东权益增加额仅为50万元呢？答案是公司需要向股东支付股利190万元，或者用190万元回购公司的股票，这时股利是调节变量。

如果公司既不发放股利，又不回购股票，它的股东权益会增加到490万元，在这种情况下，要使总资产等于600万元，公司就必须偿还部分债务，这时负债就是调节变量。

这个例子说明了销售增长与融资政策之间的关系。销售收入增长，总资产也随之增长；公司必须在净营运资本和资产上进行投资以支持更高水平的销售收入。由于资产总额的增长，资产负债表右边的负债和股东权益总额也随之相应地增长。

2.3.2　销售收入百分比法与预计财务报表编制

销售收入百分比法（percentage of sales approach）是编制预计财务报表的一种方法。它从销售预测开始，假设资产负债表和利润表中的某些项目与销售收入保持同比率增长，它们在某一年份的价值分别等于预计销售收入的一定百分比；预测财务报表中其他与销售收入不直接关联的项目，则取决于公司的股利政策以及对债务和权益融资的权衡情况。

使用销售收入百分比法编制预计财务报表的一般步骤如下：

第一步，预测销售收入，以销售收入金额年增长率的形式表示。

第二步，将资产负债表项目表示为销售收入的一定百分比。

第三步，用第二步确定的百分比乘以预计的销售收入，得到预计未来报告期的资产负债表数值。

第四步，对于那些不随销售收入的变动而变动的项目，直接代入上一期资产负债表中的数值。

第五步，计算预计的留存收益。预计的留存收益等于预计的净利润减去预计股利加上上一年资产负债表中的留存收益。

第六步，将资产方各项目加总以确定预期的总资产；然后将负债和股东权益项目加总以确定总的融资来源；资产方与负债和股东权益方的差额即为短缺的资金额，它与公司的外部融资需求相等。

第七步，用追加变量填充外部融资需求。

这里需要说明两点：（1）在例2-2中，所有的资产和负债都被假设随公司销售收入的变化而变化，这意味着公司没有足够的现有生产能力来支持预计的销售增长，因此，如果销售收入上升，固定资产也要随之上升；如果公司目前拥有的固定资产能够支持预计的新销售水平，这部分资产就不会随着公司的销售收入变化，在这种情况下，固定资产就不是与销售收入保持固定比率的项目，而是一个与上期相同的常数。（2）销售收入的增长离不开应收账款、存货和固定资产的增量投入，这些投入有一部分来源于某些短期资金，它们随着销售收入的增加而增加，如应付账款和应计费用等是随销售收入的变化而改变的变量，我们把这些资金来源称为“自发性融资来源”（spontaneously generated funds）；另一部分资金来源于应付票据、长期债务、普通股和实收资本，它们不直接随公司销售收入的变化而变化，我们称之为“自由融资来源”（free funds）。

【例2-3】我们为GPC公司建立一个1年期的财务模型。GPC公司是一家消费品生产企业，表2-11是GPC公司过去3年的资产负债表和利润表相关信息。

表2-11　　GPC公司2022—2024年资产负债表和利润表相关信息　　单位：百万元

a.利润表		2022年	2023年	2024年
销售收入		200.00	240.00	288.00
销货成本（包括折旧）		110.00	132.00	158.40
毛利润		90.00	108.00	129.60
销售及管理费用		30.00	36.00	43.20
EBIT		60.00	72.00	86.40
利息费用		30.00	45.21	64.04
所得税费用		12.00	10.72	8.94
净收益		18.00	16.07	13.42
股利		5.40	4.82	4.02
股东权益变动		12.60	11.25	9.39
b.资产负债表	2021年	2022年	2023年	2024年
资产	600.00	720.00	864.00	1036.80
货币资金	10.00	12.00	14.40	17.28
应收账款	40.00	48.00	57.60	69.12
存货	50.00	60.00	72.00	86.40
土地、房屋及设备	500.00	600.00	720.00	864.00
负债	300.00	407.40	540.15	703.56
应付账款	30.00	36.00	43.20	51.84
短期借款	120.00	221.40	346.95	501.72
长期借款	150.00	150.00	150.00	150.00
股东权益	300.00	312.60	323.85	333.24

第一步，预测销售收入。对GPC公司，我们假设销售收入在2025年将继续以20%的速度增长，所以2025年的销售收入估计值为34 560万元。

第二步，考察过去的财务报表，确认资产负债表和利润表中与销售收入保持固定比例的项目（表2-12中的销货成本、毛利润、销售及管理费用、EBIT、资产等）。

表2-12　　GPC公司百分比财务报表：2022—2024年（%）

a.利润表	2022年	2023年	2024年
销售收入	100.0	100.0	100.0
销货成本（包括折旧）	55.0	55.0	55.0
毛利润	45.0	45.0	45.0
销售及管理费用	15.0	15.0	15.0
EBIT	30.0	30.0	30.0
利息费用	15.0	18.8	22.2
所得税费用	6.0	4.5	3.1
净收益	9.0	6.7	4.7
股利	2.7	2.0	1.4
股东权益变动	6.3	4.7	3.3
b.资产负债表	2022年	2023年	2024年
资产	360.0	360.0	360.0
货币资金	6.0	6.0	6.0
应收账款	24.0	24.0	24.0
存货	30.0	30.0	30.0
土地、房屋及设备	300.0	300.0	300.0
负债	203.7	225.1	244.3
应付账款	18.0	18.0	18.0
短期借款	110.7	144.6	174.2
长期借款	75.0	62.5	52.1
股东权益	156.3	134.9	115.7

第三步，预测资产负债表和利润表中那些假定与销售收入保持固定比例的项目。因为销货成本在历史上是销售收入的55%，所以2025年的估计值是19 008万元；由于年末总资产是年销售收入的3.6倍，所以2025年年末的预计总资产是124 416万元。

第四步，填写资产负债表和利润表中的空白项目，如那些与销售收入没有固定比例关系的项目（见表2-13）。假设长期借款的年利率是8%，短期借款的年利率是15%，则利息费用的预测值为8 726万元；假设税率为付息后收益的40%，则税额为657万元；假设公司净收益的30%用于发放股利，则股东权益将增加690万元。

表2-13　GPC公司2025年预计资产负债表和利润表相关信息　单位：百万元

a. 利润表		2022年	2023年	2024年	2025年
销售收入		200.00	240.00	288.00	345.60
销货成本（包括折旧）		110.00	132.00	158.40	190.08
毛利润		90.00	108.00	129.60	155.52
销售及管理费用		30.00	36.00	43.20	51.84
EBIT		60.00	72.00	86.40	103.68
利息费用		30.00	45.21	64.04	87.26
税额		12.00	10.72	8.94	6.57
净收益		18.00	16.07	13.42	9.85
股利		5.40	4.82	4.02	2.96
股东权益变动		12.60	11.25	9.39	6.90
b. 资产负债表	**2021年**	**2022年**	**2023年**	**2024年**	**2025年**
资产	600.00	720.00	864.00	1 036.80	12 44.16
货币资金	10.00	12.00	14.40	17.28	20.74
应收账款	40.00	48.00	57.60	69.12	82.94
存货	50.00	60.00	72.00	86.40	103.68
土地、房屋及设备	500.00	600.00	720.00	864.00	1036.80
负债	300.00	407.00	540.15	703.56	904.02
应付账款	30.00	36.00	43.20	51.84	62.21
短期借款	120.00	221.40	346.95	501.72	*691.81*
长期借款	150.00	150.00	150.00	150.00	150.00
股东权益	300.00	312.60	323.85	333.24	340.14

第五步，预测融资需求，填写追加变量。根据“融资需求=总资产变动-留存收益增加额-应付账款增加额”，公司融资需求=20 736－690－1 037=19 009（万元），假设所有这些融资都以短期借款的形式借入，短期借款将从50 172万元增加到69 181万元，这里的短期借款是调节变量。

2.3.3　外部融资需要量

1）外部融资需要量及其影响因素

从前面的分析中可知，企业发展过程中对外部融资的需求等于其资金需求总量减去自发性债务融资和留存收益增量后的余额[①]，即：

$$\text{外部融资需要量}=\text{预计资产增加额}-\text{预计负债增加额}-\text{预计股东权益增加额}$$

外部融资需要量 = 总资产增量 − 自发性债务融资 − 留存收益增量

$$EFN=(A/S_0)\times \Delta S-(L/S_0)\times \Delta S-(PM)\times S_1\times r \tag{2-25}$$

其中，EFN表示外部融资需要量；ΔS表示销售变动额；S_0表示上一年度销售收入；S_1表示预计下年销售收入；A表示与销售直接相关的资产；L表示自发性债务融资；A/S_0表示支持一定销售水平所需要的资产额（资本密集度）；L/S_0表示按销售一定百分比自发增长的债务；PM表示边际净利润率；r表示留存收益率。

【例2-4】WL公司正在考虑购买一台新机器。新机器将使公司的销售收入由4 000万美元增加到4 400万美元，即增长10%。公司认为它的资产总额和负债总额将会与销售收入保持同水平的增长幅度。公司的销售净利润率为10%，股利支付率为50%。公司能否使用留存收益为未来销售收入的增长提供融资？未来的债务融资会增加多少？表2-14为WL公司的财务计划模型。

表2-14　WL公司的财务计划模型　单位：美元

项目	当期资产负债表相关信息	预计资产负债表相关信息	解 释
流动资产	12 000 000	13 200 000	销售额的30%
非流动资产	48 000 000	52 800 000	销售额的120%
资产总额	60 000 000	66 000 000	销售额的150%
短期借款	20 000 000	22 000 000	销售额的50%
长期借款	12 000 000	13 200 000	销售额的30%
普通股	8 000 000	8 000 000	常数
留存收益	20 000 000	22 200 000	净利润的50%
融资总额	60 000 000	65 400 000	各项融资之和
融资需要量	600 000		资产总额与融资总额之差

根据表2-14我们可以编制WL公司的预计资产负债表，其中留存收益的变动额为220万美元（0.1×4 400−0.5×0.1×4 400）。WL公司必须发行60万美元的新股票才能满足未来一年增长的资金需求，发行的新股票是调节变量。WL公司销售收入增长10%时的外部融资需要计算如下：

$$\begin{aligned}EFN&=(A/S_0)\times \Delta S-(L/S_0)\times \Delta S-(PM)\times S_1\times r\\&=1.5\times 4\,000\,000-0.80\times 4\,000\,000-0.10\times 44\,000\,000\times 0.5\\&=6\,000\,000-3\,200\,000-2\,200\,000=600\,000(\text{美元})\end{aligned}$$

由公式（2-25）可以看出，公司的外部融资需要量受五个方面的因素影响。

（1）销售收入增长率

增加销售收入往往需要增加资产，如果销售收入增长率很低，销售增长缓慢，那么依

---

① 虽然折旧也是企业一项重要的内部融资来源，它也可以用来购置资产，但不论从折旧的性质还是从资产的价值形态来看，折旧的作用都是使不断贬值的原有资产得以恢复，因此新增资产的最终资金来源不能是折旧。

靠自发性债务融资和留存收益就可以满足销售增长对资产增长的需求，不需要从外部筹集新的资金；但如果销售收入增长率较高，销售收入增长对资产增长的要求超出了公司留存收益和自发性债务融资的供给能力，公司就需要从外部筹集资金。销售收入增长率越高，外部融资需要量越大。

（2）资本密集度

资本密集度是总资产与销售收入的比值（A/S），它表示为实现单位销售收入所需投入的资本数量，它是总资产周转率的倒数。增加同样数量的销售收入，资本密集度越大，需要增加的资本数量越多，对外部融资需要量越大；反之，外部融资需要量就会较低。

（3）自发性债务融资占销售收入的比率

自发性债务融资占销售收入的比率越大，公司运用供应商等债权人资金的能力越强，对外部融资的需求量越小。

（4）销售利润率

销售利润率越高，相同销售额产生的利润越大，公司运用内部资金满足未来资金需求的能力越强，对外部融资的需求就越低。

（5）留存收益率

留存收益是公司用新增净利润发放现金股利之后剩余的部分，留存收益率的大小取决于公司的股利政策。留存收益率越高，公司对外部融资的需要量越小。

2）外部融资需求与增长

企业的外部融资需要量与增长相关联，企业通常将销售增长预测作为财务计划一个明确的组成部分。现在我们来考察外部融资需要量与销售收入增长率之间的关系。

【例2-5】HFM公司的资产负债表和利润表相关项目如表2-15所示。

表2-15 HFM公司的资产负债表和利润表相关项目 金额单位：万元

资产负债表					
资产			负债和股东权益		
	金额	占销售收入的百分比（%）		金额	占销售收入的百分比（%）
流动资产	1 000	40	负债总额	1 250	n/a
固定资产净值	1 500	60	股东权益总额	1 250	n/a
资产总额	2 500	100	负债和股东权益总额	2 500	n/a
利润表					
销售收入				2 500	
销货成本				2 000	
应税收入				500	
所得税（25%）				125	
净利润				375	
股利				125	
新增留存收益				250	

假设HFM公司预计未来一年的销售收入为3 000万元，即增长20%。使用销售收入百分比法，我们可以编制出公司预计的资产负债表和利润表（见表2-16，仅包括相关项目）。

表2-16　HFM公司的预计资产负债表和利润表相关项目　金额单位：万元

资产负债表					
资产			负债和股东权益		
	金额	占销售收入的百分比（%）		金额	占销售收入的百分比（%）
流动资产	1 200	40	负债总额	1 250	n/a
固定资产净值	1 800	60	股东权益总额	1 550	n/a
资产总额	3 000	100	负债和股东权益总额	2 800	n/a
			外部融资需要量	200	n/a
利润表					
销售收入			3 000		
销货成本			2 400		
应税收入			600		
所得税（25%）			150		
净利润			450		
股利			150		
新增留存收益			300		

如表2-16所示，在20%的增长率下，HFM公司需要新增500万元的资产，预计留存收益会增加300万元，因而外部融资需要量（EFN）为200万元。

公司原始的负债权益比为1.0，我们假设HFM公司不打算发行新的权益。在这种情况下，200万元的外部融资需求就需要通过借入资金来解决，因此预计公司的负债权益比将由原来的1.0下降为0.94（1 450÷1 550）。

我们来考察预期增长率不同的情况下公司的外部融资需求情况（见表2-17）。

表2-17　HFM公司的外部融资需要量与销售收入增长率

预计销售收入增长率（%）	新增资产（万元）	新增留存收益（万元）	外部融资需要量（万元）	预计负债权益比
0	0.00	250.00	-250.00	0.67
5	125.00	262.50	-137.50	0.74
10	250.00	275.00	-25.00	0.80
15	375.00	287.50	87.50	0.87
20	500.00	300.00	200.00	0.94
25	625.00	312.50	312.50	1.00

表2-17显示，当销售收入增长率较低时，HFM公司会出现资金盈余，负债权益比下降，负的外部融资需要量表明公司的留存收益用来支持公司的增长还有剩余，可以用来偿还债务；当销售收入增长率上升为15%时，资金盈余变成了资金缺口，当销售收入增长率进一步上升到超过20%时，负债权益比超过原来的1.0。

图2-2说明了销售收入增长率和外部融资需要量之间的关系。可以看到，新增的资产需要量比留存收益增加额以更快的速度增长，所以留存收益增加额提供的资金很快就不能满足需求了。公司会面临现金冗余还是现金短缺的情况，取决于公司的销售收入增长率。

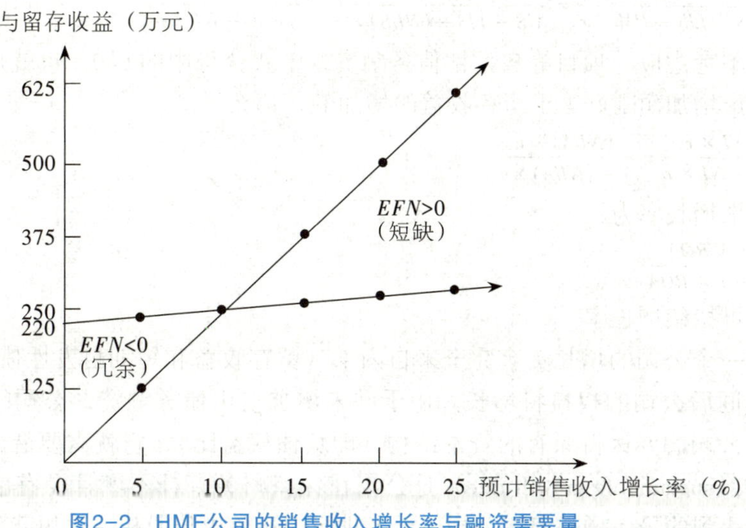

图2-2　HMF公司的销售收入增长率与融资需要量

通过例2-5我们可以看出公司的销售收入增长率与外部融资直接相关，那么公司应该以怎样的速度增长呢？这取决于几个因素：特定增长水平下的投资额、公司的盈利能力、对待风险的态度及其筹集新资金的意愿和能力。下面我们讨论公司财务计划中经常使用的两个增长率，为此我们作出如下财务假设：

第一，公司的资产随销售收入成比率增长；

第二，净利润与销售收入之比（即销售利润率）是常数；

第三，公司的股利政策既定，负债权益比既定；

第四，公司发行在外的股票数量不变。

所用的相关变量如下：

*A/S*表示总资产与销售收入的比率（资本密集度）；*L/S*表示负债与销售收入的比率；S_0表示本年的销售收入；S_1表示下年计划的销售收入；ΔS表示销售收入的变动额（$g \times S_0$）；*g*表示销售收入的增长率；*D/E*表示负债权益比；*PM*表示销售利润率；*r*表示留存收益率。

（1）内部增长率

公式（2-25）表明了增长所需追加的融资额，这些资金需求中部分短期资金来源于自发增长的应计项目，还有一些来源于新增的留存收益。内部增长率（internal growth rate）是在没有任何外部融资而仅靠内部融资的情况下公司可能实现的最大增长率。在图2-2中，两条直线的交点对应的增长率就是内部增长率，在这个增长率水平，需要的资产增加额刚好等于留存收益的增加额，外部融资需要量为零。

假设没有外部融资，我们可以从公式（2-25）推导出内部增长率。

令 EFN=0，则

$$
\begin{aligned}
EFN &= (A/S)\times \Delta S-(L/S)\times \Delta S - PM\times S_1\times r \\
&= (A/S)\times g\cdot S_0-(L/S)\times g\cdot S_0 - PM\times S_0(1+g)\times r \\
&= (A/S)\times g\cdot S_0-(L/S)\times g\cdot S_0 - PM\times S_0\times r - PM\times g\cdot S_0\times r \\
&= (A/S - L/S - PM\times r)\times g\cdot S_0 - PM\times S_0\times r \\
&= 0
\end{aligned}
$$

所以

$$g=\frac{PM\times r}{A/S-L/S-PM\times r}=\frac{(NI/S)\times r}{A/S-L/S-(NI/S)\times r}=\frac{NI\times r}{A-L-NI\times r}$$

如果不考虑应计项目等自发性债务融资，上式分母中的 L=0，也就是说，未来增长所要求的资产增加额刚好等于留存收益的增加额，那么

$$g=\frac{NI\times r}{A-NI\times r}=\frac{(NI/A)\times r}{1-(NI/A)\times r}$$

即内部增长率为：

$$g=\frac{r\times ROA}{1-r\times ROA} \tag{2-26}$$

（2）可持续增长率

如果一个公司的增长资金完全来自内部（留存收益和短期自发性债务融资），那么经过一段时间后公司的权益将增长。由于并未增加自由债务融资，公司的财务杠杆将会下降；如果公司想要保持原有的资本结构（即负债权益比），它就需要借入新的债务。可持续增长率（sustainable growth rate）是公司在保持财务杠杆不变且没有新的权益融资的情况下所能达到的最大增长率。公司出于多种原因避免出售股权，这里我们暂不讨论，而将其设为既定条件。

如果公司要在1年内增加 ΔS 的销售收入，就必须增加 $(A/S)\cdot \Delta S$ 的资产。因为我们已经假设公司不改变其发行在外的股票数量，所以权益融资只能来源于留存收益。留存收益取决于公司下年计划的销售收入、留存收益率以及销售利润率，借款额则取决于留存收益和负债权益比。

由于

资产的变动 = 负债的变动 + 权益的变动

所以

$$(A/S)\times \Delta S = PM\times S_1\times r\times (D/E) + PM\times S_1\times r$$

$$(A/S)\times g\cdot S_0 = PM\times S_0(1+g)\times r\times (D/E) + PM\times S_0(1+g)\times r$$

整理可得：

$$g=\frac{PM\times r\times (1+D/E)}{A/S-PM\times r\times (1+D/E)}$$

即可持续增长率为：

$$g=\frac{r\times ROE}{1-r\times ROE}\text{①} \tag{2-27}$$

HFM 公司的净利润为375万元，总资产为2 500万元，权益总额为1 250万元，因

① 可持续增长率这一概念由希金斯（1981）提出，他率先将可持续增长率运用于财务分析，被波士顿咨询集团公司等普及使用。可持续增长率的简化计算方法是用权益收益率乘以留存收益率，即 $g=r\cdot ROE$。

此，*ROA* 为15%，*ROE* 为30%；在375万元的净利润中，有250万元被留存下来用于再投资，所以留存收益率为2/3。我们计算HFM公司的内部增长率和可持续增长率分别为：

$$\text{内部增长率} = \frac{(2/3) \times 15\%}{1 - (2/3) \times 15\%} = 11.11\%$$

$$\text{可持续增长率} = \frac{(2/3) \times 30\%}{1 - (2/3) \times 30\%} = 25\%$$

通过公式（2-27）我们可以得出直接影响可持续增长率的四个因素：

第一，销售利润率。销售利润率的增加会提高公司内部生成资金的能力，所以能够提高可持续增长率。

第二，股利政策。净利润中用于支付股利的百分比下降会提高留存比率，增加内部股权资金，从而提高可持续增长率。

第三，融资政策。提高负债权益比即提高公司的财务杠杆会使公司获得额外的债务融资，从而提高可持续增长率。

第四，总资产周转率。提高总资产周转率使得公司每单位资产能够带来更多的销售收入，在销售收入增长的同时降低公司对新增资产的需求，因而提高可持续增长率。

可持续增长率是财务计划中非常重要的一个指标，它揭示了公司四个主要方面的关系：由销售利润率表示的经营效率、由总资产周转率表示的资产使用效率、由留存收益率度量的股利政策以及由负债权益比度量的融资政策。当一个公司不发行新的权益，并且上述四个指标保持不变时，它能够实现的增长率只有一个，就是可持续增长率。

本章小结

资产负债表、利润表和现金流量表是基本的财务报表。财务报表对于公司的外部利益相关者而言，是获取公司信息的重要工具；对于公司内部管理者而言，是制定公司财务决策的重要依据。资产负债表是反映企业在某一特定时点的财务状况的会计报表。利润表是反映企业在某个会计期间内的经营成果及分配情况的财务报表。现金流量表是用来反映企业在一定的会计期间内有关现金收入、现金支出及投资与筹资活动的财务报表。

财务分析是运用公司的历史财务报表，对公司过去的经营情况进行总结和整理。财务报表分析有百分比分析、比率分析等多种方法。比率分析通过计算公司的流动性比率、杠杆比率、周转率比率和盈利能力比率来判断企业的总体财务状况和为未来发展趋势的预测提供依据。运用杜邦分析法对权益收益率进行分解，我们得出影响ROE的因素主要包括成本的控制、资产的使用和债务的运用。

财务计划是通过编制预计的财务报表，以货币形式对企业计划期内资金的取得与运用以及各项经营收支及财务成果进行预测。运用销售收入百分比法我们可以编制预计资产负债表和预计利润表，估计公司的外部融资需要量，分析影响外部融资需要量的因素。影响外部融资需要量的因素包括销售收入增长率、资本密集度、自发性债务融资占比、销售利润率和留存收益率，其中销售增长率是最关键的因素。

关键概念

资产负债表　流动资产　折旧　流动负债　利润表　现金流量表　结构百分比分析　定基百分比分析　流动性比率　杠杆比率　权益收益率　市盈率　自发性融资来源　资本密集度　内部增长率　可持续增长率

综合训练

计算题

1. 某公司销售净利润率为15%，销售收入为20 000 000美元。如果公司债务为7 500 000美元，总资产为22 500 000美元，税后利息成本为5%，公司的资产净收益率是多少？

2. 某公司利息支出为20 000美元，销售收入为2 000 000美元，所得税税率为25%，销售净利润率为6%，公司的利息保障倍数是多少？

3. 给定下列关于Givens公司的信息：资产净收益率为12%，权益资本收益率为25%，总资产周转率为1.5，公司的销售净利润率和负债比率是多少？

4. SI公司所有的销售收入都是赊销。公司的销售净利润率为4%，平均收账期为60天，应收账款为150 000美元，总资产为3 000 000美元，负债比率为0.64，公司的权益资本收益率是多少？

5. ABC公司的负债比率为60%，每年的利息费用为300美元。销售收入为10 000美元，息税前收益为1 000美元，总资产周转率为2.0次，所得税税率为30%，公司的权益资本收益率是多少？

即测即评

综合训练参考答案

第3章

货币的时间价值

目标引领

1. 了解与货币时间价值相关的基本概念；
2. 了解与现金流和现金流序列相关的概念；
3. 掌握普通年金、即期年金和永续年金的概念；
4. 熟悉单笔现金流和年金的终值与现值的计算；
5. 掌握年百分率和年收益率之间的关系；
6. 了解净现值决策的基本规则和分离理论。

思维导图

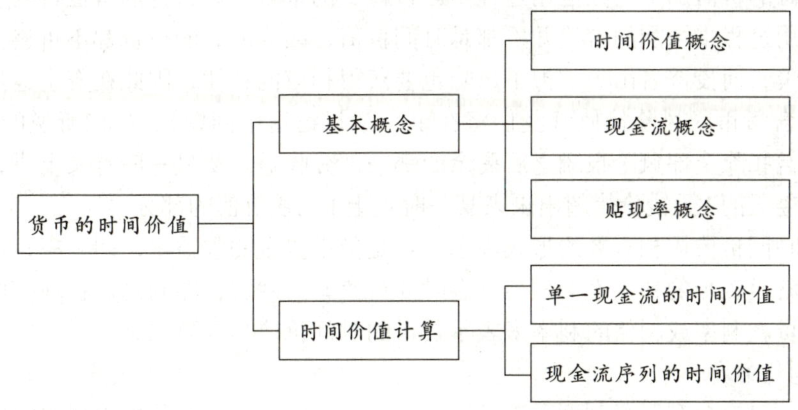

开篇导读

2023年7月13日新浪财经消息，中国信息科技发布公告，内容有关公司发行本金总额最多为1亿港元的零息债券。公司已于2023年7月12日完成向专业投资者发行债券。债券本金总额为1亿港元。债券按折让价发售，实际到期年收益率为3.73%。债券将于2053年6月27日到期。发行债券的所得款项将用于发展Web3.0及区块链业务。这种在今天支付一定数额资金以换取在未来某日收回一整笔款项的证券属于最简单的证券类型。那么，这个以今天的一定金额港币换取30年后的1亿元港币的交易是否有利可图呢？你需要知道如何权衡其中的利弊。

21世纪是全球人口老龄化的时代——继法国1865年首先进入人口老龄化社会以来，欧、美、日等发达国家和地区陆续“老龄”，大批发展中国家也纷纷加入人口老龄化社会的行列。据统计，2021年全球人口老龄化国家和地区为114个，预计2050年将增至157个。中国无疑也面临着严峻的"老龄化"挑战——国家统计局最新数据显示，截至2022年末，中国60周岁及以上老年人口2.8亿人，占总人口的19.8%，65周岁及以上老年人口2.1亿人，占总人口的14.9%。在未富先老的情况下，许多人可能退休后难以通过基本的社会养老保障维持以往的生活水平，因此你需要提前进行退休收入规划。

本章将会介绍分析和解决这方面问题的工具和技术。

3.1 货币时间价值的基本概念

在第1章我们分析了金融资产的价值构成，金融资产是对未来现金流的一种索取权，金融资产的价值由时间价值和风险价值两部分组成。在这一章我们主要讨论货币的时间价值。

3.1.1 与时间价值相关的概念

1）货币的时间价值

货币的时间价值（time value of money），也叫资金的时间价值，是指货币经历一定时间的投资和再投资所增加的价值。从资金运用的角度来看，经过一段时间的运用之后，货币资金投入时的价值加上它在运用过程中应该得到的报酬，其自身的价值得到了提高。但是资金在运用过程中增加的价值并不都是时间价值，因为所有的投资都不可避免地具有或大或小的风险，而投资者由于承担了风险也要获得相应的补偿，因此在资金运用增加的价值中，还包含货币的风险价值（我们将在下一章讨论这个问题）。我们所说的时间价值，是指投资收益扣除全部风险报酬之后剩余的那一部分收益。从最一般意义上讲，货币的时间价值就是今天的1元钱价值超出未来某一时点上1元钱价值的部分。

货币的时间价值用相对数的形式表示，就是货币资金的收益率，即利率；用绝对数的形式表示，就是资金的初始投资额与资金时间价值率的乘积，即利息。在现实中，人们通常用银行存贷款利率或国债的利率来表示货币的时间价值[①]。

2）单利与复利

利息的计算有单利和复利两种方法。单利（simple interest）是指在规定的期限内只就本金计算利息，每期的利息收入在下一期不作为本金，不产生新的利息收入。单利的计算取决于所借款项或贷款的金额（本金）、资金借用时间的长短及市场一般利率水平等因素。单利计息情况下本利和的计算公式为：

$$S = P_0(1 + r \times n) \tag{3-1}$$

其中，S为本利和；P_0为第0期的本金；r为单利的利息率；n为计息期数。

复利（compound interest）是指每期的利息收入与当期的本金一起，作为下一期计息的本金。复利充分体现了时间价值的内涵，它表明投资者一旦掌握了可供使用的资金，应尽快将其投入到合适的项目，以获取新的收益，如果不能及时使用，将会造成资金的浪费。复利计息情况下本利和的计算公式为：

① 在通货膨胀率较低的情况下，银行的存贷款或国债利率可以近似地看作全社会平均的资金无风险报酬率，至于选择几年期的利率则视具体情况而定。

$$S = P_0(1 + r)^n \tag{3-2}$$

其中，S为本利和；P_0为第0期的本金；r为复利的利息率；n为计息期数。

【例3-1】某投资者现在以6%的利率将10 000元现金存入银行，存期15年，分别以单利计息和复利计息，15年后本金与利息之和是多少？

单利计息的本利和为：

$S = 10\,000 \times (1 + 6\% \times 15) = 19\,000$(元)

复利计息的本利和为：

$S = 10\,000 \times (1 + 6\%)^{15} = 23\,966$(元)

由此我们可以看出，不同的计息方法得出的结果有很大的差异。我们在本章讨论货币的时间价值时，一般都采用复利计息的方式。

3）终值与现值

在上述复利计息本利和的计算公式中，我们把本利和称为终值，把本金称为现值。所谓终值（future value），是现在的一个或多个现金流量相当于未来时点的价值；所谓现值（present value），是未来的一个或多个现金流量相当于现在时点的价值。终值和现值之间的关系我们可以用以下公式表示：

$$FV = PV(1 + r)^n \tag{3-3}$$

其中，FV为终值；PV为现值；r为复利的利息率；n为计息期数。

由公式（3-3）我们可以得到：

$$PV = \frac{FV}{(1 + r)^n} \tag{3-4}$$

这是最基本的贴现现金流模型（DCF model），它揭示了用贴现现金流方法（discounted cash flow approach）为金融资产定价的基本原理与过程①。

4）净现值

净现值是公司金融学中最重要的概念之一。所谓净现值（net present value，NPV），是指金融资产期望未来现金流的现值与初始投资成本之差。

净现值是以一般市场收益率为标准来衡量的。当净现值为正时，资产的价值大于其成本，因而投资于该资产可以增加公司的价值；当净现值为负时，资产的成本大于它的价值，因而投资于该资产会减少公司的价值。以股东财富最大化为目标的公司必须力争选择净现值为正的投资项目。

资本市场效率原则指出，金融资产的市场价格反映所有可以获得的信息，即金融资产都是公平定价的。公平市价是既不偏向交易买方也不偏向交易卖方的价格；换言之，公平市价是投资净现值为零时的资产价格。净现值为零的投资意味着投资人赚得了与投资风险相适应的适当报酬，而不是零报酬。

3.1.2　与现金流相关的概念

1）现金流量与现金流序列

现金流量（cash flow）是指公司在一定时期按照收付实现制，通过一定的经济活动产生的现金流入和现金流出的总量，即公司在一定时期实际收到或付出的现金。完整地描述

① DCF法定价的基本步骤是：第一步，确定金融资产的现金流量；第二步，计算贴现率；第三步，贴现。

一笔现金流量需要包含三个要素：现金流的金额、现金流的流向以及现金流发生的时间。现金流序列（cash flow series）是与某项投资相关的一整套现金流量。现金流及现金流序列可以是确定的，也可以是不确定的。

在讨论与现金流相关的财务问题时，我们经常要使用一种重要的分析工具——时间轴。时间轴（time line）是对预期现金流的发生时间的线性表述。图3-1就是一个现金流量的时间轴。作图时横轴指向右边，表示时间的走向，横轴上的坐标表示各个时点，从各个时点引出的纵向箭线表示发生在某一时点的现金流量。箭头指向横轴表示现金流入，箭头背离横轴表示现金流出，现金流的金额由箭线上的数字表示。

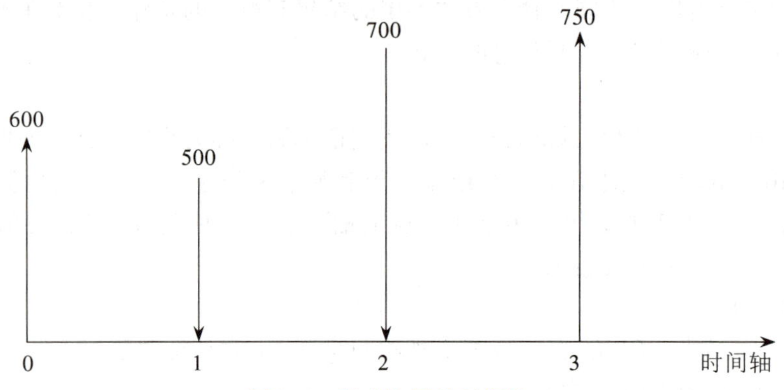

图3-1 现金流量的时间轴

公司金融决策通常需要比较或者合并发生在不同时点的现金流。现金流在时间轴上的移动遵循以下三条规则：第一，只有同一时点上的价值才可以比较或合并；第二，在时间轴上向前移动现金流，必须对现金流进行复利计算；第三，在时间轴上向后移动现金流，必须对现金流进行贴现计算。

2）年金

年金（annuity）是一种特殊的现金流序列，它是指在一定时期内每期都会发生的等额现金流量。在现实生活中，年金的例子很多，比如直线折旧法提取的折旧额、债券的利息、住房按揭贷款每月等额偿还的金额等。

年金又分为三种类型：普通年金、即期年金和永续年金。

普通年金（ordinary annuity）又称“后付年金”，是一定时期内发生在每期期末的等额现金流序列。即期年金（annuity due），又称“先付年金”“即付年金”，它是一定时期内发生在每期期初的等额现金流序列。永续年金（perpetuity）是指期数为无穷大的普通年金，优先股股利、永久公债[①]的利息都是永续年金。

3.1.3 与贴现率相关的概念

任何时间价值计算问题的一个重要因子就是贴现率，即货币资金的“价格”，也可以称为利率、收益率，在这里我们介绍三种不同的收益率。

1）要求收益率

要求收益率（required rate of return），又称为必要收益率，它是指吸引投资者购买或

① 永久公债又称不还本公债、利息公债，是指政府发行的不规定还本日期，仅按期支付利息的公债。英国的统一公债、法国的年金公债、德国的国债都是永久公债。

持有某种资产的最低收益率。由于投资者筹集资金需要支付成本，取得的资本用于项目以后，要求从该项目取得的投资收益至少应能补偿所支付的资本成本；只有获得的投资收益大于或等于付出的资本成本，投资者才愿意投资，这样资本成本就自然成为一个投资项目是否能接受的最低收益标准①。要求收益率反映未来现金流量的风险，通常由无风险利率和风险补偿率两部分组成②；它是建立在机会成本概念的基础之上的，即要求收益率是同等风险的其他可选方案的收益率。

2）期望收益率

期望收益率（expected rate of return），又称为预期收益率，是指在没有意外事件发生的情况下可以预计达到的投资项目的收益率。它表示在一定的风险条件下，期望得到的平均收益水平。期望收益率可由未来各种可能的收益率按发生概率计算加权平均数获得，也可以计算使投资项目的净现值为零的贴现率获得。当净现值为零的时候，投资项目的期望收益率等于投资者要求的收益率。

3）实际收益率

实际收益率（actualized rate of return），是指在特定时期实际获得的收益率，这是实际发生的结果，是投资决策的真实所得，从某种意义上讲，这是一种历史收益率。

3.2　货币时间价值的计算

接下来我们考察不同时点货币时间价值的计算。在此，我们作出以下假设：

第一，除非特殊说明，决策时点为$t=0$；

第二，除非特殊说明，现金流量均发生在期末；

第三，除非特殊说明，复利计息频数与付款频数相同。

我们约定以下符号：

t——时期（如$t=3$表示第3期）；n——时期数；CF_t——发生在时点t的现金流量；r——每期的收益（贴现）率；FV_t——现金流在时点t的终值；PV_t——现金流在时点t的现值；FVA_n——n期年金的终值（$t=n$）；PVA_n——n期年金的现值（$t=n$）。

3.2.1　单笔现金流的终值与现值

1）单笔现金流的终值

单笔现金流的终值可以使用下列公式计算：

$$FV_n = PV(1+r)^n \quad (3\text{-}5)$$ ③

其中，$(1+r)^n$称为终值系数（future value interest factor），用$FVIF_{r,n}$表示。

【例3-2】假设你现在将1 000元存入一个支付5%的利息率的储蓄账户中，8年后这笔钱将变成多少？

$$FV_n = PV(1+r)^n = 1\,000 \times (1+5\%)^8 = 1\,477.46(\text{元})$$

① 第6章将更多地涉及资本成本的计算。
② 第4章将具体讨论如何衡量金融资产的风险与收益之间的关系。
③ 公式（3-3）和大多数时间价值公式的结果可以通过四种途径获得：查找时间价值系数表、科学计算器、财务计算器或利用Excel的财务函数。

表3-1是每1元现金流的终值系数表，它可以方便终值的计算。

表3-1　　1元现金流终值系数表

n \ r	1%	2%	3%	4%	5%
1	1.0100	1.0200	1.0300	1.0400	1.0500
2	1.0201	1.0404	1.0609	1.0816	1.1025
3	1.0303	1.0612	1.0927	1.1249	1.1576
4	1.0406	1.0824	1.1255	1.1699	1.2155
5	1.0510	1.1041	1.1593	1.2167	1.2763
6	1.0615	1.1262	1.1941	1.2653	1.3401
7	1.0721	1.1487	1.2299	1.3159	1.4071
8	1.0829	1.1717	1.2668	1.3686	1.4775
9	1.0937	1.1951	1.3048	1.4233	1.5513
10	1.1046	1.2190	1.3439	1.4802	1.6289

例3-2中，$FV_n = PV(1 + r)^n = 1\,000 \times 1.4775 = 1\,477.50$（元）。

2）单笔现金流的现值

单笔现金流的现值可以使用下列公式计算：

$$PV = \frac{FV}{(1 + r)^n} \tag{3-6}$$

其中，$\frac{FV}{(1 + r)^n}$称为现值系数（present value interest factor），用$PVIF_{r,n}$表示。

【例3-3】某投资者希望5年后得到300 000元，已知某个存款账户年利率为4%，他现在应该向这个账户存入多少钱？

$$PV = \frac{FV}{(1 + r)^n} = \frac{300\,000}{(1 + 4\%)^5} = 246\,578\text{（元）}$$

表3-2是每1元现金流的现值系数表，它可以方便现值的计算。

表3-2　　1元现金流现值系数表

n \ r	1%	2%	3%	4%	5%
1	0.9901	0.9804	0.9709	0.9615	0.9524
2	0.9803	0.9612	0.9426	0.9246	0.9070
3	0.9706	0.9423	0.9151	0.8890	0.8638
4	0.9610	0.9238	0.8885	0.8548	0.8227
5	0.9515	0.9057	0.8626	0.8219	0.7835
6	0.9420	0.8880	0.8375	0.7903	0.7462
7	0.9327	0.8706	0.8131	0.7599	0.7107
8	0.9235	0.8535	0.7894	0.7307	0.6768
9	0.9143	0.8368	0.7664	0.7026	0.6446
10	0.9053	0.8203	0.7441	0.6756	0.6139

例3-3中，$PV = \frac{FV}{(1 + r)^n} = 300\,000 \times 0.8219 = 246\,570$（元）。

3.2.2　现金流序列的终值与现值

1）现金流序列的终值

现金流序列的终值就是各单笔现金流的终值之和。一般来说，次数为n、各次现金流分别为CF_t、利率为r的现金流序列的终值计算如图3-2所示。

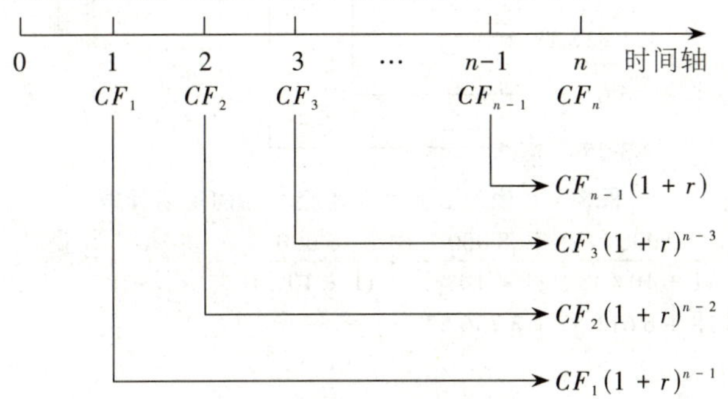

图3-2　现金流序列的终值

计算公式如下：

$$FV_n = \sum_{t=1}^{n} CF_t (1 + r)^{n-t} \tag{3-7}$$

2）现金流序列的现值

现金流序列的现值就是各单笔现金流的现值之和。一般来说，次数为n、各次现金流分别为CF_t、利率为r的现金流序列的现值计算如图3-3所示。

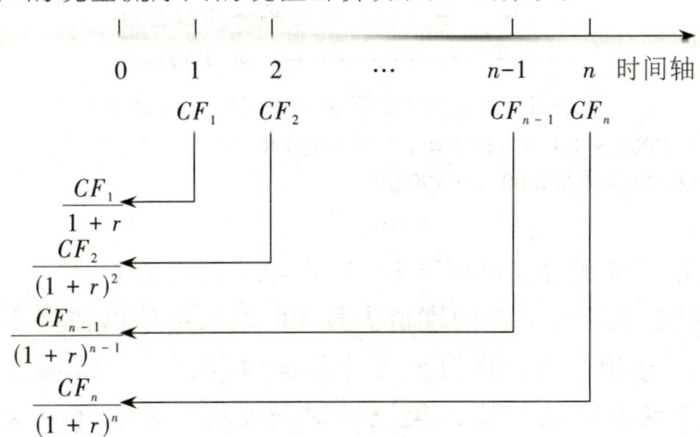

图3-3　现金流序列的现值

计算公式如下：

$$PV = \sum_{t=1}^{n} \frac{CF_t}{(1 + r)^t} \tag{3-8}$$

【例3-4】你估计将于4个时点取得4笔现金流量，要求的收益率为10%。

表3-3　一个现金流序列时间价值计算的例子　单位：元

时间	0	1	2	3
现金流量	3 000	2 000	8 000	5 000

问题1：这组期望未来现金流量的现值是多少？

表3-3所示现金流序列的现值计算如图3-4所示。

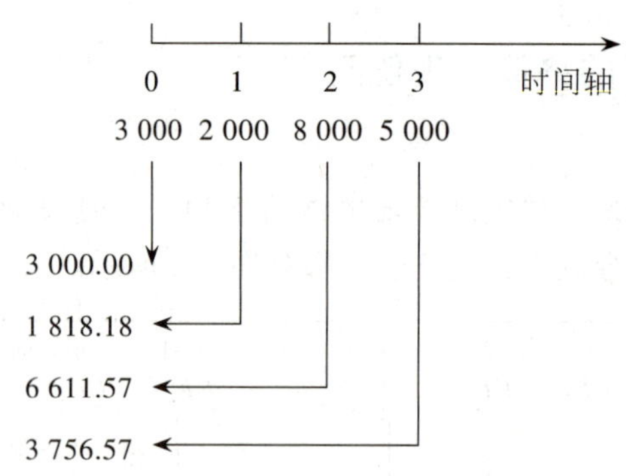

图3-4　表3-3所示现金流序列的现值计算

$$PV = \frac{3\,000}{(1+10\%)^0} + \frac{2\,000}{(1+10\%)^1} + \frac{8\,000}{(1+10\%)^2} + \frac{5\,000}{(1+10\%)^3}$$
$$= 3\,000 + 1\,818.18 + 6\,611.57 + 3\,756.57$$
$$= 15\,186.32(\text{元})$$

问题2：这组期望未来现金流量在第4期期末的终值是多少？

表3-3所示现金流序列的终值计算如图3-5所示。

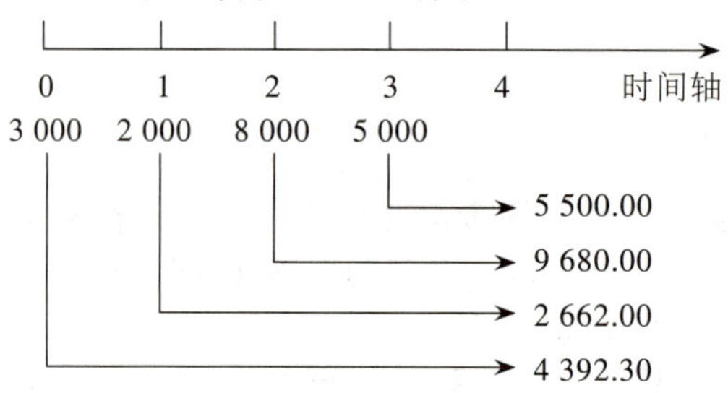

图3-5　表3-3所示现金流序列的终值计算

$$FV_4 = 3\,000 \times 1.1^4 + 2\,000 \times 1.1^3 + 8\,000 \times 1.1^2 + 5\,000 \times 1.1^1$$
$$= 4\,392.30 + 2\,662.00 + 9\,680.00 + 5\,500.00$$
$$= 22\,234.30(\text{元})$$

问题3：这组期望未来现金流量在第2期期末的总价值是多少？

在知道这组期望未来现金流量的现值和第4期期末终值的情况下，有三种方法可以用来计算 FV_2。第一，运用终值或现值公式计算 t=2时现金流的价值之和；第二，对全部现金流的现值求第2期期末的终值；第三，对第4期期末的终值求其在第2期期末的现值。

$$FV_2 = 3\,000 \times 1.1^2 + 2\,000 \times 1.1^1 + 8\,000 + \frac{5\,000}{1.1^1}$$
$$= 3\,630.00 + 2\,200.00 + 8\,000 + 4\,545.45$$
$$= 18\,375.45(\text{元})$$

$$FV_2 = 15\,186.32 \times (1+10\%)^2 = 18\,375.45\ (\text{元})$$

$$FV_2 = \frac{22\,234.30}{(1+10\%)^2} = 18\,375.45\ (\text{元})$$

3.2.3　年金的终值与现值

1）普通年金的终值与现值

一个金额为 A、期数为 n 的普通年金的终值可以用图3-6表示。

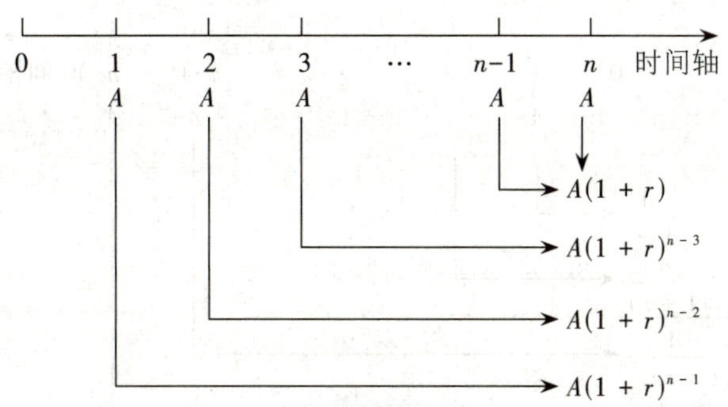

图3-6　普通年金的终值

由图3-6可知，普通年金的终值为：

$$FVA_n = A + A(1+r) + A(1+r)^2 + \cdots + A(1+r)^{n-2} + A(1+r)^{n-1}$$

$$FVA_n = \sum_{t=0}^{n-1} A \cdot (1+r)^t = A \cdot \frac{(1+r)^n - 1}{r} = A \cdot (FVIFA_{r,\ n}) \qquad (3\text{-}9)$$

公式（3-9）中的$\sum_{t=0}^{n-1}(1+r)^t$称为年金终值系数，用$FVIFA_{r,\ n}$表示。

【例3-5】某投资者每年年末在花旗银行存入2 000美元，共存30年，年利率为5%。到第30年年末，他这笔存款一共是多少？

由于投资者的这笔存款是一个期限为30年、金额为2 000的普通年金，所以我们直接用公式（3-9）计算它的终值。

$$FVA_n = A \cdot \frac{(1+r)^n - 1}{r} = 2\,000 \times \frac{(1+5\%)^{30} - 1}{5\%} = 132\,877.70\text{（美元）}$$

我们也可以使用年金终值系数表①进行计算（见表3-4）。

表3-4　1元年金终值系数表

n \ r	1%	2%	3%	4%	5%
26	29.5256	33.6709	38.5530	44.3117	51.1135
27	30.8209	35.3443	40.7096	47.0842	54.6691
28	32.1291	37.0512	42.9309	49.9676	58.4026
29	33.4504	38.7922	45.2189	52.9663	62.3227
30	34.7849	40.5681	47.5754	56.0849	66.4388

例3-5中，$FVA_n = A \cdot (FVIFA_{r,\ n}) = 2\,000 \times 66.4388 = 132\,877.60$（美元）

我们再看普通年金的现值。

一个金额为A、期数为n的普通年金的现值可以用图3-7表示。

由图3-7可知，普通年金的现值为：

$$PVA_n = \frac{A}{1+r} + \frac{A}{(1+r)^2} + \frac{A}{(1+r)^3} + \cdots + \frac{A}{(1+r)^n}$$

$$PVA_n = \sum_{t=1}^{n} \frac{A}{(1+r)^t} = A \cdot \left[\frac{1}{r} - \frac{1}{r \cdot (1+r)^n}\right] = A \cdot (PVIFA_{r,\ n}) \qquad (3\text{-}10)$$

① 年金终值系数$FVIFA_{r,\ n}$表示在利率为r、期限为n的情况下，每年年末1元的年金的终值之和。

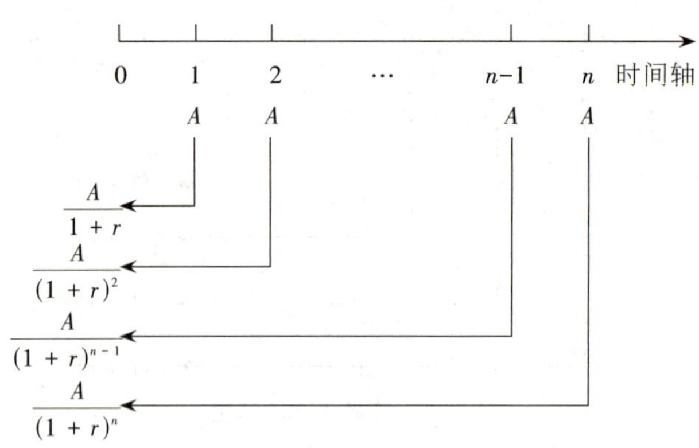

图3-7 普通年金的现值

公式（3-10）中的$\sum_{t=1}^{n}\frac{1}{(1+r)^t}$称为年金现值系数①，用$PVIFA_{r,n}$表示。

【例3-6】通用汽车公司预计在24个月内，每月从公司的一名客户处收取200美元的汽车贷款还款。第一笔还款额从一个月之后开始。贷款利率为每月1%。请问该客户借了多少钱?

这是一个期限为24月、金额为200美元的普通年金，我们用公式（3-10）求解该年金的现值。

$$PVA_n = A\cdot\left[\frac{1}{r}-\frac{1}{r\cdot(1+r)^n}\right] = 200\cdot\left[\frac{1}{1\%}-\frac{1}{1\%\times(1+1\%)^{24}}\right] = 4\,248.68\text{（美元）}$$

我们也可以使用年金现值系数表进行计算（见表3-5）。

表3-5 1元年金现值系数表

n \ r	1%	2%	3%	4%	5%
21	18.8570	17.0112	15.4150	14.0292	12.8212
22	19.6604	17.6580	15.9369	14.4511	13.1630
23	20.4558	18.2922	16.4436	14.8568	13.4886
24	21.2434	18.9139	16.9355	15.2470	13.7986
25	22.0232	19.5235	17.4131	15.6221	14.0939

例3-6中，$PVA_n = A\cdot(PVIFA_{r,n}) = 200\times21.2434 = 4\,248.68$（美元）

2）即期年金的终值与现值

即期年金与普通年金并没有实质性的差别，两者仅仅是收到或付出现金的时间不同（如图3-8所示）。我们可以通过对普通年金的计算公式进行简单的调整，得出即期年金终值和现值的计算公式。

一个金额为A、期数为n的即期年金的终值可以用图3-9表示。

① 年金现值系数$PVIFA_{r,n}$表示在利率为r、期限为n的情况下，每年年末1元的年金的现值之和。

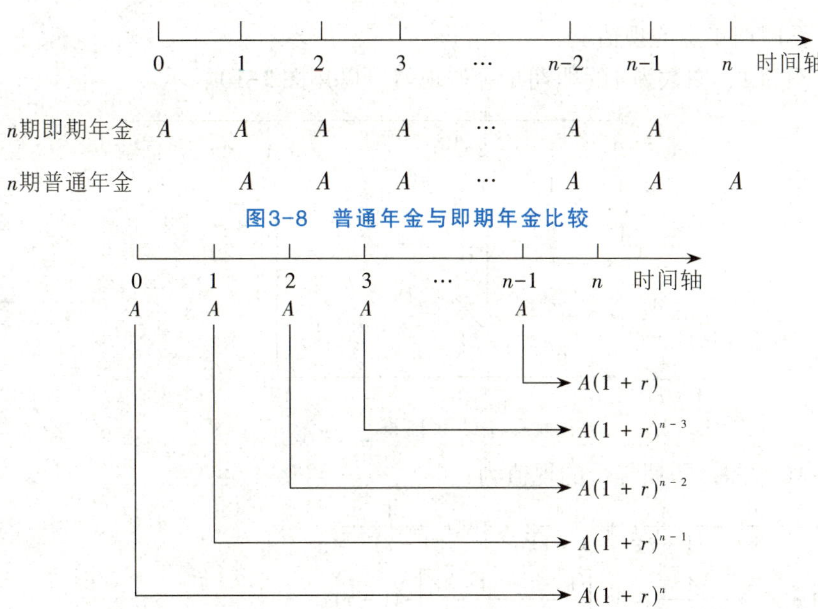

图3-8　普通年金与即期年金比较

图3-9　即期年金的终值

由图3-9可知，即期年金的终值为：

$$FVA_n = A(1+r) + A(1+r)^2 + \cdots \cdots + A(1+r)^{n-1} + A(1+r)^n$$

$$FVA_n = (1+r)\sum_{t=0}^{n-1} A \cdot (1+r)^t = A \cdot \frac{(1+r)^n - 1}{r} \cdot (1+r)$$

$$FVA_n = A \cdot (FVIFA_{r,\ n})(1+r) \tag{3-11}$$

公式（3-11）中的$\sum_{t=0}^{n-1}(1+r)^t \cdot (1+r)$就是即期年金的终值系数。

【例3-7】某投资者每年年初向银行存入1 000元，存款利率为4%，按复利计息，计算第3年年底时的年金终值。

投资者的这笔存款是一个期限为3年、金额为1 000元的即期年金，我们用公式（3-11）计算它的终值。

$$FVA_n = A \cdot \frac{(1+r)^n - 1}{r} \cdot (1+r) = 1\ 000 \times \frac{(1+4\%)^3 - 1}{4\%} \times (1+4\%) = 3\ 246.50\text{（元）}$$

我们也可以使用年金终值系数表进行计算（见表3-6）。

表3-6　　1元年金终值系数表

n \ r	1%	2%	3%	4%	5%
1	1.0000	1.0000	1.0000	1.0000	1.0000
2	2.0100	2.0200	2.0300	2.0400	2.0500
3	3.0301	3.0604	3.0909	3.1216	3.1525
4	4.0604	4.1216	4.1836	4.2465	4.3101
5	5.1010	5.2040	5.3091	5.4163	5.5256

例3-7中，$FVA_n = A \cdot (FVIFA_{r,\ n})(1+r) = 2\ 000 \times 3.1216 \times 1.04 = 3\ 246.50$（元）

我们再看即期年金的现值。

一个金额为A、期数为n的即期年金的现值可以用图3-10表示。

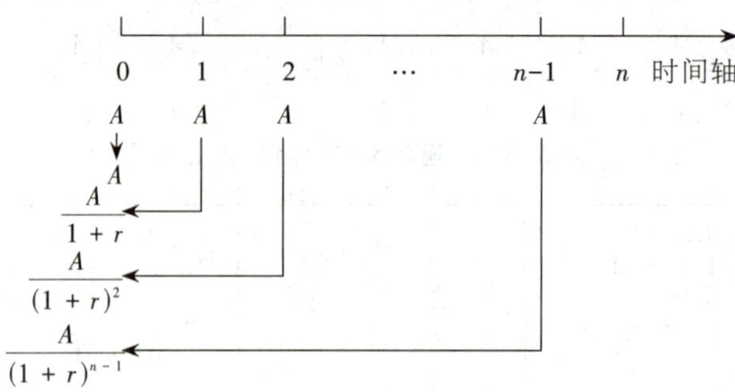

图3-10　即期年金的现值

由图3-10可知，即期年金的现值为：

$$PVA_n = A + \frac{A}{1+r} + \frac{A}{(1+r)^2} + \frac{A}{(1+r)^3} + \cdots + \frac{A}{(1+r)^{n-1}}$$

$$PVA_n = (1+r)\sum_{t=1}^{n}\frac{A}{(1+r)^t} = A \cdot \left[\frac{1}{r} - \frac{1}{r\cdot(1+r)^n}\right]\cdot(1+r)$$

$$PVA_n = A \cdot (PVIFA_{r,\ n}) \cdot (1+r) \tag{3-12}$$

公式（3-12）中的$\sum_{t=1}^{n}\frac{1}{(1+r)^t}\cdot(1+r)$就是即期年金的现值系数。

【例3-8】张先生从现在开始为孩子12年后读大学进行教育储蓄，每年向一个利率为5%的储蓄账户存入8 000元，这相当于现在一次性向这个账户存入多少钱？

这个问题要求我们计算一个期限为12年、金额为8 000元的即期年金的现值。

$$PVA_n = A \cdot \left[\frac{1}{r} - \frac{1}{r\cdot(1+r)^n}\right]\cdot(1+r)$$

$$= 8\,000 \times \left[\frac{1}{5\%} - \frac{1}{5\% \times (1+5\%)^{12}}\right] \times (1+5\%) = 7\,4451.31\ (元)$$

我们也可以用年金现值系数表进行计算（见表3-7）。

表3-7　　1元年金现值系数表

n \ r	1%	2%	3%	4%	5%
11	10.3676	9.7868	9.2526	8.7605	8.3064
12	11.2551	10.5753	9.9540	9.3851	8.8633
13	12.1337	11.3484	10.6350	9.9856	9.3936
14	13.0037	12.1062	11.2961	10.5631	9.8986
15	13.8651	12.8493	11.9379	11.1184	10.3797

例3-8中，$PVA_n = A \cdot (PVIFA_{r,\ n})(1+r) = 8\,000 \times 8.8633 \times 1.05 = 7\,4451.72$（元）

3）永续年金与永续增长年金的现值

永续年金具有两个特征：其一，它是普通年金；其二，它的期数为无穷大。永续年金的现金流分布可以用图3-11表示。

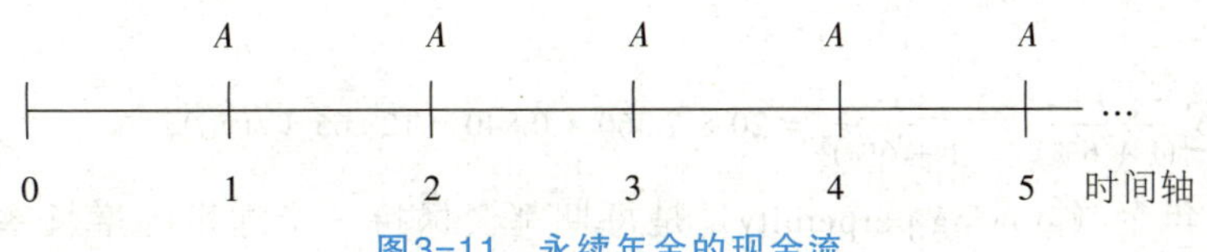

图3-11　永续年金的现金流

永续年金没有到期日，没有终值，所以我们只计算它的现值。永续年金的现值就是将无数笔等额的现金流贴现，求现值之和，即：

$$PV=\frac{A}{1+r}+\frac{A}{(1+r)^2}+\frac{A}{(1+r)^3}+\cdots=\sum_{t=1}^{\infty}\frac{A}{(1+r)^t}$$

数学常识告诉我们，这个求解永续年金的现值的过程就是计算无穷等比级数之和，因而我们得到永续年金的现值计算公式：

$$PV=\frac{A}{r} \tag{3-13}$$

我们可以用一个自制的永续年金来说明其现值的计算。

根据一价定律，我们所构造的永续年金的价值，一定等于为构造永续年金所发生的成本，借此就可以计算永续年金的现值。举例说明，假设某投资者将100元现金永久性地存入一个年利率为5%的银行账户。在第一年年末，投资者的银行账户里将会有105元——最初投入的100元现金加上5元的利息；假设投资者取出5元的利息，并将剩余的100元再投资一年，那么一年后投资者将再次拥有105元，投资者取出5元利息并将100元再一次投资一年，如此往复，这个投资者就构建了一个5元的永续年金（如图3-12所示）。

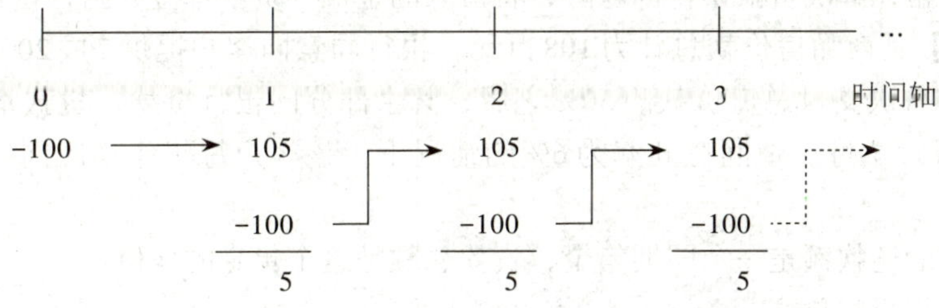

图3-12　自制永续年金

一价定律告诉我们，在所有的市场上，同样的商品必然具有同样的价格，由于银行愿意以100元的价格将这一永续年金“出售”给我们（即允许我们构造这样一个永续年金），那么每年5元的永续年金的现值，就是我们为“自制”这一永续年金所发生的最初100元的成本。把这一结论一般化，假设投资者向银行投资的数额为P，每年都可以获得的利息为$A=r\times P$，把本金继续留在银行账户中，收到的永续年金A的现值就是初始的投资成本$P=A/r$。也就是说，现在往银行存入A/r的金额，就可以永久性地每期收到A的利息。

【例3-9】某公司用基建贷款购建一条生产线，建设期3年，3年内不用还本付息。从第4年年末开始，用其产生的收益还款，在10年内每年能偿付贷款本息为20万元，银行贷款年利率为6%，该公司最多能向银行贷款多少？

这是一笔若干期后才发生的等额现金流序列，我们也称之为延期年金（deferred annuity）。若某项等额支付的现金流发生在m期之后，从第$m+1$期开始到第$m+n$期每期发生等额现金流，这就是一个延期m期的n期年金。这种年金的现值计算实质上是先求出n期年金的现值，再求m期的复利现值。

在本例中，由已知条件可知，公司向银行的贷款就相当于未来每年还款的年金的现值，计算可得：

$$PV = 20 \times \sum_{t=1}^{10} \frac{1}{(1+6\%)^t} \times \frac{1}{(1+6\%)^3} = 20 \times 7.360 \times 0.840 = 123.65 \text{（万元）}$$

永续增长年金（growing perpetuity）是每期都会保持一个固定的增长率的永续年金。通货膨胀条件下的房租、业绩增长的公司的普通股股利等都表现出永续增长年金的特征。永续增长年金的现金流分布可以用图3-13表示。

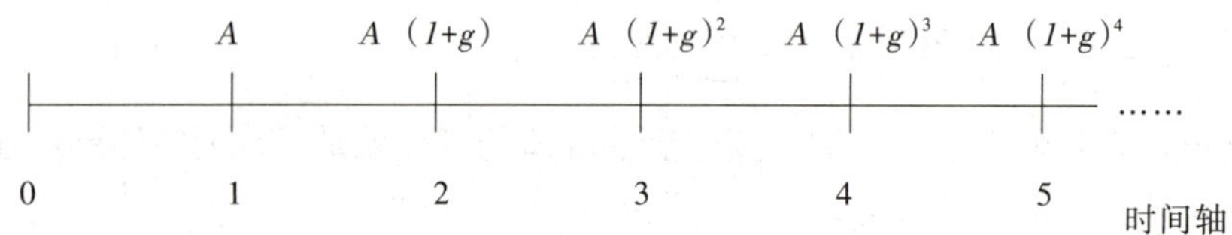

图3-13　永续增长年金的现金流

启智增慧 3-1
使用金融计算器

永续增长年金的现值计算公式如下：

$$PV = \frac{A}{1+r} + \frac{A(1+g)}{(1+r)^2} + \frac{A(1+g)^2}{(1+r)^3} + \cdots = A \cdot \sum_{t=1}^{\infty} \frac{(1+g)^{t-1}}{(1+r)^t} = \frac{A}{r-g} \tag{3-14}$$

3.2.4　求解现值和终值以外的其他变量

1）求解现金流

很多时候我们需要根据已知现金流序列的现值来求解现金流。借款的偿还就是一个典型的例子。通常，解决贷款偿付问题时，将借入的金额（贷款本金）当作偿付的现值。

【例3-10】某商品房价款总计为108万元，银行同意向客户提供7成20年期的按揭贷款，即客户在首次支付总房价款的30%之后，其余部分向银行贷款。贷款本息分20年且每年等额向银行偿付。请问在利率为6%的情况下，该客户每年年初应向银行支付多少款项？

客户每年的还款额是一个即期年金，贷款总额是这个年金的现值。

我们先计算贷款总额：

$$V = 108 \times (1 - 30\%) = 75.6 \text{（万元）}$$

然后再计算以贷款总额为现值的年金金额：

$$75.6 = A \cdot (1+6\%) \cdot \sum_{t=1}^{20} \frac{1}{(1+6)^t} \Rightarrow A = \frac{756\,000}{(1+6\%) \times 11.4699} = 62\,180.26 \text{（元）}$$

2）求解贴现率

在上面的计算中，贴现率r都是给定的。现在我们来讨论当计息期数、终值或现值为已知的情况下，如何计算贴现率的问题。

一般来说，对单笔现金流或者年金求解贴现率可以分两步进行：第一步，求出复利（或年金）终值（或现值）系数；第二步，根据该系数求解相应的贴现率。

【例3-11】某客户采取按揭贷款购车，该车市价为157 950元，银行提供首付20%之后剩余车款5年期的按揭贷款。如果银行要求该客户在未来5年的每年年末等额地向银行支付贷款本息30 000元，请问银行按揭贷款的利率是多少？

首先计算按揭贷款的金额：

$$\text{按揭贷款金额} = 157\,950 \times (1 - 20\%) = 126\,360(\text{元})$$

由于　$126\,360 = 30\,000 \times PVIFA_{r,\ 5}$

$$PVIFA_{r,\ 5} = \frac{126\ 360}{30\ 000} = 4.212$$

对于已知系数和计息期的贴现率的计算，这里又有四种方法：

方法一：根据复利（或年金）终值（或现值）系数以及相应的计息期数，在终值（或现值）系数表中查出对应的贴现率，这种情形适合于计算出的系数与表中系数刚好相同的情况。

在例 3-11 中，查年金现值系数表，系数为 4.212、期数为 5 年时，对应的贴现率 r 为 6%。

方法二：当计算出的终值（或现值）系数在表中没有对应的数值时，可以采用插值法进行计算，这是一种近似计算贴现率的方法。

线性插值（linear interpolation）是在数学、计算机图形学等领域广泛使用的一种简单插值方法。假设我们已知坐标（x_0，y_0）与（x_1，y_1），要得到［x_0，x_1］区间内某一位置 x 在直线上的 y 值，如图 3-14 所示。

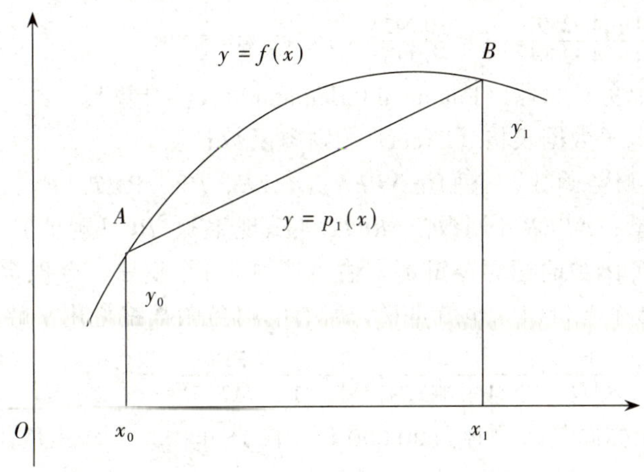

图3-14　线性插值法图示

根据图 3-14，我们得到：

$$(y - y_0)(x_1 - x_0) = (y_1 - y_0)(x - x_0)$$

则

$$\frac{x - x_0}{x_1 - x_0} = \frac{y - y_0}{y_1 - y_0}$$

即

$$y = \frac{x - x_0}{x_1 - x_0} \cdot (y_1 - y_0) + y_0 \tag{3-15}$$

这样通过 x_0、y_0、x_1、y_1、x 就可以直接得到 y。实际上，即使 x 不在 x_0 到 x_1 之间，这个公式也是成立的。

在例 3-11 中，如果客户每年年末向银行等额偿还的本息额为 29 500 元，那么我们根据上面的公式求出的年金现值系数为：

$$PVIFA_{r,\ 5} = \frac{126\ 360}{29\ 500} = 4.2834$$

从年金现值系数表（见表 3-8）可以看出，在 n=5 的各个系数中，r 为 5% 时，系数为 4.3295；r 为 6% 时，系数为 4.2124。由此可见，贴现率应在 5% 与 6% 之间。

表3-8　　1元年金现值系数表

n \ r	1%	2%	3%	4%	5%	6%	7%
1	0.9901	0.9804	0.9709	0.9615	0.9524	0.9434	0.9346
2	1.9704	1.9416	1.9135	1.8861	1.8594	1.8334	1.8080
3	2.9410	2.8839	2.8286	2.7751	2.7232	2.6730	2.6243
4	3.9020	3.8077	3.7171	3.6299	3.5460	3.4651	3.3872
5	4.8534	4.7135	4.5797	4.4518	4.3295	4.2124	4.1002

设x为题中所求的银行贷款的利率，则根据公式（3-15）得：

$$\frac{x-5\%}{6\%-5\%}=\frac{4.2834-4.3259}{4.2124-4.3259}\Rightarrow x=\frac{-0.0425}{-0.1135}\times 1\%+5\%=5.37\%$$

方法三：使用财务计算器（Financial Calculator）直接计算[①]。

方法四：使用电子数据表格（Excel）的财务函数计算。

Excel包含一组财务函数，它们是*NPER*、*RATE*、*PV*、*PMT*、*FV*。货币时间价值的计算通常涉及5个变量：*NPER*（期数）、*RATE*（贴现率）、*PV*（现值）、*PMT*（年金）、*FV*（终值），而每个财务函数的运算逻辑都是输入其中的4个变量，令现金流序列的净现值等于零，从而输出第5个变量值。也就是说，所有的财务函数都是用来解决下面这个问题：

$$NPV=PV+PMT\times\frac{1}{RATE}\left[1-\frac{1}{(1+RATE)^{NPER}}\right]+\frac{FV}{(1+RATE)^{NPER}}=0 \tag{3-16}$$

【例3-12】假如你向某账户存入20 000元，在15年内每年年末取出2 000元，15年后账户上还有9 000元，这项投资的收益率是多少？

根据已知条件，我们可以用Excel财务函数求解贴现率（见表3-9）。

表3-9　　利用Excel财务函数求解贴现率

	NPER	*RATE*	*PV*	*PMT*	*FV*	计算公式
给定	15		-20000	2000	9000	
求解*RATE*		7.97%				=*FV*（15，2 000，-20 000，9 000）

也就是说，这笔投资的收益率为7.97%。

（1）复利计息次数对贴现率的影响

到目前为止，我们一直使用与现金流频数一致的贴现率进行计算。在实际中，利息经常会以短于1年的计息期计算和支付，为了考察不同的复利计息频数对贴现率的影响，我们引入以下两种利率：年度百分率和年度收益率。

年度百分率（annual percentage rate，APR），是以期间利率乘以年度内的计息期数计

① 财务计算器，又称为金融计算器，是公司金融课程学习过程中的一种非常实用的计算工具，它也是ACCA、CFA等国际资格认证考试指定携带的计算器；其使用方法本书不作介绍，可以参考使用说明。

算出来的利率，它是一种名义利率。实际利率会因复利计息频数的不同而不同。年度收益率（annual percentage yield，APY），也称为有效年利率（effective annual rate，EAR），它是实际的年度收益率，是在考虑复利影响的情况下，1年实际收到或支付的利息率。年度百分率和年度收益率之间的关系可以用以下公式来表示：

$$APY = (1 + \frac{APR}{m})^m - 1 \tag{3-17}$$

其中，APY是年度收益率；APR是年度百分率；m是每年复利计息的次数。

【例3-13】某银行理财产品的年度百分率为12%，若按月复利，其年度收益率为多少？

根据公式（3-17），年度收益率为：

$$APY = (1 + \frac{12\%}{12})^{12} - 1 = (1.01)^{12} - 1 = 12.68\%$$

由此可以看出：APR不变，随着复利次数的增加，APY增大。

当复利计息的次数m无限增大时，这就是连续复利的问题，它一般不用于实际投资，但其概念在投资问题理论分析中十分重要。

当$m \to \infty$时，$APY = e^{APR} - 1$(其中$e \approx 2.718$)①

（2）不规则现金流序列贴现率的计算

如果一个现金流序列不同时点的现金流量并不相等，我们称之为不规则现金流序列。对于已知不规则现金流序列的终值或现值，求解贴现率的问题，我们可以使用试算-插值法②或者财务函数法。

3）求解计息期

除了求解现金流或贴现率之外，我们还可以计算使一笔现金增值到某个既定数额需要经历的时间。在这种情况下，利率、现值和终值都是已知的，要计算的是从当前金额增长到未来金额需要的时间③。

假设向利率为8%的账户投资20 000元，我们想知道要使账户余额增长到30 000元，需经过多长时间。这个问题的现金流分布如图3-15所示。

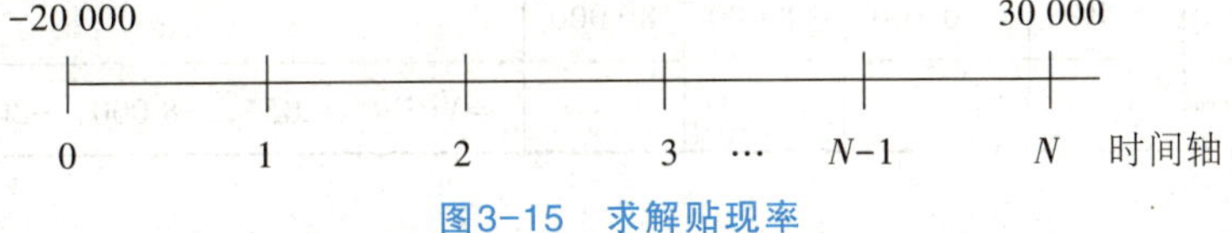

图3-15 求解贴现率

我们需要确定N。在公式（3-3）中，要找出使投资的终值等于30 000元的N。

$$FV = 20\,000 \times (1 + 8\%)^N = 30\,000$$

一种方法是使用Excel的财务函数——年金电子数据表解决这一问题。在本例中，我们求解N的过程见表3-10。

① 证明：由于 $\lim_{n \to \infty}(1 + \frac{1}{n})^n = e$，所以 $\lim_{m \to \infty} APY = \lim_{m \to \infty}[(1 + \frac{APR}{m})^m - 1]$，即 $APY = \lim_{M \to \infty}[(1 + \frac{1}{\frac{m}{APR}})^{\frac{m}{APR}}]^{APR} = e^{APR} - 1$，也就是$APY = e^{APR} - 1$。

② 关于试算-插值法和财务函数法的运用，本书在第6章“资本预算原理”用内部收益率来评价资本预算项目中将会详细阐述。

③ 金融学中的“72法则”用作估计将投资倍增或减半所需的时间，反映出的是复利的结果。所谓的“72法则”就是以1%的复利来计息，经过72年以后，本金就会变成原来的2倍。这个公式以一推十，我们会发现：本金翻一番的年数约等于72除以百分比利率。这个“72法则”，在利率高于2%的时候非常精确，是计算复利问题的一个简便方法。

表3-10 利用年金电子数据表求解N

	NPER	RATE	PV	PMT	FV	计算公式
给定		8%	-20 000	0	30 000	
求解N	5.27					=NPER（0.08，0，-20 000，30 000）

另一种是数学计算的方法，将上述方程式两边同时除以20 000元，得到：

$$1.08^N = 1.5$$

为求解指数，对上式两边取对数，且应用$\ln(x^y) = y\ln(x)$得到：

$$N\ln(1.08) = \ln(1.5)$$

$$N = \ln(1.5)/\ln(1.08) = 0.4055/0.0770 \approx 5.27(\text{年})$$

【例3-14】你正在为购买房屋的首付款储蓄，已经存了20 100元，你打算在以后每年的年末存8 000元，如果存款的年利率是5.5%，要得到80 000元的存款余额，需要经过多长时间？

要找到N，使得当前存款的终值加上计划每年追加的存款（普通年金）的终值，等于计划得到的金额：

$$20\,100 \times (1 + 5.5\%)^N + 8\,000 \times \frac{(1 + 5.5\%)^N - 1}{0.055} = 80\,000$$

用数学方法求解，整理方程式得到：

$$1.055^N = \frac{80\,000 \times 0.055 + 8\,000}{20\,100 \times 0.055 + 8\,000} = 1.362$$

解得：

$$N = \frac{\ln(1.362)}{\ln(1.055)} = 5.77(\text{年})$$

我们也可以用Excel财务函数求解（见表3-11）。

表3-11 利用Excel财务函数求解N

	NPER	RATE	PV	PMT	FV	计算公式
给定		5.5%	-20 100	-8 000	80 000	
求解N	5.77					=NPER（0.055，-8 000，-20 100，80 000）

本章小结

货币的时间价值是指货币经历一定时间的投资和再投资所增加的价值。货币的时间价值可以用利息来表示。利息的计算有单利和复利两种方法。单利是指在规定的期限内只就本金计算利息，每期的利息收入在下一期不作为本金，不产生新的利息收入。复利是指每期的利息收入与当期的本金一起，作为下一期计息的本金。复利计息的本利和也称为本金的终值。终值是现在的一个或多个现金流量相当于未来时点的价值；现值是未来的一个或多个现金流量相当于现在时点的价值。净现值是指金融资产期望未来现金流的现值与初始投资成本之差。

现金流量是指公司在一定时期按照收付实现制，通过一定的经济活动产生的现金流入和现金流出的总量。现金流序列是与某项投资相关的一整套现金流量。年金是一种特殊的现金流序列，它是指在一定时期内每期都会发生的等额现金流量。年金又分为三种类型：普通年金、即期年金和永续年金。普通年金是一定时期内发生在每期期末的等额现金流序列；即期年金是一定时期内发生在每期期初的等额现金流序列；永续年金是指期数为无穷大的普通年金。

在货币时间价值计算的过程中有三种常见的收益率：要求收益率、期望收益率和实际收益率。要求收益率是指吸引投资者购买或持有某种资产的最低收益率；期望收益率是指在没有意外事件发生的情况下可以预计达到的投资项目的收益率；实际收益率是指在特定时期实际获得的收益率。

根据贴现现金流分析理论，我们可以计算单笔现金流量的终值和现值，计算年金的现值和终值，也可以计算现金流、贴现率和计息期。

关键概念

货币的时间价值　终值　现值　净现值　年金　普通年金　即期年金　永续年金　要求收益率　期望收益率　实际收益率　年度百分率　年度收益率

综合训练

计算题

1.假设你计划购买一辆价格为35 000美元的新车，首期支付5 000美元，余下的车款在今后10年内每年年末等额支付，年利率为13%，复利计息。每年应支付多少？如果按月支付，每月应支付多少？

2.假设你打算10年后买一套住房，这种户型的住房当前价格为100 000美元，预计房价每年上涨5%，如果你计划今后10年每年年末都存入一笔钱，年收益率为10%，则每年年末应存入多少钱才能在10年后买下这种户型的住房？

3.按照债务合同，Aggarwal公司每年年末必须从税后利润中提取固定数额的钱存入一家投资公司作为偿债基金，以便在10年后偿还一笔1 000万美元的抵押贷款，投资公司保证这笔偿债基金每年能获得9%的收益，Aggarwal公司每年应存入多少钱才能在第10年年末偿还1 000万美元的抵押贷款？

4.假设有两家银行可向你提供贷款。一家银行的利率为12%，按月计算；另一家银行的利率为12.2%，按半年计算。哪家银行的利率条件更有吸引力？

5.假设某家庭计划今后11年中每年年初存入一笔钱，以便从第11年年末到第14年年末每年能取出10 000美元，第15年年末取出30 000美元，供子女上大学之用，存款利率为6%，复利计息。问每年应存入多少钱？

即测即评

综合训练参考答案

第4章

风险与收益率

目标引领

1. 了解风险和收益的基本概念；
2. 掌握单项资产和投资组合的收益和风险的度量；
3. 了解投资组合的多元化及有效投资组合分析方法；
4. 熟练掌握资本资产定价模型的基本原理与应用。

思维导图

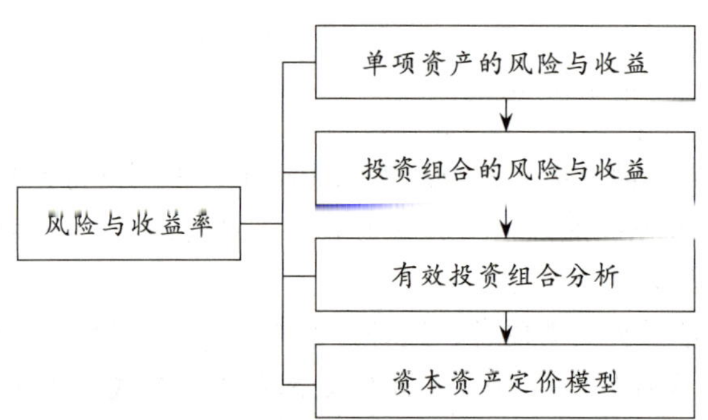

开篇导读

如果在1925年，一名投资者向由大公司的股票构成的投资组合中投资1 000美元，并且将其从中分得的现金股利继续投资于该投资组合，那么到1999年，他（她）的投资组合的价值将增长到2 845 697美元。在同一时段，如果投资于由成长性公司的股票构成的投资组合，其价值增长速度更快，将达到6 641 505美元。相比之下，如果投资于长期政府债券，那么最初1 000美元的投资只能增长到40 219美元；如果投资于短期债券则更少，仅为15 642美元。

有了以上这些数字，为什么还会有人投资于债券呢？答案就是“债券的风险较小”。虽然在过去的70多年里，普通股股票产生了相当高的收益，但是相对于债券，股票价值大幅度下降的可能性更大，所以当投资于股票时，投资者很可能受到损失。例如，在2000年，纳斯达克许多股票价格下降幅度超过了95个百分点；然而在那几年，债券却为其投资者带来了正的收益。

在过去的几十年里，美国股市跌宕起伏。1993年4月标准普尔500指数约为440，在接下来的7年间，该指数达到了1 516点的高峰。两年后，随着2001年“9•11事件”和由此导致的经济衰退，该指数下降了近一半。5年坎坷之后，2007年9月，市场恢复到历史高点附近，超过1 500点。但从2009年3月开始房地产市场崩溃和金融危机越演越烈，标普500指数跌到700点以下。然而，到2024年6月，标普500指数又创下了5 346点的新高。在很多情况下，个股收益率一直比标普500指数波动更加剧烈。在本章中我们将看到，降低投资风险的方法之一就是持有多元化的投资组合的股票，更广泛的多元化战略是投资于全球资产，包括股票、债券、大宗商品和房地产。但是无论如何，金融市场仍然是不可预测的，偶尔会发生一些任何人都无法控制的事件——被称为“黑天鹅”事件。1997年亚洲金融危机、2000年互联网泡沫破裂、2001年“9•11事件”、2008年全球金融危机、2009年欧洲主权债务危机、2011年日本福岛核灾难、2016年英国脱欧、2020年COVID-19大流行等，这些事件导致了整个股票市场的剧烈波动。

在这一章，我们将详细地讨论这些问题，使你在追求财富的投资过程中避免一些陷阱。

4.1 单项资产的风险与收益

在第1章我们分析了金融资产的价值构成，作为对未来现金流的索取权，金融资产的价值由时间价值和风险价值两部分组成。第3章讨论了货币的时间价值，在这一章我们主要分析金融资产的风险价值，探讨金融资产的风险与收益的关系，建立能够描述风险与收益之间关系的模型。

4.1.1 风险与收益的含义

公司在经营活动中所有的财务活动决策实际上都有一个共同点，即需要估计预期的结果和导致这一结果不能实现的因素。一般说来，预期的结果就是所谓的预期收益，而该结果不能实现的可能性就是风险。

所谓收益（return），就是指投资收入流量超过支出流量的部分。收益可以用会计概念来表示，如以毛利润、息税前利润、净利润等表示的绝对值收益，以资产收益率（ROA）、权益收益率（ROE）等表示的相对值收益，等等；收益也可以用金融概念来表示，如以净现值（NPV）表示的绝对数收益，以到期收益率（YTM）[①]、内部收益率（IRR）[②]等表示的相对数收益，等等。以绝对数表示的收益形式简单，但是存在两个问题：一是我们需要知道投资的规模；二是要知道收益实现的时点。相对数形式的投资收益率可以解决这两个问题：投资收益率的计算通过考虑单位投资的收益而将总收益“标准化”，而年度投资收益率可以解决时点的问题。

所谓风险（risk），就是投资回报的不确定性，或者说，是投资回报发生变动的可能性。一方面，风险是一种“不确定性”，但风险并不等同于不确定性，而是一种“可测定的不确定性”[③]，也就是说，风险是指那些未来的结果并不确定，但未来哪些结果会出

① 到期收益率的概念详见第5章。
② 内部收益率的概念详见第6章。
③ 20世纪20年代初，美国经济学家奈特对风险与不确定性的关系进行了界定。

现，以及这些结果出现的概率是可以估计的不确定性事件。另一方面，从未来收益的实际结果与其对预期结果的偏离方向上来看，风险有两种形态：一种是实际结果高于预期结果，另一种是实际结果低于预期结果，在很多情况下，我们可以把这两种结果简单地表示为获利或者损失；由于人们通常更加关注收益的实际结果低于预期结果的情况，所以，风险也被定义为“损失发生的可能性”[①]。

4.1.2 风险与收益的度量

1）单项资产的收益

（1）单项资产的历史收益率

历史收益率，又称为实际收益率、实际利率，它是投资者在过去一定期间内实现的收益率。

①投资者在单一持有期内进行投资

假设投资者在第t-1期末购买股票，在第t期末出售该股票，公司在第t期支付股利D，则第t期的股票投资收益率可以按离散型与连续型[②]两种方法计算：

该股票的离散型收益率为：

$$r_t = \frac{D_t + (P_t - P_{t-1})}{P_{t-1}} = \frac{D_t}{P_{t-1}} + \frac{P_t - P_{t-1}}{P_{t-1}} \tag{4-1}$$

其中，r_t表示第t期的股票收益率；P_t和P_{t-1}分别表示第t期和第t-1期股票的价格；D_t表示第t期的股利。公式（4-1）中的第一项是股利收益率，第二项是资本利得收益率[③]。

该股票的连续型收益率为：

$$r_t = \ln\left(\frac{P_t + D_t}{P_{t-1}}\right) \tag{4-2}$$

连续型收益率一般小于离散型收益率，为简化起见，本章均计算离散型收益率。

②投资者在多个持有期内进行投资

在现实中，很多情况下我们需要集中反映一项投资的收益情况。给定某单项资产各年的单一持有期收益率，我们可以计算多个持有期内的总体收益率以及平均收益率。

该资产的总体收益率（即持有期收益率，holding period return）为：

$$r_h = (1 + r_1) \times (1 + r_2) \times \cdots \times (1 + r_n) - 1 \tag{4-3}$$

其中，r_h表示投资者在n个持有期内的总收益率；r_1，r_2，…，r_n表示股票在每个持有期的收益率。

该资产的平均收益率有算术平均收益率和几何平均收益率两种。

算术平均收益率（arithmetic average return）为：

$$\bar{r}_A = \sum_{i=1}^{n} \frac{r_i}{n} = \frac{r_1 + r_2 + \cdots + r_n}{n} \tag{4-4}$$

---

① J. S. Rosenb（1972）、F.G.Crane（1984）认为风险是指未来损失的不确定性。风险是事件发生的不确定性，这种不确定可能是损失也可能是收益。能带来收益，但收益大小不确定的风险叫作收益风险；可能收益可能损失的风险叫作投机风险；只会带来损失的风险叫作纯粹风险，而此处所指的风险就是指纯粹风险。

② 这里的离散型收益率是每年复利计息一次计算的收益率，连续型收益率是在一年中计息次数为无穷大，即连续复利情况下计算的收益率。

③ 投资收益通常包括两部分：一部分是投资者持有某项金融资产直接获得的现金收入（income），另一部分是因投资资产价值变化而产生的资本利得（capital gain），包括资本收益和资本损失。

几何平均收益率（geometric average return）为：

$$\bar{r}_G = \sqrt[n]{(1+r_1)\times(1+r_2)\times\cdots\times(1+r_n)} - 1 \tag{4-5}$$

其中，$\bar{r}_A$和$\bar{r}_G$分别表示算术平均收益率和几何平均收益率；r_i表示收益率数据系列。

【例4-1】假设你持有的一项投资在4年期里收益如下（见表4-1）：

表4-1 某项投资在4年期里收益情况

时期	1	2	3	4
收益率	10%	-5%	20%	15%

这4年里投资的总收益率为：

$$\begin{aligned} r_h &= (1+r_1)\times(1+r_2)\times(1+r_3)\times(1+r_4) - 1 \\ &= (1+10\%)\times(1-5\%)\times(1+20\%)\times(1+15\%) - 1 = 44.21\% \end{aligned}$$

算术平均收益率为：

$$\bar{r}_A = \frac{r_1+r_2+r_3+r_4}{4} = \frac{10\% - 5\% + 20\% + 15\%}{4} = 10\%$$

几何平均收益率为：

$$\bar{r}_G = \sqrt[4]{(1+10\%)\times(1-5\%)\times(1+20\%)\times(1+15\%)} - 1 = 9.58\%$$

当我们观察历史收益率时，算术平均收益率和几何平均收益率的区别在于：几何平均收益率告诉我们平均每年实际获益多少，而算术平均收益率告诉我们在典型的一年中获益多少。算术平均数方法适用于各期收益率差别不大的情况，如果各期收益率差别很大的话，这样计算出来的收益率会歪曲投资的结果。当各期收益出现巨大波动时，算术平均收益率会呈明显的上偏倾向。例如，某证券的价格第一年从50元上升到100元，第二年又跌回50元，两年的收益分别为100%和-50%，则持有期间的算术平均收益率为（100%-50%）/2=25%，几何平均收益率为$\sqrt{(1+100\%)\times(1-50\%)} - 1 = 0$，两个结果相比较，后者更为准确地反映了该投资没有产生任何收益的事实。

在预测未来的收益时，算术平均收益率对于较长的期间而言偏高，而几何平均收益率对于较短的期间又偏低。在实践中，如果基于一个较长时期（如70年）收益的平均数来预测未来10年左右的收益，就应该采用算术平均数；如果要预测未来几十年的情况（如退休规划），那么就应该区分算术平均值和几何平均值之间的差异；如果需要进行包含多个10年的非常长的预测，就应该采用几何平均收益率。

（2）单项资产的期望收益率

我们已经说明了如何计算一项金融资产的历史收益率（即实际收益率）。在进行资产的选择时，我们更关心的是未来的收益率，而它是不确定的。一项投资的年度收益率在理论上是一个随机变量，每一种可能的收益率都有其发生的可能性。

我们对每一种可能的年度收益分配相应的概率，称为年收益率的概率分布（probability distribution）。衡量期望收益率的一种方法是使用未来各种可能收益率的均值①，由此我们给出期望收益率的定义：一项资产的期望收益率就是它未来各种可能的收益率的均值。

① 统计学中的大数定律在金融学中的应用表明：当投资项目数足够多时，好的结果与坏的结果会相互抵消，这样，众多结果的平均数会接近总体的均值，而且随着投资项目的增加趋近期望值。从这个意义上讲，当投资项目很多时，均值可以很好地衡量期望收益率。

$$\bar{R}=\sum_{i=1}^{n}R_i\cdot P_i \tag{4-6}$$

其中，$\bar{R}$表示期望收益率；R_i表示第i种可能情况下的收益率；P_i表示第i种可能的情况出现的概率；n表示可能情况的个数。

表4-2给出了4项金融资产未来一年各种可能的收益以及每种可能情况发生的概率。

表4-2　　4项金融资产的未来收益及其发生概率

经济状况	发生概率	国库券	公司债券	股票A	股票B
萧条	0.05	0.08	0.12	-0.03	-0.02
衰退	0.2	0.08	0.1	0.06	0.09
一般	0.5	0.08	0.09	0.11	0.12
增长	0.2	0.08	0.085	0.14	0.15
繁荣	0.05	0.08	0.08	0.19	0.26

计算每项资产的期望收益率如下：

国库券：

$$\bar{R}=0.05\times 0.08+0.2\times 0.08+0.5\times 0.08+0.2\times 0.08+0.05\times 0.08=8\%$$

公司债券：

$$\bar{R}=0.05\times 0.12+0.2\times 0.1+0.5\times 0.09+0.2\times 0.08+0.05\times 0.08=9.2\%$$

股票A：

$$\bar{R}=0.05\times(-0.03)+0.2\times 0.06+0.5\times 0.09+0.2\times 0.14+0.05\times 0.19=10.3\%$$

股票B：

$$\bar{R}=0.05\times(-0.02)+0.2\times 0.09+0.5\times 0.12+0.2\times 0.15+0.05\times 0.26=12\%$$

2）单项资产的风险

Roger Ibbotson和Rex Sinquefield对美国金融市场的收益率进行了一系列研究[①]。他们提供了美国5种重要的金融投资组合的逐年历史收益率，这些投资组合的收益率状况见表4-3[②]。通过观察表4-3，我们可以看出，除美国国库券以外的资产收益率都比美国国库券的收益率高，同时，风险溢价高的金融资产，衡量其收益率的波动性的指标——标准差[③]一般较大。由此，我们得到以下两点启示：第一，风险性资产会获得风险溢价，即承担风险就会有回报；第二，潜在的收益越大，金融资产的风险也越大。

① 罗斯，威斯特菲尔德，杰富. 公司理财［M］. 9版. 吴世农，等，译. 北京：机械工业出版社，2007：227.

② 这里的大型公司股票由构成美国标准普尔500指数的500家最大的公司股票组成，小型公司股票包括在纽约股票交易所上市的最小的20%的公司股票，长期公司债券包括20年期的高质量债券，长期美国政府债券包括20年期的美国政府债券，美国国库券包括3个月期的美国国库券。

③ 历史收益率的方差可以用以下公式计算：$\sigma^2=\frac{1}{n-1}\sum_{i=1}^{n}(R_i-\bar{R})^2$。这里需要注意：当我们用样本方差近似地反映总体方差时，对收益率离差的平方和进行平均不用n而用$n-1$。这是因为，当用样本的统计量来估计总体的参数时，样本中独立或能自由变化的数据的个数称为该统计量的自由度。在估计总体的平均数时，由于样本中的n个数是相互独立的，从中抽取任何一个数据都不影响其他数据，所以其自由度为n；在估计总体的方差时，使用的是离差的平方和，自由度是平方和中独立观察的个数，即$n-1$。

表4-3　1926—2003年美国主要金融投资组合的年平均收益和风险溢价

金融投资组合	年均名义收益率（%）	风险溢价（%）	收益率的标准差（%）
大型公司股票	12.40	8.60	20.40
小型公司股票	17.50	13.70	33.30
长期公司债券	6.20	2.40	8.60
长期政府债券	5.80	2.00	9.40
中期政府债券	5.50	1.70	5.70
美国国库券	3.80	0.00	3.10

（1）单项资产风险的绝对度量

当投资有风险时，可能获得的收益就不同。对于投资活动而言，风险是与投资收益的可能结果以及该结果发生的概率相联系的，因此，对风险的度量应从投资收益的概率分布入手。风险量的大小，可以直接表示为未来可能的收益围绕期望收益率波动的范围的大小；对于各种可能结果对期望值的离散程度，数学中用方差和标准差来描述，因此，我们用金融资产收益率的方差（variance）和标准差（standard deviation）来衡量金融资产风险的大小。

我们分别用σ^2和σ来衡量金融资产收益率的方差与标准差。

$$\sigma^2 = \sum_{i=1}^{n}(R_i - \bar{R})^2 P_i \tag{4-7}$$

$$\sigma = \sqrt{\sum_{i=1}^{n}(R_i - \bar{R})^2 P_i} \tag{4-8}$$

其中，$\bar{R}$表示期望收益率；R_i表示第i种可能情况下的收益率；P_i表示第i种可能的情况出现的概率；n表示可能情况的个数。

根据表4-2计算每项资产的方差和标准差如下：

国库券：

$$\sigma^2 = (8\% - 8\%)^2 \times 0.05 + (8\% - 8\%)^2 \times 0.2 + (8\% - 8\%)^2 \times 0.5 + (8\% - 8\%)^2 \times 0.2 + (8\% - 8\%)^2 \times 0.05 = 0$$

$$\sigma = 0$$

公司债券：

$$\sigma^2 = (12\% - 9.2\%)^2 \times 0.05 + (10\% - 9.2\%)^2 \times 0.2 + (9\% - 9.2\%)^2 \times 0.5 + (8.5\% - 9.2\%)^2 \times 0.2 + (8\% - 9.2\%)^2 \times 0.05 = 0.0000710649$$

$$\sigma = 0.843\%$$

股票A：

$$\sigma^2 = (-3\% - 10.3\%)^2 \times 0.05 + (6\% - 10.3\%)^2 \times 0.2 + (11\% - 10.3\%)^2 \times 0.5 + (14\% - 10.3\%)^2 \times 0.2 + (19\% - 10.3\%)^2 \times 0.05 = 0.0018913801$$

$$\sigma = 4.349\%$$

股票B：

$$\sigma^2 = (-2\% - 12\%)^2 \times 0.05 + (9\% - 12\%)^2 \times 0.2 + (12\% - 12\%)^2 \times 0.5 + (15\% - 12\%)^2 \times 0.2 + (26\% - 12\%)^2 \times 0.05 = 0.0023203489$$

$$\sigma = 4.817\%$$

从方差和标准差的计算过程我们可以发现，它们的大小取决于两个因素：第一，各种可能的结果对期望值的绝对偏离程度；第二，每一种可能的结果发生的概率。方差和标准差越大，金融资产未来收益的不确定性越大，即风险越大。由于金融资产收益率的标准差和期望收益率的量纲相同，所以我们将标准差直接作为度量风险的指标。

在数学中，正态分布可以用来揭示事件发生在某一特定范围内的可能性。一项金融资产未来可能的收益有无数多个，这无数多个可能收益的离散程度近似地呈正态分布。正态分布的主要意义在于它可以用平均值和标准差来描述。比如，我们计算表4-2中公司债券的期望收益率和标准差分别为9.2%和0.843%，假定公司债券未来收益的概率分布近似于正态分布，那么我们就可以合理地预期：公司债券未来一年的收益落在8.357%和10.043%之间的概率约为66.7%（即2/3）。

（2）单项资产风险的相对度量

利用标准差来比较投资项目的风险的前提条件是，不同投资项目的期望收益率相同。如果不同投资项目的期望收益率不同，我们就不能直接通过标准差来比较两项资产的风险。例如，表4-2中股票A的标准差为4.349%，小于股票B的标准差4.817%，但是我们不能直接说股票A的风险小于股票B，因为这两种股票的期望收益率并不相同。为了对期望收益率不同的投资项目的风险进行评价，我们需要知道金融资产风险的相对度量指标，为此我们引入变异系数。

变异系数（coefficient of variation）是标准差与期望收益率之比，也被称为收益率的方差系数、标准差系数、标准离差率、离散系数。

$$CV = \frac{\sigma}{\bar{k}} \tag{4-9}$$

其中，CV表示变异系数；σ表示期望收益率的标准差；$\bar{k}$表示期望收益率。

变异系数反映的是金融资产每获得一单位期望收益所承担的风险，即单位收益的风险。当两项投资的期望收益率不相同时，该系数可以在一个更为合理的基础上进行比较。

根据表4-2计算每项资产的变异系数如下：

国库券：$CV = 0/8\% = 0$

公司债券：$CV = 0.84\%/9.2\% = 0.09$

股票A：$CV = 4.39\%/10.3\% = 0.43$

股票B：$CV = 4.82\%/12\% = 0.4$

比较上述4项资产的变异系数，我们发现，标准差更大的股票B的变异系数反而较小，说明股票A比股票B单位收益的风险更高。

4.2 投资组合的风险与收益

在现代金融市场上，理性的投资者不会把所有的资金投放到单项资产上。为了规避风险，他们通常会构建一个投资组合，因此，我们需要讨论投资组合收益和风险的度量。所谓投资组合（portfolio），是由投资人或金融机构把资金按一定比例分别投资于不同种类的有价证券或同一种类有价证券的多个品种所构成的资产的集合。投资组合可以产生多元化效应从而降低投资风险。

4.2.1　投资组合的收益

投资组合的收益是组合中各单项资产期望收益率的加权平均数，权数就是各单项资产的投资金额在投资组合中的比重。

$$\bar{R}_p = \sum_{i=1}^{n} \bar{R}_i \cdot W_i \tag{4-10}$$

其中，$\bar{R}_p$表示投资组合的期望收益率；$\bar{R}_i$表示第i项资产的期望收益率；W_i表示第i项资产在投资组合中的比重；n表示投资组合中资产的个数。

表4-4给出了两项资产未来可能的收益率以及各种可能收益率的发生概率。

表4-4　SC公司股票和LK公司股票预期收益率及概率分布

经济状况	发生概率	SC公司股票	LK公司股票
0.25	萧条	-20%	5%
0.25	衰退	10%	20%
0.25	正常	30%	-12%
0.25	繁荣	50%	9%

现在我们构建一个投资组合，其中SC公司股票和LK公司股票的投资比重分别为60%和40%。计算这个由SC公司和LK公司的股票构成的投资组合的期望收益率。

第一步：计算组合中各项资产的期望收益率：

SC公司股票的期望收益率 $\bar{R}_1 = (-0.2 + 0.1 + 0.3 + 0.5) \times 0.25 = 17.5\%$

LK公司股票的期望收益率 $\bar{R}_2 = (0.05 + 0.2 - 0.12 + 0.09) \times 0.25 = 5.5\%$

第二步：计算投资组合的期望收益率。

$$\bar{R}_p = \sum_{i=1}^{2} W_i \bar{R}_i = 0.6 \times 17.5\% + 0.4 \times 5.5\% = 12.7\%$$

4.2.2　投资组合的风险

对于单项资产，我们使用方差和标准差来度量它的风险；对于一个投资组合，同样可以用方差和标准差来度量其风险。投资组合收益率的方差和标准差的计算公式如下：

$$\sigma_p^2 = \sum_{i=1}^{n} (R_{pi} - \bar{R}_p)^2 P_i \tag{4-11}$$

$$\sigma_p = \sqrt{\sum_{i=1}^{n} (R_{pi} - \bar{R}_p)^2 P_i} \tag{4-12}$$

其中，σ_p^2表示投资组合的方差；σ_p表示投资组合的标准差；$\bar{R}_p$表示组合的期望收益率；R_{pi}表示第i种可能情况下组合的收益率；P_i表示第i种可能的情况出现的概率；n表示可能情况的个数。

根据表4-4的信息，我们计算由SC公司和LK公司的股票以3∶2的比例构成的投资组合收益率的方差和标准差（见表4-5）。

表4-5　投资组合收益率的方差和标准差

经济状况	发生概率	SC公司股票	LK公司股票	投资组合
0.25	萧条	-20%	5%	-10%
0.25	衰退	10%	20%	14%
0.25	正常	30%	-12%	13%
0.25	繁荣	50%	9%	34%
期望收益率		0.1750	0.0550	0.1270
方差		0.0669	0.0132	0.0239
标准差		0.2586	0.1150	0.1544

由此我们知道，由SC公司和LK公司的股票以3：2（60%：40%）的比例构建的投资组合的风险可以用$\sigma = 0.1544$来度量。

为什么将资金投放到两个以上的资产上，即构建一个投资组合就能够降低风险呢？这就是我们接下来要讨论的投资组合的多元化效应问题。

1）协方差与相关系数

为了衡量金融资产收益率之间的变动关系，我们引入两个数学指标：协方差（covariance）和相关系数（correlation coefficient）。

协方差是两个变量（两项金融资产的期望收益率）离差之积的期望值。通常表示为Cov（R_1，R_2）或σ_{12}。两项资产收益率的协方差可以用下列公式计算：

$$\mathrm{Cov}(R_1,\ R_2) = \sigma_{12} = \sum_{i=1}^{n}(R_{1i} - \bar{R}_1)(R_{2i} - \bar{R}_2)P_i \tag{4-13}$$

其中，$(R_{1i} - \bar{R}_1)$表示证券1在经济状态i下收益率对期望值的离差；$(R_{2i} - \bar{R}_2)$表示证券2在经济状态i下收益率对期望值的离差；P_i表示第i种可能的情况出现的概率；n表示可能情况的个数。SC公司与LK公司股票收益率的协方差见表4-6。

表4-6　SC公司与LK公司股票收益率的协方差

经济状况	发生概率	SC公司股票	LK公司股票	SC公司收益率离差	LK公司收益率离差	收益率离差之积
0.25	萧条	-20%	5%	-0.3750	-0.0050	0.0019
0.25	衰退	10%	20%	-0.0750	0.1450	-0.0109
0.25	正常	30%	-12%	0.1250	-0.1750	-0.0219
0.25	繁荣	50%	9%	0.3250	0.0350	0.0114
期望收益率		17.5%	5.5%	收益率的协方差		-0.004875

协方差反映了两项资产收益率之间的相互关系。如果协方差为正数，说明两项资产的收益率正相关；如果协方差为负数，说明两项资产的收益率负相关；如果协方差为零，说明两项资产的收益率不相关。由表4-6的计算结果我们知道，SC公司股票与LK公司股票收益率的协方差为负数，两者之间负相关，两只股票的收益率呈反向变化。

相关系数是两项资产收益率的协方差除以两项资产收益率标准差的乘积，通常表示为 Corr（R_1，R_2）或ρ_{12}。两项资产收益率的相关系数可用下列公式计算：

$$\mathrm{Corr}(R_1,\ R_2) = \rho_{12} = \frac{\sigma_{12}}{\sigma_1 \times \sigma_2} \tag{4-14}$$

其中，σ_{12}表示两项资产收益率的协方差；σ_1表示资产 1 的标准差；σ_2表示资产 2 的标准差。

根据表 4-5 计算出的 SC 公司和 LK 公司股票收益率的标准差，以及表 4-6 计算出的两只股票收益率的协方差，计算 SC 公司与 LK 公司股票收益率的相关系数为：

$$\rho_{12} = \frac{\sigma_{12}}{\sigma_1 \times \sigma_2} = \frac{-0.004875}{0.2856 \times 0.115} = -0.1639$$

由于标准差总是正数，因而相关系数的符号取决于协方差的符号。如果相关系数为正数，则两项资产的收益率正相关；如果相关系数为负数，则两项资产的收益率负相关；如果相关系数为零，则两项资产的收益率不相关。相关系数与协方差都能够反映两项资产收益率变动的方向。重要的是，相关系数的值介于-1 和 1 之间；其绝对值越接近 1，说明两项资产收益率的相关程度越大；也就是说，相关系数不仅能够反映两项资产收益率变动的方向，还能反映变动的程度。这使得相关系数在衡量两项资产收益率之间的关系时，更具实际意义。

2）两项资产构成的投资组合的多元化效应

两项资产构成的投资组合的方差，我们还可以使用公式（4-15）计算。在这个公式里，以协方差来衡量的资产收益率之间的变动关系对投资组合风险的影响体现得更为明显。

$$\sigma_p^2 = W_1^2\sigma_1^2 + 2W_1W_2\sigma_{12} + W_2^2\sigma_2^2 \tag{4-15}$$

其中，σ_p^2表示投资组合的方差；σ_p表示投资组合的标准差；σ_{12}表示两项资产收益率的协方差；σ_1和σ_2分别表示资产 1 和资产 2 的标准差；W_1和W_2分别表示资产 1 和资产 2 在投资组合中的比重。

我们根据公式（4-15）计算由 SC 公司和 LK 公司的股票以 3∶2 的比例构成的投资组合收益率的方差和标准差如下：

$$\sigma_p^2 = 0.6^2 \times 0.0669 + 2 \times 0.6 \times 0.4 \times (-0.004875) + 0.4^2 \times 0.0132 = 0.023856$$

$$\sigma_p = \sqrt{0.023856} = 0.1544$$

这个结果与我们使用公式（4-11）和公式（4-12）计算出的结果是一样的。

我们已经知道，两项资产构成的投资组合的收益率是组合中各资产的收益率按照投资比例加权平均的结果，那么投资组合的风险是否也是组合中各资产收益率的标准差按照投资比例加权平均的结果呢？我们来检验一下。

由 SC 公司和 LK 公司的股票以 3∶2 的比例构成的投资组合中各资产收益率的标准差的加权平均数为：

$$W_1\sigma_1 + W_2\sigma_2 = 0.6 \times 0.2586 + 0.4 \times 0.115 = 0.2012$$

由此我们发现，这个投资组合的标准差（0.1544）小于组合中各资产标准差的加权平均数（0.2012）。当我们用两项资产构建一个投资组合时，组合的收益率等于组合中各资产收益率的加权平均数，而组合的标准差却小于组合中各资产标准差的加权平均数，也就是说，投资组合在不改变收益的情况下降低了风险，这就是投资组合的多元化效应

(diversification)。

根据对多元化效应的描述，只要$\sigma_p < W_1\sigma_1 + W_2\sigma$，即

$$\sigma_p^2 < (W_1\sigma_1 + W_2\sigma_2)^2$$

投资组合的多元化效应就会存在。

而

$$\sigma_p^2 = W_1^2\sigma_1^2 + 2W_1W_2\rho_{12}\sigma_1\sigma_2 + W_2^2\sigma_2^2$$

$$(W_1\sigma_1 + W_2\sigma_2)^2 = W_1^2\sigma_1^2 + 2W_1W_2\sigma_1\sigma_2 + W_2^2\sigma_2^2$$

所以

$$W_1^2\sigma_1^2 + 2W_1W_2\rho_{12}\sigma_1\sigma_2 + W_2^2\sigma_2^2 < W_1^2\sigma_1^2 + 2W_1W_2\sigma_1\sigma_2 + W_2^2\sigma_2^2$$

即

$$\rho_{12} < 1$$

也就是说，只要构建投资组合的两项金融资产收益率的相关系数小于1，投资组合的多元化效应就会存在，构建一个投资组合就能够降低风险。

3）多项资产构成的投资组合的多元化效应

我们用归纳法可以得出由多项资产构成的投资组合的方差公式：

$$\sigma_p^2 = \sum_{i=1}^{n}\sum_{j=1}^{n} W_iW_j\sigma_{ij} \tag{4-16}$$

或

$$\sigma_p^2 = \sum_{i=1}^{n} W_i^2\sigma_i^2 + \sum_{i=1}^{n}\sum_{j=1}^{n} W_iW_j\sigma_{ij}(i \neq j) \tag{4-17}$$

其中，σ_p^2表示投资组合的方差，W_i和W_j分别表示资产在投资组合中的比重；σ_i^2表示资产i的方差；σ_{ij}表示两项资产收益率的协方差；n表示组合中资产的个数。

在公式（4-17）中，第一项是各单项资产收益率的方差，反映每一项资产各自收益率的波动状况；第二项是每两项资产收益率之间的协方差，反映各项资产收益率变化的相关关系。

为了研究多项资产构成的投资组合的多元化效应，我们作出以下三个假设：

第一，所有的证券具有相同的方差，设为σ^2，即$\sigma_i^2 = \sigma^2$；

第二，所有的协方差相同，设为Cov，即$\sigma_{ij} = \text{Cov}$；

第三，所有证券在组合中的比重相同，设为$1/N$，即$W_i = \dfrac{1}{N}$。

则

$$\begin{aligned}\sigma_p^2 &= \sum_{i=1}^{N}\left(\frac{1}{N}\right)^2\sigma^2 + \sum_{i=1}^{N}\sum_{j=1}^{N}\left(\frac{1}{N}\right)\left(\frac{1}{N}\right)\text{Cov}(i \neq j)\\ &= N \cdot \frac{1}{N^2} \cdot \sigma^2 + \frac{1}{N^2} \cdot \text{Cov} \cdot N \cdot (N-1)\\ &= \frac{1}{N} \cdot \sigma^2 + \left(1 - \frac{1}{N}\right) \cdot \text{Cov}\end{aligned}$$

当N趋近于无穷大时，上式中的第一项$\dfrac{1}{N} \cdot \sigma^2$趋近于零，表明投资组合中单项资产的风险消失；第二项$\left(1 - \dfrac{1}{N}\right) \cdot \text{Cov}$趋近于Cov，表明投资组合的风险接近一个平均数。投资组合的风险与组合中资产数量的关系可以用图4-1来表示。

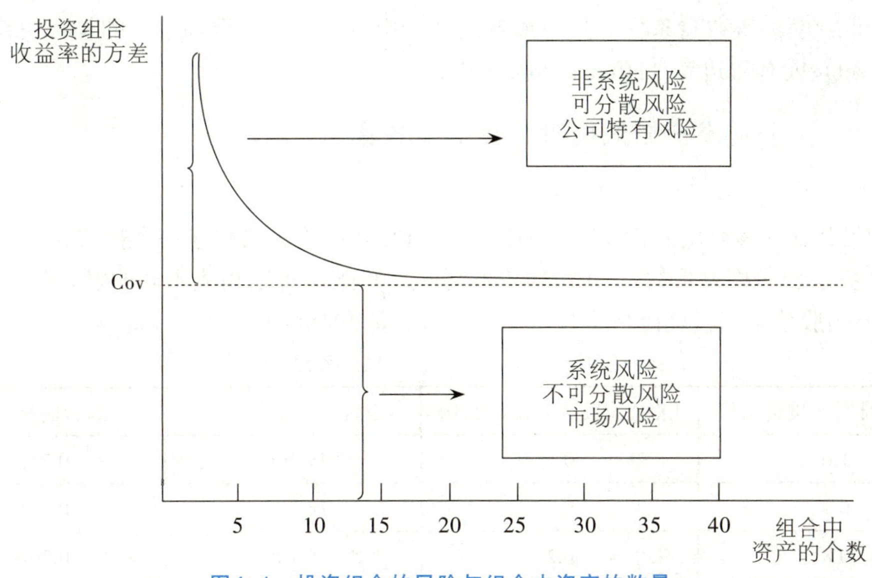

图4-1　投资组合的风险与组合中资产的数量

我们可以看出，随着投资组合中资产数量的增加，投资组合的风险在降低，但并不是说组合中的资产数量越多越好，当组合中的资产数量达到一定程度、组合的风险降至某一平均水平时，继续增加资产对于降低投资组合的风险作用已经很小，却会显著增加投资的成本。这是我们从资本市场得到的一个重要启示：构建投资组合可以降低风险，但是只能降到某一个水平；或者说，有些风险是可以分散的，有些风险是无法分散的。因此，每一项金融资产或资产组合的风险可以分为两部分：系统风险和非系统风险。

非系统风险（unsystematic risk），又称为可分散风险或公司特有风险，是指那些通过构建投资组合可以被分散的风险。这种风险只与个别公司或少数公司相关，是由特殊因素引起的，如公司的经营管理、财务状况、市场销售、重大投资等因素的变化等。它可以用公式（4-17）中的第一项来表示。

系统风险（systematic risk），又称为不可分散风险或系统风险，是影响所有资产的、不能通过构建投资组合而消除的风险。这部分风险由那些影响整个市场的风险因素引起，这些因素包括宏观经济形势的变动、国家经济政策的变动、税制改革等。它可以用公式（4-17）中的第二项来表示。

由于通过分散化投资化解非系统风险几乎没有任何成本，因此承担这种风险没有回报，可分散风险的风险溢价为零，投资者不会因为承担了公司特有风险而得到补偿。金融资产的风险溢价由其不可分散的系统风险决定，也就是说，一项金融资产的期望收益率仅取决于它的系统风险。

4.3　有效投资组合分析

由两个或两个以上的证券构成的投资组合有无限多个组合方式，所有这些可能的组合的集合称为机会集（opportunity set）或可行集（feasible set）。根据马克维茨的投资组合理论，有效证券组合主要包括以下两种性质的资产或资产组合：同等风险条件下收益最高的资产组合，或者同等收益条件下风险最低的资产组合。这两种资产组合的集合叫作有效集（efficient set）或有效边界（efficient frontier）。

4.3.1 两项资产构成的投资组合的有效集

1）在一定的相关系数下投资组合的有效集

我们沿用表4-4给出的例子。用SC公司和LK公司的股票构建一个投资组合，计算得出这个投资组合的相关系数是-0.1639。不同的投资比例可以构成不同的投资组合（SC公司和LK公司股票不同投资比例下投资组合的收益率和标准差见表4-7）。

表4-7 SC公司和LK公司股票不同投资比例下投资组合的收益率和标准差

SC公司股票的投资比例	LK公司股票的投资比例	组合的期望收益率	组合的标准差
1.0	0	17.50%	0.2586
0.9	0.1	16.30%	0.2311
0.8	0.2	15.10%	0.2044
0.7	0.3	13.90%	0.1786
0.6	0.4	12.70%	0.1544
0.5	0.5	11.50%	0.1326
0.4	0.6	10.30%	0.1145
0.3	0.7	9.10%	0.1022
0.2	0.8	7.90%	0.0979
0.1	0.9	6.70%	0.1025
0	1.0	5.50%	0.1150

由SC公司股票和LK公司股票构成的投资组合有无限个可能，所有这些可能的集合可以回归成图4-2所示的曲线。

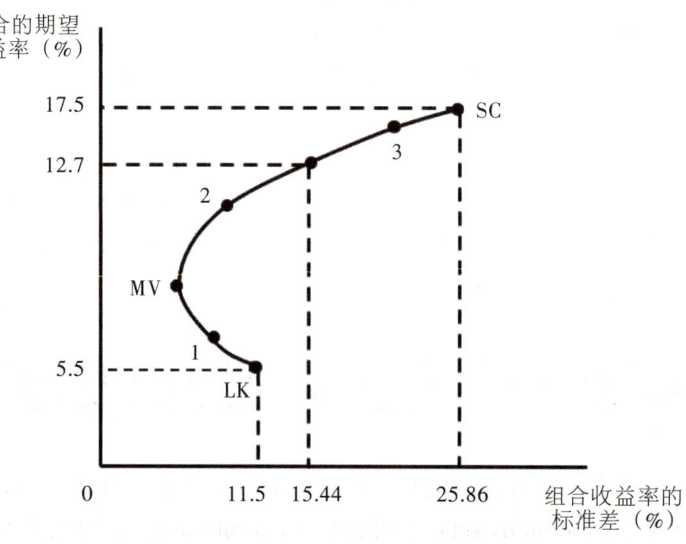

图4-2 两项资产构成的投资组合的有效集

从图4-2中我们可以看出，当投资者分别把全部资金投资于SC公司股票和LK公司股票时，我们可以得到图中的两点SC和LK。曲线LK-SC就是由SC公司股票和LK公司股票构成的各种可能的组合，是投资的可行集或机会集。理性的投资者都不会选择投资于组合1，因为在这个可行集中可以找到另外一个投资组合，它具有与组合1相同的风险，却比组合1的收益率更高；同样的道理，投资者不会选择在曲线LK-MV这一段进行投资。如果投资者愿意冒风险，他可以选择组合3，或者选择将所有的资金投资于SC股票；如果投资者不愿意冒风险，他可以选择组合2；如果投资者想要尽可能地规避风险，他可以选择组合MV。由于点MV代表具有最小方差（标准差）的投资组合，所以被称为最小方差组合（minimum variance portfolio）[①]。与最小方差组合MV相比，曲线LK-MV上的组合期望收益率较低，而方差（标准差）却高于最小方差组合，所以尽管整段曲线LK-SC被称为两种股票的可行集，但是投资者只会考虑MV-SC这段曲线上的组合，因此这段曲线被称为SC公司股票和LK公司股票所构成的所有投资组合的有效集。

2）不同相关系数下投资组合的有效集

图4-2展示了在一定的相关系数下，两项资产构成的投资组合的有效集。当两项资产的相关系数变化时，投资组合可行集的曲线会呈现不同的弯曲度。相关系数越小，曲线的弯曲度越大，如图4-3所示。

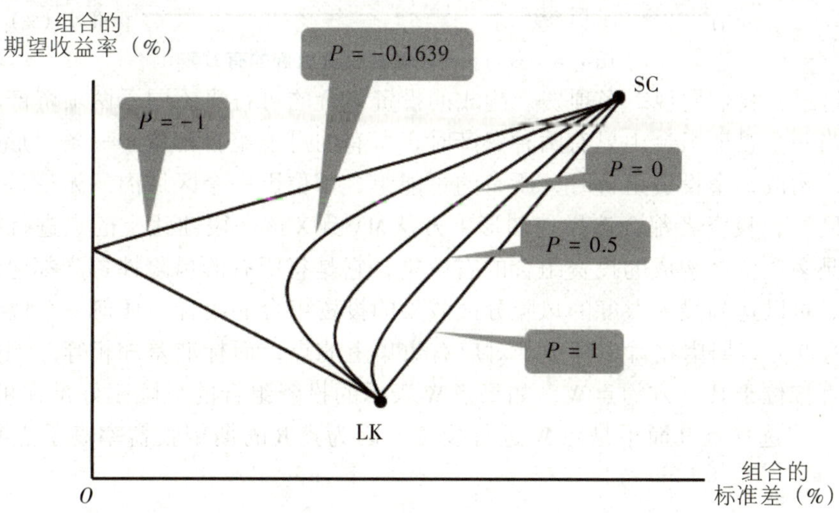

图4-3 不同相关系数下两项资产构成的投资组合的可行集

4.3.2 多项资产构成的投资组合的有效集

上一部分讨论的是两项资产构成的投资组合的有效集，我们用一条简单的曲线概括出各种可能的组合。由于投资者通常持有的资产超过两种，所以我们必须探讨组合中资产数超过两种的投资组合及其有效集。图4-4中的阴影部分表示在投资组合中资产数目多于两

① 最小方差组合中资产1的投资比例公式为：$w_{min} = \dfrac{\sigma_2^2 - \rho\sigma_1\sigma_2}{\sigma_1^2 + \sigma_2^2 - 2\rho\sigma_1\sigma_2}$。

个的时候组合的机会集或可行集①。例如，以100种资产作为总体，图4-4中的点1可能表示40种资产的组合，点2可能表示80种资产的组合，点3可能表示另外80种资产的组合，或相同的80种资产但投资比例不同而形成的组合，或者其他可能产生的组合。换言之，因为各种资产的期望收益率不可能改变，所以任何人都不可能选择一个期望收益率超过给定阴影区域的投资组合；同时，任何人也不可能选择一个标准差低于给定阴影区域的投资组合。

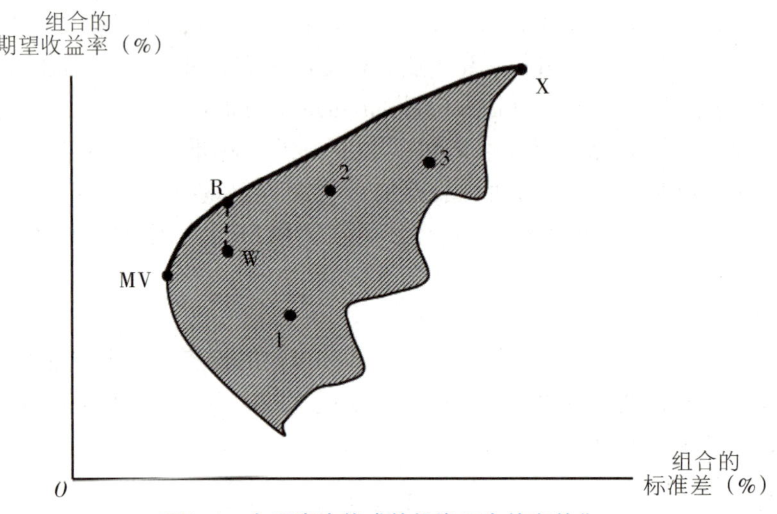

图4-4 多项资产构成的投资组合的有效集

在这里，我们发现，多项资产构成的投资组合的可行集不同于两项资产构成的投资组合。当一个投资组合中只有两种资产时，所有的可能组合都位于一条弓形曲线上；当多项资产构成一个投资组合时，所有的可能组合都位于一个区域内。无论是一条曲线还是一个区域，投资者都会选择该图形上方从MV到X这一段曲线上的点进行投资。这条曲线就是多项资产构成的投资组合的有效集，它是将所有的风险性资产都包含在内构造出来的、可以达到最大限度的风险分散效果的投资组合的集合。任何一个位于曲线MV-X下方的点，其期望收益率都小于对应有效集上的点，而标准差却相等。例如，图中的点R和直接位于其下方的点W，如果点W表示的投资组合的风险正好是你可以接受的，那么你应该选择点R而不是点W进行投资，因为点R的期望收益率高于点W的期望收益率。

4.3.3 无风险资产与风险性资产组合构成的组合

到目前为止，我们已经考察了由风险性资产构成的投资组合的各种可能的风险与收益。将所有风险性资产包含在内以构造有效边界，可以达到最大限度的风险分散。除了分散化投资，还有另外一种可以降低风险的方式：将一些资金投放到无风险的资产上，比如国库券（期限通常在1年以内）。在无风险资产和风险性资产之间进行资产配置时，投资者可以选择将一部分资金投入到无风险资产上，将其余资金投入风险性资产（或组合）；

① 在现实工作中很容易绘制两项资产构成的投资组合的有效集。然而随着资产个数的增加，观测的数量增加，绘制有效集的工作愈发困难。如果取100种资产构成组合，每两种资产计算一个相关系数，就需要计算大约5 000个相关系数，这更多地需要借助计算机来实现。

也可以通过借入无风险资金（比如卖空国债）将资金投资到风险性资产（或组合）上。在这一节，我们将探讨投资者是如何选择风险性资产（组合）的，这是我们在探索风险-收益关系时最终要涉及的问题。

1）无风险资产与风险性资产或资产组合构成的投资组合

无风险资产的标准差为0，它的未来收益率没有不确定性，实际收益率永远等于期望收益率。严格地讲，绝对无风险的资产是不存在的，但为了研究的方便，我们把中央政府发行的债券作为无风险资产的代表。

现在我们考虑期望收益率和标准差分别为R_f和σ_f的无风险资产F与一个收益率和标准差分别为R_n和σ_n的任意风险性资产（或组合）N构成的投资组合。我们将w_n比例的资金投资于N，从而投资于F的资金比例为（$1-w_n$）。

首先，我们计算这个投资组合的期望收益率。

$$R_p = (1 - w_n) \times R_f + w_n \times R_n = R_f + w_n \times (R_n - R_f) \tag{4-18}$$

公式（4-18）给出了一个解释：从仅投资于无风险资产F开始，用风险性资产（或组合）N替代对F的投资，从而获得更高的期望收益率，$(R_N - R_f)$就是风险性资产（或组合）的风险溢价或超额回报。也就是说，投资组合的期望收益率等于无风险利率加上基于风险性资产的投资比例计算出来的风险溢价。

其次，我们来计算投资组合的标准差。

$$\sigma_P = \sqrt{w_f^2\sigma_f^2 + 2w_f w_n \rho_{fn}\sigma_f\sigma_n + w_n^2\sigma_n^2} = w_n\sigma_n \tag{4-19}$$

由公式（4-18）可得：

$$w_n = \frac{\sigma_P}{\sigma_n} \tag{4-20}$$

将公式（4-20）代入公式（4-18）可得：

$$R_p = R_f + \frac{R_n - R_f}{\sigma_n} \times \sigma_P \tag{4-21}$$

从公式（4-21）我们可以看出，由无风险资产F和任意风险性资产（或组合）N构成的新投资组合的期望收益率和标准差之间具有线性关系（如图4-5所示）。

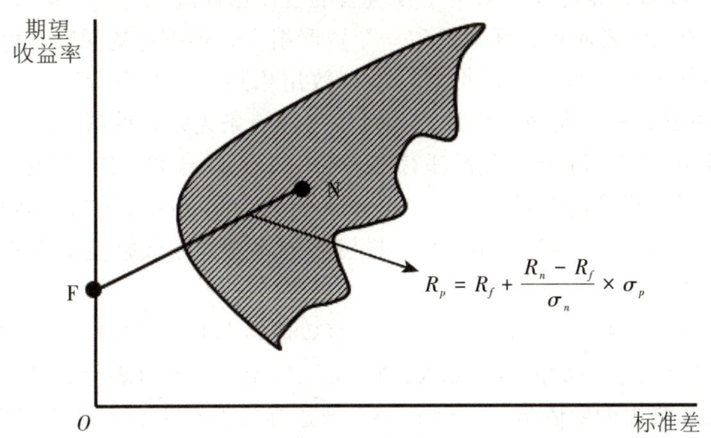

图4-5　无风险资产与风险性资产组合构成的组合

具体来说，无风险资产与风险性资产构成的投资组合的集合就是这两项资产在图4-5中所对应的点的连线，称为资本配置线（capital allocation line，CAL）。资本配置线的纵截距是无风险资产的期望收益率，即无风险利率R_f；它的斜率等于风险性资产的超额收益率除以该资产的标准差，衡量投资组合的单位风险溢价，又称作夏普比率（Sharpe ratio）。资本配置线告诉我们，投资组合的期望收益率等于无风险收益率加上一个风险溢价，该风险溢价等于这个投资组合的风险（标准差）乘以单位风险的溢价。

2）最佳风险性资产组合

从图4-5我们可以看出，无风险资产与任意风险性资产组合构成的新投资组合的集合，位于两点之间的连线上。那么风险投资组合可行集中的哪一个投资组合能提供相同风险条件下的最高收益或相同收益条件下的最低风险呢？与无风险资产相结合的最优风险性资产组合，一定是具有最高的夏普比率的投资组合，因为它会形成一条最陡峭的资本配置线。如图4-6所示，具有最高夏普比率的风险性资产组合就是包含无风险资产和风险性资产的投资组合的资本配置线与风险性资产（或资产组合）可行集形成的切线对应的切点，即切点投资组合（tangent portfolio）M。所有其他风险性资产与无风险资产构成的可能组合的集合都位于这条切线的下方。切点投资组合在所有投资组合中具有最高的夏普比率，切点投资组合提供了每单位风险的最高收益率。

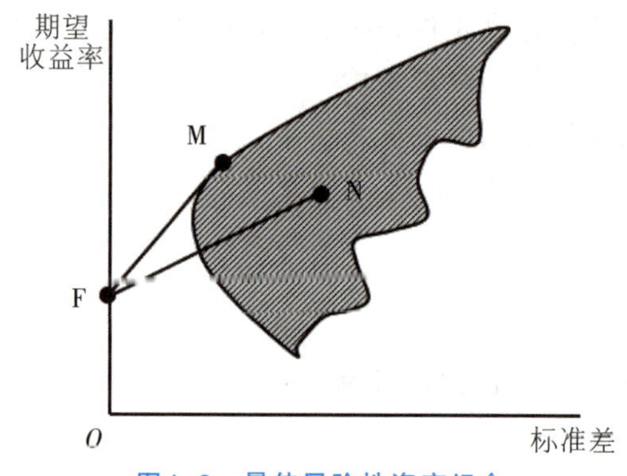

图4-6 最佳风险性资产组合

3）无风险借贷

我们用风险-收益无差异曲线来讨论投资者的资产选择过程。

对一个特定的投资者而言，任意给定一个资产组合，根据他的风险偏好程度，按照预期收益率对风险补偿的要求，可以得到一系列效用相同的资产组合。所有这些组合在均值-方差坐标系中形成一条曲线，被称为该投资者的一条无差异曲线。同一条无差异曲线上的投资组合效用相同；每个投资者都有唯一的一个无差异曲线族（如图4-7所示），无差异曲线位置越高表明投资者可以获得越高水平的满意度（或效用）；不同的投资者无差异曲线的陡峭程度不同（如图4-8所示），投资者的无差异曲线越陡，投资者的风险厌恶程度越高。

当只有风险性资产可以选择时，只有位于有效边界上的资产才有可能成为投资者的投资对象。在图4-7中，投资者的效用以X、Y、Z三条无差异曲线表示，投资组合有效边界为EF。其中，Z的效用期望值最大，但它与有效边界没有交点，不能形成任何投资组合；无差异曲线X、Y都与有效边界有交点，分别为E、E_1、E_2。由于无差异曲线X的效用期望值小于无差异曲线Y，所以我们得出结论：投资者的最优投资组合，就是无差异曲线与有效边界相切的点所对应的组合。

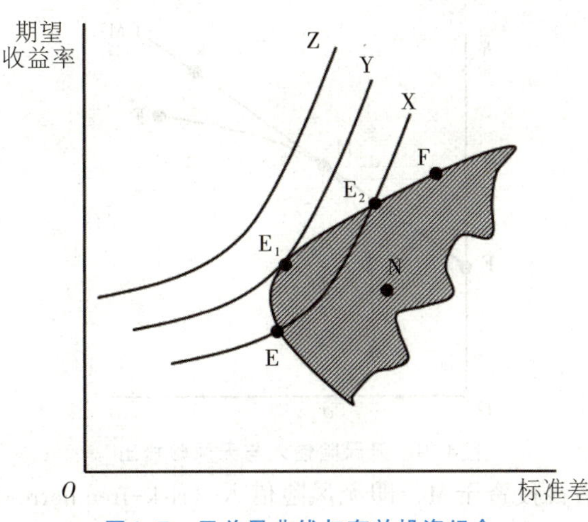

图4-7　无差异曲线与有效投资组合

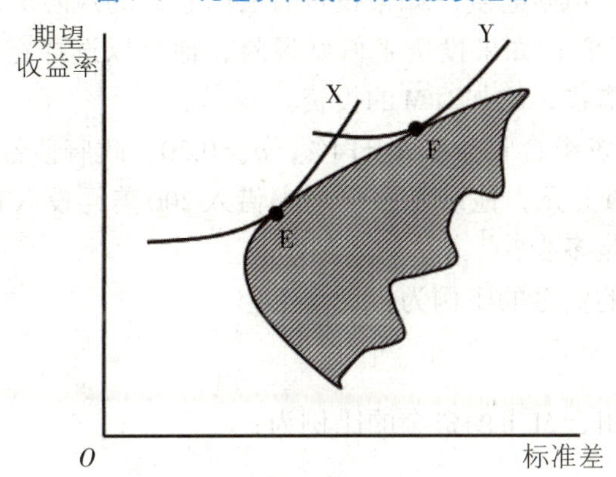

图4-8　无差异曲线与投资组合选择

有效边界包括无数个可能的投资组合，各自代表一种不同的风险与收益的选择：预期收益越高，承担的风险也越大。不同的投资者将根据自己的风险偏好（由风险-收益无差异曲线表示）来选择投资组合。如图4-8所示，无差异曲线X、Y分别与有效边界相切于点E、F，表明这两点对应的投资组合所代表的风险-收益替代关系与投资者甲、乙所要求的风险-收益替代关系相同，所以投资者甲将选择有效边界上的E点进行投资，而投资者乙将选择F点进行投资。

在现实中，投资者可以将无风险资产加入构建的资产组合。图4-9告诉我们，从无风险资产引向风险性资产组合有效边界的切线，可以得到投资者的最佳风险性资产组合。它意味着，风险投资的最优组合不再取决于投资者的风险态度是保守还是冒进的，每一个投资者都应该投资于切点组合；投资者的偏好只能影响和确定将多少资金投资于切点组合，多少资金投资于无风险资产。保守的投资者投资于切点组合的资金较少，他们会选择切线上临近无风险资产的那些组合；冒进的投资者对切点组合的投资会较多，会选择临近切点的组合，甚至会通过无风险利率借入资金购买切点组合。

在图4-9中，F表示无风险资产，代表投资者将资金全部投资于无风险资产（$W_f=1$），M表示最佳风险性资产组合，代表投资者将资金全部投资于风险投资组合（$W_m=1$）；FM代表投资者对无风险资产有所投资，即无风险贷出（risk-free lending）（$W_f>0$）；MX代表

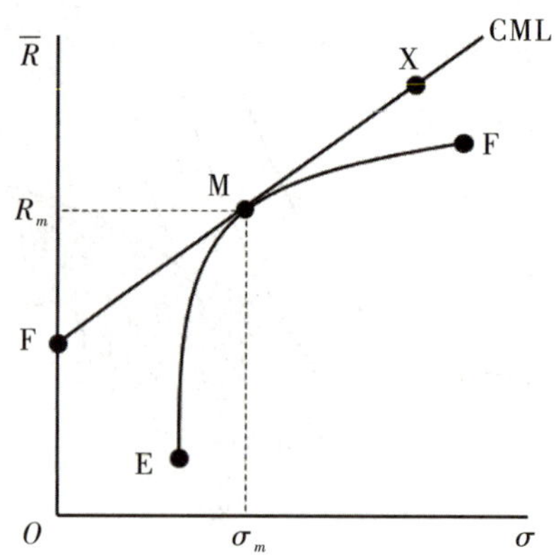

图4-9　无风险借入与无风险贷出

投资者以无风险利率借钱投资于M，即无风险借入（risk-free borrowing）（W_f<0）。M点的两侧体现了投资者的不同风险态度。如果投资者具有较高的风险厌恶程度，他可以选择在FM上的投资组合进行投资；如果投资者偏好风险，他可以选择在MX上的投资组合进行投资，即以无风险利率借钱，增加对M的投资。

【例4-2】假设M投资组合收益率R_m=14%，σ_m=0.20；政府债券收益率R_f=10%，σ_f=0。若投资者自有资本1 000美元，他以无风险利率借入200美元投入M，由此形成的投资组合期望收益与标准差各是多少？

投资在政府债券上的资金的比例为：

$$W_f = \frac{-200}{1\ 000} = -0.2$$

投资在风险性资产组合M上的资金的比例为：

$$W_m = \frac{1\ 000 + 200}{1\ 000} = 1.2$$

因而新的投资组合的收益为：

$$\bar{R}_p = W_f R_f + W_m R_m = (-0.2) \times 10\% + 1.2 \times 14\% = 0.148$$

新的投资组合的风险为：

$$\sigma_P = (1 - W_f)\sigma_m = [1 - (-0.2)] \times 0.2 = 0.24$$

4）资本市场线与市场投资组合

为了进一步描述最佳风险性投资组合，我们假设所有投资者能够获得相同的信息源，即他们对风险性资产的预期收益率、方差以及每两项资产收益率之间的协方差有着相同的预测，这被称为共同预期假设（homogeneous expectation）。它意味着所有投资者面临相同的风险性资产可行集以及相同的有效边界，因此，切点这个最佳风险性资产组合对于所有的投资者来说都是相同的。

在可以按无风险利率自由借贷的情况下，投资者选择投资组合时都会选择无风险资产与最佳风险性资产组合构成新的投资组合；投资者对风险的态度，只会影响这两种资产的投资比例，而不会影响最优组合点——这就是分离定理（separation theorem）。

如图4-9所示，在市场均衡的条件下，风险性资产组合M是市场上所有风险性资产构成的投资组合，被称为市场投资组合（market portfolio）。在理论上，这个组合就是由所有现存证券按照市场价值加权计算所得到的投资组合；在实践中，人们常常采用股票市场上具有广泛代表性的指数作为市场投资组合的近似替代，如美国的标普500指数。投资于这样的股票指数就几乎可以实现理论上所能达到的最大限度的分散化。

在市场均衡的条件下，切点投资组合就是市场投资组合。所有的投资者都会持有这个组合，并根据他们的风险偏好与无风险资产进行投资比例的分配。图4-9中的切线是一条连接无风险资产和市场投资组合的资本配置线，被称为资本市场线（capital market line，CML）。投资组合的期望收益率的方程为：

$$\bar{R}_p = R_f + \frac{R_m - R_f}{\sigma_m} \cdot \sigma_p \tag{4-22}$$

其中，$\bar{R}_p$为投资组合的期望收益率；R_m为市场投资组合的期望收益率；σ_m为市场投资组合的标准差；σ_p为投资组合的标准差。

根据分离定理，最佳风险性资产组合的确定独立于投资者的风险偏好，它取决于各种可能风险组合的期望收益率和标准差。因此，投资者在资本市场上的投资选择可以分为两步：第一步，不考虑自己的风险偏好，确定市场投资组合；第二步，根据自身的风险偏好，确定投资组合中无风险资产与风险性资产（市场投资组合）的投资比例。

【例4-3】假设市场上只有A、B两种风险性资产，资产A的期望收益率为20%，标准差为21%，资产B的期望收益率为10%，标准差为17%，两种风险性资产收益率的相关系数为-0.1583，无风险资产的收益率为8%。图4-10中的曲线描述了两种风险性资产以不同的投资比例所构成的投资组合的期望收益率和标准差，直线是资本市场线，与曲线相切于点M（14.72%，17.28%），且M点对应的投资组合中风险性资产A占69.65%，风险性资产B占30.35%[①]。

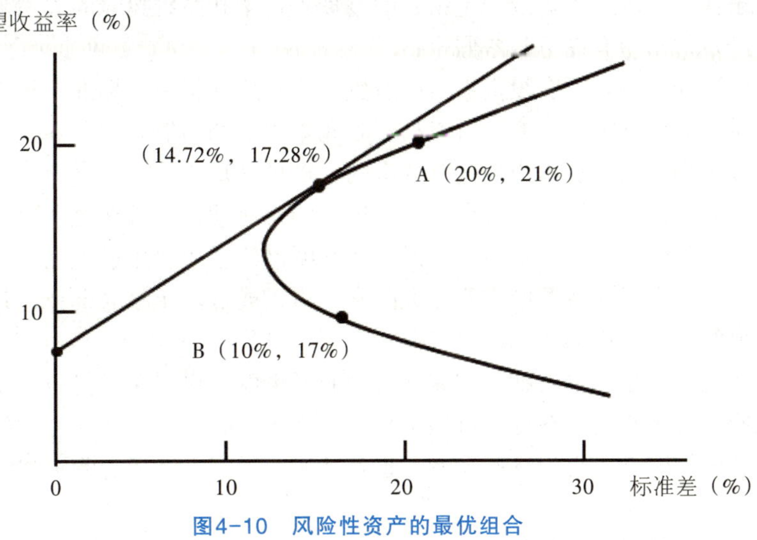

图4-10 风险性资产的最优组合

假设你有10 000元，希望获得20%的期望收益率，你可以将10 000元全部投资于资产A，也可以构造一种投资组合，即切点投资组合与无风险资产构成的组合。对于后者，需要确定每项资产的投资比例。

设风险性资产组合的投资比例为w，则无风险资产的比例为（1-w），即：

---

① 计算切点投资组合的投资比例的公式为：$w_1 = \frac{(\bar{R}_1 - R_f)\sigma_2^2 - (\bar{R}_2 - R_f)\rho_{12}\sigma_1\sigma_2}{(\bar{R}_1 - R_f)\sigma_2^2 + (\bar{R}_2 - R_f)\sigma_1^2 - (\bar{R}_1 - R_f + \bar{R}_2 - R_f)\rho_{12}\sigma_1\sigma_2}$，$w_2 = 1 - w_1$。其中，$\bar{R}_1$、$\bar{R}_2$是资产1和资产2的期望收益率；$R_f$是无风险利率；$\sigma_1$和$\sigma_2$是资产1和资产2的标准差；$\rho_{12}$是资产1和资产2收益率的相关系数。

$20\% = 8\% + w(17.28\% - 8\%)$

解得：$w=1.2931$，即投资于风险性资产组合（69.65%A，30.35%B）的比例为1.2931，投资于无风险资产的比例为-0.2931。也就是说，投资者需要借入2 931元，加上他原有的10 000元投资于风险性资产，其中投资于资产A的比例为90.06%（1.2931×69.65%），投资于资产B的比例为43.32%（1.2931×30.35%），其投资组合的预期收益率和标准差分别为：

$\bar{R}_p = 90.06\% \times 20\% + 43.32\% \times 10\% - 30.35\% \times 8\% = 20\%$

$\bar{\sigma}_p = 1.2931 \times 14.72\% = 19.03\%$

上述计算结果表明，在给定投资收益率（20%）的情况下，新构建的投资组合期望收益率的标准差为19.03%。相对于投资风险性资产A，虽然期望收益率也是20%，但其标准差为21%，也就是说风险性资产A的标准差高于新投资组合的标准差。所以，通过构建投资组合降低了风险。

4.4 资本资产定价模型

4.4.1 基本理论假设

美国学者威廉·夏普（William Sharp）、特雷诺（J.Treynor）和林特纳（J.Lintner）在20世纪60年代提出了资本资产定价模型（Capital Assets Pricing Model，CAPM），揭示了在市场均衡的条件下，单项资产或资产组合的预期收益率和系统风险的关系①。

资本资产定价模型有以下基本假设：

（1）共同预期假设。所有投资者对所有资产的期望回报率、标准差和方差以及资产收益率的相关系数的估计是一样的，所有投资者有相同的期望值。

（2）有效市场假设。资本市场是有效率的，市场是均衡的。

（3）单一时期假设。所有投资者都注重单一的持有期，并且在每个投资组合的期望收益率和标准差的基础上选择投资组合，最终达到财富的期望效用最大化。

（4）所有投资者可以按照给定的无风险利率借入或贷出无限的资金，并且对任何资产的卖空没有限制②。

（5）所有的资产是完全可细分和完全流动的（也就是说，在任何一个投资组合里可以含有非整数股份且所有资产在现行价格下是完全市场化的）。

（6）所有的投资者都是价格接受者（也就是说，所有投资者的购买和销售行为不会影响股价）。

（7）不存在交易成本和税负。

这些假设条件可以分成两类：第一类是关键假设，主要指假设（1）、（2）、（3），它们是模型成立的前提；第二类是完善市场假设，主要指假设（4）、（5）、（6）、（7）。由于这些假设与现实差距较大，所以资本资产定价模型的有效性只有通过实证检验才能得以证实。

---

① 威廉·夏普的文章Capital Assets Prices：A Theory of Market Equilibrium under Conditions of Risk于1964年9月发表在Journal of Finance上。夏普的模型中固有的假设由Michael C.Jensen在其文章Capital Markets：Theory and Evidence（Bell Journal of Economics and Management Science，Autumn 1972，357-398）中提出。

② 在卖空的情况下，投资者可以借入一只股票，然后卖掉它，期望以后能以更低的价格买回来，还给借出股票的人。如果你卖空而股票价格上涨了，你就会遭受损失；如果股票价格下跌，你就会获利。

4.4.2　系统风险的度量

1）β系数的含义

在上一节我们讨论了资本市场线（CML）。CML可以衡量市场风险与收益之间的关系，但它不能用来测度投资组合内部的非有效证券（或证券组合）。如图4-11所示，在风险性资产组合的可行集内部，点A、B、C具有相同的σ，却对应着不同的收益率R。在非有效证券的标准差与收益率之间不存在唯一的对应关系，因而我们必须找出更好的风险度量指标，这个指标就是贝塔系数（β系数）。

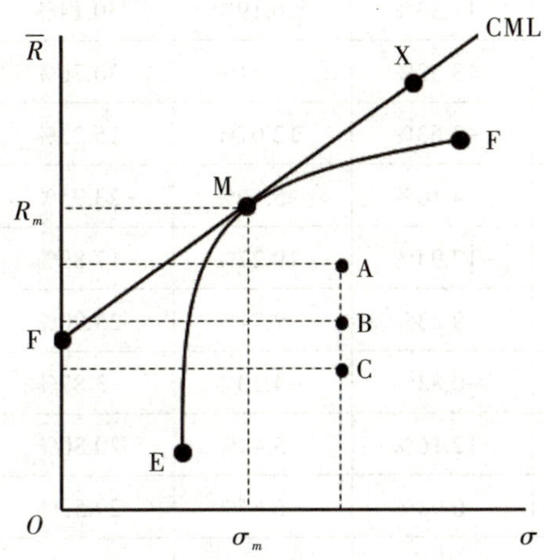

图4-11　资本市场线与非有效投资组合

假设某个投资者已经持有了市场投资组合，那么当他在市场投资组合中增加某项资产的投资时，市场投资组合的风险会增加多少呢？答案取决于这项资产所包含的系统风险的大小。β系数（β coefficient）就是一个系统风险指数，它用于衡量个股收益率的变动对市场投资组合收益率变动的敏感性；或者说，β系数是度量一种证券对于市场组合变动的反应程度的指标。

$$\beta_i = \frac{\mathrm{Cov}(R_i,\ R_m)}{\sigma^2(R_m)} \tag{4-23}$$

其中，β_i表示第i项资产的系统风险；Cov（R_i，R_m）表示第i项资产与市场投资组合收益率的协方差；σ^2（R_m）表示市场投资组合收益率的方差。

2）证券的特征线

在资本资产定价模型中，β系数通常可以根据某种资产（如第i种资产）的收益率R_i和市场投资组合收益率R_m之间的线性关系确定，以反映某一资产或资产组合的市场风险。在实践中，一般使用下列公式根据历史数据来估计回归系数β_i：

$$R_i = \alpha_i + \beta_i \times R_m + \varepsilon_i \tag{4-24}$$

其中，R_i表示第i种资产的收益率；α_i表示回归截距；β_i表示回归线斜率；ε_i表示随机误差，反映某给定期间实际收益率与回归预测收益率之间的差异，误差项的均值为零，在CAPM中，误差项对应的是可分散风险，与市场风险无关。

【例4-4】现以中国平安（601318）、青岛啤酒（600600）、华鼎股份（601113）、万向德农（600371）、凤凰传媒（601928）为例，说明β系数的估算方法。为简化起见，以

2015年1月至12月作为估计期间①，整理各月收益率数据；以上证指数代表市场投资组合，以同一时期上证指数收盘价作为基础计算各期收益率（见表4-8）。

表4-8　　上证指数与相关股票月收益率（2015年1月—2015年12月）

月份	上证指数（000001）	中国平安（601318）	青岛啤酒（600600）	华鼎股份（601113）	万向德农（600371）	凤凰传媒（601928）
2015年1月	-0.76%	-7.25%	-1.22%	5.46%	5.82%	9.20%
2015年2月	3.26%	1.43%	-2.93%	1.46%	1.62%	3.49%
2015年3月	13.47%	11.33%	6.19%	30.14%	20.60%	18.59%
2015年4月	18.86%	13.32%	3.41%	36.76%	55.41%	19.76%
2015年5月	4.02%	-3.63%	12.07%	15.23%	30.43%	13.49%
2015年6月	-6.65%	-4.10%	-5.50%	-23.95%	-11.98%	-12.76%
2015年7月	-14.22%	-17.94%	-19.27%	-17.89%	-36.23%	-16.02%
2015年8月	-13.07%	-9.23%	-9.71%	-25.90%	-20.77%	-7.01%
2015年9月	-5.10%	-0.83%	-4.20%	-3.87%	-1.94%	-6.41%
2015年10月	11.71%	12.16%	5.44%	20.80%	29.85%	19.10%
2015年11月	1.96%	0.93%	-6.67%	29.52%	36.04%	9.88%
2015年12月	2.71%	6.51%	4.96%	24.25%	4.75%	-1.29%
月平均收益率	1.35%	0.23%	-1.45%	7.67%	9.47%	4.17%
截距项	0.00%	-0.92%	-2.33%	5.08%	6.37%	2.63%
斜率	1.0000	0.8507	0.6472	1.9185	2.2938	1.1380
拟合优度 R^2	1.0000	0.8302	0.5995	0.7892	0.7972	0.8251

资料来源：上证指数月收益率来自锐思数据库（www.resset.cn），其他股票月收益率根据锐思数据库收盘价计算，忽略股利对收益率的影响。

根据表4-8中的数据，可以利用Excel内置函数计算β系数、截距和$R^2$②。以中国平安为例，中国平安与上证指数月度收益率拟合回归线如图4-12所示，该图中的直线称为证券特征线（security characteristic line，SCL），股票的β系数就是该证券特征线的斜率。中国平安的证券特征线斜率为0.8507，这是中国平安2015年1—12月月度股票收益率的β系数，它表明如果市场平均收益率上升10%，中国平安的收益率将上升8.5%；如果市场平均收益率下降10%，中国平安的收益率将下降8.5%。在表4-8选择的5家公司中，华鼎股份、万向德农和凤凰传媒的β系数大于1，而中国平安和青岛啤酒的β系数小于1；前者的风险大于市场投资

① 估计期的期限大部分为5年，也有的采用2年的数据；估计收益的时间间隔期距不同（每年、每月、每周或每天），得到的β系数也会不同。比如标普500（S&P 500）使用最近5年的月收益率估计β系数，价值线投资调查公司（Value Line）使用最近5年的周收益率估计β系数，布隆博格（Bloomberg）则根据最近两年的周收益率估计β系数。

② 采用Excel函数计算，输入公式分别为：截距INTERCEPT（known_y，known_x），其中，known_y为因变量的观察值或数据集合，known_x为自变量的观察值或数据集合；斜率SLOPE（known_y，known_x），其中，known_y为数值型因变量数据点数组或单元格区域，known_x为自变量数据点集合；R^2函数RSQ（known_y，known_x），其中，known_y为数组或数据点区域，known_x为数组或数据点区域。在本例中，known_y代表某一特定股票的月收益率，known_x代表上证指数月收益率。

组合的风险，后者的风险小于市场投资组合的风险，我们通常将β系数大于1的股票称为进攻型股票（aggressive stock），将β系数小于1的股票称为防守型股票（defensive stock）。

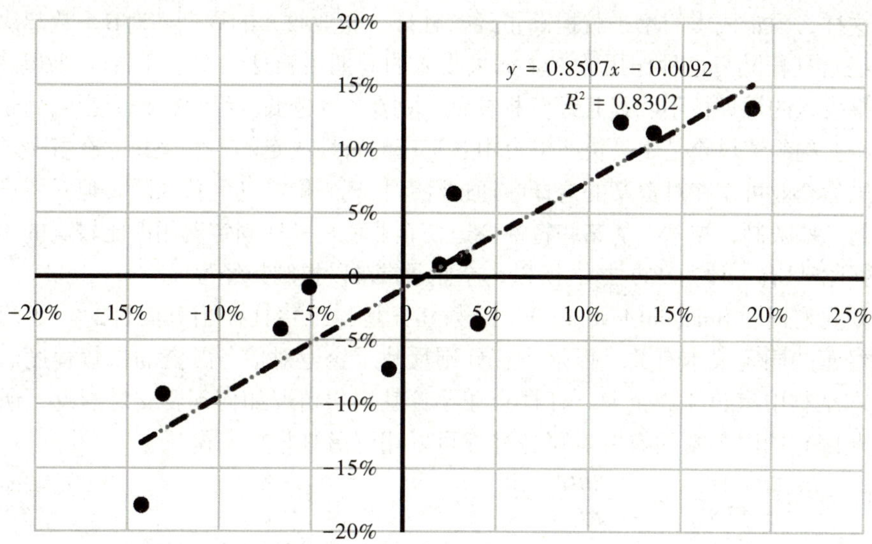

图4-12　中国平安与上证综指月收益率回归线（2015年1月—12月）

3）β系数的影响因素

股票的β系数通常是由企业的特征决定的，能够影响β系数的因素包括：收入的周期性、经营杠杆和财务杠杆。

（1）收入的周期性（periodicity of revenues）。有些企业的收入具有明显的周期性，比如，某些企业在商业周期的扩张阶段经营较好，而在商业周期的紧缩阶段则经营得较差。经验证据表明，高科技企业、零售企业和汽车企业随着商业周期的波动而波动，而公用事业、铁路、食品和航空类企业则与商业周期相关性不大。由于β系数是个股收益率与市场收益率的标准协方差，所以周期性强的股票会有较高的β值。需要指出的是，周期性不等于变动性。比如电影公司，因为其未来的成败难以预测，所以它的收入变动性大，但是公司的收入取决于影片的发行质量而不是商业周期，所以电影公司的周期性并不强。也就是说，股票的标准差大并不意味着β系数高。

（2）经营杠杆（operating leverage）。经营杠杆又称营业杠杆，是指企业在生产经营中由于存在固定成本而导致息税前利润变动率大于产销量变动率的规律。经营杠杆可以用经营杠杆度来衡量。

$$\text{经营杠杆度} = \frac{EBIT\text{的变动}}{EBIT} \times \frac{\text{销售收入}}{\text{销售收入的变动}} \tag{4-25}$$

企业生产产品和提供劳务有多种方式，其成本可以划分为固定成本和变动成本。固定成本不随产量的变化而变动，变动成本则随产量或销量的变化而变动。单位变动成本降低会增加边际贡献（contribution margin）[①]；当边际贡献较大时，企业的利润对销售变动的反应也比较敏感，即销售的较小变动会引起利润的较大变动，这是固定成本不变而变动成本较小的缘

① 边际贡献是销售收入与变动成本之差。边际贡献一般可分为单位产品的边际贡献和全部产品的边际贡献，其计算方法为：单位产品边际贡献=销售单价-单位变动成本，全部产品边际贡献=全部产品的销售收入-全部产品的变动成本。

故。相反，单位变动成本增加会降低边际贡献；当边际贡献较小时，利润不会因销售水平的变动而产生很大的变化，因此通过增加固定成本降低单位变动成本，会提高利润对销售的敏感程度，这样，固定成本的增加就提高了经营杠杆。企业收入的周期性对β系数起决定性的作用，而经营杠杆又将这种作用放大。如果收入的周期性强且经营杠杆高，则β系数也高；反之，如果收入的周期性不明显且经营杠杆低，则β系数也低。经营杠杆会影响到企业的经营风险，企业的经营风险是由其资产组合中各资产的特性决定的，它是建立在各个项目的基础上的。虽然企业可以在对资产的选择中通过经营杠杆来影响其经营风险，但对资产的选择通常会受到一些限制，技术上的某些特性会迫使企业使用一些固定费用占比较高的生产工艺（有些产品可能只有一种生产方法），所以，企业通常难以控制其经营风险。

（3）财务杠杆（financial leverage）。财务杠杆是与经营杠杆相对而言的。经营杠杆与企业生产经营的固定成本有关，而财务杠杆则反映了企业对债务融资的依赖程度。杠杆企业是指资本结构中有负债的企业，杠杆企业不论其销售情况如何都要支付利息，所以财务杠杆与企业固定的财务费用有关。财务杠杆可以用财务杠杆度来衡量。

$$\text{财务杠杆度} = \frac{EPS\text{的变动}}{EPS} \times \frac{EBIT}{EBIT\text{的变动}} \tag{4-26}$$

财务风险是指因企业使用债务资本而产生的在未来收益不确定情况下企业无法清偿到期债务的可能性。如果一个企业完全通过权益融资，那么它没有财务风险，企业的风险全部都是经营风险；当企业开始借债时，它就有了财务风险。财务杠杆决定了财务风险的大小。企业可以通过对资本结构以及对债务到期日的选择，在合理范围内控制它的财务杠杆进而控制财务风险，比如企业可以通过发行权益证券筹集全部资金从而使财务风险降为零。

在表4-8和图4-12中，我们揭示了怎样根据股票的月度收益率估计上市公司的贝塔系数。这些都是企业股票的贝塔系数，或称权益贝塔；而对一个杠杆企业来说，资产贝塔与权益贝塔是不同的。资产贝塔是企业总资产的贝塔系数，只有当企业完全依靠权益融资时，资产贝塔与权益贝塔才会相等。

假定某人拥有企业全部的资产和负债，即拥有整个企业，那么他这个由资产和负债共同构成的企业的组合贝塔系数是多少呢？与其他任何组合一样，这个组合的贝塔系数等于组合中每个单项贝塔的加权平均数，所以

$$\beta_{\text{资产}} = \frac{\text{负债}}{\text{负债}+\text{权益}} \times \beta_{\text{负债}} + \frac{\text{权益}}{\text{负债}+\text{权益}} \times \beta_{\text{权益}} \tag{4-27}$$

其中，$\beta_{\text{权益}}$是杠杆企业权益的贝塔系数。在现实中，负债的贝塔系数很低，一般假设为零，那么

启智增慧4-1
用Excel计算股票的贝塔值

$$\beta_{\text{资产}} = \frac{\text{权益}}{\text{负债}+\text{权益}} \times \beta_{\text{权益}} \tag{4-28}$$

将上式整理可得：

$$\beta_{\text{权益}} = \beta_{\text{资产}}\left(1 + \frac{\text{负债}}{\text{权益}}\right) \tag{4-29}$$

所以，企业在有财务杠杆的情况下，权益的贝塔一定大于资产的贝塔[①]。

① 当考虑公司所得税时，企业资产贝塔和权益贝塔的关系为：$\beta_{\text{权益}} = \beta_{\text{资产}}[1 + (1 - T_C)\frac{\text{负债}}{\text{权益}}]$，详细内容见第8章。

4.4.3 资本资产定价模型

1）资本资产定价模型

资本资产定价模型是一种描述风险与期望收益率之间关系的模型。在这一模型中，某种证券的期望收益率等于无风险收益率加上这种证券的系统风险溢价。CAPM的方程如下：

$$R_i = R_f + \beta_i(R_m - R_f) \tag{4-30}$$

其中，R_i为资产i的期望收益率；R_f为无风险利率；R_m为市场投资组合的期望收益率；β_i为资产i的贝塔系数。

从CAPM模型我们可以看出，任意金融资产的期望收益率等于无风险利率R_f加上它的系统风险溢价$\beta_i(R_m - R_f)$，它相当于市场为这项金融资产向投资者支付的总报酬，这个总报酬受三个因素的影响：一是用R_f衡量的货币的纯时间价值；二是用β衡量的金融资产系统风险的数量；三是用$(R_m - R_f)$衡量的系统风险的单价，即市场投资组合的风险溢价（又称市场风险溢价）。

无风险资产是指实际收益率等于预期收益率的资产，无风险投资必须满足以下两个条件：第一，不存在违约风险；第二，不存在再投资风险。从证券投资来看，前者意味着该证券必须是政府债券，后者意味着该证券必须是零息债券。在短期投资分析中，可以采用短期国债利率作为无风险利率；在长期投资分析中，采用与分析期限相同的长期政府债券（包括付息债券）利率作为无风险利率也可以得到一个与实际值十分接近的近似值。

市场风险溢价反映了投资者因持有股票冒风险而得到的额外报酬。这一额外报酬应当基于预期的投资收益率确定。在CAPM中估计市场风险溢价最常用的方法就是历史数据分析法[①]，其基本步骤为：第一步，确定代表市场指数的市场投资组合，例如标准普尔500指数、上证综合指数等；第二步，确定抽样期间，实践中抽样期间往往为10年或更长；第三步，计算此期间市场投资组合（股票指数）的平均收益率[②]以及无风险资产的平均收益率；第四步，确定风险溢价，即市场投资组合收益率与无风险资产收益率之差。

由于非系统风险可以通过分散投资被完全化解，用β系数衡量的系统风险就成为影响金融资产期望收益率的重要因素。β系数揭示了个股收益率相对于市场投资组合收益率变动的敏感性。如果某只股票的β系数是1，那么这只股票的收益率等于市场投资组合的收益率；如果某只股票的β系数大于1，那么这只股票的收益率就会高于市场投资组合的收益率；如果某只股票的β系数小于0，那么这只股票的预期收益率低于无风险收益率。投资者之所以会投资于低于无风险收益率的风险资产，主要原因在于这类资产与市场投资组合的期望收益率呈负相关，持有这类资产与其他资产的组合，投资者可以构造出一个有效分散的投资组合，这意味着当市场上的其他资产表现不佳时，这种资产却往往有着良好的表现，通过持有这种资产，投资者能够降低他的投资组合的整体市场风险。从某种意义上说，β为负数的金融资产是投资组合的“经济衰退保险”，投资者为得到这种保险而付出的代价就是接受较低的收益率。在证券市场上，大多数股票的β系数在0.75到1.5之间。

---

① 采用历史数据分析法，假设：(1) 投资者的风险偏好在这期间内没有发生系统性变化（至少没有偏离历史平均水平）；(2) 在此期间内“有风险”的市场投资组合的平均风险程度没有发生系统性变化。

② 可以是算术平均收益率，也可以是几何平均收益率，实践中两种方法都被采用，很难说哪一种能够更为精确地反映出风险溢价。

2）证券市场线

证券市场线是资本资产定价模型的几何图示。用纵轴表示证券的期望收益率R_i，用横轴表示β系数，我们在坐标系内绘制各种资产或资产组合。结果，所有的资产和资产组合都将落在一条直线上，这条直线的方程就是CAPM，这条直线被称为证券市场线（security market line，SML）。证券市场线在纵轴上的截距为无风险收益率R_f，其斜率为市场风险溢价$(R_m - R_f)$[①]。图4-13描绘了证券市场线。

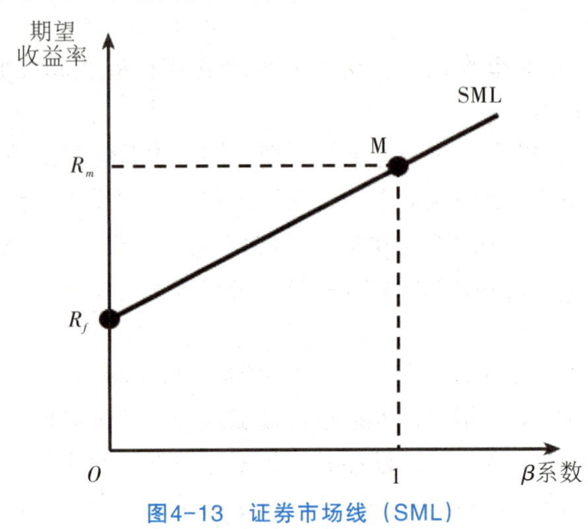

图4-13　证券市场线（SML）

在前文中我们介绍了资本市场线（CML）。资本市场线和证券市场线是本章的两个重要概念，两者的区别见表4-9。图4-14给出了市场投资组合以及4个任意的证券组合在证券市场线上的位置以及这5种资产在收益-标准差平面内的位置。资本市场线连接的是无风险资产与市场投资组合，而4个证券组合并非有效投资组合，所以并不在资本市场线上。

表4-9　资本市场线与证券市场线的区别

资本市场线（CML）	证券市场线（SML）
资本市场线方程 $R_p = R_f + \frac{R_n - R_f}{\sigma_n} \times \sigma_P$	证券市场线方程 $R_i = R_f + \beta_i(R_m - R_f)$
资本市场线只适用于有效投资组合（即无风险资产和市场投资组合构成的投资组合），不适用于无效的资产或资产组合	证券市场线对所有的资产和资产组合都适用，包括有效投资组合和非有效投资组合
资本市场线把有效投资组合的风险溢价表示成标准差的函数	证券市场线把证券的风险溢价表示为证券的系统风险（贝塔系数）的函数
对资本市场线上的有效投资组合而言，标准差是一个合理的风险度量指标；我们可以根据标准差来确定有效投资组合的期望收益率	对于证券市场线上的资产而言，合理的风险度量指标是它对市场组合的风险的贡献度，也就是贝塔系数的大小；我们可以根据贝塔系数来确定资产或资产组合的期望收益率
无效的证券和资产组合都位于资本市场线的右侧，它们的标准差体现了其具有的总风险，包括可分散的独立风险和不可分散的系统风险	证券市场线揭示的是单个资产或资产组合的系统风险

① 在CAPM中，$(R_m - R_f)$代表着市场投资组合的风险溢价，即系统风险的单价；在SML中，它是直线的斜率。它们都是由市场整体的风险厌恶程度决定的。

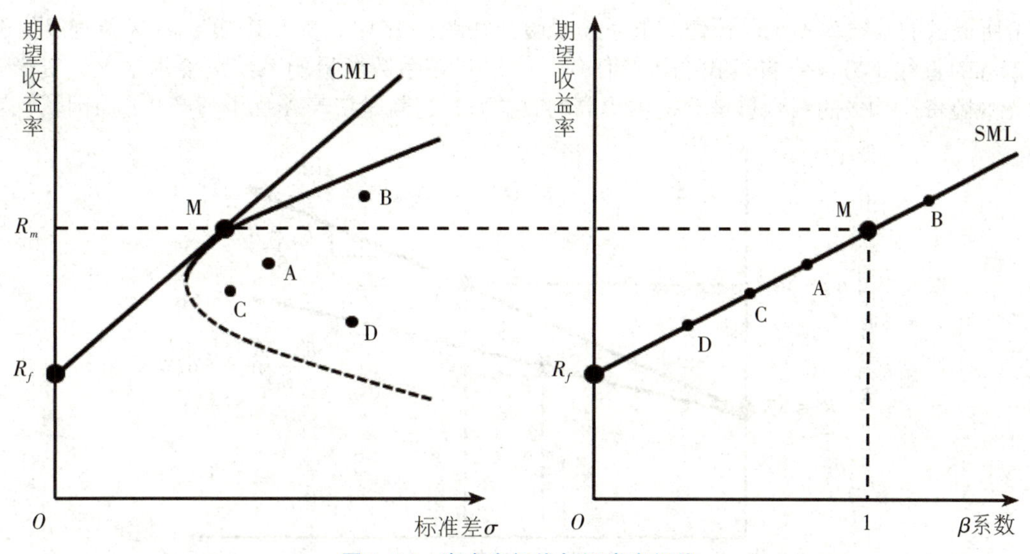

图4-14 资本市场线与证券市场线

4.4.4 证券市场均衡

在完善的资本市场环境中，所有金融资产或资产组合都位于证券市场线上。

我们现在来看看市场怎样对系统风险作出补偿。假定资产A的期望收益率R_A为20%，贝塔系数β_A为1.6，无风险资产收益率R_f为8%。我们据此绘制由资产A和无风险资产所构成的投资组合的集合（如图4-15所示）。

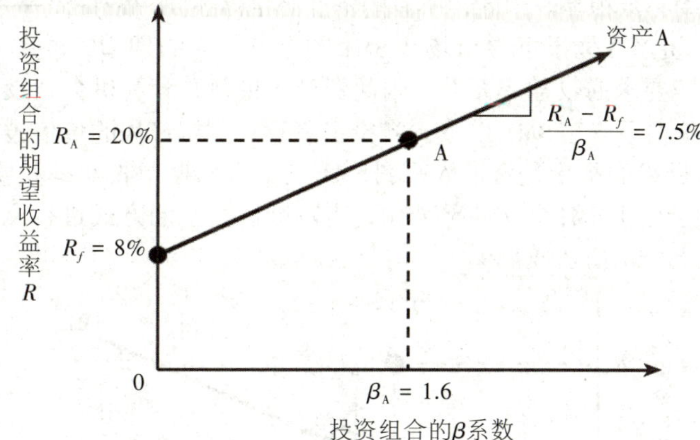

图4-15 资产A的投资组合期望收益率和贝塔系数

这条直线的斜率等于资产A的风险溢价$(R_A - R_f)$除以资产A的贝塔系数β_A，即：

$$斜率 = \frac{R_A - R_f}{\beta_A} = \frac{20\% - 8\%}{1.6} = 7.5\%$$

它告诉我们，资产A所提供的风险收益率为7.5%[①]，也就是说，对于每一“单位”的系统风险，资产A的风险溢价为7.5%。

现在我们考虑第二项资产B。假定资产B的贝塔系数β_B为1.2，期望收益率R_B为16%。资产A与资产B相比较，哪一项更好呢？答案是，资产A更好，因为相对于资产A来说，资

① 这个比率也被称为特雷诺比率（Treynor ratio），它衡量每单位系统风险资产获得的超额报酬。特雷诺比率与夏普比率（Sharpe ratio）有些类似，区别在于特雷诺比率使用β对风险进行测算，而夏普比率用σ衡量风险。

产B所提供的收益率不足以补偿它的系统风险。在图4-16中，资产B的收益-风险直线位于资产A的直线下方。它告诉我们，在任何一个以贝塔系数衡量的系统风险水平下，资产A和无风险资产构成的组合总是会提供更高的收益率，这就是资产A优于资产B的原因。

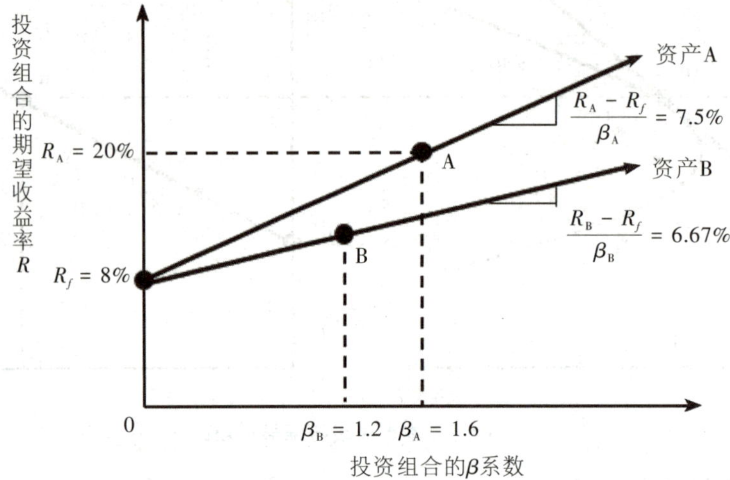

图4-16 两项资产的投资组合期望收益率和贝塔系数

上面我们描述的资产A和资产B的状况在一个完善的市场上不可能长期存在，因为投资者会进行套利。他们会被资产A吸引，而排斥资产B；其结果是，资产A的价格上升而资产B的价格下降，与此同时资产A的期望收益率下降而资产B的期望收益率上升。这种套利的结果是两项资产的直线重合。由此我们可以得出这样的结论：完善的金融市场上所有资产的单位风险收益率必定相等。因此，所有的资产必定落在同一条直线——证券市场线上。

在图4-17中，资产A位于证券市场线SML的上方，它的期望收益率R_A高于市场对同等风险（β_A）的资产要求的收益率R_A'①，因此资产A将创造套利机会，投资者会持续买进资产A，直到它的价格下降至SML以下。当投资者意识到资产A的价值被高估时，他们会选择卖出该资产。最终的结果是资产A回到SML上，它的期望收益率和要求收益率相等，市场达成均衡。对于位于SML下方的资产B，市场会以卖空的方式进行反向套利，最终资产B也会落到SML上，均衡达成。

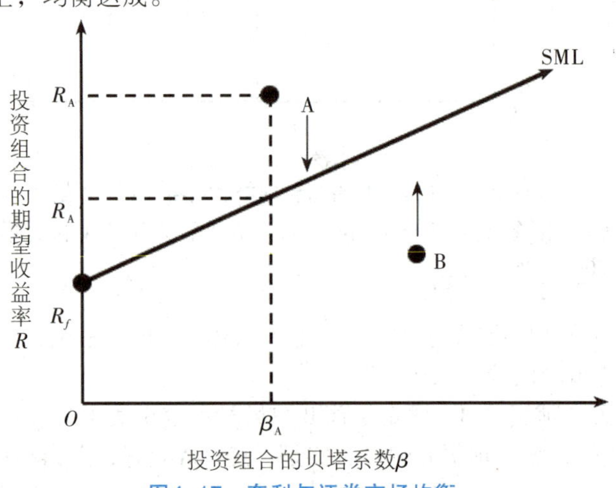

图4-17 套利与证券市场均衡

① 股票的期望收益率与要求收益率之差，被称为股票的阿尔法α，即$\alpha_i = R_i - [R_f + \beta_i(R_m - R_f)]$。

本章小结

收益是投资收入流量超过支出流量的部分。它可以用税前利润、净利润、资产收益率和权益收益率等会计概念来表示，也可以用净现值、到期收益率和内部收益率等金融概念来表示。风险是投资回报的不确定性，或者说，是投资回报发生变动的可能性。我们用单项资产未来可能收益的期望值来衡量它的预期收益率，用期望收益率的标准差和变异系数作为它的风险的绝对度量和相对度量指标。

投资组合是两个或两个以上资产所构成的集合。通过计算投资组合的预期收益率和风险指数我们发现，投资组合在不改变收益的情况下可以降低风险，这就是投资组合的多元化效应。每一项金融资产或资产组合的风险可以分为非系统风险和系统风险两部分：非系统风险是指通过构建投资组合可以被分散的风险；系统风险是影响所有资产的、不能通过构建投资组合而消除的风险。一项金融资产的期望收益率仅取决于它的系统风险。

有效证券组合包括同等风险条件下收益最高的资产组合，或者同等收益条件下风险最低的资产组合。多项资产构成的投资组合的有效集是其可行集上最小方差组合向上那一段曲线。无风险资产与风险性资产构成的投资组合的集合就是这两项资产所对应的点的连线，即资本配置线。最佳风险性资产组合是资本配置线与风险性资产（或资产组合）可行集形成的切线所对应的切点。无风险借贷使得资本配置线得以向切点上方延伸，此时切线被称为资本市场线，而切点就是市场投资组合。

资本资产定价模型揭示了在市场均衡的条件下，单项资产或资产组合的预期收益率和系统风险的关系。在这一模型中，某种证券的期望收益率等于无风险收益率加上这种证券的系统风险溢价。其中系统风险用β系数衡量，该模型的图像称为证券市场线。它代表着证券市场的均衡状态，即市场均衡达成时，资产的期望收益率与要求收益率相等。

关键概念

收益　风险　投资组合　投资组合的多元化效应　非系统风险　系统风险　机会集　有效集　资本配置线　夏普指数　市场投资组合　资本市场线　资本资产定价模型　β系数　经营杠杆　证券市场线

综合训练

计算题

1. 一只股票的贝塔系数是1.3，市场的期望收益率是14%，无风险收益率是5%。这只股票的期望收益率是多少？

2. 一只股票的贝塔系数是1.2，期望收益率是16%。一项无风险资产目前赚取的收益率是5%。

（1）一个平均投资在这两项资产上的投资组合的期望收益率是多少？

（2）如果一个由这两项资产所组成的投资组合的贝塔系数是0.75，这个投资组合的权数是多少？

（3）如果一个由这两项资产所组成的投资组合的期望收益率是8%，它的贝塔系数是多少？

（4）如果一个由这两项资产所组成的投资组合的贝塔系数是2.40，这个投资组合权数是多少？你如何理解这两项资产的权数？请解释。

3. 假设目前无风险收益率为5.4%，利达公司股票的β系数为1.8，预期收益率为13.5%。要求：

（1）根据CAPM计算市场组合的风险溢价；

（2）如果卡莱公司股票的β系数为0.8，计算该公司的股票预期收益率；

（3）如果某投资者打算对利达公司和卡莱公司股票投资20 000元，该投资组合的β系数为1.1，计算该投资者应该对这两家公司分别投资的金额，以及该投资组合的预期收益率。

4. 假设市场无风险借贷利率为6%，A股票预期收益率为15%，标准差为12%。

（1）如果你将10 000元投资于A股票与无风险资产，其中6 000元投资于A股票，其余4 000元投资于无风险资产，计算该证券组合的预期收益率与标准差；

（2）如果将拥有的10 000元全部投资A股票，并另外借入5 000元投资于A股票，计算该证券组合的预期收益率与标准差；

（3）如果欲获得12.3%的投资收益率，分析应如何进行股票和无风险资产的组合，并计算这一组合将承担的风险。

思考题

1. 假设一个投资者随机地选择50只股票，然后随机地选择一只股票，计算60个月收益率和标准差；然后在剩余的49只股票中随机选择一只股票，与第一次选出的股票组合，且投资比重相同，那么投资组合的收益和风险会发生什么变化？如果继续一一加入剩余的股票，且投资比重相同，投资组合的收益和风险会发生什么变化？如何通过多样化的投资组合来分散风险？

2. 在17世纪第一只黑天鹅在澳大利亚被发现以前，人们认为所有的天鹅都是白色的。从风险分析的角度出发，《黑天鹅》的作者塔勒布（Taleb）认为，金融市场是由意外的突发事件即“黑天鹅”主导的，因为那些可以预料的事情早就在市场中消化了，但是金融市场上的人们总是倾向于忽略或者忘记代表灾难的“黑天鹅”。因此，塔勒布认为，对可预测事件（白天鹅）的研究是徒劳的，采用经验分析的方法来衡量风险是不够的。你是否同意这一观点，为什么？

即测即评

综合训练参考答案

第5章

金融证券估价

目标引领

1. 了解债券的基本要素和其他特征；
2. 熟练掌握债券的估价模型和到期收益率；
3. 掌握债券价值与市场利率之间的关系；
4. 了解股票的基本类型与特征；
5. 熟练掌握股票定价的股利增长模型；
6. 了解普通股定价的其他方法。

思维导图

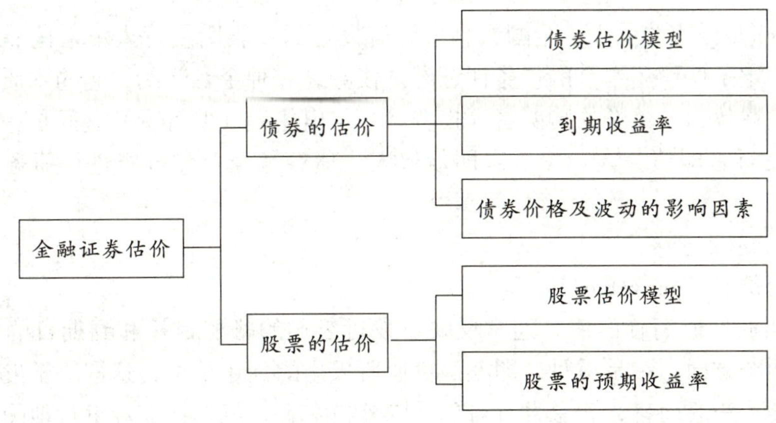

开篇导读

2013年财政部代理发行北京市地方政府债券93亿元，较2012年的68亿元增长了37%，占当年全国地方政府债务计划发行总量的2.66%。这93亿元地方政府债券中，包括3年期债券和5年期债券各46.5亿元。自2008年以来，地方债务呈现出暴增的态势。这也引发了业界和市场对于地方债风险集中爆发的担忧。虽然地方政府债务存在风险，但债务规模不是风险考量的唯一关键指标。如果地方政府债务投向与资金需求匹配，财政税收也能支撑债务。尽管未来可能迎来各地偿债高峰，但债务规模总量仍在安全区。作为地方政府一种市场化融资的方式，地方债试点会对地方政府的财政管理体制、债券市场等诸多方面产生深远影响。

我国公司债的市场也一直在稳步发展。例如，招商证券首次发行的100亿元公司债一举成功，在短短3天内获得机构超额认购。其具体发行情况为：3+2年期品种最终发行规模为人民币30亿元，5年期品种最终发行规模为人民币15亿元，10年期品种最终发行规模为人民币55亿元。各个品种债券均获得2~3倍的认购倍率。作为业内首家发行公司债的券商，招商证券成功发债不仅体现了机构和投资者对招商证券的高度认可，更印证了市场对券商行业大发展的信心，开创了证券公司在资本市场融资的新途径。

本章将介绍债券以及对债券进行估价的方法。

2024年6月25日，诺力股份的收盘价为16.87元，同一天，三一重工的收盘价为16.36元，中国动力的收盘价为18.28元。这3家公司的股票价格如此接近，或许你会认为这3家公司向它们的股东派发差不多的股利，但是事实上，中国动力分配的股利为每股0.1元，三一重工为每股0.22元，而诺力股份每股派发了0.62元股利！就像我们在本章中将会看到的那样，当前派发的股利是我们在试图对普通股进行估价时首先要考虑的因素之一。

本章将探讨股利、股价以及两者之间的联系。

5.1 债券及其估价

5.1.1 债券的基本特征

债券（bonds）是由企业、金融机构或政府发行的，表明发行人承诺按一定的利率支付利息并按约定条件偿还本金的债务性证券。债券是一种金融契约，它的本质是债务的证明书，具有法律效力。债券的购买者（投资者）与出售者（发行者）之间是一种债权债务关系，债券发行者即债务人，投资者即债权人。债券是企业和政府进行债务融资的重要工具。

1）债券的基本要素

（1）票面价值（par value）

债券的票面价值简称面值，通常反映了发行公司的融资目标和到期日的资金偿还数量。它包含两个方面：一是币种，即票面价值所采用的计量单位，这取决于发行者的需要和债券的种类。一般而言，如果发行对象是国外投资者，就选择债券发行地国家的货币或者国际通用货币作为债券票面价值的计量单位；如果发行对象是国内投资者，则选择本国货币作为债券票面价值的计量单位。二是票面金额，它代表着发行人借入并承诺于未来某一特定日期（如债券到期日），偿付给债券持有人的金额。

（2）票面利率（coupon rate）

债券的票面利率是债券持有人定期获取的利息与债券票面价值的比率，又称为息票利率。票面利率的高低由债券发行者决定。债券发行者在确定票面利率时通常要考虑市场利率、债券的偿还期限、自身资信水平以及资本市场资金供求关系等因素的影响。

（3）到期日（maturity）

债券一般都有固定的偿还期限，即自发行日起至全部本金清偿完毕为止的一段时间。一般来说，偿还期在1年以内的债券称为短期债券（bill），偿还期在1年以上、10年以下的债券称为中期债券（note），偿还期在10年以上的债券称为长期债券（bond）。绝大多数债券的原始期限（original maturities）在10~40年之间，但是从理论上来说，任何时间长度的债券期限都是可以的。1993年7月，迪士尼公司为了锁定低利率，发行了现代历史上首个100年期的债券，此后不久，可口可乐公司成为第二家通过发行1.5亿美元为期100年的债券从而拓展了长期债券的实质内涵的公司。

2）债券的其他特征

（1）债券契约（bond indenture）

债券契约是债券发行人和代表债券持有者利益的债券托管人之间签订的法律合约。债券契约主要包括还款、赎回、担保、偿债基金、流动资金比例限制等条款内容和保护债权持有者利益的措施。债券契约多由发行人拟定；由信托机构或发行人的开户银行充当债券发行的托管人，监督发行人严格履行合约中的所有条款[①]。表5-1描述了杜邦公司发行的债券的特征。

表5-1　**杜邦公司债券的特征**

条款		解释
发行额	5亿美元	公司发行了价值5亿美元的债券
发行日期	2010年9月23日	债券于2010年9月23日发售
到期日	2041年1月15日	债券于2041年1月15日到期
面值	2 000美元	债券的面值为2 000美元
年利率	4.90%	每名债券持有人每持有一份债券每年将收到98美元的利息（面值的4.90%）
发行价格	98.654	发行价为2 000美元面值的98.654%，即1 972.80美元
付息日	1月15日，7月15日	在这两个日期，将分别获得49美元（98/2）的利息
担保	无	债券未受任何资产的担保
偿债基金	无	债券未设立偿债基金
赎回条款	任何时候	债券没有延期赎回条款
赎回价格	国债利率加上0.20%	债券拥有“补偿赎回”的赎回价格
评级	穆迪A2；标准普尔A	债券拥有相对较高级别的信用评级

①担保条款（security provision）。债务证券可以根据用来保护债券持有人的担保物或抵押物的特征分为质押和抵押两种。抵押（pledging），是指抵押人和债权人以书面形式订立约定，不转移抵押财产的占有，将该财产作为债权的担保，用来抵押的财产通常是不动产，当债务人不履行债务时，债权人有权依法以该财产折价或者以拍卖、变卖该财产的价款优先受偿。质押（factoring），就是债务人或第三人将其动产或者权利移交债权人占有，将该动产作为债权的担保，当债务人不履行债务时，债权人有权依法就该动产卖得价金优先受偿。信用债券（debenture）是一种无担保债券，信用债券的持有人只对未作为担保品

① 马惠明．英汉证券投资词典［M］．北京：商务印书馆，2007．

的其他财产享有索取权，也就是说，在抵押和质押信托后所剩余的财产才会被考虑索偿。

② 偿债基金条款（sinking fund provision）。有些债券包括偿债基金条款，主要目的是降低债券发行公司的拖欠风险。一种比较极端的情况就是要求发行公司必须定时定量地在第三方账户上存入资金，以保证债券到期时能够有足够资金偿还。通常情况是，偿债基金条款规定发行公司每年必须回收一定数量的债券。如果发行公司不能够按照偿债基金条款的规定数量购入债券的话，那么就会导致该公司债券的市场价格下滑，甚至有可能导致该公司破产。所以，偿债基金条款会使发行公司承担一个重大的现金流出。发行公司可以用两种方式来履行偿债基金条款：第一，发行公司可以按照票面价格赎回一定比例的债券；第二，发行公司可以在市场上按照公允价格回购规定数量的债券[①]。

③ 赎回条款（call provision）。绝大多数的公司债券都包含有赎回条款，它允许公司在特定时间范围内，以事先约定的价格买回（赎回）部分或全部的债券。如果公司执行赎回条款，通常赎回价格要高于债券的票面价值，我们把这个赎回价格与面值之间的差额称为赎回溢价（call premium）。赎回条款对于债券的发行公司是有益的。假设一家公司在市场利率较高时发行了公司债券，在有赎回条款的条件下，公司可以在市场利率回落时赎回这些利率相对较高的债券，并以此时的较低市场利率重新发售公司债券，从而节约融资成本。但这有可能损害投资者的利益。当市场利率上升时，发行公司不会赎回债券，而投资者收益却会被固定在最初的票面利率上；然而当市场利率下降时，发行公司就会赎回债券，投资者就不得不以当时的市场利率进行再投资，收益率也从原先较高的票面利率下降到现行市场利率。因此，为了使投资者能够接受可赎回债券的这种风险，发行公司的赎回价格要高于债券的票面价值。

④ 保护性约定（protective covenant）。保护性约定是债券契约或借款协议的一部分，它限制了公司在借款期间内可能采取的某些行动。保护性约定可以分为两种：消极约定和积极约定。消极约定是一种“你不应该”式的约定，它限制或禁止公司可能采取的某些行动。例如，公司必须根据特定的公式来限制股利的发放；公司不得把任何资产抵押给其他债权人；公司不得和其他公司合并；没有债权人的同意，公司不得出售或者出租任何主要资产；公司不得发行额外的长期债务，等等。积极约定是一种“你应该”式的约定，它详细规定了公司应该采取的行动，或者公司必须遵守的条件。例如，公司必须将其营运资本保持在某一特定的最低水平或其之上；公司必须定期向债权人提供经审计的财务报表；公司必须使质押品或担保品保持良好的状态，等等。

（2）债券评级（bond ratings）

19世纪初就已经出现了反映债券违约风险高低的债券评级体系，今天很多公司出资聘请专业机构对它们的债券进行评级。最为著名的三个评级公司分别是穆迪投资者服务公司（Moody's Investors Service，以下简称穆迪公司）、标准普尔公司（Standard & Poor's Corporation）和惠誉投资者服务公司（Fitch Investors Service）。债券评级是对债券发行公司信誉的评估，它建立在公司提供的信息资料的基础之上[②]。表5-2展示了穆迪公司和标

---

① 显然，公司会选择成本较低的那种方式。当市场利率上升时，债券价格就会下降，公司就会选择在市场上回购要求数量的债券；当市场利率下降时，债券价格就会上升，公司就会采取第一种方式来履行偿债基金条款。偿债基金条款所要求的债券赎回和公司出于再融资需求而进行的债券赎回之间有很大的不同；前者往往不要求有资金补偿，但是每年可以回购的数量是早已在偿债基金条款中规定的。

② 这里需要注意的是，债券评级只关心违约的可能性，而没有考虑利率风险（即债券价格因为利率变动而变动的可能性），因此，评级很高的债券，其价格仍然可能非常不稳定。

准普尔公司的债券评级信息。穆迪和标准普尔所指的信誉是公司违约的可能程度，以及如果违约公司对债权人的保护程度。

表5-2　　　　穆迪公司和标准普尔公司的债券评级

	投资级债券评级				投机级、高收益、垃圾债券评级					
	高等级		中等级		低等级			极低等级		
穆迪	Aaa	Aa	A	Baa	Ba	B	Caa	Ca	C	
标准普尔	AAA	AA	A	BBB	BB	B	CCC	CC	C	D

穆迪	标准普尔	
Aaa	AAA	Aaa和AAA是债券评级中的最高等级，这类债券支付利息和本金的能力非常强
Aa	AA	评级为Aa和AA的债券有很强的支付利息和本金的能力，这一评级的债券和最高级别评级的债券构成高等级债券
A	A	评级为A的债券虽然在遇到环境或经济条件改变时，比高等级债券在某些程度上更容易受到不良影响，但是它们仍然具有较强的支付利息和本金的能力
Baa	BBB	评级为Baa和BBB的债券被认为拥有足够的支付利息并偿还本金的能力。虽然它们通常有充分的保护特征，但是在遇到不利经济条件或环境改变时，比起高等级债券，它们支付利息和偿还本金的能力更可能减弱。这种债券是中等级的债券
Ba；B	BB；B	总的来说，这些评级的债券被认为对利息支付和本金的偿还存在投机性。Ba和BB评级代表最低程度的投机性，而Ca、CC和C代表最高程度的投机性。虽然这些等级的债券可能有一些具有保护性的特征或品质，却不足以弥补它们的高度不确定性和暴露在不利环境中的重大风险。被穆迪评级为C的债券通常会违约
Caa	CCC	
Ca	CC	
C	C	
	D	评级为D的债券是违约债券，利息的支付和（或）本金的偿还正在拖欠中

注：穆迪公司和标准普尔公司都对AAA级以下的债券采用调整项。标准普尔公司用加减号：A+表示最强的A级债券，A-表示最弱的A级债券。穆迪公司采用1、2和3表示，1为最强，3为最弱。

债券评级对于公司和投资者来说都很重要。首先，债券的信用等级表明了违约风险，从而对该债券的利息和发行公司的融资成本都有直接的影响。其次，绝大多数债券是被机构投资者购买的，而很多的投资机构被要求只能购买那些信用等级在某个水平之上的债券。此外，一些债券发行契约中还规定，一旦债券信用等级跌至某个特定水平之下，那么利息率就会自动上升。信誉评级机构会根据公司经营情况的变化随时调高或调低该公司的未清偿债券的信用等级。例如，1999年9月1日，标准普尔公司的周报显示苹果电脑公司的高等级无抵押品债券的信用等级由B+上升到BB-。苹果电脑公司债券信用等级的上升反映了该公司在个人电脑产业中市场份额的提高，同时也表明了该公司的增加营运现金的资本管理政策取得了一定的成效。

（3）债券风险（bond risks）

债券投资的风险主要包括信用风险与利率风险。信用风险（credit risk）又称违约风险（default risk），是指债券投资者可能因债务人破产而不能收回

启智增慧5-1
世界三大评级机构

全部本息的可能性。利率风险（interest rate risk）是指由市场利率波动导致的债券价格变动的可能性。

债券信用风险的大小主要取决于发行公司的财务状况以及债券的到期期限，以及是否存在抵押品。公司信用风险的大小通过债券信用评级来反映。20世纪80年代以前，养老金和保险公司等固定收入型投资者往往不愿意购买风险较高的债券，因此那些风险较高的公司很难在公开债券市场上筹集到资金。20世纪70年代末，麦克·米肯（Michael Milken）研究发现风险债券的投资收益率比那些风险很低的债券要高，并以此说服那些投资机构购买这些风险债券，这就是“垃圾债券”，即高风险、高利率的债券。垃圾债券市场的发展壮大反映了投资银行对资本市场变化的调整和适应，在很大程度上改变了美国的金融市场环境。

关于债券的利率风险，我们将在下文展开讨论。

3）债券的主要类型

（1）按发行主体，债券分为政府债券、公司债券和金融债券

① 政府债券（government bond）。政府债券是政府为筹集资金而发行的债券，主要包括国债、地方政府债券等，其中最主要的是国债。国债因其信誉好、利率优、风险小而被称为“金边债券”。除了政府部门直接发行的债券外，有些国家把政府担保的债券也划归为政府债券体系，称为政府保证债券。这种债券由一些与政府有直接关系的公司或金融机构发行，并由政府提供担保。中国历史上发行的国债主要品种有国库券和国家债券，其中国库券自1981年后基本上每年都发行，主要对企业、个人等发行；国家债券包括国家重点建设债券、国家建设债券、财政债券、特种债券、保值债券、基本建设债券等，这些债券大多对银行、非银行金融机构、企业、基金等定向发行，部分也对个人投资者发行。

② 公司债券（corporate bond）。公司债券是指公司依照法定程序发行的，约定在一定期限内还本付息的有价证券。公司债券是公司债的表现形式，基于公司债券的发行，在债券的持有人和发行人之间形成了以还本付息为内容的债权债务法律关系。不同于政府债券的是，公司债券存在着信用风险，如果负债公司经营陷入困境，就可能无法按时支付利息和本金；不同的公司债券信用风险也不相同，这取决于发行公司的信用等级。

③ 金融债券（financial bond）。金融债券是由银行和非银行金融机构发行的债券。在英国、美国等欧美国家，金融机构发行的债券归类于公司债券。在中国及日本等国家，金融机构发行的债券称为金融债券。金融债券能够较有效地解决银行等金融机构的资金来源不足和期限不匹配的矛盾。由于银行等金融机构在一国经济中占有较特殊的地位，政府对它们的运营又有严格的监管，因此，金融债券的资信通常高于其他非金融机构债券，信用风险相对较低，具有较高的安全性。所以，金融债券的利率通常低于一般的企业债券，但高于风险更低的国债和银行储蓄存款。我国目前金融债券主要由国家开发银行、中国进出口银行等政策性银行发行。

（2）按利率是否变化，债券分为固定利率债券和浮动利率债券

①固定利率债券（fixed-rate bond）。固定利率债券是将利率印在票面上并按期向债券持有人支付利息的债券。该利率不随市场利率的变化而调整，因而固定利率债券可以较好地抵制通货紧缩风险；其筹资成本和投资收益可以事先预计，不确定性较低，但债券发行人和投资者仍然必须承担市场利率波动的风险。如果未来市场利率下降，发行人能以更低

的利率发行新债券，则原来发行的债券成本就显得相对高昂，而投资者则获得了相对现行市场利率更高的报酬，原来发行的债券价格将上升；反之，如果未来市场利率上升，新发行债券的成本增大，则原来发行的债券成本就显得相对较低，而投资者的报酬则低于购买新债券的收益，原来发行的债券价格将下降。

固定利率债券通常在市场利率相对稳定的条件下发行，当市场利率不断发生较大变化时，将会对债券发行人或债券投资人造成风险，影响债券的发行条件和发行效果。20世纪80年代以后，欧洲债券市场上开始出现一些固定利率债券的变形，其中最典型的为可撤销债券（retractable bond），此种债券将债券期限分为若干期，发行时仅固定第一期利率，其后每期均另行确定利率，以此来克服固定利率债券自身的缺陷。

②浮动利率债券（floating-rate bond）。浮动利率债券是指发行时规定债券利率随市场利率定期浮动的债券，也就是说，债券利率在偿还期内可以进行变动和调整。浮动利率债券往往是中长期债券，该类债券的发行人多为从事贷款业务的金融机构。浮动利率债券的利率通常根据市场基准利率加上一定的利差来确定。美国浮动利率债券的利率主要参照3个月期限的国债利率，欧洲浮动利率债券的利率则主要参照伦敦同业拆借利率（指设在伦敦的银行相互之间短期贷款的利率，该利率被认为是伦敦金融市场利率的基准）。

浮动利率债券产生于20世纪70年代。该债券结合了中期银团贷款和长期欧洲债券的优点，一方面它可为借款方提供期限长于银团贷款的中长期借贷资金，另一方面它又使投资者降低了因利率上升而引起的资金贬值风险。由于债券利率随市场利率浮动，采取浮动利率债券形式可以避免债券的实际收益率与市场收益率之间出现任何重大差异，使发行人的成本和投资者的收益与市场变动趋势相一致。但债券利率的这种浮动性，也使发行人的实际成本和投资者的实际收益事前带有很大的不确定性，从而导致较高的风险。

（3）按付息的方式，债券划分为零息债券和附息债券

① 零息债券（zero-coupon bond）。零息债券，也叫纯贴现债券，是指债券券面上不附有息票，在票面上不规定利率，发行时按规定的折扣率，以低于债券面值的价格发行，到期按面值支付本息的债券。从利息支付方式来看，贴现债券以低于面额的价格发行，可以看作利息预付，因而又可称为利息预付债券、贴水债券，是期限比较短的折现债券。

② 附息债券（coupon bond）。附息债券是指在债券券面上附有息票的债券，或是按照债券票面载明的利率及支付方式支付利息的债券。息票上标有利息额、支付利息的期限和债券号码等内容。持有人可从债券上剪下息票，并据此领取利息。附息债券的利息支付方式一般为在偿还期内按期付息，如每半年或一年付息一次。

（4）特殊类债券：收益债券、可转换债券、指数债券

① 收益债券（income bond）。持有这种债券的投资者只有在发行公司盈利的情况下才会得到利息支付。虽然这种债券不会使发行公司破产，但是对于投资者来说，却比那些常规债券具有更高的风险。

② 可转换债券（convertible bond）。可转换债券是一种可以在特定时间、按一定比例或价格转换为普通股股票的特殊企业债券。可转换债券兼具债权和期权的特征。可转换债券的优点为普通股所不具备的固定收益和一般债券不具备的升值潜力。

③ 指数债券（index bond），又称为购买力债券或通货膨胀挂钩债券（inflation-linked

bond)，兴起于巴西、以色列以及其他一些通货膨胀率较高的国家。这种债券的利率是以通货膨胀指数（如物价指数等）为基础的，会随着通货膨胀率的上升而自动上升，从而使投资者收益的实际价值免遭通胀侵蚀。

5.1.2 债券的价值与收益率

金融资产是对未来现金流的索取权。为金融资产定价的方法之一是贴现现金流量法(discounted cash flow approach，DCF Approach)，即将金融资产的预期未来现金流贴现，求出的现值就是金融资产的价值，其一般公式如下：

$$V=\sum_{t=1}^{n}\frac{C_t}{(1+k)^t} \tag{5-1}$$

其中，C_t表示t时间收到的现金流；V表示资产的现值即内在价值；k表示投资者要求的收益率；n表示现金流发生的期限。

由这个一般公式我们可以看出用贴现现金流量法为金融资产估价的三个步骤：第一步，估计未来预期现金流C_t——包括现金流的数量、持续时间和风险；第二步，确定投资者要求的收益率k——体现投资者的风险预期和对风险的态度；第三步，计算资产的内在价值——贴现。

债券的价值有多重含义，如市场价值、内在价值等，这些价值之间存在着较大的差异。债券的市场价值是指债券在市场上的交易价格，这是市场上买卖双方进行竞价后产生的双方都能接受的价格；而债券的内在价值又称经济价值，是指用适当的收益率贴现债券资产预期未来产生的现金流所得到的现值。根据债券的内在价值和市场价值是否一致，可以判断债券的价值被高估还是被低估，从而帮助投资者作出正确的决策。

1）债券估价的一般模型

假设投资者要求的收益率不变，债券价值的公式为：

$$P_b=\sum_{t=1}^{n}\frac{I_t}{(1+k_b)^t}+\frac{M}{(1+k_b)^n} \tag{5-2}$$

其中，I_t表示第t年的利息；M表示债券到期时偿还的金额（本金）；P_b表示债券的内在价值；n表示债券的期限；k_b表示债券投资者要求的收益率。

债券的估价模型也可以表示为：

$$P_b=I_t(PVIFA_{k_b,n})+M(PVIF_{k_b,n}) \tag{5-3}$$

其中，$PVIFA_{k_b,n}$是年金现值系数，表示1元的n期普通年金在贴现率为k_b时的现值之和；$PVIF_{k_b,n}$是现值系数，表示第n期的1元的现金流在贴现率为k_b时的现值[①]。

一般来说，债券的内在价值既是发行者的发行价值，又是投资者的认购价值。如果市场是有效的，债券的内在价值与市场价值应该是一致的，即债券的市场价值可以公平地反映债券的真实价值。

【例5-1】2004年，ALK航空公司发行了一笔期限30年（2034年到期），面值1 000美元，票面利率固定为6.875%的债券。2015年年初，离该债券到期还有20年时，投资者要求的收益率为7.5%，则该时点的债券估价是多少？

这个债券的预期未来现金流有两笔：

---

① 年金现值系数$PVIFA_{k_b,n}$和现值系数$PVIF_{k_b,n}$在第3章有所阐述。

一是每年的债券利息：

I_t=1 000×6.875%=68.75（美元）

二是2034年到期时偿还的本金：

M=1 000美元

根据投资者要求的收益率贴现债券的预期现金流，得到债券的内在价值：

$$P_b = \sum_{t=1}^{20} \frac{68.75}{(1+7.5\%)^t} + \frac{1\,000}{(1+7.5\%)^{20}} = 936.28(\text{美元})$$

关于年金现值系数的计算，常用的方法有以下几种：

第一种方法，用年金现值系数公式$PVIFA_{r,\ n} = \frac{1-(1+r)^{-n}}{r}$①计算。

$$PVIFA_{7.5\%,\ 20} = \frac{1-(1+7.5\%)^{-20}}{7.5\%} = 10.1945$$

第二种方法，用插值法计算。

查年金现值系数表可得：$PVIFA_{7\%,\ 20} = 10.5940$，$PVIFA_{8\%,\ 20} = 9.8181$。

由于贴现率7.5%介于7%~8%之间，所以$PVIFA_{7.5\%,\ 20}$一定介于10.5940美元和9.8181美元之间。

由此建立线性方程：

$$\frac{PVIFA_{7.5\%,\ 20} - 10.5940}{9.8181 - 10.5940} = \frac{7.5\% - 7\%}{8\% - 7\%}$$

计算，得：

$PVIFA_{7.5\%,\ 20} = 10.2061$②

第三种方法，使用财务计算器计算年金现值系数。

第四种方法，使用Excel电子表格计算年金现值系数。

【例5-2】SUN公司的债券将于7年后到期，面值1 000美元，票面利率8%，每半年付息一次。若投资者要求10%的收益率，则该债券的价值是多少？

本例与例5-1相比，区别有三处：其一，付息次数由n变为$2n$；其二，每次付息金额由I变为$I/2$；其三，贴现率由k_b变为$k_b/2$③。

根据债券的估价模型，计算得：

$$P_b = \sum_{t=1}^{2n} \frac{\frac{I_t}{2}}{(1+\frac{k_b}{2})^t} + \frac{M}{(1+\frac{k_b}{2})^{2n}} = \sum_{t=1}^{14} \frac{1\,000 \times 8\% \times \frac{1}{2}}{(1+\frac{10\%}{2})^t} + \frac{1\,000}{(1+5\%)^{14}}$$

$P_b = 40 \times (PVIFA_{5\%,\ 14}) + 1\,000 \times (PVIF_{5\%,\ 14}) = 40 \times 9.899 + 1\,000 \times 0.505 = 900.96$（美元）

---

① 推导过程如下：

普通年金的现值$PV = \frac{A}{(1+r)} + \frac{A}{(1+r)^2} + \frac{A}{(1+r)^3} + \cdots + \frac{A}{(1+r)^n}$，令$\frac{1}{1+r} = x$，则：

$PV = A(1 + x + x^2 + \cdots + x^{n-1})$　（1）

上式两边同时乘以x，则有：

$PV \cdot x = A(x + x^2 + \cdots + x^n)$　（2）

式（1）减去式（2），得：

$PV(1-x) = A(1-x^n)$　（3）

将$x = \frac{1}{1+r}$代入式（3），可得$PV(1-\frac{1}{1+r}) = A[1-\frac{1}{(1+r)^n}]$，整理，可得$PV = A \cdot \frac{1-(1+r)^{-n}}{r}$，即年金现值系数$PVIFA_{r,\ n} = \frac{1-(1+r)^{-n}}{r}$。

② 这个结果与使用年金现值系数公式计算出来的结果略有不同，产生差异的原因在于插值法在计算的过程中就进行了四舍五入。

③ 当息票债券每半年付息一次时，我们用来贴现的利率直接用投资者要求的收益率除以2；实际上，投资者的年实际收益率高于名义的要求收益率（见第3章关于年度百分率和年度收益率的介绍）。

2）债券的到期收益率

（1）到期收益率（yield to maturity，YTM）。债券的到期收益率是指债券按照当前市场价格购买并且持有至到期日所产生的预期收益率。在满足以下两个条件的情况下，债券的到期收益率等于投资者实现的收益率：第一，投资者持有债券至到期日；第二，所有各期的现金流（债券的利息）都以计算出的YTM进行再投资。具体来说，到期收益率是使债券预期利息和到期本金的现值与债券现行市场价格相等的贴现率。

$$P_b = \sum_{t=1}^{n} \frac{I_t}{(1+YTM)^t} + \frac{M}{(1+YTM)^n} \tag{5-4}$$

【例5-3】Brister公司债券目前市价为1 100美元，还有10年到期，票面利率9%，面值为1 000美元。试计算到期收益率。

我们可以使用Excel中的财务函数IRR计算债券的到期收益率①，见表5-3。

表5-3　Brister公司债券到期收益率的计算　金额单位：美元

n	0	1	2	3	4	5	6	7	8	9	10
CF	-1100	90	90	90	90	90	90	90	90	90	1 090
YTM	7.54%										

到期收益率还可以衍生出持有期收益率和零息债券收益率。

如果投资者并没有持有债券至到期日，而是在到期之前在二级市场上将它出售，那么我们可以计算债券的持有期收益率（holding period yield），它是指投资者以当前市场价格购买债券并且持有至出售日为止这段时期内的收益率。

$$P_0 = \sum_{t=1}^{m} \frac{I_t}{(1+k_h)^t} + \frac{P_m}{(1+k_h)^m} \tag{5-5}$$

其中，P_0表示债券的当前市价；P_m表示债券的卖出价格；m表示债券的持有期数。

我们同样可以计算零息债券收益率（zero-coupon yield）。

$$P_0 = \frac{M}{(1+k_b)^n} \tag{5-6}$$

其中，M表示零息债券的面值；n表示零息债券的期限；k_b表示零息债券收益率。零息债券收益率也被称为即期利率（spot rate）。

对于息票债券，人们经常提及的收益率除了票面利率和到期收益率之外，还有当期收益率。当期收益率（current yield）指的是债券的年利息与现行价格之比。例如，Micro Drive公司债券的票面利息为100美元，当前的市场价格为985美元，那么该债券的当期收益率就是10.15%（100÷985×100%）。一般来说，债券的当期收益率并不能真实地反映投资者的预期收益情况；它反映了债券在特定年度中所能给投资者带来的现金收入，但不能够说明投资者持有该债券至到期日（或出售日）时的总体收益情况，能够真实反映债券投资收益率的是到期收益率。此外，当期收益率也不能反映零息债券持有者的收益情况，因为零息债券每年支付的利息为零，所以它的当期收益率总是为零。但是，当期收益率可以作为用试算-插值法计算到期收益率时的参考值。

（2）债券价值与面值的三种关系。由于每种息票债券的市场价格与面值不一定相等，

① 我们还可以运用“试算-插值法”和财务计算器计算债券的到期收益率。

因此我们可以按照息票债券的市场价值与票面价值的关系，将其分为平价债券、溢价债券和折价债券。平价债券（par bond）是指市场价值与面值相等的债券；溢价债券（premium bond）和折价债券（discount bond）分别是指市场价值高于或者低于面值的债券。

当债券是平价债券时，到期收益率=当期收益率=票面利率；

当债券是溢价债券时，到期收益率<当期收益率<票面利率；

当债券是折价债券时，到期收益率>当期收益率>票面利率。

假设I表示每期固定支付的利息，M表示债券的面值，YTM表示债券的到期收益率，P表示债券的价值，则：

$$P=\frac{I}{1+YTM}+\frac{I}{(1+YTM)^2}+\frac{I}{(1+YTM)^3}+\cdots+\frac{I}{(1+YTM)^n}+\frac{M}{(1+YTM)^n}$$

移项整理得：

$$P-\frac{M}{(1+YTM)^n}=I\times\frac{1-(1+YTM)^{-n}}{YTM}$$

两边同时除以P，并整理得：

$$YTM\times\left[\frac{1-\frac{M}{P}\times(1+YTM)^{-n}}{1-(1+YTM)^{-n}}\right]=\frac{I}{P} \tag{5-7}$$

从式（5-7）可以看出：

当$M=P$，即债券是平价债券时，$\frac{1-\frac{M}{P}\times(1+YTM)^{-n}}{1-(1+YTM)^{-n}}=1$，所以$YTM=\frac{I}{P}=\frac{I}{M}$；

当$M<P$，即债券是溢价债券时，$\frac{1-\frac{M}{P}\times(1+YTM)^{-n}}{1-(1+YTM)^{-n}}>1$，所以$YTM<\frac{I}{P}<\frac{I}{M}$；

当$M>P$，即债券是折价债券时，$\frac{1-\frac{M}{P}\times(1+YTM)^{-n}}{1-(1+YTM)^{-n}}<1$，所以$YTM>\frac{I}{P}>\frac{I}{M}$。

从实际出发来解释它们之间的关系如下：如果某息票债券是平价债券，那么其到期收益率等于当期收益率和票面利率；如果是溢价债券，也就是购买价格高于债券的面值，那么到期时投资者会有资本损失，到期收益率会下降而低于债券的票面利率，而当期收益率则高估了溢价债券的真实收益，因为它忽略了债券期满时持有人只能获得债券的面值，而这个面值低于购买价格这个事实；如果是折价债券，则购买价格低于债券面值，到期时投资者会有资本收益，因此到期收益率上升而高于票面利率，同样对于用当期利息额除以价格求得的当期收益率来说，它也忽略了期满时持有人可以获得高于价格的面值的事实，所以折价债券的当期收益率要高于到期收益率。

（3）剥离债券（STRIP bond，STRIP是Separate Trading of Registered Interest and Principal Securities的缩写）。1982年，美林公司购买国债后将其本金与息票以及各期息票之间相互分离开来，然后将每种分开后的票据作为独立的证券在市场销售，并取得成功。随后，美国财政部也采用了这种方法，将每份国债各期的息票和本金分离开来，将它们作为独立的证券记入计算机簿记系统，然后出售给证券交易商。这就是剥离债券。这种债券通过对美国国债进行本息剥离来创造零息债券。实际上，息票债券可以被看作一系列具有不同期限的零息债券的组合，这些零息债券分别对应息票债券的利息和本金。根据一价定律，息票债券的价值等于复制其现金流量的所有零息债券的价值总和，即债券价格应该等于所有零息债券的价值之和。

【例5-4】假设有一种3年期的息票债券，其面值是1 000元，票面利率为10%。若债券市场上1年期零息债券每100元面值的价格是96.62元，2年期零息债券每100元面值的价格是92.45元，3年期零息债券每100元面值的价格是87.63元，那么该息票债券的理论价格应该是多少？

分析：3年期息票债券的现金流分布如图5-1所示。

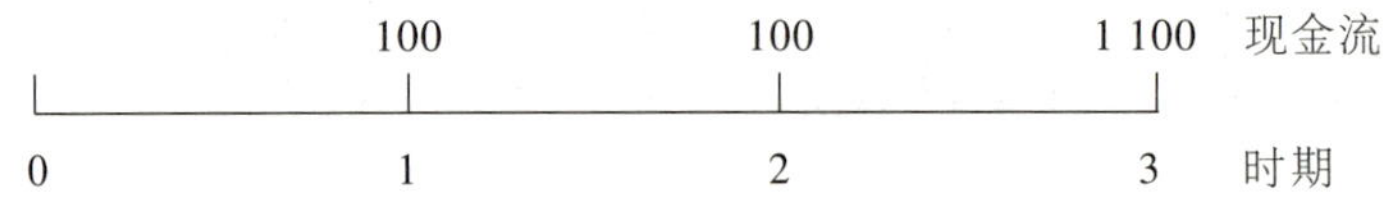

图5-1　3年期息票债券现金流分布

该息票债券的现金流可以拆分为三个零息债券的现金流，如图5-2所示。

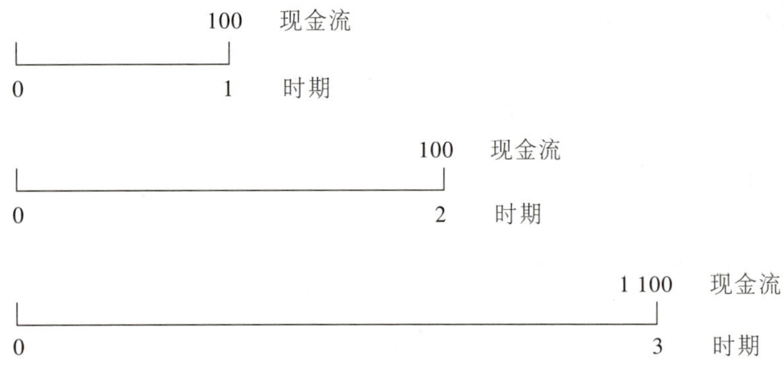

图5-2　拆分后的三个零息债券现金流分布

方法1：把息票债券拆分为三个零息债券之后，根据一价定律，三个零息债券理论价格的总和应该等于息票债券的理论价格，因此：

$$PV = 96.62 + 192.45 + 11 \times 87.63 = 1\,153(\text{元})$$

方法2：根据已知的零息债券每元面值的价格，可以计算出三种期限零息债券的到期收益率，再运用求出的到期收益率对该息票债券的未来现金流进行贴现，即可求出息票债券的理论价格。具体计算见表5-4。

表5-4　三种期限零息债券的到期收益率

年限	每100元面值的价格	到期收益率（%）
1年	96.62	3.50
2年	92.45	4.00
3年	87.63	4.50

$$PV = \frac{100}{1 + 3.5\%} + \frac{100}{(1 + 4\%)^2} + \frac{1\,100}{(1 + 4.5\%)^3} = 1\,153(\text{元})$$

通过例5-4，我们可以得出以下结论：在收益曲线不是水平线的情况下，对息票债券未来各期的现金流进行贴现时，应使用相应期限的零息债券的到期收益率（即不同时期的即期利率）作为贴现率。零息债券收益曲线所提供的信息足以为所有其他的无风险债券定价。

3）债券收益率的决定因素

根据债券估价的一般模型，在债券的息票利率、到期期限和票面价值一定的情况下，决定债券价值（价格）的唯一因素就是贴现率或债券的要求收益率。市场利率反映了债券投资者要求的最低收益率[①]。这一收益率主要由两部分构成：一是按投资者让渡资本使用时间长短要求的时间价值补偿；二是按投资者承担风险大小要求的风险价值补偿。

（1）时间价值因素。时间价值通常指纯利率（或实际无风险利率），反映了投资者延期消费要求得到的补偿。影响这一利率的主观因素是公司和其他借款人对生产性资产收益率的预期以及投资者个人对当前消费和未来消费的时间偏好。借款人对实物投资收益率的预期决定了他们为借入资金而愿意支付利息的上限；而投资者对消费的时间偏好决定了他们愿意递延多少消费，从而决定了在不同利率水平下他们愿意出借的资金数量以及他们对推迟消费要求的补偿的大小。影响这一利率的客观因素是各种宏观经济因素和资本市场发展水平等，如经济周期、财政和货币政策、国际关系、利率管制等对利率均有不同程度的影响，这些因素都是通过影响资本的供求关系来影响利率的。

（2）风险价值因素。风险价值主要是指预期通货膨胀率和与债券特征有关的违约风险、流动性风险、期限风险、汇率风险以及国家风险等。由于通货膨胀的存在，货币购买力下降，从而影响投资者的实际收益率，因此应将通货膨胀率视为风险溢价的一部分。通货膨胀溢价（inflation premium）在数值上与债券存续期内预期的平均通货膨胀率相等[②]。违约风险是指借款人无法按时足额支付利息或者本金的可能性；它影响着债券的市场利率，违约风险越高，债券的收益率越高，违约风险溢价（default risk premium）等于拥有相同期限、流动性和其他特征的国债和公司债券之间的利率差。流动性风险是指资产在不受损失的情况下迅速变现的可能性；债券的流动性越低，为吸引投资者所需要的收益率就越高；流动性风险溢价（liquidity risk premium）在实践中很难计量，但研究发现，在违约风险和期限风险相同的情况下，流动性最差和流动性最好的金融资产之间存在着2%~4%的利率差。期限风险是指债券因期限长短不同而在市场利率变动时发生价格波动的可能性；所有长期债券都有利率风险[③]，债券期限越长，其收益率当中就应该包括更高的期限风险溢价（maturity risk premium）；期限风险溢价也难以准确计量，但是它会随着时间的推移而变化，当利率变动剧烈时，它会变大，当利率比较平稳时，它会变小[④]。外汇风险（foreign exchange risk）是指投资者购买不以本国货币标价的证券而产生的收益的不确定性；这种由于汇率波动导致的风险越大，投资者要求的风险溢价越大。国家风险（country risk）也称为政治风险，是指一个国家的政治或经济环境发生重大变化的可能性所导致的收益的不确定性。

---

① 在这里，贴现率、要求收益率和市场利率都是指前文所讨论的债券当前的YTM，它们是同一概念的不同说法。

② 这里的预期通货膨胀率是与当前通货膨胀率相对而言的。

③ 长期债券有利率风险，短期债券面临的风险通常称为再投资风险（详见：布里格姆．财务管理：理论与实践[M]．狄瑞鹏，胡谨颖，侯宇，译．10版．北京：清华大学出版社，2005：172.）。

④ 利率的期限结构（term structure of interest rates）是指某个时点不同期限的即期利率（即零息债券的到期收益率）与到期期限的关系及变化规律；描述利率的期限结构的图形叫作收益率曲线（yield curve）。

（3）其他影响因素。影响债券收益率的因素还包括债券条款和税收因素。许多债券赋予投资人或者发行人某些选择权，如可赎回条款、可转换条款等，所以其收益率与普通债券相比会有所差异，我们称之为债券契约条款溢价。若债券含有可赎回条款，则债券的发行人有权在债券到期前赎回债券，这是有利于发行人的条款，因此可赎回债券（callable bond）的收益率高于普通债券；若债券含有可转换条款，则持有人有权在债券到期前按规定比例转成该公司的普通股，这是有利于投资人的条款，因此可转换债券（convertible bond）的收益率低于普通债券。债券的税收因素也是影响其收益率的重要方面，这是由于税收因素关系到债券的利息收益是否需要纳税，从而影响到投资债券的实际收益率。很多国家对于不同债券享受的税收待遇有不同的法律规定，如美国的市政债券（地方政府债券）可以少征或者免征联邦收入所得税，而国库券则要缴纳所得税。投资者对应税债券要求较高的收益率，以补偿不利的税负待遇，这种额外的补偿也被称为税负溢价（taxability premium）。

5.1.3 债券的利率风险

债券的利率风险（interest rate risk）是指由市场利率变动带来的债券价格波动的可能性。债券的利率风险主要表现在两个方面：一是价格风险，即债券的价格会因市场利率的变化而变化；二是再投资风险，即因市场利率的变化而使债券的利息收入在进行再投资时收益具有不确定性。利率风险用价格变动的百分比（approximate percentage price change）来表示，即当市场利率变动1%时，债券价格变动的百分数。

1）债券利率风险的影响因素

根据债券估价的一般模型，我们知道债券的价值（或价格）与债券的面值、票面利率、到期期限以及到期收益率（即市场利率）有关。在债券的基本特征（面值、票面利率、期限）既定的情况下，债券的价值（或价格）直接取决于债券的到期收益率（即市场利率）。债券的价格与市场利率反方向变化，市场利率上升或下降引起的债券价格下降或上升的幅度（即债券的利率风险）的大小受以下因素的影响：

（1）债券的期限

在债券的其他特征一定的情况下，债券的期限越长，当市场利率发生变动时，债券的价格波动性越大；债券期限越短，当市场利率发生变动时，债券价格的波动性就越小。也就是说，债券价格的波动性与债券的期限呈正向关系。

【例5-5】两种票面利率同为7%的息票债券A和B，面值均为1 000元，期限分别为5年和10年。

当市场利率为9%时，债券A和债券B的价格分别为：

债券A的价格 $P_A=\sum_{t=1}^{5}\frac{1\,000\times 7\%}{(1+9\%)^t}+\frac{1\,000}{(1+9\%)^5}=92.09(元)$

债券B的价格 $P_B=\sum_{t=1}^{10}\frac{1\,000\times 7\%}{(1+9\%)^t}+\frac{1\,000}{(1+9\%)^{10}}=86.99(元)$

现在假设市场利率下降到6%，则债券A和债券B的价格分别为：

债券A的价格 $P_A=\sum_{t=1}^{5}\frac{1\,000\times 7\%}{(1+6\%)^t}+\frac{1\,000}{(1+6\%)^5}=104.21(元)$

债券B的价格 $P_B=\sum_{t=1}^{10}\frac{1\,000\times 7\%}{(1+6\%)^t}+\frac{1\,000}{(1+6\%)^{10}}=107.36(元)$

在其他条件不变的情况下，市场利率水平下降3%导致债券A和债券B的价格分别上升了13.2%（$\frac{104.21-92.09}{92.09}\times100\%$）和23.4%（$\frac{107.36-86.99}{86.99}\times100\%$）。这说明，当市场利率变化一定幅度时，期限较长的债券的价格变化率要大于期限较短的债券的价格变化率。

这是因为，债券的价值很大一部分是通过收回债券的面值来实现的，债券期限越长，收回面值的时间越晚，其现值受利率变化的影响就越大。

（2）债券的票面利率

在债券的期限相同的条件下，债券的票面利率越高，由市场利率变动引起的债券价格变化的百分比越小；债券的票面利率越低，由市场利率变动引起的债券价格变化的百分比越大。也就是说，债券价格的波动性与债券的票面利率呈反向关系。

【例5-6】A债券是面值为1 000元、期限为30年的零息债券，B债券是面值为1 000元、期限为30年、票面利率为8%的息票债券。

当市场利率为8%时，可以计算债券A和债券B的价格分别为：

债券A的价格 $P_A=\frac{1\,000}{(1+8\%)^{30}}=99.38(元)$

债券B的价格 $P_B=\sum_{t=1}^{30}\frac{1\,000\times8\%}{(1+8\%)^t}+\frac{1\,000}{(1+8\%)^{30}}=1\,000(元)$

当市场利率上升到9%时，可以计算债券A和债券B的价格分别为：

债券A的价格 $P_A=\frac{1\,000}{(1+9\%)^{30}}=75.37(元)$

债券B的价格 $P_B=\sum_{t=1}^{30}\frac{1\,000\times8\%}{(1+9\%)^t}+\frac{1\,000}{(1+9\%)^{30}}=897.26(元)$

当市场利率上升1个百分点时，低息票（零息）债券的价格下降幅度达20%以上，而息票债券的价格下降幅度大约只有10%。可见，债券的票面利率越低，市场利率变动引起的债券价格变化的百分比越大。

这是因为，债券的价值等于票面利息的现值与本金的现值之和。票面利率越低，债券的价值就越依赖于到期时的本金收入，这样，在市场利率变化时，对债券的价值的影响就越大；反之，票面利率越高的债券，有较多的价值体现在利息收入上，而利息收入是可以较早实现的，从而其价值受市场利率的影响就越小。

（3）债券的到期收益率

假定其他因素不变，初始收益率越低，当市场利率变动时，债券价格变动的幅度越大；初始收益率越高，当市场利率变动时，债券价格变动的幅度越小。

【例5-7】某债券相关信息见表5-5。

表5-5 某债券相关信息

面值	年利息（1年1次）	偿还期	到期收益率	风险	价格
1 000元	60元	10年	6%	无风险	1 000元

在到期收益率分别为6%、5%、4%、3%、2%的情况下，利率发生25个基点的变化，债券价格的波动幅度是不同的；在市场利率越低的情况下，同样幅度的利率变化，引起的债券价格的波动幅度越大（市场利率与债券价格的敏感性见表5-6）。

表5-6　　市场利率与债券价格的敏感性

到期收益率	价格（元）	波动率
2.00%	1 359.30	
2.25%	1 332.48	-1.97%
3.00%	1 255.91	
3.25%	1 231.62	-1.93%
4.00%	1 162.22	
4.25%	1 140.19	-1.90%
5.00%	1 077.22	
5.25%	1 057.22	-1.86%
6.00%	1 000.00	
6.25%	981.82	-1.82%

除了债券的期限、票面利率以及到期收益率之外，债券距到期日的时间以及债券的凸性也会影响债券的利率风险。1962年麦尔齐在对债券价格、债券利息率、到期年限以及到期收益率之间的关系进行了研究后，提出了债券定价的五个定理。这五个定理至今仍被视为债券定价理论的经典。

定理一：债券的市场价格与到期收益率呈反比关系，到期收益率上升时，债券价格会下降；反之，到期收益率下降时，债券价格会上升。

定理二：当债券的收益率不变，即债券的息票率与收益率之间的差额固定不变时，债券的到期时间与债券价格的波动幅度之间呈正比关系，即到期时间越长，价格波动幅度越大；反之，到期时间越短，价格波动幅度越小。

定理三：随着债券到期时间的临近，债券价格的波动幅度减小，并且是以递增的速度减小；反之，到期时间越长，债券价格波动幅度增大，并且是以递减的速度增大。

定理四：对于期限既定的债券，由收益率下降导致的债券价格上升的幅度大于同等幅度的收益率上升导致的债券价格下降的幅度。

定理五：对于给定的收益率变动幅度，债券的息票率与债券价格的波动幅度之间呈反比关系，即息票率越高，债券价格的波动幅度越小。

2）债券利率风险的测度

（1）久期（duration）

久期，也叫持续期，它最早是由麦考利（F.R.Macaulay）在1938年提出的，因此又被称为麦考利久期（Macaulay duration），它是使用加权平均的方法计算出的债券的平均期限，其计算公式为：

$$D = \frac{\sum_{t=1}^{n} \frac{t \cdot C_t}{(1+y)^t}}{\sum_{t=1}^{n} \frac{C_t}{(1+y)^t}} = \frac{\sum_{t=1}^{n} \frac{t \cdot C_t}{(1+y)^t}}{P_0} \qquad (5\text{-}8)$$

其中，D表示债券的久期；t表示利息或本金的支付距现在的时间；n表示债券的到期年限；C_t表示第t年收到的现金流；y表示债券投资者要求的收益率（即市场利率）；P_0表示债券的当前价格。

从公式（5-8）可知，麦考利久期是现金流的时间的加权平均数，权数是每期现金流入的现值占整个现金流入现值的比率。作为一种度量投资者投资回收期的方法，久期同期限相比，其最明显的优势在度量债券价格相对于到期收益率变化的灵敏度上：久期使债券定价定理二得以更为精确。人们通常认为，两只不同期限的债券，其到期收益率变化1%，所带来的债券价格变化，期限较长的债券的价格变化大于期限较短的债券的价格变化。然而，如果债券的票面利息不同，上述结论则不正确。在一般情况下，期限与价格灵敏度之间不存在一种简单的关系，而久期却给出了一个更为接近的方程。

（2）凸性（convexity）

凸性，也叫凸度，它是1984年由Stanley Diller引入金融学中的，它是指在某一到期收益率下，市场利率发生变动而引起的价格变动幅度的变动程度。凸性是对债券价格曲线弯曲程度的一种度量，是对债券价格利率敏感性的二阶估计，是对债券久期利率敏感性的测量。在价格-收益率出现大幅度变动时，它们的波动幅度呈非线性关系。由久期作出的预测会有所偏离。凸性就是对这个偏离的修正。它由以下公式定义：

$$\frac{d^2p}{dy^2}=\sum_{t=1}^{n}\frac{t(t+1)C_t}{(1+y)^{t+2}}=\frac{1}{(1+y)^2}\sum_{t=1}^{n}t(t+1)\frac{C_t}{(1+y)^t}$$

$$C=\frac{\frac{d^2p}{dy^2}}{P_0}=\frac{1}{P_0}\sum_{t=1}^{n}\frac{t(t+1)C_t}{(1+y)^{t+2}}=\frac{1}{P_0(1+y)^2}\sum_{t=1}^{n}t(t+1)\frac{C_t}{(1+y)^t} \tag{5-9}$$

其中，C表示债券的凸性；t表示利息或本金的支付距现在的时间；n表示债券的到期年限；C_t表示第t年收到的现金流；y表示债券投资者要求的收益率（即市场利率）；P_0表示债券的当前价格。

市场利率和债券价格可以通过久期以一种线性关系联系起来。这种关系给出了一个债券价格变化水平相对精确的近似值，特别是在利率变化很小的情况下。然而，当利率变化较大时，这种关系将失去其精确性。因为此时两者的实际关系是一种曲线关系。由债券定价定理四可知，债券价格随利率下降而上升的数额要大于债券价格随利率上升同样幅度而下降的数额。由此可以说明这种关系的曲线性。这种价格反应的不对称性就是著名的凸性理论。

5.2 股票及其估价

5.2.1 股票的基本特征

1）股票的基本类型与特征

股票（stocks）是股份公司发行的所有权凭证，是股份公司为筹集资金而发行给出资人作为持股凭证并借以取得股利的一种有价证券。股票的持有者即公司的股东（stockholders），对公司的收益和财产享有要求权。每股股票都代表股东对企业拥有一个基本单位的所有权。股票有两种基本类型：普通股和优先股。

（1）普通股（common stock）

普通股是在公司的经营管理和盈利及财产的分配上享有普通权利的股份，代表满足所有债权偿付要求及优先股股东的收益权与求偿权要求后对企业盈利和剩余财产的索取权。它构成公司资本的基础，是股票的一种基本形式，也是发行量最大、最为重要的股票。

普通股的特征可以概括为以下四点：

第一，普通股股东有获得股利的权利，但必须是在公司支付了债务的利息和优先股的股利之后才能分得。普通股的股利是不固定的，一般视公司净利润的多少而定。当公司的利润不断递增时普通股能够比优先股分得更多的股利，股利率甚至可以超过50%；但当公司经营不善时，可能得不到任何股利的支付。

第二，普通股股东有在公司破产清算时分得公司剩余资产的权利。但普通股股东必须在公司的债权人、优先股股东之后才能分得剩余资产。由此可见，当公司获得暴利时，普通股股东是主要的受益者；而当公司亏损时，他们又是主要的受损者。

第三，普通股股东一般都拥有发言权和表决权，即有权就公司重大问题进行发言和投票表决。任何普通股股东都有资格参加公司最高级会议即每年一次的股东大会，如果不愿参加，也可以委托代理人来行使其投票权。

第四，普通股股东一般具有优先认股权，即当公司增发新普通股时，现有股东有权优先购买新发行的股票，以保持其对企业所有权的控制比例不变，从而维持其在公司中的权益。

（2）优先股（preferred stock）

优先股是与普通股相对而言的，它是股份公司发行的在分配股利和剩余财产时比普通股具有优先权的股份。优先股的主要特征有两个：一是优先股通常预先明确股利收益率。由于优先股股利率事先固定，所以优先股的股利一般不会根据公司经营情况而增减，而且一般也不能参与公司的分红，但优先股可以先于普通股获得股利，对公司来说，由于股利固定，它不影响公司的利润分配。二是优先股的权利范围较小。优先股股东一般没有选举权和被选举权，对股份公司的重大经营无投票权，但在某些情况下可以享有投票权。

优先股是一种“混合证券”，它在金融证券的法律优先等级上介于债券和普通股之间，它的风险也介于公司普通股和公司债券之间。优先股的优先权主要表现在两个方面：其一，股利领取优先权。股份公司分派股利的顺序是优先股在前，普通股在后；股份公司不论其盈利多少，只要股东大会决定分派股利，优先股就可按照事先确定的股利率领取股利，即使普通股股利减少或没有股利，优先股亦应照常分派股利。其二，剩余资产分配优先权。股份公司在解散、破产清算时，优先股具有公司剩余资产的分配优先权，不过，优先股的优先分配权在债权人之后、普通股之前。只有还清公司债权人债务之后，有剩余资产时，优先股才具有剩余资产的分配权；只有在优先股索偿之后，普通股才参与分配。

2）股票估价方法概述

股票有多种价值，如票面价值、账面价值、市场价值、清算价值、内在价值等。股票的票面价值（face value）是股份公司在所发行的股票票面上标明的票面金额，其作用是表明股票的认购者在股份公司投资中所占的比例，作为确认股东权利的根据，并在首次发行股票时，作为发行定价的一个依据。股票的账面价值（book value）是指公司的资产总额减去负债总额的价值，即公司的净资产价值。股票的市场价值（market value）是股票在市场上买卖的价格，是股票最受瞩目的价值。股票的清算价值（liquidating value）是指公司在破产清算时股票所具有的价值，该价值往往与前几种价值的差异较大。股票的内在价值（intrinsic value），又称理论价值，是指使用某种价值评估方法求得的股票价值。我们在这里将要讨论的就是股票的内在价值。

在实践中，股票估价一般有三种方法：第一，贴现现金流法，把股票的价值与它的预期未来现金流的现值相联系；第二，相对估价法，通过观察可比资产相对于某种共同变量的价值估算股票的价值，如盈利、现金流、账面价值或销售额；第三，期权定价法，运用期权定价模型衡量那些带有期权性质的资产的价值。

（1）贴现现金流法。贴现现金流法（discounted cash flow approach，DCF approach）是构建其他所有估价方法的基础。这一方法立足于“现值法则”，它的含义是：任何资产的价值都是它的预期未来现金流的现值，即：

$$V=\sum_{t=1}^{n}\frac{CF_t}{(1+r)^t} \tag{5-10}$$

其中，n表示资产的寿命期；CF_t表示第t期的现金流；r表示体现相关现金流的风险贴现率。现金流会随着资产的不同而变化，包括股票的股利、债券的利息和账面价值、实际项目的税后现金流等；贴现率取决于所估算的现金流的风险，较高的比率针对风险较高的资产，而较低的比率则针对风险较低的资产。

（2）相对估价法。根据相对估价法（relative valuation approach），通过某一共同变量获得标准化，例如收益、现金流、账面价值或销售额，某项资产的价值可以从可比资产的定价推算得出。相对估价法使用较多的三个比率是：市盈率、市账率和市销率。运用行业平均“价格-盈利”比率，即市盈率（price-earnings ratio）对公司进行估价，前提条件是，业内其他公司与被估价公司具有可比性，且市场对它们的定位在总体上无误。另一种使用较广的乘数是“价格-账面价值”比率，即市账率（price-book value ratio），相对于可比公司而言，以账面价值的某种折扣出售的公司股票将被视为估价偏低。销售额乘数也被用于公司股票估价，进行比较的是各家特征相似公司的平均“价格-销售额”比率，即市销率（price-sales ratio）。除此之外，“股权价值-税收折旧和摊销前利润”比率（EV/EBITDA）、“股权价值-投入资本”比率以及“市值-重置成本”比率（托宾Q）等比率也在相对估价法中有所使用。

（3）期权定价法。期权是一项索取权，它的收益取决于特定的偶然事件是否发生，即标的资产的价值是否超过看涨期权的预定价值，或者低于看跌期权的预定价值。在过去的20多年间，人们在构建期权估价模型（option pricing model）方面做了大量的工作，使得这些期权定价模型可以用于评估任何一种带有期权特征的资产。运用期权定价模型的基本前提是：某项资产的报酬以特定事件的发生与否为条件；对于这种类型的股票，贴现现金流模型多半会低估其价值。例如，巴西国家石油公司（Petrobras）有一片未开采的油田，我们可以根据原油在未来的预期价格对该油田进行估价，但是这种思路没有考虑到公司仅在油价上涨时才会予以开采，油价下跌则不会开采。期权定价模型能给出结合了这种选择权的定价。

启智增慧5-2 联想集团收购IBM PC业务发行的证券

在股票的两种类型中，优先股的预期现金流可以看作一个永续年金，所以用贴现现金流方法为优先股估价实际上就是计算一个永续年金的现值（参考本书第3章相关内容)。本章接下来的内容将围绕普通股股票定价的贴现现金流模型和相对估价模型展开讨论。

5.2.2 基于DCF的股票定价模型

1) 股利增长模型(DGM)

(1) 普通股定价的一般模型

在债券定价中我们指出,债券的未来现金流就是其各期的利息收入与到期时偿还的本金。普通股的未来现金流就是投资者在持有期内得到的、公司派发的现金股利和将股票转让时得到的现金流。

为了讨论普通股的价值,我们先考察单一持有期。如果投资者持有某股票仅1期,那么他预期能够得到的现金流包括预计第1期期末的现金股利和在第1期期末转让股票时得到的现金收入,因此我们可以得到该股票的价值:

$$P_0=\frac{D_1}{1+k_{cs}}+\frac{P_1}{1+k_{cs}} \tag{5-11}$$

其中,P_0表示普通股股票价值;k_{cs}表示普通股股东要求的收益率;D_1表示第1期期末的现金股利;P_1表示第1期期末股票的转让价格。

接下来我们考察多个持有期。如果投资者持有某股票n期,那么他的现金收入来自两个方面:一是在持有股票期间每期得到的现金股利;二是在出售股票时得到的变现收入。因此,我们可以得到该股票的价值:

$$P_0=\frac{D_1}{(1+k_{cs})^1}+\frac{D_2}{(1+k_{cs})^2}+\cdots+\frac{D_n}{(1+k_{cs})^n}+\frac{P_n}{(1+k_{cs})^n} \tag{5-12}$$

其中,P_0表示普通股股票价值;k_{cs}表示普通股股东要求的收益率;D_1,D_2,D_3,…,D_n表示各期期末的现金股利;P_n表示第n期期末股票的转让价格。

上面公式中的P_n既是第一个投资者出售股票的价格,又是第二个投资者购买股票的价格,因此这个价格同样取决于第二个投资者未来能够取得的现金收入。假设第二个投资者持有股票m期,那么股票在第n期期末的价值为:

$$P_n=\frac{D_{n+1}}{(1+k_{cs})^1}+\frac{D_{n+2}}{(1+k_{cs})^2}+\cdots+\frac{D_{n+m}}{(1+k_{cs})^m}+\frac{P_{n+m}}{(1+k_{cs})^m} \tag{5-13}$$

那么式(5-13)中的P_{n+m}又是如何决定的呢?对于第三个投资者来说,他所能得到的未来现金收入仍然是持有股票期间公司派发的现金股利和未来出售时的变现收入。如果将每一个投资者联系起来,我们不难发现,股票出售时的变现收入是投资者之间的现金收付,并不是发行股票的公司给股东提供的回报,这些现金收付是相互抵消的。普通股股票的价值,只取决于发行股票的公司向股东派发的现金股利。因此,普通股股价的一般模型为:

$$P_0=\sum_{t=1}^{\infty}\frac{D_t}{(1+k_{cs})^t} \tag{5-14}$$

公式(5-14)就是股利贴现模型(dividend discount model,DDM)。这个模型为我们揭示了决定普通股价值的基本因素,但是它很难应用于实际的计算,因为我们无法逐期预测无穷多期的现金流,因此我们需要对未来的现金股利作出一些假设。由于公司的现金股利取决于公司的税后利润和公司的股利支付政策,在股利政策一定的情况下,股利的多少直接取决于盈利的多少；普通股股利会随着税后利润的增长而增加，因而普通股估价应考虑未来股利的预期增长。下面我们将根据股利增长的三种情况定义三种不同的股票估价模型。

（2）股利零增长的股票估价模型

如果股票发行公司保持现金股利发放额为一常数D，股票的股利现金流就相当于每年现金流量为D的永续年金，股票估价模型（公式（5-14））将变为：

$$P_{cs}=\frac{D_1}{(1+k_{cs})^1}+\frac{D_2}{(1+k_{cs})^2}+\frac{D_3}{(1+k_{cs})^3}+\cdots+\frac{D_n}{(1+k_{cs})^n}+\cdots$$

即 $$P_0=\frac{D_1}{k_{cs}} \tag{5-15}$$

【例5-8】某股票每年发放现金股利每股3元，股东要求的收益率为15%，求该股票的价格。

利用公式（5-15），该股票的价格为：

$$P_0=\frac{3}{15\%}=20\text{（元）}$$

（3）股利持续增长的股票估价模型

假设下期股利预计比本期增长g，并且这种变动将永远持续下去①。设公司刚刚发放的股利为D_0，则第1期的现金股利为：

$$D_1=D_0(1+g)$$

第2期的现金股利为：

$$D_2=D_0(1+g)^2=D_1(1+g)$$

⋮

那么，第n期的现金股利可以表示为：

$$D_n=D_0(1+g)^n=D_1(1+g)^{n-1}$$

因此，当前股票的价格为：

$$P_0=\frac{D_1}{(1+k_{cs})^1}+\frac{D_1(1+g)}{(1+k_{cs})^2}+\frac{D_1(1+g)^2}{(1+k_{cs})^3}+\cdots+\frac{D_1(1+g)^{n-1}}{(1+k_{cs})^n}+\cdots$$

即 $$P_0=\frac{D_1}{k_{cs}-g} \tag{5-16}$$

其中，D_1表示股票发行公司预计下一期的现金股利；k_{cs}表示普通股股东要求的收益率；g表示预计的现金股利增长率。

这就是普通股估价的股利增长模型（dividend growth model，DGM），又称为戈登模型（Gordon model）。

【例5-9】假定预期PG公司每年派发的普通股每股股利为3美元，要求的收益率为12%，预计股利以每年4%的速度永续增长，那么PG公司每股普通股股票的公平价格是多少？

利用公式（5-16），D_1=3美元，k_{cs}=12%，g=4%，计算可得：

$$P_0=\frac{D_1}{k_{cs}-g}=\frac{3}{0.12-0.04}=37.5\text{（美元）}$$

【例5-10】假设预期SR公司未来永续每年支付普通股股利每股3美元。公司普通股的

① 现金股利的这一特征非常有用，它广泛应用于多种情况，比如，增长率可以是正数也可以是负数；它是实际股利一个很好的近似值。

必要收益率是12%，那么SR公司每股股票价值是多少？

这是股利零增长股票的估价，我们使用公式（5-16），其中D_1=3美元，k_{cs}=12%，g=0，计算可得：

$$P_0 = \frac{D_1}{k_{cs} - g} = \frac{3}{0.12 - 0} = 25\text{（美元）}$$

公式（5-16）的股利增长模型可以用于估计任何一个时点的股价，只要从这个时点开始现金股利按照一个既定的增长率g增长。在时点t的股票价格为：

$$P_t = \frac{D_t(1 + g)}{k_{cs} - g} = \frac{D_{t+1}}{k_{cs} - g} \tag{5-17}$$

①关于g与k_{cs}之间关系的解释。在股利增长模型（公式（5-16））中，如果$k_{cs}=g$或者$k_{cs}<g$，情况会怎样？如果k_{cs}=g，股票价格无穷大；如果$k_{cs}<g$，股票价格是负数。这两种情况都没有经济学意义。也就是说，只有确保$k_{cs}>g$恒成立，我们才可以应用股利增长模型为普通股定价。那么，如何保证这个条件的满足呢？我们可以从以下两方面给出解释：

第一，股利增长模型成立的一个必要条件是股利支付在时间上是永久性的，也就是说，股利的这个持续增长率g是持续到永远的。公司在初创时期可能会出现一个较高的增长率，这个增长率有可能超过投资者要求的收益率；然而根据企业的生命周期理论，公司不可能永远保持高增长，当它进入成熟期之后，公司的增长幅度会降低，增长率也会相应下降至低于k_{cs}且出现持续到永远的趋势，这时，我们就可以应用股利增长模型为普通股定价了[①]。

第二，如果某公司高于k_{cs}的增长率g持续了较长时期且呈现出持续到永远的趋势，说明该公司风险较高，因为高增长往往意味着高风险；根据风险与收益相匹配的原则，股东对于该公司的股票会要求一个更高的收益率k_{cs}，这个收益率会达到超过高增长率g的水平。这时，股利增长模型得以应用的两个条件都具备了：一是持续到永远的增长率；二是投资者要求的收益率高于股利的预计增长率，股利增长模型又可以使用了。

②关于稳定增长率g的估计。如果公司没有净投资，那么我们认为公司下一年度的盈利与本年度是相等的；只有当部分盈余被保留时，净投资才可能是正的。假设公司收益的增长完全来自其新增的净投资，而新增的净投资来源于留存收益，而且公司保持每年利润中用于现金股利分配的比例不变，那么股利增长率可以用下列公式计算：

$$g = r \times ROE \tag{5-18}$$

其中，r表示留存收益率（即留存收益与净利润之比），也就是公司的再投资比率；ROE是权益收益率，它表示留存收益的投资收益率，即再投资收益率。

对于这个稳定增长率g，我们可以从两个方面进一步理解：

第一，股利增长率等于盈利增长率。也就是说，如果公司真正处于稳定状态，公司盈利的预期增长率可以用来代替股利的预期增长率。这是因为：既然公司预期股利增长率是永远持续下去的，那么公司其他的经营指标也将预期以同一速度增长，否则公司将不会是一个稳定的状态。比如，从长期角度考察一家公司，其年利润以5%的速度永续增长，若该公司的股利增长率是7%，那么不久后公司的股利支付额会超过公司的总盈利，若该公

① 这种多阶段不规则增长的股票估价详见下文“股票非持续增长的股票估价模型”。

司在一个较长时间内年利润的增长速度低于股利增长率，则股利支付率在长时间后将趋于零。

第二，稳定增长率等于平均增长率。也就是说，稳定增长率中的“稳定”只是一个理想的假设，现实中股利增长率会随着时间的变化而改变，尤其在公司收益发生波动的时候，我们可以用“平均增长率”代替“稳定增长率”来计算公司股票的价值。通过实证检验，人们发现两者对于公司估价的误差较小。

【例5-11】现有A、B、C三家公司，假设根据资本资产定价模型计算各自的贴现率分别为10.5%、10%和10.75%，三家公司从2011年至2021年的股利分配历史资料见表5-7，请根据下列数据测算A、B、C三家公司股票的理论价格。

表5-7　A、B、C三家公司股利分配情况（2011—2021年）　单位：元

年份	A公司	B公司	C公司
2011	1.60	1.72	0.37
2012	1.70	1.88	0.42
2013	1.80	2.04	10.44
2014	1.92	2.20	0.48
2015	2.04	2.36	0.56
2016	2.20	2.52	0.68
2017	2.36	2.68	0.76
2018	2.52	2.76	0.80
2019	2.60	2.76	0.80
2020	2.68	2.76	0.80
2021	2.80	2.88	0.84

第一步，计算股利年平均增长率代替稳定增长率 g。

$$股利年平均增长率（g）=(\frac{FV}{PV})^{\frac{1}{n}}-1=(\frac{2021年股利}{2011年股利})^{\frac{1}{10}}-1$$

计算得A公司股利年平均增长率为5.76%，B公司股利年平均增长率为5.29%，C公司股利年平均增长率为8.54%。

第二步，使用股利增长模型（公式（5-16））测算股票的理论价格。

$$P_0=\frac{D_1}{k_{cs}-g}=\frac{D_0(1+g)}{k_{cs}-g}$$

计算可得A公司股票的预期价格为62.47元，B公司的股票价格为64.38元，C公司的股票价格为41.26元。

（4）股利非持续增长的股票估价模型

假设某公司现在和将来一段时间内（n期）股利高速增长，这段“超常”增长期过后，股利将永远以“正常”的速度增长；或者公司的股利预期在一段有限的时间内（n

期）不规则增长，其后是永续以“正常”增长率增长。我们可以把股利按增长的规律分成两个阶段：非持续增长阶段（第1期至第n期），由于这段时间是有限的，可以逐个计算n期内现金股利的现值；正常永续增长阶段（第n期以后）的价值构成售价P_n，用股利增长模型计算。

$$P_0=\sum_{t=1}^{n}\frac{D_t}{(1+k_{cs})^t}+\frac{D_{n+1}}{k_{cs}-g}\cdot\frac{1}{(1+k_{cs})^n} \tag{5-19}$$

其中，D_t表示股票发行公司预计第t期的现金股利；k_{cs}表示普通股股东要求的收益率；g表示预计的现金股利增长率；n表示股利非持续增长的期数。

【例5-12】NE公司刚刚涉足一个新兴产业，销售额以每年80%的速度增长，预计这一销售额增长在以后4年里为公司带来每年25%的现金股利增长。此后，预期股利增长率为永续每年5%。昨天刚刚发放的最近年度现金股利每股0.75美元，股票的要求收益率是22%。NE公司的普通股每股价值是多少？

第一步，计算预期未来现金股利（见表5-8）。

表5-8 未来现金股利计算

时间	0	1	2	3	4	5	6	…
增长率	—	0.25	0.25	0.25	0.25	0.05	0.05	…
股利（美元）	0.750	0.938	1.172	1.465	1.831	1.923	2.019	…

第二步，计算持续增长阶段股利现金流在第n期的现值。为了能够使用股利增长模型，我们把第4期的现金股利作为永续增长的第一笔现金流，从而计算股票在第3期期末的价值：

$$P_4=\frac{D_5}{k_{cs}-g}=\frac{1.923}{22\%-5\%}=11.31\text{（美元）}$$

第三步，计算股票当前的价值，包括高速增长阶段每期现金股利的现值和持续增长阶段股利现金流的现值之和。

$$P_0=\frac{0.938}{1.22}+\frac{1.172}{(1.22)^2}+\frac{1.465}{(1.22)^3}+\frac{1.831}{(1.22)^4}+\frac{1.923}{0.22-0.05}\times\frac{1}{(1.22)^4}=8.30\text{（美元）}$$

【例5-13】NL公司目前正处于建设阶段。预计以后3年随着新项目的进展，年度现金股利不会变化。股利去年为每股1美元，今后3年都会是每股1美元。项目走上正轨之后，预计随着新项目带来的收入，公司盈利将高速增长两年。预期这一高速增长会导致这两年年股利增长40%。在这两年的高速增长之后，预期每年的股利增长率将永远保持3%。如果NL公司普通股的要求收益率是12%，今天每股价值是多少？

第一步，计算预期未来股利（见表5-9）。

表5-9 预期未来股利计算

时间	0	1	2	3	4	5	6	7	…
增长率（%）	0	0	0	0	40	40	3	3	…
股利（美元）	1.000	1.000	1.000	1.000	1.400	1.960	2.019	2.079	…

第二步，计算股票当前价值。

$$P_0=\frac{1}{1.12}+\frac{1}{(1.12)^2}+\frac{1}{(1.12)^3}+\frac{1.4}{(1.12)^4}+\frac{1.96}{(1.12)^5}+\frac{2.019}{0.12-0.03}\cdot\frac{1}{(1.12)^5}=17.13\text{（美元）}$$

2）增长机会净现值模型（NPVGO model）

在现实中，很多公司不发放现金股利。如果股利贴现模型是正确的，那么无股利公司的股票价格为什么不为零？许多公司选择不支付股利，而它们的股票价格却在攀升，这是因为理性的投资者相信他们在将来的某个时候会得到股利或是其他类似的收益，比如公司被收购时他们可能会得到相应的现金或者股份。这种类型的公司是没有办法运用股利增长模型（或股利贴现模型）来估价的，为此我们必须考虑一种新的定价模型，来为那些不发放现金股利以投资于未来增长机会的公司的股票估价。这就是增长机会净现值模型（net present value of growth opportunity model，NPVGO model）。为了采用NPVGO模型定价，我们必须在每股的基础上计算：①公司作为“现金牛”的股票价格；②单一增长机会的净现值；③所有增长机会的净现值。公司股票的价格就是①与③之和。

（1）非成长型公司股票

非成长型公司（non-growing company）是指税后利润不留存并且不进行扩张性投资的公司。这类公司的投资额大致与固定资产折旧相当，公司的盈利处于固定状态，且全部用于分红，投资的目的只是使公司不失去现有的盈利能力。这样的公司我们一般称为收益型公司或“现金牛”（cash cow）公司。

$$P_0=\frac{D_1}{k_{cs}}=\frac{EPS_1}{k_{cs}} \tag{5-20}$$

其中，P_0表示非成长型公司的普通股价值；D_1表示下一期的每股股利；EPS_1表示下一期的每股收益；k_{cs}表示普通股股东要求的收益率。

由公式（5-20）我们可以看出，对于非成长型公司来说，在投资者要求的收益率一定的情况下，股票价值跟每股收益直接正相关。

（2）成长型公司股票

成长型公司（growing company）是指将税后利润留存进行再投资的公司。许多企业都有增长机会，即投资于盈利项目的机会，这些项目可能代表了企业价值很大的一部分，所以为了支付股利而放弃这些投资机会也许是不明智的。如果公司将税后利润进行再投资，就有可能获得价值的增值，从而增加股票的价值。因此，我们构建出评估公司普通股价值的增长机会净现值模型：

$$P_0=\frac{EPS_1}{k_{cs}}+NPVGO \tag{5-21}$$

增长机会净现值模型说明股票的价格可以看作两部分之和：第一部分是公司现有资产预期能产生的未来股利现金流的价值（EPS_1/k_{cs}）；第二部分是未来收益再投资所能形成的未来增长的价值（$NPVGO$）。

现在我们重点来看一下$NPVGO$，先来考察单一增长机会的净现值。

假设公司在第1期期末的每股盈利是EPS_1，公司以r的比例留存收益，那么留存的金额为$r\times EPS_1$；假设再投资收益率为ROE，则$r\times EPS_1$的再投资每年可为公司带来的盈利为$r\times EPS_1\times ROE$（如图5-3所示）。

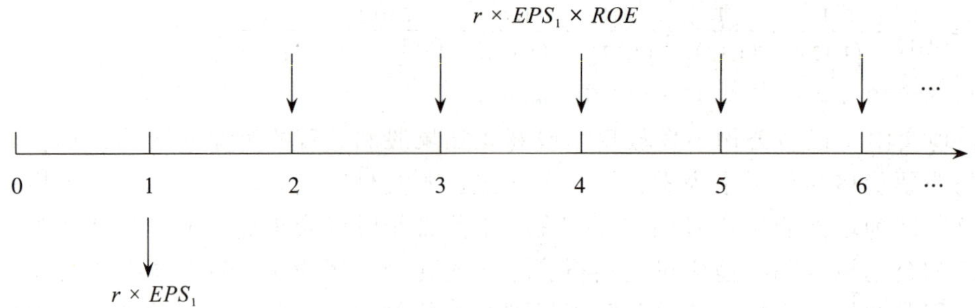

图5-3 单一增长机会投资及收入现金流分布

因此，该笔投资（即第1期期末的留存收益）的净现值NPV_1为

$$NPV_1 = \frac{r \cdot EPS_1 \cdot ROE}{k_{cs}} - r \cdot EPS_1 \tag{5-22}$$

接下来考察所有增长机会的净现值。

在股利政策一定的前提下，盈利、股利、留存收益维持相同的增长率；公司在第2期期末会继续留存收益进行新一轮的再投资，这个留存收益的金额为：

$$r \cdot EPS_1(1+g) = r \cdot EPS_1(1 + r \cdot ROE) = r \cdot EPS_1 + r^2 \cdot EPS_1 \cdot ROE$$

将这些留存收益再投资以后，公司每年盈利为：

$$r \cdot EPS_1(1 + r \cdot ROE) \cdot ROE = r \cdot EPS_1 \cdot ROE + r^2 \cdot EPS_1 \cdot ROE^2$$

发生在第2期期末的这笔再投资的净现值NPV_2为：

$$NPV_2 = \frac{r \cdot EPS_1(1 + r \cdot ROE) \cdot ROE}{k} - r \cdot EPS_1(1 + r \cdot ROE)$$

整理，得：

$$\begin{aligned} NPV_2 &= \frac{r \cdot EPS_1 \cdot ROE + r^2 \cdot EPS_1 \cdot ROE^2}{k_{cs}} - (r \cdot EPS_1 + r^2 \cdot EPS_1 \cdot ROE) \\ &= (\frac{r \cdot EPS_1 \cdot ROE}{k_{cs}} - r \cdot EPS_1) + (\frac{r^2 \cdot EPS_1 \cdot ROE^2}{k_{cs}} - r^2 \cdot EPS_1 \cdot ROE) \\ &= (\frac{r \cdot EPS_1 \cdot ROE}{k_{cs}} - r \cdot EPS_1) + r \cdot ROE(\frac{r \cdot EPS_1 \cdot ROE}{k_{cs}} - r \cdot EPS_1) \\ &= NPV_1 + NPV_1 \cdot r \cdot ROE = NPV_1(1 + r \cdot ROE) = NPV_1(1+g) \end{aligned}$$

如果公司持续不断地将每年收益中的一部分用于再投资，并从这些投资中获取ROE的收益率，则会产生一系列净现值：NPV_1，NPV_2，NPV_3，…，若r和ROE不变，则NPV将以$r \times ROE$（即g）的比率持续增长，将其贴现可得：

$$NPVGO = \frac{NPV_1}{1+k_{cs}} + \frac{NPV_1(1+g)}{(1+k_{cs})^2} + \frac{NPV_1(1+g)^2}{(1+k_{cs})^3} + \cdots = \frac{NPV_1}{k_{cs}-g} \tag{5-23}$$

将公式（5-21）、公式（5-22）、公式（5-23）联立起来，就得到增长机会净现值模型：

$$P_0 = \frac{EPS_1}{k_{cs}} + (\frac{r \cdot EPS_1 \cdot ROE}{k_{cs}} - r \cdot EPS_1) \cdot \frac{1}{k_{cs}-g} \tag{5-24}$$

公司可以用留存收益投资于未来的增长机会从而使公司的股票增值，但投资的结果未必如愿，原因是什么？从增长机会净现值模型我们可以看出，公司投资于未来的项目能够带来价值增值的条件是：

$$NPVGO > 0$$

前文我们已经讨论过，根据公式（5-16），$k_{cs} > g$恒成立，即$k_{cs} - g > 0$，所以要求$NPV_1 > 0$，即：

$$r \cdot EPS_1 \cdot (\frac{ROE}{k_{cs}} - 1) > 0$$

因此

$$\frac{ROE}{k_{cs}} - 1 > 0$$

即 $ROE > k_{cs}$

由此我们得出结论：公司管理层留存收益并进行再投资并不意味着一定能增加公司价值；只有当再投资收益率大于投资者要求的收益率时，将留存收益进行再投资才能增加公司的价值。

【例5-14】AT公司如果不投资新的项目，即保持现有业务持续经营，每年可获得盈利150 000元，公司发行在外的股票为10 000股，则每股盈利为15元。假设目前市场资本收益率是15%。问：（1）如该公司保持现有业务持续经营，股票价格应该是多少？（2）如果该公司在第1年年末将有一个90 000元的投资机会，即将盈利的60%投资于新项目，该投资机会将会从第2年年末起每年使公司的每股收益增加1.8元，那么股票价格将是多少？（3）如果公司决定从第1年年末起，每年都将盈利的60%用于投资新项目，且每年都能产生20%的收益率，那么股票价格又将是多少？

解：（1）公司保持现有业务持续经营，就相当于一个非成长型公司，因此根据公式（5-20），公司股票的价格为：

$$P_0 = \frac{D_1}{k_{cs}} = \frac{EPS_1}{k_{cs}} = \frac{15}{0.15} = 100\text{（元）}$$

（2）公司在第1年年末留存60%的收益进行再投资，这是一个单一增长机会的股票估价，根据公式（5-22），得：

$$NPV_1 = \frac{r \cdot EPS_1 \cdot ROE}{k_{cs}} - r \cdot EPS_1 = \frac{0.6 \times 15 \times 0.2}{0.15} - 0.6 \times 15 = 3\text{（元）}$$

（3）公司每年年末都留存收益进行再投资，我们运用增长机会净现值模型为股票估价，根据公式（5-22）和公式（5-23），公司股票的价格为：

$$P_0 = \frac{EPS_1}{k_{cs}} + \frac{NPV_1}{k_{cs} - g} = 100 + \frac{3}{0.15 - 0.6 \times 0.2} = 200\text{（元）}$$

NPVGO占股票价值比例较高的股票一般被称为“增长型股票”。这类股票的投资者不仅关注目前所分得的现金股利有多少，还更加重视公司未来的增长前景。正因如此，有些公司股票尽管现金股利不高甚至完全没有现金股利，但仍然具有可观的市场价格。比如，微软公司从1975年创立到1986年在NASDAQ上市，再到2002年年底，从没有分配过现金股利，但是微软公司的股票价值却增长了288倍。微软公司不分配股利的原因是多方面的，其中之一就是微软公司将盈利投资于可为公司带来更大增值的未来项目了。

5.2.3 基于乘数的股票定价模型

到目前为止，我们通过考虑公司将要提供给其所有者的期望未来现金流来评估公司股票的价值。一价定律的另一种应用是相对估价法，也称为“比较法”。在应用比较法时，我们基于预期在未来将产生与待估值公司非常相似的现金流的其他可比公司或投资项目[①]

① 当然，不存在完全相同的公司。即使处于同一行业的两家公司，销售同样类型的产品，在许多方面相似，公司的规模也不可能完全相同。在这里，我们使用可比数据调整规模差异的方法，来评估业务相近公司的价值。

的价值，来评估目标公司的价值，而不是直接评估公司的现金流。通过用估值乘数（valuation multiple）表示公司价值，可以调整业务相近公司间的规模差异。估值乘数是公司价值除以衡量公司规模的一些指标所形成的比率。在这里，我们介绍以下几种乘数：

1）市盈率乘数（P/E）

相对估价法最常用的估值乘数为市盈率（P/E）乘数。市盈率是每股市场价格与每股收益之比。市盈率乘数的数学意义为每1元税后利润对应的股票价格；它的经济意义为购买公司1元税后利润支付的价格，或者按市场价格购买公司股票回收投资需要的年份。市盈率乘数的投资意义是以一定的P/E乘数为基础，市盈率低说明股价被低估、风险小，股价上涨潜力大，值得购买；反之，该比率高，则说明股价被高估、风险大，股价上涨的空间较小，购买时应慎重。但这一投资意义并不明确，一方面，基准P/E乘数以及高估或低估的数值界限很难确定；另一方面，在金融市场上，高市盈率股票多为热门股，低市盈率股往往是冷门股。采用P/E乘数为普通股估价的一般公式为：

$$P_0 = EPS_1 \times \frac{P}{E} \tag{5-25}$$

为了分析市盈率的影响因素，我们对股利增长模型（公式5-（16））和增长机会净现值模型（公式（5-21））加以变形，可得：

$$\frac{P}{E} = \frac{1}{k_{cs}} + \frac{NPVGO}{E} \text{ 和 } \frac{P}{E} = \frac{1-r}{k_{cs} - r \cdot ROE} \tag{5-26}$$ [①]

其中，P/E表示股票的市盈率；$NPVGO$表示公司增长机会的净现值；k_{cs}表示普通股股东要求的收益率；r表示留存收益率（即再投资率）；ROE表示再投资收益率。

从公式（5-26）可以看出，影响市盈率的因素包括公司未来投资机会的净现值、再投资率及再投资收益率、公司股东要求的收益率。

未来投资机会的净现值是决定市盈率的重要因素。公司未来投资机会越多，未来投资机会的净现值越大，其市盈率就越高；反之亦然。这与现实中的情形是相符的。比如，一些高科技公司的股票市盈率往往较高，而公用事业类公司的股票市盈率却较低，这是由它们增长潜力的差异导致的。投资者会选择有较多价值增长机会的股票进行投资，股票市场上较高的需求会推高这类公司股票的价格，使它们具有较高的市盈率。

再投资率提高，会导致公司盈利和股利增长率的提高，但不一定会提高市盈率。市盈率的升降关键取决于再投资收益率（ROE）的高低。当公司的再投资收益率高于市场资本收益率（k_{cs}）时，再投资率越高，市盈率才会越高；也就是说，投资者预期公司未来有好的投资机会，公司将盈利用于再投资的比例越高，投资者认为公司未来增长的潜力越大，对该公司股票较高的需求就会推高该公司股票的价格，在每股盈利不变的情况下，市场将会给予该公司股票更高的市盈率。反过来也是这样。

公司股东要求的收益率越高，市盈率越低；公司股东要求的收益率越低，则市盈率越高。这是因为股东要求的收益率和股票的风险正相关。公司的风险越高，股东的要求收益率就越高，因此市盈率和股票风险之间呈负相关关系。

在确定每股收益时，应注意以下几个问题：（1）对于那些偶发事件导致的非正常收益，在计算EPS时应予以剔除；（2）对于受商业周期或行业周期影响较大的公司，应注意

① 根据股利增长模型$P_0 = \frac{D_1}{k_{cs} - g} = \frac{EPS_0 \times (1-r) \times (1+g)}{k_{cs} - g}$，$\frac{P_0}{EPS_0} = \frac{(1-r) \times (1+g)}{k_{cs} - g} \Rightarrow \frac{P_0}{EPS_1} = \frac{1-r}{k_{cs} - g}$。

不同周期（如成长期和衰退期）对EPS的影响；（3）对于会计处理方法变更引起的EPS的差异，应进行相应的调整。

P/E乘数用于股票估价的局限性主要表现在：（1）当EPS为负数时，无法使用P/E乘数评估股票的价值；（2）会计政策选择，包括盈余管理和职业判断可能扭曲EPS，进而导致不同公司间的P/E乘数缺乏可比性[①]；（3）在股票市场上，一家公司股票的P/E乘数可能会被非正常地抬高或压低，无法反映公司的资产收益状况，从而很难正确地评估股票的价值。

在实务中，人们经常把P/E乘数与预期增长率（G）进行比较，以便确定被低估或被高估的股票。这种方法通常被称为动态市盈率（PEG）法，其计算公式为：

$$PEG = \frac{P}{E} \cdot \frac{1}{(1+g)^n} \tag{5-27}$$

其中，g为公司每股收益的增长率；n为公司的可持续发展的存续期[②]。动态市盈率一般都比静态市盈率小很多，代表了公司业绩增长或发展的动态变化。美国投资大师彼得·林奇有一个著名的论断，他认为，任何一家公司，如果它的股票定价合理，该公司的市盈率就应该等于公司的增长率；也就是说，如果一家公司的年增长率大约是15%，那么15倍的市盈率就是比较合理的。

2）公司价值乘数（*EV/EBITDA*）

公司价值乘数是指公司价值与息税折旧摊销前利润（EBITDA）或息税前利润的比率，其计算公式为：

$$\frac{EV}{EBITDA} = \frac{\text{股权市场价值} + \text{债券市场价值} - \text{现金和短期投资}}{EBITDA} \tag{5-28}$$

$$\frac{EV}{EBIT} = \frac{\text{股权市场价值} + \text{债券市场价值} - \text{现金和短期投资}}{EBIT} \tag{5-29}$$

公式（5-28）和公式（5-29）中公司价值不包括现金和短期投资，主要原因在于*EBIT*中不包括现金和短期投资的利息收益。*EV/EBITDA*（*EBIT*）是关于公司总体而非股权资本的估价指标。公司价值乘数的优点主要表现在：（1）应用范围大于*P/E*乘数法，无论公司是盈利还是亏损都可以采用这一乘数评估公司价值，而*P/E*乘数法只限于评估收益大于零的公司；（2）*EBITDA*没有扣除折旧和摊销，减少了折旧和摊销会计处理方法对净利润和经营收益的影响程度，有利于同行业比较分析；（3）在跨国并购价值评估中，可消除不同国家税收政策的影响。

公司价值乘数法的不足之处在于*EBITDA*是收益而不是现金流量，这一指标没有考虑营运资本和资本支出对收益的影响，因此，用*EBIT*或*EBITDA*衡量公司的收益不够准确。

3）账面价值乘数（*P/BV*）

账面价值乘数又称市净率，反映股票市价与股权资本账面价值之间的比率关系，其计算公式为：

$$P/BV = \frac{\text{每股市价}}{\text{股权资本每股账面价值}} \tag{5-30}$$

---

① 例如，折旧和存货估价使用历史成本法，在高通货膨胀时期，用历史成本计算的折旧和存货成本低估了真实的经济价值，从而高估了每股盈余，降低了市盈率水平。

② g是年复合增长率，代表上市公司的综合成长水平，需要用各个指标综合评估；n是评估上市公司能维持此平均复合增长率的年限，一般机构预测都以3年来算。

公式（5-30）中的股权资本一般是指普通股股权资本，在实务中也可以直接用股权资本市场价值与账面价值比率代表这一乘数。计算这一乘数时应注意剔除不同会计政策对账面价值的影响。

采用账面价值乘数进行估价可以反映市场对公司资产质量的评价。股权资本每股账面价值是用成本计量的，而每股市价是这些资产的现时价值，它是证券市场上交易的结果。市价高于账面价值时公司资产的质量较好，有发展潜力；反之，则资产质量较差，没有发展前景。一般来说，账面价值乘数为3时可以树立较好的公司形象。

采用账面价值乘数的优点主要有：（1）账面价值提供了一个相对稳定且直观的衡量标准，投资者可以将其直接与市场价值进行比较；（2）适用于亏损公司的价值评估；（3）由于每股账面价值比EPS稳定，当EPS过高、过低或变动较大时，P/BV乘数比P/E乘数更具有现实意义。

账面价值乘数的主要缺点是：（1）由于会计计量等原因，一些对公司生产经营非常重要的资产没有被确认入账，如商誉、人力资源等；（2）根据会计制度，资产的账面净价等于原始购买价格减去折旧。通货膨胀和技术进步可能使账面价值对市场价值存在很大的背离，这将使各公司之间的*P/BV*乘数缺少可比性。

4）销售收入乘数（*P/S*）

销售收入乘数是指股权市场价值与销售收入之间的比率，其计算公式如下：

$$P/S=\frac{\text{股权市场价值}}{\text{销售收入总额}} \tag{5-31}$$

采用销售收入乘数的优点主要是：（1）适用范围较大，无论公司盈利或亏损，都可以采用这一乘数进行价值评估；（2）与利润和账面价值不同，销售收入不受折旧、存货和非经常性支出所采用的会计政策的影响；（3）在检验公司定价政策和其他一些战略决策变化所带来的影响方面，这一乘数优于其他乘数。这一乘数的缺点是采用销售收入作分母，可能因无法识别各个公司在成本控制、利润等方面的差别而导致错误的评价。

采用乘数法估价时，通常采用比较分析法，其步骤是：

第一，分析公司近期的收益状况。在分析时应特别注意支持这些收益的会计政策，如税收减免政策、折旧和摊销等。

第二，确认乘数变量。一般应选择与公司股票价格密切相关的变量，这些变量通常是可比公司的基本财务指标，如每股收益、EBIT、EBITDA、销售收入、账面价值或每股净资产、现金流量等。

第三，选择标准比率。标准比率的选择主要有以下几种：以公司的市场乘数作为标准比率；以具有可比性的公司的市场乘数作为标准比率；以公司所处行业的平均市场乘数作为标准比率。选择标准必须确保在行业、主营业务或主导产品、资本结构、公司规模、市场环境以及风险度等方面具有可比性。

第四，根据计算得出的乘数，结合公司的风险与成长的预期情况进行适当的调整，如决定市场乘数的各种因素、维持持续收益所追加的投资费用、出售不符合公司发展战略的资产、会计准则和税收政策变化的影响等，在此基础上确定公司的评估价值。

启智增慧5-3 中国互联网股票的估值

5.2.4 股票的收益率

到目前为止，我们把要求的收益率，也就是贴现率k_{cs}看作已知的。现在，我们希望进一步探究股利增长模型中的要求收益率。计算期望的收益率，在资本市场效率原则下，它等于要求收益率。股票的要求收益率也被称为资本化比率。

根据股利增长模型，我们可以计算出已知股票市场价格时股票的期望收益率：

$$k_{cs} = \frac{D_1}{P_0} + g \tag{5-32}$$

公式（5-32）告诉我们股票的总收益率k_{cs}包括两个部分：第一部分D_1/P_0，是股利收益率（dividend yield），它是由预期的现金股利除以当前的股票价格得到的，在概念上类似于债券的当期收益率；第二部分是股利增长率g，我们知道，股利增长率实际上也是股票价格的增长率，因此这个增长率可以被看作资本利得收益率（capital gain yield），也就是投资价值增长的速度。股票的期望收益率就是这两部分收益率之和。

【例5-15】假设今天的《华尔街日报》上刊登了纽约证券交易所牌价，国际纸业公司的股票牌价见表5-10。

表5-10 国际纸业公司的股票牌价 金额单位：美元

股利	收益率（%）	市盈率	成交量（100手）	最高价	最低价	收盘价	涨跌
1.52	3.0	10	3 616	51.25	50.625	51	-0.25

假设国际纸业公司股利增长率将是永续每年5.25%，其普通股资本化比率是多少？

首先，我们计算预期下一年的股利为：

D_1=1.52×（1+5.25%）=1.60（美元）

然后，根据公式（5-32），计算公司的普通股资本化比率为：

$$k_{cs} = \frac{D_1}{P_0} + g = \frac{1.60}{51} + 5.25\% = 3.15\% + 5.25\% = 8.4\%$$

所以，国际纸业公司的要求收益率亦即资本化比率为8.4%，这一比率由5.25%的资本利得收益率加上3.15%的股利收益率组成。

本章小结

金融资产是对未来现金流的索取权。为金融资产定价的方法之一是贴现现金流量法，即将金融资产的预期未来现金流贴现，求出的现值就是金融资产的价值。

债券是由企业、金融机构或政府发行的，表明发行人承诺按一定的利率支付利息并按约定条件偿还本金的债务性证券。债券的三要素是票面价值、票面利率和到期日。债券按发行主体分为政府债券、公司债券和金融债券；按利率是否变化分为固定利率债券和浮动利率债券；按付息的方式划分为零息债券和息票债券。

债券的估价模型可以表示为：

$$P_b = I_t(PVIFA_{k_b,\ n}) + M(PVIF_{k_b,\ n})$$

其中，$PVIFA_{k_b,\ n}$是年金现值系数，表示1元的n期普通年金在贴现率为k_b时的现值之和；$PVIF_{k_b,\ n}$是现值系数，表示第n期的1元的现金流在贴现率为k_b时的现值。

根据债券估价的一般模型，在债券的息票利率、到期期限和票面价值一定的情况下，决定债券价值（价格）的唯一因素就是贴现率或债券的要求收益率。这一收益率主要由两部分构成：一是按投资者让渡资本使用时间长短要求的时间价值补偿；二是按投资者承担风险高低要求的风险价值补偿。

我们可以按照息票债券的市场价值与票面价值的关系，将其分为平价债券、溢价债券和折价债券。平价债券是指市场价值与面值相等的债券；溢价债券和折价债券分别是指市场价值高于或者低于面值的债券。

债券的利率风险是指由市场利率变动带来的债券价格波动的可能性。它受债券期限、票面利率和到期收益率的影响。债券的到期收益率是指债券按照当前市场价格购买并且持有至到期日所产生的预期收益率。

股票是股份公司发行的所有权凭证，是股份公司为筹集资金而发行给出资人作为持股凭证并借以取得股利的一种有价证券。股票有两种基本类型：普通股和优先股。

普通股股票的价值，只取决于发行股票的公司向股东派发的现金股利。因此，普通股估价的一般模型为：

$$P_0 = \sum_{t=1}^{\infty} \frac{D_t}{(1 + k_{cs})^t}$$

普通股估价的股利增长模型为：

$$P_0 = \frac{D_1}{k_{cs} - g}$$

其中，D_1表示股票发行公司预计下一期的现金股利；k_{cs}表示普通股股东要求的收益率；g表示预计的现金股利增长率。

增长机会净现值模型为那些不发放现金股利以投资于未来增长机会的公司的股票估价。公司管理层留存收益并进行再投资并不意味着一定能增加公司价值；只有当再投资收益率高于投资者要求的收益率时，将留存收益进行再投资才能增加公司的价值。

除了贴现现金流方法为普通股估价之外，另一种方法是相对估价法，也称为“比较法”，包括市盈率乘数法、公司价值乘数法、账面价值乘数法、销售收入乘数法等方法。

关键概念

债券　抵押　质押　政府债券　公司债券　金融债券　零息债券　到期收益率　持有期收益率　剥离债券　债券的利率风险　久期　凸性　普通股　优先股

综合训练

计算题

1.DTO公司在市场上有一只价格为1 000元，票面利率为8%，还剩10年到期的债券。该债券每年付息一次。如果该债券的*YTM*为6%，则目前的债券价格是多少？已知：（*P/F*，6%，10）=0.5584；（*P/A*，6%，10）=7.3601。

2.Raines制伞公司在2年前发行了一只12年期的债券，票面利率为8.6%。该债券每半年付息一次。如果这些债券目前以面值的97%出售，*YTM*是多少？

3.Ayden公司有一只优先股流通在外，每年派发8.25美元的股利。如果该优先股目前每股销售价格为113美元，那么要求的收益率是多少？

4.RM公司每年固定派发每股12元的股利，这样的股利将再维持8年就停止派发。如果要求收益率为10%，股票当前的价格是多少？

5.JMW公司刚派发每股1.40元的股利。预期股利将以每年6%的比率无限期地稳定增长，如果投资者对该公司股票所要求的收益率为12%，股票的当前价格是多少？

6.Mark银行刚发行一些新的优先股。从6年后开始，每年将派发每股9美元的股利。如果市场对该投资所要求的收益率为7%，那么目前每股优先股值多少钱？

7.Rizzi公司增长迅速，预期未来3年的股利增长率为25%，此后将保持固定的7%的增长率。如果要求收益率为13%，而且该公司刚刚派发每股2.80美元的股利，目前的每股价格是多少？

思考题

1.债券的票面利率与到期收益率的区别是什么？

2.什么是利率的期限结构？它反映了什么样的经济本质？

3.普通股的账面价值与市场价值分别反映了普通股股票的什么特性？

4.股利增长模型（戈登模型）中的现金股利增长率g是否可能大于投资者要求的收益率k？为什么？

即测即评

综合训练参考答案

第6章

资本预算原理

目标引领

1. 掌握投资项目决策的NPV、IRR、PI和PP评价方法；
2. 熟练掌握投资项目现金流量预测的基本原则；
3. 熟悉附加效应、沉没成本、机会成本对现金流量的影响；
4. 熟悉资本成本、边际资本成本的经济含义与确定方法；
5. 掌握各种资金来源的资本成本的计算方法；
6. 了解公司的资本成本与项目的资本成本的关系。

思维导图

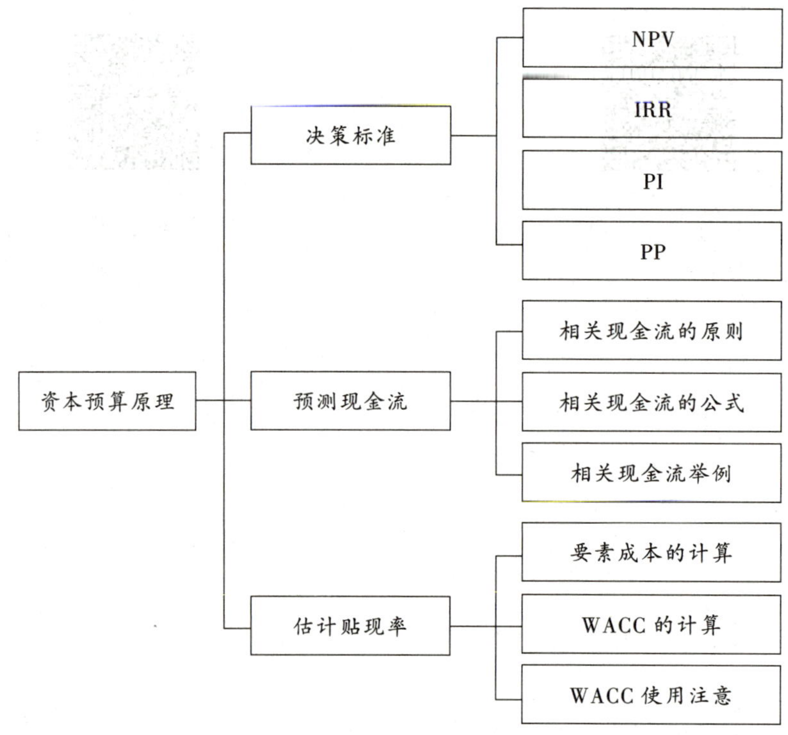

开篇导读

波音公司一直在与欧洲的空中客车公司竞争商务航空领域的控制权。最近，这场争夺战集中在被Airchive.com的记者称为“宽体的战争”上。波音公司进入这场战斗的是它的

787梦幻客机。为了与梦幻客机抗衡，空中客车公布了A350XWB客机，此型号的第一架飞机于2014年第四季度交付卡塔尔航空公司。这些项目需要数十亿美元的资金来开发，在预测开发成本、运营成本和预期需求等关键数据时，公司会进行许多详细的计算。通常在这类投资项目中，波音公司和空中客车公司的项目在前5~6年呈负现金流，在接下来的20年中呈正现金流。与此同时，波音公司和空中客车公司也面临着其他公司的新竞争，如加拿大庞巴迪航空公司和巴西航空工业公司，它们专注于更小、更节能的喷气机。竞争环境的转变迫使波音公司和空中客车公司重新计划它们在未来一二十年要投资的项目类型。

在中国，越来越多的人喜欢在工作之余饮用咖啡，星巴克这条来自西雅图的“美人鱼”营业额不断攀升。据说，星巴克每8个小时就会新开一家咖啡店。2012年，中国最大的咖啡种植公司之一云南爱伲农牧（集团）有限公司，同星巴克签约成立合资公司，并以“最优加工处理技术”成立咖啡初加工厂，有望把云南打造成为全球公认的优质咖啡种植产区。显然，爱伲建厂需要投入大量资金，但是不仅仅爱伲有这样的大手笔。2024年6月21日，比亚迪公司宣布计划在墨西哥建立新工厂。据比亚迪墨西哥公司高管豪尔赫·瓦列霍透露，公司目前正在处于工厂选址的最后阶段。比亚迪是全球知名的新能源汽车制造商，其产品线涵盖电动汽车、插电式混合动力汽车和燃料电池汽车等。此项目预计将为墨西哥创造约10 000个工作岗位，这将对当地经济产生积极影响。

像这样动辄投资数十亿美元的决策，很显然是重大举措，需要谨慎衡量其收益和风险。在第1章，我们知道了公司金融管理的目标是使公司的股票价值最大化并保持持续增长。因此，我们需要知道如何判定某项特定的投资能实现这样的目标。在本章，我们将讨论如何制定这类决策。

6.1　资本预算的决策标准

在第1章中，我们指明了公司金融学研究的三个主要内容，其中第一个就是：公司应该投资于什么样的固定资产？也就是资本预算决策。在这一章，我们开始讨论资本预算问题。

资本预算决策通常要回答这样一些问题：企业要提供什么样的服务或者销售什么产品？要在哪个市场里进行竞争？将推出什么新的产品？为此，企业需要将它们的有限资源投入到某些特定类型的资产上；这种决策将决定企业未来很长一段时间内的经营状况和经营结果，甚至会决定企业是否能够生存下去。因此，资本预算决策也被称为“战略资产配置”（strategic asset allocation）。

在本章和下一章对资本预算的基本原理和复杂问题进行讨论时，我们不考虑项目如何取得融资，也就是说，我们在进行资本预算决策时，只考虑项目的实物资产现金流量，而忽略公司举债或发行股票、归还贷款及偿还债务利息或回购股票而产生的融资性现金流量。因此，我们把项目看作完全由权益融资的项目，把所有的现金流出看作股东的支出，而所有的现金流入也属于股东所有①。

① 用这种方式处理问题，实际上是把投资决策和融资决策的分析分离开来，但这并不意味着可以忽略融资决策，我们将在第8章讨论融资现金流与实物资产现金流合并对项目价值产生的影响。

6.1.1 资本预算的常用方法

资本预算决策的过程实际上是一个复杂的金融资产估价过程，其步骤与金融证券估价相同。这里所说的资本预算的常用方法实际上是讨论有哪些可以使用的估价模型。用贴现现金流方法为金融资产估价，在确定了估价模型的前提下，还需要预测现金流量和估计贴现率。在这一节，我们假设资本预算项目的现金流量和贴现率已知。

资本预算的方法主要有以下五种：净现值法（NPV法）、内部收益率法（IRR法）、获利能力指数法（PI法）、回收期法（PP法）和平均会计收益法（AAR法），这五种方法在实践中的使用频度如图6-1所示。

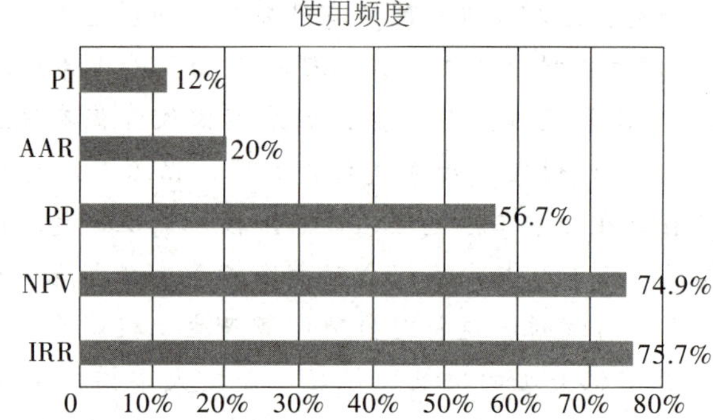

资料来源：GRAHAM，HARVEY.The theory and practice of corporate finance：evidence from the field［J］. Journal of Financial Economics，2001（60）：187-243.

图6-1 关于资本预算方法对公司CFO进行的调查

1）净现值法

投资项目的净现值（net present value，NPV）是指该项目期望未来现金流的现值与初始投资成本之间的差额，或者说是投资项目寿命期内所有现金流的现值之和。

$$NPV = \sum_{t=0}^{n}\frac{NCF_t}{(1+k)^t} \tag{6-1}$$

其中，NPV表示投资项目的净现值；NCF_t表示投资项目的净现金流量；n表示项目的寿命期；k表示项目的贴现率。

净现值法的决策规则是：接受那些净现值不为负数的投资项目。如果项目的$NPV>0$，表明该项目投资获得的收益大于资本成本或投资者要求的收益率，则项目可行；如果投资项目的$NPV=0$，表明该项目使投资者刚好赚得了要求的收益率，而要求的收益率是吸引投资者投资于某项目的最低收益率水平，因此项目可行。当一个项目有多种方案可供选择时，对于NPV大的项目应优先考虑。

【例6-1】某公司正考虑一项新机器设备投资项目，该项目初始投资为40 000美元，每年的税后现金流见表6-1。假设该公司要求的收益率为12%，判断项目是否可行。

表6-1 某公司每年的税后现金流 单位：美元

年份	初始投资支出	第1年	第2年	第3年	第4年	第5年
税后现金流	-40 000	15 000	14 000	13 000	12 000	11 000

计算该项目税后现金流量的净现值：

$$NPV=-40\,000+\frac{15\,000}{(1+12\%)^1}+\frac{14\,000}{(1+12\%)^2}+\frac{13\,000}{(1+12\%)^3}+\frac{12\,000}{(1+12\%)^4}+\frac{11\,000}{(1+12\%)^5}$$
$$=-40\,000+13\,395+11\,158+9\,256+7\,632+6\,237=7\,678(\text{美元})$$

由于$NPV>0$，所以该项目可以接受。

净现值法作为资本预算的决策方法具有以下两个特点：

第一，净现值法考虑到了货币的时间价值，使用了投资项目的全部现金流。这是净现值法相对于其他一些方法（比如回收期法）的主要优点。

第二，由净现值决定的投资项目会增加公司的价值。两个（或两个以上）现金流合并后的价值等于每个现金流的现值之和，这是价值可加性原理；净现值就具有价值可加性，即NPV（A+B）=NPV（A）+NPV（B），这种价值可加性保证我们不会因为一个差的项目B与一个优质项目A“打包”在一起而被误导，以致作出接受项目B的错误决策。

净现值法的决策原理与经济增加值的决策原理相同。净现值为零说明项目所产生的现金流正好可以抵偿投资成本，该项目的收益率刚好等于要求的投资收益率；如果一个项目的净现值为正数，那么它所获得的现金就超过了偿还债务及股东所要求的报酬的金额，超过的部分归公司股东所有。因此，如果一个公司接受一项净现值为正的投资项目，那么股东的价值就会增加。经济增加值（economic value added，EVA）是指从税后净营业利润中扣除包括股权和债务的全部投入资本的成本后的所得。它最初被认为是一种调整公司会计收入以便更好地衡量公司经营状况的方法。

①投入资本不变时的EVA。考虑一个项目，要求初始投资资本为I。假设投资资本永远持续下去，在未来的每个时期n都能产生CF_n的现金流量。第n年的EVA就是超过运营项目所需资本的机会成本的增加值。如果资本成本为r，那么每期因项目占用而未能投资到其他地方的资金I的机会成本为$r×I$，我们把项目占用的资本的机会成本称为资本费用（capital charge）。因此，第n期的EVA就是项目的现金流与资本费用之差，即EVA_n=CF_n−r×I。

此时，EVA的决策规则是：当以项目的资本成本r计算现值时，接受未来各期EVA的现值之和为正数的投资机会。我们可以看出，如果以利率r贴现每期的资本费用$r×I$，那么资本费用的现值就是$r×I/r=I$，所以：

$$PV(EVA)=PV(CF_n)-PV(r\times I)=PV(CF_n)-I=NPV$$

可见，EVA决策规则与NPV决策规则相同。

②投入资本改变时的EVA。一般地，项目的投入资本会随着时间而改变。现存资本经过一段时间后将会减值（例如，机器会随着使用而损耗），于是需要新的投资。令I_{n-1}为第$n-1$期（即第n期的期初）分配给项目的资本额。第n期的资本费用应该包括当期投入资本的机会成本，即$r×I_{n-1}$，它也应该考虑资本的损耗成本，即当期的资本折旧额，因此$EVA_n=CF_n-r×I-$第n期的折旧。

对EVA的这种定义，再次使得EVA和NPV的决策规则相同。

2）内部收益率法

内部收益率（internal rate of return，IRR）是使项目净现值为零的贴现率，或者现金流入量现值与现金流出量现值相等时的贴现率。

$$\sum_{t=0}^{n}\frac{NCF_t}{(1+IRR)^t}=0 \tag{6-2}$$

其中，IRR表示投资项目的内部收益率；NCF_t表示投资项目的净现金流量；n表示项目的寿命期。

内部收益率法的决策规则是：接受 IRR 不小于投资者要求收益率的项目。内部收益率本身不受市场利率的影响，完全取决于项目的现金流量，反映了项目内部所固有的特性。当一个项目有多种方案可供选择时，对于 IRR 大的项目应优先考虑。

【例6-2】某家要求收益率为10%的公司正在考虑3个投资项目，表6-2给出了这3个项目的现金流，公司管理部门决定计算每个项目的 IRR，然后确定采用哪一个项目。

表6-2　3个项目的现金流　单位：元

项目	初始投资	第1年	第2年	第3年	第4年
项目A	-10 000	3 362	3 362	3 362	3 362
项目B	-10 000	0	0	0	13 605
项目C	-10 000	1 000	3 000	6 000	7 000

计算项目A的内部收益率：

$-10\,000+3\,362\times PVIFA_{IRR,\ 4}=0$

$PVIFA_{IRR,\ 4}=2.974$

查表 $IRR_A=13\%$，由于项目A的内部收益率高于投资者要求的收益率10%，所以项目A可行。

计算项目B的内部收益率：

$-10\,000+13\,605\times PVIF_{IRR,\ 4}=0$

$PVIF_{IRR,\ 4}=0.735$

查表 $IRR_B=8\%$，由于项目B的内部收益率低于投资者要求的收益率10%，所以项目B不可行。

计算项目C的内部收益率：

$$-10\,000+\frac{1\,000}{(1+IRR)^1}+\frac{3\,000}{(1+IRR)^2}+\frac{6\,000}{(1+IRR)^3}+\frac{7\,000}{(1+IRR)^4}=0$$

我们用试算-插值法计算 IRR[①]。

先进行试算。

当 $IRR_1=19\%$ 时，计算可得：

$NPV_1=9$元

当 $IRR_2=20\%$ 时，计算可得：

$NPV_2=-237$元

再进行插值计算：

$$IRR=IRR_1+(IRR_2-IRR_1)\cdot\frac{NPV-NPV_1}{NPV_2-NPV_1}=19\%+(20\%-19\%)\times\frac{0-9}{-237-9}=19.04\%$$

由于项目C的内部收益率19.04%大于投资者要求的收益率10%，项目C也可行。由于 $IRR_A<IRR_C$，所以应优先考虑项目C。

我们用净现值法检验一下上述结论。计算3个项目的净现值可得：

$NPV_A=-10\,000+3\,362\times PVIFA_{10\%,\ 4}=657.20$（元）

① 使用财务计算器可以直接计算出内部收益率。

NPV_B=-10 000+13 605×$PVIF_{10\%,\ 4}$=-7 070.79（元）

NPV_C=2 707元

根据净现值的计算结果，我们发现，项目A和C可行，且C优于A。这个结论与内部收益率法的结论是一致的。但是，NPV法与IRR法的结论并不总是一致，我们将在下文讨论这个问题。

内部收益率法的决策原理主要基于以下几点逻辑：首先，项目的内部收益率就是项目的预期收益率，是一个项目能够为其投资者带来的最大收益水平；其次，如果内部收益率超过了资本成本，那么在偿还了资本成本之后还会产生剩余，这部分剩余将归公司的股东所有。因此，投资于一个内部收益率高于资本成本的项目会增加股东财富。如果内部收益率低于资本成本，投资于该项目则会给当前的股东带来损失。正是这一“盈亏平衡点”的特征使得内部收益率在评价投资项目时意义重大。

3）获利能力指数法

获利能力指数（profitability index，PI），又称收益-费用比率（benefit-cost ratio），是指未来净现金流的现值与初始投资成本的比率。

$$PI=\frac{\sum_{t=1}^{n}\frac{NCF_t}{(1+k)^t}}{Cost_0} \tag{6-3}$$

其中，PI表示投资项目的获利能力指数；NCF_t表示投资项目的净现金流量；n表示项目的寿命期；k表示项目的贴现率；$Cost_0$表示项目的初始投资成本。

获利能力指数法的决策规则是：接受获利能力指数不小于1的资本预算项目。

在例6-1中，计算投资项目的获利能力指数可得：

$$PI=\frac{\frac{15\ 000}{(1+12\%)^1}+\frac{14\ 000}{(1+12\%)^2}+\frac{13\ 000}{(1+12\%)^3}+\frac{12\ 000}{(1+12\%)^4}+\frac{11\ 000}{(1+12\%)^5}}{40\ 000}$$

$$=\frac{13\ 393+11\ 161+9\ 253+7\ 626+6\ 242}{40\ 000}=1.192$$

由于项目的PI大于1，所以投资项目可以接受。这个结论与NPV法的决策结论是一致的。但是获利能力指数是从相对数的角度考虑问题，因而容易忽略投资的绝对数规模，所以在某些情况下会与净现值法产生决策上的矛盾；只有在公司的投资规模受到约束时，获利能力指数法才能更好地发挥它的作用，我们在下一章资本配置问题中会对此展开讨论。

4）回收期法

回收期（payback period，PP）是指收回最初投资支出所需要的年数，可以用来衡量项目收回初始投资速度的快慢。

按时间顺序对各期的期望现金流量进行累计，当累计额等于初始现金流出量时，其时间即为投资的回收期。

回收期法的决策规则是：接受回收期小于设定时间的资本预算项目。这里用作参照基准的“设定时间”通常由公司自行确定或根据行业标准确定。如果一个公司有多个项目可供选择，那么投资回收期越短的项目越好。

【例6-3】某公司有一幢写字楼，购置成本为420 000元，修复成本为300 000元，初始成本共计720 000元。假设公司不打算将其出售，而希望以每年110 000元的租金将其出租。不考虑税收因素，该写字楼项目各年的现金流量见表6-3。请问项目的投资回收期是多少？

表6-3　写字楼项目各年的现金流量　单位：千元

年	0	1	2	3	4	5	6	7	8
现金流量	-720	110	110	110	110	110	110	110	110
累计流量	-720	-610	-500	-390	-280	-170	-60	50	
投资回收期							6.55年		

根据项目的现金流分布情况，全部初始投资将在第7年内收回。假设第7年的110 000元现金流从年头至年尾均匀地流入，那么余下的60 000元需要用0.55年的时间收回（60 000/110 000=0.55），所以此项目的回收期为6.55年。

①回收期法的缺陷。我们通过以下例子说明回收期法的主要缺陷。

【例6-4】表6-4是A、B、C三个投资项目的现金流分布情况。

表6-4　A、B、C三个投资项目的现金流分布情况

年份	0	1	2	3	4	回收期（年）
项目A	-100	20	30	50	60	3
项目B	-100	50	30	20	60	3
项目C	-100	50	30	20	6 000	3

根据这个现金流的分布情况我们计算三个项目的回收期，发现A、B、C项目的回收期都是3年。用回收期法评价项目，我们会因此而得出这三个项目“完全相同”的结论，但事实上它们有很大的差异。

首先，我们比较项目A和项目B。在考察了这两个项目现金流分布的时间序列之后我们会发现，项目B实际上要优于项目A，因为它使得公司能够更早地获得大额现金流量从而得到一个更大的现值，因此回收期法的第一个缺陷是：它忽略了项目现金流的时间价值。

其次，我们比较项目B和项目C。项目C很显然优于项目B，因为它在第4年有一笔大额现金流量从而使项目具有更大的净现值，但回收期法忽略了这一点，因此回收期法的第二个缺陷是：它忽略了回收期以后的现金流量。

最后，回收期法的决策规则是用回收期与“设定时间”相比较，这个设定时间通常以公司财务决策者的意志为转移，同一个投资项目，不同的决策者会得出不同的结论，因此回收期法的第三个缺陷是：它的决策标准具有较强的主观性。

②回收期法的实用性。尽管回收期法具有上述缺点，但它计算简便、容易理解，提供了另一种风险控制的方式。回收期法对项目的流动性尤其重视，所以对于那些规模较小、流动性较差的企业，这种方法非常重要，因为这些企业偏好能够快速收回投资的项目，它们希望把收回的现金再投资于其他有盈利能力的项目或者用于归还到期债务。因此，回收期法的实用性体现在两个方面：第一，对于相对较小的投资项目，进行大量分析的成本往往会超出错误决策的潜在损失，此时简单的投资回收期法就很有吸引力；第二，具有良好

发展前景却又难以进入资本市场融资的中小微企业，通常采用回收期法。

③贴现的投资回收期。鉴于投资回收期法在实践中的实用性，为了解决它忽略了时间价值这一问题，我们提出一个贴现的投资回收期。贴现的投资回收期（discounted payback period），是使项目的贴现现金流量等于其初始投资成本所需要的时间。这种方法的理论基础是，在回收投资时要考虑货币的时间价值。贴现的投资回收期的决策规则是：接受贴现回收期小于设定时间的资本预算项目。当公司有多个项目可选时，优先选择回收期短的投资项目。

【例6-5】NK公司有两个投资项目：项目S（短期）和项目L（长期），它们的现金流量见表6-5，投资者要求的收益率为15%。假设公司不接受回收期超过4年的投资项目，那么按贴现投资回收期规则应作出怎样的投资决策？

表6-5 项目S（短期）和项目L（长期）的现金流量 单位：千元

年	0	项目S				
		1	2	3	4	5
现金流量	-1 000	500	500	150	100	0
现值	-1 000	435	378	99	57	0
累计现值	-1 000	-565	-187	-88	-31	-31
贴现投资回收期：无穷大，因此无法收回初始投资						
年	0	项目L				
		1	2	3	4	5
现金流量	-1 000	300	300	400	500	500
现值	-1 000	261	227	263	286	248
累计现值	-1 000	-739	-512	-249	37	285
贴现投资回收期：3.87年						

通过计算贴现的投资回收期，我们发现项目L可以接受。

由于考虑了货币的时间价值，所以贴现的投资回收期法优于回收期法，但它仍然具有主观性，同时也忽略了回收期以后的现金流量。尤其是当期望未来现金流量为负数时，这就可能是一个严重的问题，此时贴现的回收期法也变得无效了。

5）平均会计收益率法

平均会计收益率（average accounting return，AAR）是扣除所得税和折旧之后的项目平均收益除以整个项目期限内的平均账面投资额。它的计算公式如下：

$$AAR = \frac{\text{平均净利润}}{\text{平均投资额}} \times 100\% \tag{6-4}$$

其中，平均投资额一般可用平均总资产表示。

平均会计收益率法的决策规则是：接受AAR大于基准会计收益率的项目。在有多个可选方案的情况下，应优先选择平均会计收益率高的投资项目。

【例6-6】某公司现在考虑是否要在一个新建的商业区内购买一个商店，购买价格为

500 000元。该店的经营期限为5年，期末必须完全拆除或是重建。预计每年的营业收入与费用见表6-6。

表6-6 预计每年的营业收入与费用 金额单位：元

年份	第1年	第2年	第3年	第4年	第5年
收入	433 333	450 000	266 667	200 000	133 333
费用	200 000	150 000	100 000	100 000	100 000
税前现金流量	233 333	300 000	166 667	100 000	33 333
折旧	100 000	100 000	100 000	100 000	100 000
税前利润	133 333	200 000	66 667	0	-66 667
所得税（25%）	33 333	50 000	16 667	0	-16 667
净收益	100 000	150 000	50 000	0	-50 000

首先，计算平均净利润：

$$\text{平均净利润} = \frac{100\,000 + 150\,000 + 50\,000 + 0 - 50\,000}{5} = 50\,000(\text{元})$$

其次，计算平均投资额：

$$\text{平均投资额} = \frac{500\,000 + 0}{2} = 250\,000(\text{元})$$

最后，计算平均会计收益率：

$$AAR = \frac{50\,000}{250\,000} \times 100\% = 20\%$$

AAR按投资项目的账面价值计算，当投资项目存在机会成本时，其判断结果与NPV等标准差异很大，有时甚至得出相反的结论；AAR没有考虑货币的时间价值与投资的风险价值，第1年的会计收益被视为等同于最后一年的会计收益；ARR与之相比较的目标会计收益率具有很强的主观性。因此，这种方法在资本预算的实践中很少被采用。

6.1.2 净现值与内部收益率比较

1）净现值曲线

在前面的讨论中，我们已经对资本预算的决策方法有了一些基本的了解。其中，平均会计收益率法因其固有缺陷而在实践中较少使用，回收期法和获利能力指数法有各自的优点和缺陷，在实践中的应用通常也有一些限制。下面，我们将对实践中应用最为广泛的净现值法和内部收益率法进行比较。为此，我们引入一个分析工具——净现值曲线。

净现值曲线（NPV profile）是一条描绘净现值与期望收益率之间关系的曲线。见例6-1，投资项目的现金流见表6-7。

表6-7 投资项目的现金流 单位：美元

年份	初始投资支出	第1年	第2年	第3年	第4年	第5年
税后现金流	-40 000	15 000	14 000	13 000	12 000	11 000

当贴现率（k）取不同的数值时，项目的净现值（NPV）见表6-8。

表6-8 贴现率（k）取不同的数值时项目的净现值（NPV） 单位：美元

k	0%	5%	10%	15%	20%	25%	30%	35%
NPV	25 000	15 910	9 091	3 919	-39	-3 091	-5 459	-7 302

我们用纵轴表示*NPV*，用横轴表示*k*，就可以得到一条平滑的曲线，这就是这个项目的净现值曲线。

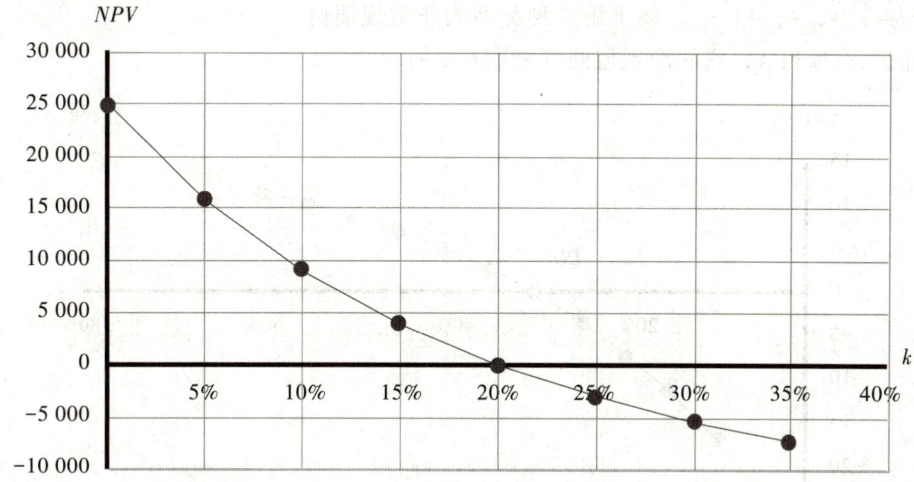

图6-2　投资项目的净现值曲线

其中，曲线与横轴的交点的横坐标就是项目的内部收益率（*IRR*）。当*k*（投资者要求的收益率）小于*IRR*时，曲线上的点在横轴的上方，即*NPV*大于0，此时投资项目可以接受；当*k*（投资者要求的收益率）大于*IRR*时，曲线上的点在横轴的下方，即*NPV*小于0，此时投资项目应该拒绝。对于例6-1的项目来说，用NPV法和用IRR法得出的结论是相同的。一般来说，这种一致的结论对于常规项目和独立项目来说总是存在的，但是对于非常规项目和互斥项目来说，NPV法和IRR法有可能会发生排序上的矛盾。

2）非常规项目与互斥项目

常规项目（conventional project）是指那些预期只有一期初始现金流出，随后是一期或多期现金流入的项目。所有与常规项目现金流特征不符的项目都是非常规项目（unconventional project），包括只有一期初始现金流入而其后全部都是现金流出的项目，以及期初有现金流出但在项目运行过程中还会产生一笔或多笔现金流出的项目。独立项目（independent project）是指能够不受其他项目的影响而进行选择的项目。也就是说，这个项目的接受既不要求也不排斥其他的投资项目。要求其他投资的项目不过是更大的投资项目的一个组成部分，评价时必须把所有部分放在一起；如果接受某一个项目就不能投资于另一个项目，并且反之亦如此，那么这些项目就是互斥项目（mutually exclusive projects）。

（1）NPV法与IRR法排序矛盾情形之一：非常规项目

【例6-7】A、B、C三个投资项目的现金流分布以及*IRR*、*NPV*见表6-9。

表6-9　　A、B、C三个投资项目的现金流分布以及*IRR*、*NPV*

	现金流量			*IRR*	*NPV*（*k*=10%）
	第0期	第1期	第2期		
项目A	-100	130		30%	18.2
项目B	100	-130		30%	-18.2
项目C	-100	230	-132	10%，20%	0

由项目的现金流分布我们可以看出：项目A是常规项目，项目B和项目C是非常规项目。其中项目B的现金流特征为+，-，…，属于第一种类型的非常规项目；项目C的现金流特征为-，+，-，+，…，属于第二种类型的非常规项目。

我们先看项目A，它的净现值曲线如图6-3所示。

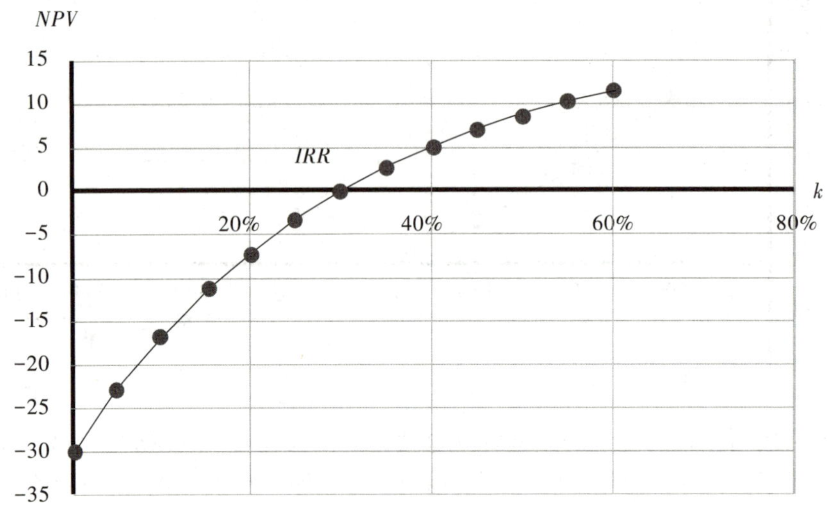

图6-3　项目A的净现值曲线

此项目内部收益率为30%。当贴现率大于30%（即*IRR*小于*k*）时，净现值都小于0；当贴现率小于30%（即*IRR*大于*k*）时，净现值都大于0。可见，NPV法和IRR法对于常规项目决策的结论是一致的。

① 投资还是融资。我们再来看项目B，它的净现值曲线如图6-4所示。

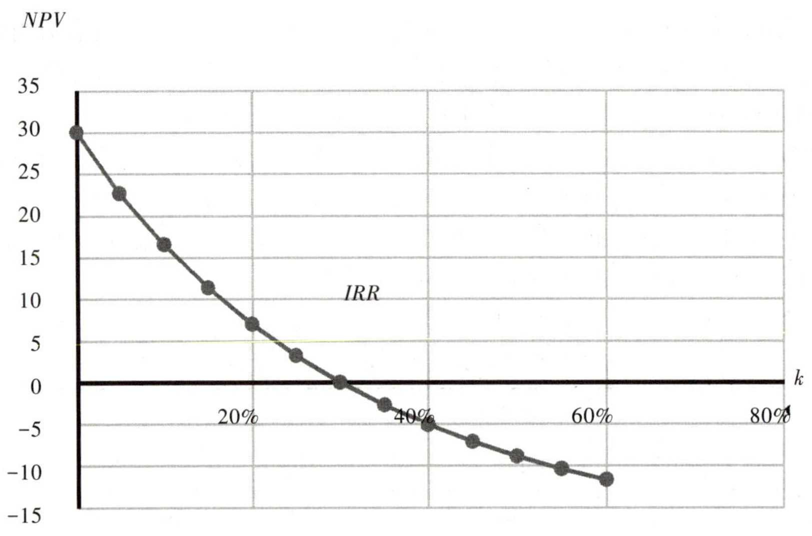

图6-4　项目B的净现值曲线

此项目内部收益率为30%。当贴现率大于30%（即*IRR*小于*k*）时，*NPV*大于0，应该接受该项目；当贴现率小于30%（即*IRR*大于*k*）时，*NPV*小于0，应该拒绝该项目。也就是说，NPV法与IRR法在这个项目的决策上发生了矛盾。这就是非常规项目下NPV与IRR排序矛盾的第一个问题——投资还是融资的问题。对于项目A这种类型，我们称之为投资型项目，而项目B我们称之为融资型项目。对于融资型项目来说，没有收益只有成本，所以内部收益率IRR事实上就是项目的“内部成本率”。投资项目要求的收益率k对于投资型项目来说，是吸引投资者的最低收益率，而对于融资型项目来说，就成为融资者能够接受的最高成本率。所以，对于融资型项目，应接受NPV法的决策结论，或者将IRR法的决策规则进行调整，即接受IRR小于贴现率k的项目。

②多重内部收益率。最后我们来看项目C，它的净现值曲线如图6-5所示。

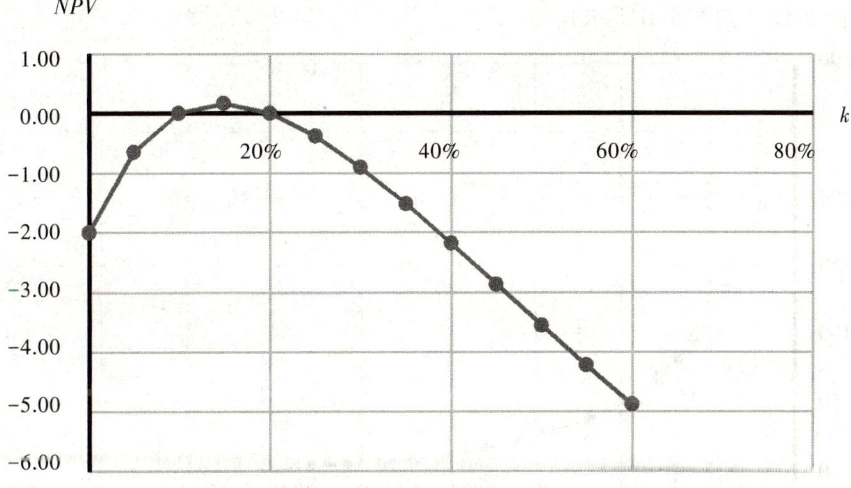

图6-5　项目C的净现值曲线

此项目有两个内部收益率[①]。当期望未来现金流当中有一些为正数（即现金流入），另一些为负数（即现金流出）时，就可能出现非常规项目下NPV与IRR排序矛盾的第二问题——多重内部收益率的问题。例如，当项目结束需要进行环境治理时，通常需要支付一大笔现金；在项目运行过程中需要一次或多次大修的项目也属于这种情况。在这种情况下，内部收益率法完全失去了作用；如果我们继续盲目使用它去评价投资项目，就会出现严重的错误。此时对项目作决策只能采用净现值法了。

（2）NPV法与IRR法排序矛盾情形之二：互斥项目

如果两个项目互斥，那么净现值法和内部收益率法就可能得出矛盾的结论。这种矛盾表现在两个方面：第一，项目规模差异，即其中一个项目的初始成本高于另一个项目的初始成本，我们称之为规模问题；第二，时间差异，即现金流发生的时间不同，一个项目的大部分现金流发生在项目的初期，而另一个项目的大部分现金流发生在项目的后期，我们称之为时间序列问题。

①规模问题。我们看下面的例子。

【例6-8】Jaffe和Lansing刚刚购买了一部电影的版权，表6-10是预计的现金流量以及

① 内部收益率的个数不会多于一个现金流序列中正负号转换的次数。如果项目的现金流正负号转换多于一次，那么用财务计算器来求内部收益率，计算器会显示“错误信息”。此时我们可以用下列方法求解内部收益率：首先计算对应不同的k值的净现值，然后作出净现值曲线，该曲线与横轴的交点就是内部收益率的近似值，最后用试算法来计算使净现值为零的k的精确值。

NPV、*IRR*。

表6-10　预计的现金流量以及*NPV*、*IRR*　金额单位：万元

预计现金流	第0期	第1期	*NPV*（*k*=25%）	*IRR*（%）
小预算	-100	400	176	300%
大预算	-250	650	216	160%

这是两个互斥的投资项目，它们的期初投资规模有明显不同。现在我们作出这两个项目的净现值曲线（如图6-6所示）。

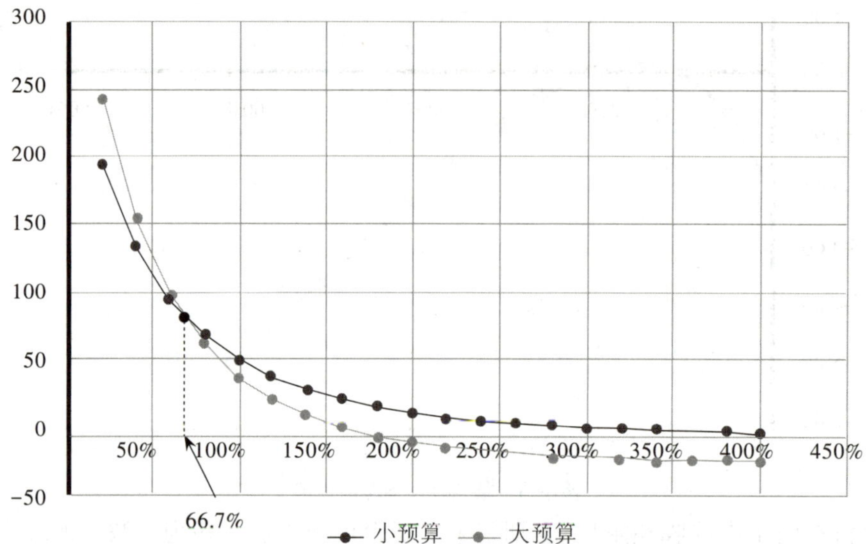

图6-6　规模不同的两个互斥项目的净现值曲线

两个项目的净现值曲线与横轴的交点代表各自的内部收益率。小预算的内部收益率是300%，大预算的内部收益率是160%，所以根据IRR法则，应该选择内部收益率更大的小预算项目。

两条净现值曲线的交点称为费雪交点（Fisher's intersection），通过计算使两个项目的现金流之差的*NPV*为零的贴现率我们可以得到费雪交点的贴现率66.7%。通过图6-6我们可以看出，在费雪交点的两侧，用NPV法进行项目决策的结果有所不同。在费雪交点的左边，即当投资者要求的收益率*k*低于费雪交点贴现率66.7%时，大预算的净现值大于小预算的净现值，所以应该选择大预算项目；在费雪交点的右边，即当投资者要求的收益率*k*高于费雪交点贴现率66.7%时，小预算的净现值大于大预算的净现值，所以应该选择小预算项目。也就是说，在费雪交点的左侧，NPV法与IRR法的选择产生了排序矛盾，而在费雪交点的右侧，NPV法与IRR法的结论是一致的。从这个例子来看，IRR法与NPV法不一致是因为IRR法忽略了项目的初始投资规模。

②时间序列问题。我们再来看一个例子。

【例6-9】 Kaufield公司有一个闲置的仓库，可以存放有毒废物容器（项目A），也可以存放医疗电子设备（项目B），预计的现金流量以及*NPV*、*IRR*见表6-11。

表6-11　　仓库的现金流量以及*NPV*、*IRR*　　金额单位：元

	第0期	第1期	第2期	第3期	*NPV*			*IRR*
					k=0%	*k*=10%	*k*=15%	
项目A	-10 000	10 000	1 000	1 000	2 000	669	109	16.04%
项目B	-10 000	1 000	1 000	12 000	4 000	751	-484	12.94%

这是两个互斥的投资项目，它们的现金流分布的时间序列明显不同，其中项目A在项目早期有大额现金流入，而项目B的大额现金流入发生在项目期末。现在我们作出这两个项目的净现值曲线（如图6-7所示）。

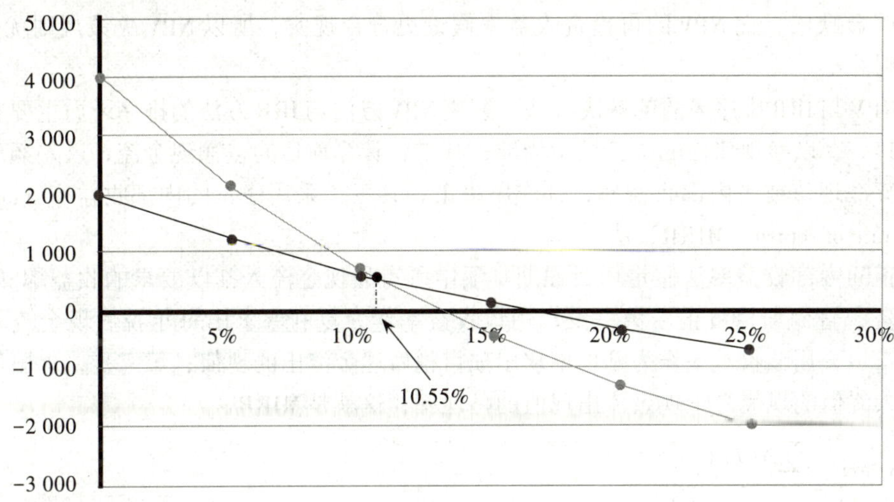

图6-7　现金流时间序列不同的两个互斥项目的净现值曲线

两个项目净现值曲线与横轴的交点代表各自的内部收益率。项目A的内部收益率是16.04%，项目B的内部收益率是12.94%，所以根据IRR法则，应该选择内部收益率更大的项目A。

两条净现值曲线的交点（即费雪交点）的贴现率为10.55%。通过图6-7我们可以看出：在费雪交点的左边，即当投资者要求的收益率*k*低于费雪交点贴现率10.55%时，项目B的净现值大于项目A的净现值，所以应该选择项目B；在费雪交点的右边，即当投资者要求的收益率*k*高于费雪交点贴现率10.55%时，项目A的净现值大于项目B的净现值，所以应该选择项目A。也就是说，在费雪交点的左侧，NPV法与IRR法的选择发生了排序矛盾，而在费雪交点的右侧，NPV法与IRR法的结论是一致的。从这个例子来看，IRR法与NPV法不一致是因为IRR忽略了项目现金流发生的时间不同。

3）净现值法与内部收益率法的排序矛盾

①NPV与IRR排序矛盾产生的根源。NPV法与IRR法产生矛盾的根本原因是这两种方法隐含的再投资利率不同。再投资利率（reinvestment rate）是指当项目中获得的现金流入再投资于其他项目时所能获得的收益率。NPV法假设在项目预期年限内获得的现金流以公司对项目所要求的收益率进行再投资。IRR法则假设项目期限内所产生的现金流入在以

后年限内的再投资收益率就是内部收益率本身。当贴现率（k）小于费雪交点的利率时，IRR法选择的结果通常是NPV较小的项目，这些项目（无论是较小规模还是早期多流入）都可以使公司进行较早的再投资，而IRR作为再投资利率又大于NPV法使用的再投资利率——要求的收益率。这就是矛盾产生的原因。

哪一种方法对于现金流量再投资收益率的假设更为合理呢？如果要求的收益率计算正确的话，当市场达到均衡时，要求的收益率与期望的收益率相等，并且随着时间的推移，各种竞争力量也会促使投资收益率达到均衡。一些新的创意刚开始可能很有价值，但经过一段时间之后，投资于这类项目的人越来越多，它们就不再拥有正的净现值了。这样，基于同一创意的未来项目的净现值就会趋近于零。从长期来看，再投资的现金流量只能获得投资者要求的收益率，而不能获得额外的正的净现值。实际上，IRR隐含的再投资收益率假设有明显缺陷，而NPV的再投资收益率假设更符合现实，所以NPV决策规则优于IRR决策规则。

②NPV与IRR排序矛盾的解决办法。解决NPV方法与IRR方法的排序矛盾主要有三种方法：其一，以净现值法的决策结论为准；其二，计算项目的差额现金流，以差额现金流序列计算净现值或者内部收益率，并作出决策；其三，采用修正的内部收益率（modified internal rate of return，MIRR）法。

修正的内部收益率法假定项目预期年限中所有的现金流入都以要求的收益率（k）进行再投资，直到项目终止。第一步，用该收益率作为复利率求出每年税后现金流入的终值；第二步，用该收益率作为贴现率求出项目税后现金流出的现值；第三步，求出使项目现金流入终值的现值等于现金流出现值的贴现率，这就是MIRR。

$$\sum_{t=0}^{n}\frac{NCFO_t}{(1+k)^t}=\frac{\sum_{t=1}^{n}NCFI_t(1+k)^{n-t}}{(1+MIRR)^n} \tag{6-5}$$

其中，$MIRR$表示投资项目修正的内部收益率；$NCFO_t$表示投资项目的净现金流出量；$NCFI_t$表示投资项目的净现金流入量；n表示项目的寿命期；k表示投资者要求的收益率。

与常规的内部收益率相比较，修正的内部收益率有一个显著的优点，就是它假设所有的现金流入都以投资者要求的收益率进行再投资，从而使再投资利率假设合理化；同时，修正的内部收益率还解决了非常规项目的多重内部收益率问题。那么，在互斥项目之间进行选择时，修正的内部收益率法是否总能得出与净现值方法一致的结论呢？如果两个项目规模相同、寿命期相同，那么两种方法总能得出相同的结论；如果互斥项目的规模相同但寿命期不同，如果修正的内部收益率按照寿命较长的项目的年限计算，那么MIRR法与NPV法仍然能够得出一致的结论，但是，如果项目规模不同的话，排序矛盾仍然会产生。

因此，我们的结论是，作为一个判断项目的“真实收益率”或“预期的长期收益率”的指标，修正的内部收益率法要优于常规的内部收益率法，但是在互斥项目之间作选择时，净现值法仍然是最好的方法，因为它最准确地计算出了每个项目究竟能增加多少公司价值。

启智增慧6-1 项目评价指标——内部收益率的修正

6.2 资本预算中的现金流预测

通过对资本预算决策方法的探讨，我们发现，净现值法是最好的方法，因此我们就以净现值模型为基准，分别考察该模型中的两个重要参数：相关现金流量和项目的贴现率。

投资项目的相关现金流量是指由于接受这个项目而引致的公司总体未来现金流量的变化量。凡是由于该项投资而增加的现金收入或节约的现金支出都属于现金流入；凡是由于该项投资引起的现金支出称为现金流出。一定时期的现金流入量减去现金流出量的差额称为现金净流量。

6.2.1 现金流确定的原则

1）实际现金流量（actual cash flows）原则

实际现金流量原则是指预估投资项目的成本和收益时，应采用现金流量而不是会计利润。由于我们进行现金流预测需要使用的一个重要工具是利润表，利润表的利润体现的是公司在一个会计周期内收入的流量，但它与我们所要寻求的现金流量并不完全一致，因此我们以利润表为出发点估计现金流量时要对会计利润进行调整。这就是实际现金流量原则的内涵[①]。

为了得到项目的预计现金流量，我们通常需要对会计报表的下列项目作出调整。

① 固定资产成本。大部分的项目都需要购置资产，而购置资产意味着产生负的现金流。即便如此，会计也不会把购买固定资产的花费作为一项成本计入利润表从而减少会计收入，因此对于这一类现金流出，我们在确认项目相关现金流的时候必须加以确认。在确定固定资产相关现金流时，除了固定资产的买价，通常还要计入其运输费、安装费等。公司购置固定资产时，通常还会发生巨额的运输费（freight）和安装费（installation），按照相关规定，这些费用必须全部或部分计入固定资产的成本，作为此后提取折旧的基数[②]。

② 非现金费用。在计算净利润时，会计通常从收入中扣除折旧费用。而折旧本身并不是一项现金支出，公司并没有为这笔费用实际支付任何现金，在现金流分析中，折旧作为非现金费用不应该作为现金流出扣除，因而在预计项目的相关现金流量时，应在净利润的基础上加上折旧。在会计报表中，类似的非现金费用，除了固定资产的折旧之外，还有无形资产和开办费的摊销等。

③ 净营运资本支出。通常而言，一个项目除了需要投入固定资产之外，还需要公司投入净营运资本。经营一项新的业务需要在手头保留一定金额的现金，用于支付项目可能发生的各种费用；需要增加新的存货，扩大的销售额也会使更多的资金滞留在应收账款上；与此同时，应付账款也会伴随着公司的扩张而增长，这在一定程度上可以降低支持存货和应收账款的现金需求。经营性流动资产增长和经营性流动负债增长之间的差额就是净

---

① 实际现金流量原则的另一个含义是，项目未来的现金流量必须用预计未来的价格和成本（而不是用当前的价格和成本）来计算，比如在通货膨胀时期应注意调整通货膨胀对现金流量的影响。

② 不同的国家对于运输费、安装费计入固定资产成本有不同的规定，而作出这种规定的原因通常是，运输费、安装费金额巨大，有时可能会达到固定资产买价相当的比例，在这种情况下，将它们当作费用处理而递减当期应税收入不尽合理。

营运资本的变化，也就是公司对净营运资本的投资。到项目结束的时候，存货将被用掉或出售，应收账款也将被收回，当这些变化发生的时候，公司将收到现金流，因此对净营运资本的投资将在项目结束的时候收回。

④ 忽略利息支出。在分析投资项目时，我们并不考虑支付的利息或者其他的融资成本，比如支付的股利或偿还的债务本金，因为我们关心的是项目的资产所创造的现金流。我们先从现金流的角度来解释这一点。投资项目的资金来源主要包括两方面——股东投资和债权人投资。当我们站在公司的立场，或者说站在全体投资者的立场分析现金流量时，利息费用实际上是债权投资者的收益；包括利息在内的现金流量净额，才是全体投资者从投资项目的资产中获取的现金流量[①]。我们还可以从贴现率的角度来解释这一点[②]。我们用资本成本来贴现资本预算项目的现金流，而资本成本是负债、优先股及普通股的成本经过风险调整之后计算出来的加权平均成本；这个成本也是使公司的所有投资者——债权人和股东都满意的必要收益率。贴现的过程把项目的资本成本考虑进去因而减少了现金流的数量；如果先扣除利息费用，然后再将剩下的现金流按照加权平均成本贴现，就会重复计算负债的成本。所以，在估计项目的现金流量时不要扣除利息费用[③]。

2）增量现金流量（incremental cash flows）原则

增量现金流量原则是指我们在评估一个项目的价值时，关心的是那些当且仅当接受该项目时所发生的现金流量，它包括所有因为接受这个项目而直接导致的公司未来现金流量的变化量。确定增量现金流量时通常会遇到下面四个问题：

① 附加效应（side effect）。公司投资一个新的项目可能会对其原来的项目或业务产生影响，这种影响可能是积极的（我们称之为增强效应，即新项目与原有项目之间存在互补关系，项目实施后将增加原有项目的收入），也有可能是消极的（我们称之为侵蚀效应[④]，即新项目与原有项目之间存在替代关系，新项目实施后会冲击原有项目的收入或利润水平）。例如，迪士尼公司在建造上海迪士尼乐园的时候就考虑到了新公园的开放会从香港迪士尼公园分流游客；又如，惠普公司的打印机的价格从1994年的500~600美元下降到2011年的100美元左右，惠普公司并不会因此而不安，因为打印机的购买者必须同时购买相关的硒鼓、墨盒、色带和特殊纸张等消耗品，用以维持打印机的正常运转，而这些消耗品的总体价格是很高的。

② 沉没成本（sunk cost）。沉没成本是指过去已经发生，不会因现在或将来的决策而改变的成本。沉没成本属于决策无关成本，不应算作项目的现金流量。例如，在2001年，美国东北银行考虑在波士顿的一片新发展起来的地区设立分行，为了帮助评估这一方案，东北银行在2000年聘请了一家咨询公司帮助其进行选址分析，成本为10万美元，这笔支出是不是与2001年的资本预算决策相关的成本呢？答案是否定的——这10万美元是沉没成本，无论东北银行是否成立新的分行，都不会对其未来现金流产生影响。一般来说，资本预算决策中的沉没成本主要表现为与研究开发以及投资决策前期进行的市场调研与市场测试有关的费用支出，即研发费用和市场测试费用。

---

① 企业在为项目融资时所选择的债务和权益的特定组合是一个管理变量，它决定了项目的现金流量如何在所有者和债权人之间分配。这并不是说融资安排不重要，它们只是需要被区分开来进行单独的分析。我们将在第8章讨论这个问题。

② 在下一节我们将具体讨论作为资本预算项目贴现率的加权平均资本成本（WACC）的计算。

③ 我们在讨论资本预算原理之前假设公司的融资完全来自股东，目的也在于此。

④ 英文可以用erosion或cannibalization来表示。

③ 机会成本（opportunity cost）。机会成本是指企业现有的某一资产如果不用于当前考虑的项目时所产生的现金流量，即从多种方案中选择最优方案而放弃次优方案所丧失的收益[①]。机会成本虽然不是公司实际支付的现金流，但它属于决策相关成本，应该算作项目的增量现金流量。比如，上述东北银行已经拥有了一片适合建立新分行的土地，当评估这一项目时，是否因为不需要再花钱购买土地就可以不考虑该土地的成本呢？答案是否定的，因为在资产的使用过程中存在着机会成本。在这个例子中，出售该土地可以获得15万美元的税后收入，而将这块地用作建设分行则意味着放弃这笔现金收入，因此这15万美元必须被视为该项目的机会成本。注意，这个例子中的土地成本是15万美元的市场价值，而不是最初购置土地花费的金额，因为那是沉没成本。

④ 间接费用（indirect expense）。在确定项目的现金流量时，对于供热费、电费和租金等间接费用，要作进一步分析。只有那些确因本投资项目的发生而引起的费用，才能计入项目的增量现金流量；与项目实施与否无关的费用，则不应计入项目的增量现金流量。

3）税后现金流量（after-tax cash flows）原则

税后现金流量原则是指在评价投资项目的相关现金流量时，要考虑所得税因素的影响。资本预算项目对企业税负所产生的影响，除了税率以外，收入和费用的确认时间也是重要的影响因素。税款支付发生得越晚，一项收入应纳税款的现值就越小；同样，税款扣减发生得越早，一项支出所抵减的税款的现值就越大。例如，某企业预收了1 000元用于生产并在1年后交货，如果税款为100元，则企业净得900元；但是如果税款可以推迟到交货时才缴纳的话，当贴现率为8%时，税款的现值只有92.29元（100÷1.08），因此企业实际净得907.41元（1 000−92.59）而不是900元。

折旧会使现金流量的发生时间和税法确认时间产生差别，在确认现金流量时，折旧是一个很重要的因素。随着时间的推移，机器设备不断磨损，会计上对折旧费用的处理能反映机器设备的磨损程度。在资本预算决策中，折旧会对企业税款支付的时间产生重要影响。折旧是一项非现金费用，真正的现金支出发生在购置资产时，而折旧只是在资产的使用过程中对费用的确认。由于折旧在计算净利润时需要从收入中扣除，因此它会影响企业税款支付发生的时间。

当资产被资本化（capitalized）后就会产生折旧问题。资本化后资产的成本不被立即确认为费用，而是被分配到两期或更多期。相比之下，那些不被要求资本化的现金支出项目可以立即费用化（expensed），它们在支出发生时就可以按税法全部被确认为费用。费用化的项目因为不涉及折旧过程，所以对后期的税收没有影响。下面我们举例说明。

【例6-10】假设波音公司将要购置一项耗资100万美元的资产，其边际所得税税率为40%。对该笔支出有两种确认方式：（1）资本化这笔支出，并在4年内以直线折旧法计提折旧；（2）立即把100万美元的支出费用化。请分析这两种确认方式对税收有什么不同的影响。

表6-12对两种不同的确认方式下产生的费用进行了对比。

---

① 机会成本与投资选择的多样性和资源的有限性相联系，当存在多种投资机会，而可供使用的资源又是有限的时候，机会成本就一定存在。

表6-12　　两种不同的确认方式下产生的费用　　单位：百万美元

时间	0	1	2	3	4	合计
费用化	1	0	0	0	0	1
资本化	0	0.25	0.25	0.25	0.25	1

注意，两种情况下，费用求偿金额合计为100万美元，差别是费用的求偿时间不同。该公司100万美元的支出在两种方式下所引起的税收的减少见表6-13。

表6-13　　100万美元的支出在两种方式下所引起的税收的减少　　单位：百万美元

时间	0	1	2	3	4	合计
费用化	0.4	0	0	0	0	0.4
资本化	0	0.1	0.1	0.1	0.1	0.4

两种情况下，合计数相同，然而由于存在货币的时间价值，波音公司会更倾向于将这笔支出费用化，因为可以较快地收回现金。

由例6-10可以看出，企业一般会乐于把资产支出费用化，而不是选择资本化。但是，税法一般要求某些资产必须资本化①。

6.2.2　现金流计算的公式

根据投资项目寿命期不同阶段的特征，相关现金流一般可以分为以下三个部分，初始现金流（期初现金流）、经营现金流（期间现金流）和终结现金流（期末现金流）。

1）初始现金流量计算公式

初始现金流量通常包括：资本化支出、费用化支出、净营运资本投资以及原有设备出售产生的净现金流量。

资本化支出主要是指用购买价格衡量的固定资产投资支出以及按照相关法律要求必须资本化的运输费和安装费，通常机会成本也计入这一项；费用化支出包括项目最初的筹建费、培训费以及可以费用化的运输费、安装费等。资本化支出在项目开始的时候不会影响税收，但费用化支出则会立即产生纳税影响。

投资项目开始时净营运资本的变动也是初始现金支出的一部分。例如，为了开拓新的销路可能需要追加现金，为了更高水平的生产和销售可能需要追加存货和应收账款。在项目开始的时候我们通常需要为追加的净营运资本筹集资金，这些现金在项目终结的时候会被收回。

初始现金流量的另一个组成部分是旧设备出售时的净现金流量。当公司出售一项资产时会有收入，同时也会有费用或对纳税产生影响。当资产的净销售价格与它出售时的计税基础（资产的净值或账面价值）不同时，就会有纳税影响。例如，公司5年前以2 000元的价格购入一项资产，按照税法，它每年发生300元的折旧费用。该项资产当前的账面净值为500元（2 000−5×300）。如果现在以高于500元的价格出售这项资产，那么我们就提取了“过多”的折旧，在这种情况下，政府将会对售价高于账面净值的部分征税以得到补

① 比如，一些国家要求固定资产的运输费、安装费必须全部或部分资本化。

偿；如果以低于500元的价格出售资产，则折旧提取得“过少”，企业要求对未提部分进行补偿，企业把售价低于账面净值的部分作为费用，从而能够得到税额的减免。用S_0代表净销售价格（卖价减去清理费用），用B_0代表账面净值，用T代表所得税税率，则出售旧设备的税后现金流量为：

$$S_0-(S_0-B_0)T=S_0(1-T)+TB_0$$

因此，我们可以写出初始现金流量的计算公式：

$$NCF_0=-I_0-E_0(1-T)-\Delta W_0+S_0(1-T)+T\cdot B_0 \tag{6-6}$$

其中，NCF_0表示初始现金流量；I_0表示资本化支出；E_0表示费用化支出；ΔW_0表示净营运资本支出；$S_0(1-T)+T\times B_0$表示旧资产出售的净现金流量。

2）经营现金流量计算公式

经营现金流量通常包括增量税后现金流入、增量税后现金流出和追加的投资支出。其中，增量税后现金流入主要指投资项目投产后增加的税后现金收入或节约的成本费用，增量税后现金流出主要指与项目有关的以现金支付的各种税后成本费用和各种税金支出，追加的投资支出包括追加流动资产投资和追加固定资产投资。

我们分别用ΔR和ΔE来表示与所接受的项目相联系的每期收入的变化和费用的变化。净经营现金流量即税后现金流量（cash flow after tax，CFAT）可以表示为（$\Delta R-\Delta E$）再减去与此相关的应纳税额，即：

净经营现金流量（$CFAT$）$=\Delta R-\Delta E-$应纳税额

应纳税额在某种程度上依赖于折旧的增量。为简单起见，我们假设采用直线折旧法，则每期的折旧费用相等。用ΔD代表折旧，则应纳税额可以表示为：

$$T(\Delta R-\Delta E-\Delta D)$$

上式变为：

$$CFAT=\Delta R-\Delta E-T(\Delta R-\Delta E-\Delta D)$$

对该式进行整理可得：

$$CFAT=(1-T)(\Delta R-\Delta E)+T\cdot\Delta D \tag{6-7}$$

其中，$CFAT$表示收入减费用的税后额再加上折旧费用的“节税效应”（tax shield）。公式（6-7）还可以表示为：

$$CFAT=(1-T)(\Delta R-\Delta E-\Delta D)+\Delta D \tag{6-8}$$

如果公司完全通过权益融资，那么$(1-T)(\Delta R-\Delta E-\Delta D)$就是项目的净利润，所以$CFAT$也可以表述为净利润加折旧。

综上，我们可以写出经营现金流量的计算公式：

$$NCF_{1\sim n}=(\Delta R-\Delta E-\Delta D)(1-T)+\Delta D-I_t-\Delta W_t \tag{6-9}$$

其中，I_t表示经营期间的资本化支出；ΔW_t表示经营期间的净营运资本支出。

3）终结现金流量计算公式

终结现金流通常包括设备变卖产生的净现金流量、清理搬运费以及收回各期投资的净营运资本，其计算公式如下：

$$NCF_n=S_n(1-T)+T\cdot B_n-E_n(1-T)+\Delta W_n \tag{6-10}$$

其中，S_n表示设备变卖的净收入①；B_n表示设备变卖时的账面价值；E_n表示清理设备

① “残值”（salvage value）通常是指资产售价（S_n）与清理搬运费用（E_n）的税前差额。

发生的费用；ΔW_n表示收回的净营运资本（在数量上它等于此前各期支出的净营运资本之和）。

6.2.3 现金流预测举例

1）扩充型投资项目（expansion project）

【例6-11】BH公司是一家生产办公用品的生产厂家，主要生产各种办公桌椅等。目前公司研究开发出一种保健式学生用椅，其销售市场前景看好。为了解学生用椅的潜在市场，公司支付了60 000元聘请咨询机构进行市场调查，调查结果表明学生用椅市场有10%~15%的市场份额有待开发，公司决定将该投资纳入资本预算，有关预测资料如下：

（1）学生用椅生产车间可利用公司一处厂房，如果出售，当前市价为50 000元。

（2）学生用椅生产设备购置费（原始价值加运费、安装费等）为110 000元，使用年限5年，税法规定设备残值10 000元，按直线法计提折旧，每年折旧费20 000元；5年以后不再生产学生用椅时可将其出售，售价为30 000元。

（3）预计学生用椅各年的销售量为（单位：把）：500，800，1 200，1 000，600；学生用椅的市场销售价格，第1年为200元/把，由于通货膨胀和竞争因素，售价每年以2%的幅度增长；学生用椅单位付现成本，第1年为100元/把，以后随着原材料价格的大幅度上升，单位成本每年将以10%的比例增长。

（4）生产学生用椅需垫支的营运资本，第1年初投资10 000元，以后随着生产经营需要不断进行调整，假设按照销售收入的10%估计营运资本需要量。

（5）公司所得税税率为34%。

估计这个项目的相关税后增量现金流量。

第一步，预测初始现金流量。

项目的资本性支出160 000元（110 000+50 000），净营运资本支出10 000元，所以初始现金流量为：

$$NCF_0 = -110\,000 - 50\,000 - 10\,000 = -170\,000（元）$$

第二步，预测经营现金流量。

首先，公司的经营现金收入与付现成本见表6-14。

表6-14　公司的经营现金收入与付现成本　金额单位：元

年份	销售量（把）	单价	销售收入	单位成本	成本总额
1	500	200.00	100 000	100.00	50 000
2	800	204.00	163 200	110.00	88 000
3	1 200	208.08	249 696	121.00	145 200
4	1 000	212.24	212 240	133.10	133 100
5	600	216.49	129 894	146.41	87 846

其次，预测固定资产的折旧（见表6-15）。

表6-15　预测固定资产的折旧　单位：元

	0	1	2	3	4	5
设备投资额	110 000					
折旧		20 000	20 000	20 000	20 000	20 000
累计折旧		20 000	40 000	60 000	80 000	100 000
年末设备净值		90 000	70 000	50 000	30 000	10 000

再次，预测追加的营运资本（见表6-16）。

表6-16　预测追加的营运资本　单位：元

	1	2	3	4	5
销售收入	100 000	163 200	249 696	212 240	129 894
年末营运资本	10 000	16 320	24 970	21 220	12 990
投资的营运资本	0	6 320	8 650	-3 750	-8 230

最后，预测全部经营现金流量（见表6-17）。

表6-17　预测全部经营现金流量　单位：元

年份	1	2	3	4	5
(1) 经营收入R	100 000	163 200	249 696	212 240	129 894
(2) 付现成本E	50 000	88 000	145 200	133 100	87 846
(3) 折旧	20 000	20 000	20 000	20 000	20 000
(4) $(R-E-D)$	30 000	55 200	84 496	59 140	22 048
(5) 应纳所得税	10 200	18 770	28 729	20 108	7 496
(6) $(R-E-D)(1-T)$	19 800	36 430	55 767	39 032	14 552
(7) 追加净营运资本	0	6 320	8 650	-3 750	-8 230
(8) 净现金流量	39 800	50 110	67 117	62 782	42 782

第三步，预测终结现金流量。

其中，资产变价收入 $S_n(1-T)+B_nT=30\,000(1-34\%)+10\,000\times34\%=23\,200$（元）；收回净营运资本 $10\,000+6\,320+8\,650-3\,750-8\,230=12\,990$（元）。因此终结现金流量为：

$$NCF_n=30\,000\times(1-34\%)+10\,000\times34\%+12\,990=36\,190\text{（元）}$$

所以，整个项目全部现金流量见表6-18。

表6-18　整个项目全部现金流量　单位：元

t	0	1	2	3	4	5
NCF	-170 000	39 880	50 110	67 117	62 782	78 972

2）重置型投资项目（replacement project）

【例6-12】RMC公司正在考虑为它的工厂重置包装机。目前正在使用的包装机每台账面净值为1 000 000元，并在今后的5年内继续以直线法折旧直到其账面净值变为零；工厂的工程师估计老机器尚可使用10年。新机器每台购置价格为5 000 000元，在10年内以直线法折旧直到其账面净值变为500 000元；每台新机器比旧机器每年可节约1 500 000元的税前经营成本。

RMC公司估计，每台旧包装机能以250 000元的价格卖出；除购置成本外，每台新机器还将发生600 000元的安装成本，其中500 000元要和购置成本一样资本化，剩下的100 000元要立即费用化。因为新机器的运行比老机器快得多，所以企业要为每台新机器平均增加30 000元的原材料库存；同时由于商业信用，应付账款平均增加10 000元。最后，管理人员认为尽管10年后新机器的账面净值为500 000元，但可能只能以300 000元转让出去，届时还会发生40 000元的搬运和清理费用。

若RMC公司的边际税率是40%，则与每台新机器相关的税后增量现金流是多少？

第一步，预测初始现金流量。

其中，资本性支出包括固定资产的购置成本（5 000 000元）和资本化的安装成本（500 000元）；费用性支出主要是费用化的安装成本（100 000元）；净营运资本支出20 000元，旧机器变卖收入S_0（1-T）+$T \cdot B_0$=550 000（元）。

所以初始现金流量为：

CF_0= -5 500 000-100 000×（1-40%）-20 000+550 000=-5 030 000（元）

第二步，预测经营现金流量。

其中现金流入的增量为0，现金支出节约了1 500 000元，折旧的增量如下：

因为新机器每年的折旧额=（5 500 000-500 000）÷10=500 000（元），旧机器每年的折旧额=1 000 000÷5=200 000（元），所以：

$$\Delta D_{1\sim5} = 500\,000 - 200\,000 = 300\,000(\text{元})$$

$$\Delta D_{6\sim10} = 500\,000\text{元}$$

项目运营期内没有追加投资支出，所以经营现金流量为：

$$NCF = (\Delta R - \Delta E - \Delta D)(1 - T) + \Delta D$$

$$NCF_{1\sim5} = (1\,500\,000 - 300\,000)(1 - 40\%) + 300\,000 = 1\,020\,000(\text{元})$$

$$NCF_{6\sim10} = (1\,500\,000 - 500\,000)(1 - 40\%) + 500\,000 = 1\,100\,000(\text{元})$$

第三步，预测终结现金流量。

固定资产变卖收入=S_n（1-T）+B_nT=300 000×（1-40%）+500 000×40%=380 000（元）

清理搬运费=E_n（1-T）=40 000×（1-40%）=24 000（元）

收回净营运资本 ΔW_n=20 000元

所以终结现金流量为：

$$NCF_n = S_n(1 - T) + B_nT - E_n(1 - T) + \Delta W_n = 380\,000 - 24\,000 + 20\,000 = 376\,000\text{（元）}$$

整个项目全部现金流量见表6-19。

表6-19 整个项目全部现金流量 单位：百万元

t	0	1	2	3	4	5	6	7	8	9	10
NCF	-5.03	1.02	1.02	1.02	1.02	1.02	1.1	1.1	1.1	1.1	1.476

若项目的资本成本是12%，则其净现值为：

$$NPV = \sum_{t=0}^{n}\frac{NCF_t}{(1+r)^t} = -5.03 + \sum_{t=1}^{5}\frac{1.02}{(1+12\%)^t} + \sum_{t=6}^{9}\frac{1.1}{(1+12\%)^t} + \frac{1.476}{(1+12\%)^{10}} = 1.017925 \text{（百万元）}$$

6.3 资本预算中的贴现率估计

对于一个项目的投资决策，我们需要知道两个要件来计算它的净现值：一是项目未来现金流的预测；二是与项目风险相匹配的贴现率。上一节我们讨论了项目相关现金流的预测问题，在这一节，我们要讨论如何确定项目的贴现率。

6.3.1 加权平均资本成本的含义

从前文对风险和收益率的讨论中我们知道，正确的贴现率取决于项目的风险。只有当新项目的收益率高于资本市场在同等风险条件下所提供的收益率时，才能计算出正确的NPV，我们把这个要求的最低收益率称为该项目的资本成本。这是投资者因投资于该项目而放弃的投资于资本市场上具有相同风险的资产所能获得的期望收益率，因而资本成本是一种机会成本。在商品经济条件下，资本成本是由资本的所有权和使用权相分离而形成的一种财务概念。它一方面表明项目筹资者使用资本应付出的代价，另一方面表明项目投资者投入资本应获得的收益。因此，资本成本与要求的收益率是同一问题的两个方面①。

投资收益率的高低主要取决于投资风险的大小，所以资本成本的高低与项目的风险大小密切相关。如果项目不能为投资者提供相应风险条件下合理的投资收益率，投资者将不会对项目进行投资，筹资者就筹措不到相应的资金。资本成本不是由筹资者决定的，而是由市场决定的。资本成本取决于资金的用途，而不是其来源。

如果一家公司唯一的投资者是普通股持有者，那么在进行资本预算时所采用的资本成本就是普通股股东的要求收益率，然而大多数公司都采用了不同种类的融资方式。我们把这些不同的融资方式称为资本要素；由于风险的不同，这些融资方式有着不同的要求收益率；每一种资本要素的要求收益率被称为它的要素成本（component cost）。在资本预算决策分析时所使用的资本成本是各种不同要素成本的加权平均值，我们把这个加权平均值称为加权平均资本成本（weighted average cost of capital，WACC）。

6.3.2 加权平均资本成本的计算

前文所述的资本成本，是投资项目的资本成本，它与公司的投资活动有关，是投资所要求的最低收益率；而公司的资本成本，与公司的筹资活动有关，是公司筹集和使用资金的成本，是组成公司资本结构的各种资金来源的成本的组合，也是各种资本要素成本的加权平均数。在这里，我们计算公司的加权平均资本成本，并以此作为投资项目的资本成本（即投资项目的贴现率），有两个假设前提：第一，投资项目与公司具有相同的经营风险；第二，投资项目与公司具有相同的财务风险。经营风险（business risk）是企业由于战略选择、产品价格、销售手段等经营决策带来的未来收益的不确定性；财务风险（financial

① 本书会交替使用要求收益率、适当的贴现率和资本成本这几个术语，它们实际上表达的是同一个概念。

risk）是企业使用债务资本带来的未来收益的不确定性。只有当公司拟投资的新项目与公司原有的经营风险和财务风险完全相同时，我们才可以使用公司的资本成本作为项目的资本成本用以贴现投资项目的未来现金流量计算项目的净现值[①]。

计算加权平均资本成本通常遵循以下三个步骤：

第一步，计算每项融资来源的资本成本，即要素成本；

第二步，确定各项融资来源的比重，即资本结构；

第三步，根据资本结构计算加权平均资本成本WACC。

计算加权平均资本成本需要说明以下几个问题：

第一，关于资本的来源。公司的资金主要来源于股东和债权人，股东投资包括内部融资和外部融资，前者主要是指留存收益，后者又可以分为普通股融资和优先股融资。因此，我们要讨论的要素成本包括四项：债务资本成本（以债券为代表）、优先股成本、普通股成本和留存收益成本。

第二，关于资本成本的构成。公司的资本成本是公司为取得资本而付出的代价，它通常包括两项内容：资本筹集成本和资本占用成本。前者是指公司在筹措资金过程中为获取资金而付出的费用，即筹资费用；后者是指公司在生产经营、投资过程中因使用资金而付出的代价。资本筹集成本通常是公司为了筹集资金一次性支付的费用，通常金额很小，只有外部融资才会发生这项支出，也被称为显性成本（explicit cost）；而资本占用成本则是构成公司资本成本的主要部分，它并不意味着有现金的支出，通常表现为机会成本，也被称为隐性成本（implicit cost）。在计算WACC时，我们要考虑筹资费用的影响[②]。

启智增慧6-2
发行成本与资本预算

第三，关于资本成本的税收效应。一方面，股东关心的是他们能获得的现金流量，如果公司的目标是使股东财富最大化，则所有的现金流量或收益率计算都应该在税后的基础上进行；另一方面，投资项目的现金流是税后增量现金流，因此用来贴现税后现金流的贴现率也应该是在税后的基础上得出的。在我们要讨论的四个要素成本中，只有债务的成本涉及税收效应问题。

1）债券资本成本

公司的债务融资有银行借款和公司债券两种方式。

当公司从银行取得借款（如短期借款、长期借款）时，向银行支付的利息等于其借款额乘以银行确定的利率，因此银行与公司的贷款合同中规定的利率就是公司的债务成本[③]。在实际工作中，计算银行借款成本时需要注意三个问题：第一，补偿性余额。公司申请长期借款，银行往往要求借款人从贷款总额中留存一部分以无息回存的方式作为担保，在这种情况下，公司实际使用的资本成本高于无留存时的成本；第二，区分税前借款成本和税后借款成本；第三，注意每年付息次数变化引起的借款名义利率和实际利率的

---

① 在实际的经济活动中，公司经常需要投资一些与公司传统的（或典型的）风险不同的投资项目，这种情况下如何计算贴现率我们将在下文进行讨论。

② 由于筹资费用的存在，外部融资的成本会因此而提高。如果使用由此计算出来的WACC作为资本预算项目的贴现率，它对项目整个寿命期各期的现金流都会产生影响；而事实上筹资费用是公司在筹资的时候（即投资项目的期初）发生的一次性现金流出，其对净现值的影响也仅通过期初现金流出产生。所以，对筹资费用更为科学的处理方法应该是在现金流中考虑，即在计算净现值时将其计入期初现金流量（同时要考虑其纳税效应）。本书在这里暂且忽略这种影响，而在贴现率即资本成本中考虑筹资费用。

③ 值得注意的是，计算短期借款资本成本时，还应考虑该短期借款是不是暂时性的、季节性的、偶然发生的。如果该短期借款只是临时性的，借款时间较短，则对该借款资本成本“零处理”也并无过错。

不同。

当公司发行债券融资时，投资者要求的收益率由债券的到期收益率来反映，债券的资本成本就是其到期收益率[①]。我们可以用下面的公式进行计算：

$$P_0(1-f)=\sum_{t=1}^{n}\frac{I_t(1-t)}{(1+k_b)^t}+\frac{M}{(1+k_b)^n} \tag{6-11}$$

其中，P_0表示债务的市场价格；I_t表示债券第t年的利息；M表示债券的面值；f表示债券的筹资费率；T表示公司所得税税率；k_b表示债券的成本。

【例6-13】某公司债券的发行价格为908.32美元，面值为1 000美元，年利率为8%，到期年限为20年；扣除发行成本后每张1 000美元债券净得资金850美元，公司所得税税率为40%，求债券的资本成本。

利用公式（6-11）：

$$850=\sum_{t=1}^{20}\frac{1\,000\times 8\%\times(1-40\%)}{(1+k_b)^t}+\frac{1\,000}{(1+k_b)^{20}}$$

使用Excel内置的财务函数IRR或者试算-插值法，可以求出债券的到期收益率（债券成本）为6.13%。

关于债券成本的计算，需要说明一点，计算债券的成本也可以使用如下公式：

$$P_0(1-f)=\sum_{t=1}^{n}\frac{I_t}{(1+k_b')^t}+\frac{M}{(1+k_b')^n} \tag{6-12}$$

用公式（6-12）计算出来的债券成本k_b'没有考虑税收效应，因此它是债券的税前成本，而我们要计算的是债券的税后成本，因此还需要作出调整[②]：

$$k_b=k_b'\cdot(1-T) \tag{6-13}$$

2）优先股资本成本

优先股是介于债券和普通股之间的一种混合证券，它与债券的相同之处是要定期支付股利，不同之处是它没有到期日；与普通股的相同之处是同为权益资本，其股利用税后利润支付，不能获得税收减免。因此，从某种意义上说，优先股更像是一种无限期的债券。我们借助优先股估价模型来推导它的资本成本公式：

$$k_{ps}=\frac{D_{ps}}{P_0(1-f)} \tag{6-14}$$

其中，D_{ps}表示优先股股利；P_0表示优先股市场价格；f表示优先股的筹资费率。

【例6-14】某公司发行面值为1 412万美元、股利率为5%、不可赎回的优先股200万股，发行费率为6%，每股发行价格为3.2美元，计算资本成本。

根据公式（6-14）计算可得：

$$k_{ps}=\frac{1412\times 5\%}{3.2\times 200\times(1-6\%)}=11.74\%$$

【例6-15】BBC公司拟发行优先股100万股，每股面值40元，年股利为每股3.25元，且每年支付一次。假设市场上投资者对同类优先股要求的收益率为8%，优先股发行费用为发行额的4%，确定该优先股的资本成本。

---

① 我们不能简单地把债券的票面利率当作债务资本的成本。当公司折价或溢价发行债券时，债券的要求收益率即债券的成本会高于或低于债券的票面利率。

② 使用公式（6-11）和公式（6-12）、公式（6-13）计算出的税后债券成本有0.3%~0.5%的差异。造成这种差异的原因是后者的计算假设债券本金的偿还也具有节税效应，而这笔发生在债券到期时的节税现金流贴现之后的现值微乎其微，因此在我们计算投资项目的加权平均资本成本时，这个差异可以忽略。

由于该优先股尚未上市流通，我们可以根据投资者要求的收益率先计算这只优先股的市场价值：

$$P_0 = \frac{D_{ps}}{k_{ps}} = \frac{3.25}{8\%} = 40.625\text{（元）}$$

然后根据公式（6-14）计算该公司优先股的资本成本：

$$k_{ps} = \frac{D_{ps}}{P_0(1-f)} = \frac{3.25}{40.625 \times (1-4\%)} = 8.33\%$$

3）外部权益（普通股）资本成本

普通股的资本成本可以被看作在保持公司普通股市价不变的条件下，公司必须为股权投资者创造的最低收益率。我们可以用股利增长模型推导普通股资本成本的计算公式：

$$k_{cs} = \frac{D_1}{P_0(1-f)} + g \tag{6-15}$$

其中，D_1表示预计下一期的普通股股利；P_0表示普通股的市场价格；f表示普通股的筹资费率；g表示普通股股利的预计增长率。

【例6-16】BBC公司流通在外的普通股股数为800万股，每股面值10元，目前每股市场价格为14.375元，股利支付额为每股0.3617元，预计以后每年按10%增长，融资费率为发行价格的5%，则普通股的资本成本为：

$$k_{cs} = \frac{0.3617 \times (1+10\%)}{14.375 \times (1-5\%)} + 10\% = 12.91\%$$

4）内部权益（留存收益）资本成本

对于大多数公司来说，为扩充和改变现有资产而新筹集的资金主要来自公司税后利润的留存。留存收益代表着所有者对公司相应金额资产的要求权，是所有者对公司的持续投资。如果部分收益留在公司，股东们就存在机会成本（opportunity cost），这些收益本来可以以股利的形式支付给股东或者用来进行股票回购，在这些情况下股东可以把得到的资金投资于股票、债券、房地产等。因此，公司在留存收益上所能得到的收益率至少应该等于投资者进行其他可选择的同等风险的投资所获得的收益率。因而留存收益的成本可以用原公司股票的要求收益率来衡量。如果对股利不征税，公司使用这部分资本的最低成本和普通股成本相同，区别在于它没有发行费用。留存收益的成本可以通过以下几种方法计算：

（1）股利增长模型（DGM）

$$k_{RE} = \frac{D_1}{P_0} + g \tag{6-16}$$

其中，k_{RE}表示留存收益成本；P_0表示普通股价格；D_1表示投资第1年股利；g表示股利平均增长率。

股利增长模型是计算权益资本成本比较流行的方法，这种方法最主要的困难在于估算未来现金股利的增长率，通常可以通过以下方法获得：

①历史增长率。这种方法是根据过去的股利支付数据估计未来的股利增长率。股利增长率可以按几何平均数计算，也可以按算术平均数计算。由于股利折现模型的增长率需要长期的平均增长率，因此用几何平均数计算股利增长率更符合逻辑。

A.使用两个时点上的EPS或DPS计算股利增长率；

例如：根据$EPS_{10} = EPS_0(1+g)^{10}$可得：

$$g = \sqrt[10]{\frac{EPS_{10}}{EPS_0}} - 1$$

B.使用两个时段上的平均EPS或平均DPS计算股利增长率；

例如：根据$\overline{EPS}_{0\sim10} = \overline{EPS}_{0\sim2}(1+g)^8$可得：

$$g = \sqrt[8]{\frac{\overline{EPS}_{0\sim10}}{\overline{EPS}_{0\sim2}}} - 1$$

②可持续增长率。我们可以根据可持续增长率来确定股利的增长率。这里的可持续增长率即股利的预计增长率g，它等于权益收益率与留存收益率的乘积（见公式（2-26）和公式（5-16））。

$$g = r \cdot ROE = (1-p) \cdot ROE = \frac{r \times ROE}{1 - r \times ROE} \tag{6-17}$$

其中，g表示可持续增长率（股利增长率）；r表示留存收益率；ROE表示再投资收益率；p表示公司的股利支付率。

这种方法的一个缺陷是它包含着许多假设，包括：第一，股利支付率、再投资收益率保持稳定；第二，公司未来保持当前的经营效率和财务政策不变（包括不增发新股和股票回购或者发行新股的价格是现有股票的账面价值）；第三，公司未来投资项目风险与公司现有资产风险相同。

③分析师预测。证券分析师发布的各公司增长率预测值，通常是分年度或季度的，而不是一个唯一的长期增长率。对此，有两种处理办法：第一，将不稳定的增长率平均化。转换的方法是计算未来足够长期间（例如，30年或50年）的年度增长率的平均数。第二，根据不均匀的增长率直接计算股权成本。

【例6-17】AG公司的当前股利为2元/股，股票的实际价格为23元。证券分析师预测，未来5年的增长率逐年递减，第5年及其以后年度增长率为5%。预计未来30年的股利如表6-20所示。试计算AG公司的权益资本成本。

表6-20 AG公司的预计股利

	0	1	2	3	4	5	30
增长率		9%	8%	7%	6%	5%	5%
股利（元/股）	2	2.1800	2.3544	2.5192	2.6704	2.8039	9.4950

方法一，先计算几何平均增长率，再根据股利增长模型计算权益资本成本。

设平均增长率为g，则$2 \times (1+g)^{30} = 9.4950$，解得$g$=5.3293%，所以：

$$k = \frac{2.18}{23} + 5.3293\% = 14.81\%$$

方法二，根据不均匀的增长率计算股权资本成本。

根据股利增长模型，设权益资本成本为k_s，则第4年末的股价为：

$$P_4 = \frac{2.80}{k_s - 5\%}$$

当前的股价等于前4年的股利现值与第4年末股价之和：

$$P_0 = \sum_{t=1}^{4} \frac{D_t}{(1+k_s)^t} + \frac{P_4}{(1+k_s)^4}$$

$$23 = \frac{2.18}{(1+k_s)^1} + \frac{2.35}{(1+k_s)^2} + \frac{2.52}{(1+k_s)^3} + \frac{2.67}{(1+k_s)^4} + \frac{2.80/(k_s - 5\%)}{(1+k_s)^4}$$

求解上述方程式可得：

k_s=14.91%[①]

（2）资本资产定价模型（CAPM）

$$k_{RE}=k_f+\beta(k_m-k_f) \tag{6-18}$$

其中，k_{RE}表示留存收益成本；β表示股票的系统风险；k_f表示无风险收益率；k_m表示证券市场的预期收益率；(k_m-k_f)表示股票市场风险溢价。

资本资产定价模型在理论上比较严密，但这一模型的假设条件与现实不完全符合，其本身有相当大的争议，但是它的可操作性极强，因而有很多大公司，如摩根士丹利公司等在做项目评估时仍然采用这一方法。为了使用资本资产定价模型，我们需要估计三个参数：无风险利率、市场收益率、贝塔系数。

①无风险利率（k_f）。人们通常认为，政府债券没有违约风险，可以代表无风险利率。需要注意的是：首先，政府债券期限的选择。通常认为，在计算公司资本成本时选择长期政府债券比较适宜。这是因为：A.普通股是长期的有价证券；B.资本预算涉及的时间长；C.长期政府债券的利率波动较小。其次，票面利率或到期收益率的选择。我们一般选择上市交易的政府长期债券的到期收益率作为无风险利率的代表。不同时间发行的长期政府债券，其票面利率不同，有时相差较大；长期政府债券的付息期不同，有的为半年期或1年期，还有的到期一次还本付息。因此，票面利率是不适宜的。不同年份发行的、票面利率和计息期不等的上市债券，根据当前市价和未来现金流计算的到期收益率只有很小差别。

②市场收益率（k_m）。市场收益率反映了投资者因持有股票承担了风险而得到的额外报酬。这一额外报酬应当基于预期的投资收益率确定。在估计市场收益率时，通常要注意两点：A.时间跨度的选择。由于股票收益率非常复杂多变，影响因素很多，因此较短的时间所提供的风险溢价比较极端，无法反映平均水平，因此应选择较长的时间跨度。B.算术平均数或几何平均数的选择。主张使用算术平均数的理由是：算术平均数更符合资本资产定价模型中的平均方差的结构，因而是下一阶段风险溢价的一个更好的预测指标。主张使用几何平均数的理由是：几何平均数的计算考虑了复合平均，能更好地预测长期的平均风险溢价。多数人倾向于采用几何平均数方法；几何平均数方法得出的预期风险溢价，一般情况下比算术平均数方法要低一些。

几何平均数方法下的市场收益率为：

$$k_m=\sqrt[n]{\frac{P_n}{p_0}}-1$$

算术平均数方法下的市场收益率为：

$$k_m=\frac{\sum_{t=1}^{n}k_t}{n}$$

其中，$k_t=\dfrac{P_t-P_{t-1}}{P_{t-1}}$，$P_t$表示第$t$期的股票市场指数。

③贝塔系数（β）。贝塔系数的估计可以采用回归分析法进行，见公式（4-23）。估计贝塔系数时需要注意以下几个问题：A.使用历史β值估计权益资本成本的前提。如果公司

① 计算k_s的唯一方法是通过迭代过程求解，我们可以通过Excel表格进行计算。

在经营杠杆、财务杠杆和收益的周期性[①]（指一个公司的收入和利润与整个经济周期状态的依赖性强弱）这三方面没有显著改变，则可以用历史的β值估计权益成本。B.关于预测期间的长度。公司风险特征无重大变化时，可以采用5年或更长的预测期长度；如果公司风险特征发生重大变化，应当使用变化后的年份作为预测期长度。较长的期限可以提供较多的数据，得到的β值更具代表性，但在这段时间里公司本身的风险特征可能会发生变化。C.关于收益计量的时间间隔。使用每周或每月的收益率。每日收益率会由于某些日期没有交易或者停牌，该期间的收益率为0，由此引起的偏差会降低股票收益率与市场收益率之间的相关性，也会降低该股票的β值。使用每周或每月的收益率能显著地降低这种偏差，因此被广泛采用；而年度收益率较少采用，因为回归分析需要使用很多年的数据，在此期间资本市场和企业都发生了很大变化。

（3）风险溢价法（RP）

这种方法是根据"风险和收益相匹配"的原理来确定留存收益的成本的。由于普通股的投资风险高于债券投资的风险，可以在债券投资收益率的基础上加上一定的风险溢价，即在债券资本成本的基础上加上一定的风险溢价来计算：

$$k_{RE} = k_b + RP_{CS} \tag{6-19}$$

其中，k_{RE}表示留存收益成本；k_b表示债券资本成本；RP_{cs}表示普通股风险超过债券风险的风险溢价。

这里需要说明两个问题：第一，债券资本成本k_b是税前成本。因为权益融资并不能给公司带来节税效应，所以在债券资本成本的基础上用风险溢价法计算留存收益的成本，应该将税后债务成本还原为税前成本。第二，普通股对债券的风险溢价是凭借经验估计的。一般观点认为，某企业普通股风险溢价对其自己发行的债券来讲，在3%～5%之间。对风险较高的股票用5%，对风险较低的股票用3%。当市场利率达到历史性高点时，风险溢价通常较低，在3%左右；当市场利率处于历史性低点时，风险溢价通常较高，在5%左右；而通常做法是采用4%的平均风险溢价。这样，留存收益成本则为：

$$k_{RE} = k_b + 4\%$$

计算留存收益成本的股利增长模型、资本资产定价模型和风险溢价法得出的结果通常有较大的差异，这是由三个模型不同的假设前提导致的。我们并不知道哪一个更接近真实的普通股成本。实际上不存在一个公认的确定普通股真实成本的方法。一种常见的做法，是将每种方法计算出来的普通股成本进行算术平均。有时决策者基于其对某种方法所采用的数据更有信心，而注重其中的一种方法[②]。

计算出了要素资本成本之后，我们就可以根据下列公式计算公司的加权平均资本成本了：

$$WACC = \sum_{i=1}^{n} W_i K_i \tag{6-20}$$

其中，$WACC$表示加权平均资本成本；n表示公司资金来源的数量；W_i表示第i项资金来源占全部资金来源的比重；k_i表示第i项资金来源的成本。

【例6-18】BMN公司有800万股流通在外的普通股股票，40万股股利为5%的优先股，以及15万份尚未清偿的债券，期限15年，息票利率6.5%，按半年计息，当前价格为面值的94%。普通股的当前市价为57美元，β系数为1.25。优先股当前市价为78美元，面值为

① 关于贝塔系数的影响因素，详见本书第4章相关内容。
② 目前使用最多的方法是CAPM法，而债券收益率风险溢价法主要在一些没有在市场上公开交易的公司采用。

100美元。

市场风险溢价为8%，国库券收益率为5.5%，公司适用34%的所得税税率。

①公司的市场价值是多少？资本结构如何？

②如果公司正在评估一个与公司典型风险一致的投资项目，应该用什么贴现率来贴现项目的现金流量？

①首先，我们计算每种融资方式的市场价值；

债券的市值MV_D =150 000×1 000×0.94 = 141 000 000（美元）

优先股的市值 MV_P = 400 000×78 = 31 200 000（美元）

普通股的市值 MV_E = 8 000 000×57 = 456 000 000（美元）

公司总的市场价值为：

V = 141 000 000 + 456 000 000 + 31 200 000 = 628 200 000（美元）

因而每种融资方式的市场价值权重为：

债券资本的权重 D/V = 141 000 000÷628 200 000×100% = 22.45%

优先股资本的权重 P/V = 31 200 000÷628 200 000 ×100% =4.97%

普通股资本的权重 E/V = 456 000 000÷628 200 000 ×100%=72.59%

②对于风险与公司典型风险相同的投资项目，我们用WACC作为贴现率。

我们先用CAPM来确定权益资本成本。

R_E = 0.055 + 1.25（0.08）= 15.50%

债务资本成本就是公司债券的到期收益率，因而：

P_0 = 940 = 32.50×（$PVIFA_{R,\ 30}$）+ 1 000×（$PVIF_{R,\ 30}$）

解得：

R = 3.579%

YTM = 3.579% × 2 = 7.16%

计算税后债务成本为：

R_D = 7.16% ×（1 － 0.35）= 4.72%

优先股资本成本为：

R_P = 5÷78×100% = 6.41%

最后，我们计算加权平均资本成本：

$WACC$=15.5%×72.59%+4.72%×22.45%+6.41%×4.97%=12.63%

这里需要说明的是，在加权平均资本成本的计算过程中，资本结构（即W_i）可以用账面价值、市场价值和目标价值三种方式来表示。管理层的目标资本结构是对公司资本结构的最优估计，计算WACC的正确权重应基于公司的目标资本结构，它是对公司未来如何融资的最好的估计。但是根据目标价值确定资本结构往往操作上非常困难，因而最为现实的方法是使用各个资本要素的当前市场价值来估计要素的资本结构。如果公司的债务或股票没有在市场上流通，那么比较合理的做法是使用债务或股票的账面价值估算权重。

6.3.3 影响加权平均资本成本的因素

资本成本受到很多因素的影响。一些因素不在公司控制范围之内，但是其他一些因素会受到公司的财务政策和投资政策的影响。

1）公司不可控因素

（1）利率水平。如果经济环境中的利率水平上升，由于公司在获得债务资本时必须付给债权人更多的利息，所以公司债务成本会上升。而且，较高的利率水平同时也会增加普通股和优先股的成本。在20世纪90年代，美国的利率显著降低，这减少了所有公司的债权和股权的资本成本，从而刺激了额外的投资。较低的利率也使得美国的公司可以更有效地同德国以及日本的公司进行竞争，这些公司在过去也从低资本成本中获益。

（2）市场风险溢价。股票本身具有的风险以及投资者的风险态度决定了市场的风险溢价。单个公司无法控制这个因素，但是它影响了股权资本的成本，并且由于替代效应也影响了债务成本，从而影响公司的加权平均资本成本。

（3）税率。税率远在单个公司的控制范围之外，它对资本成本有着重要的影响。在计算WACC中的债务成本时要用到税率，并且税收政策还以其他几种隐性方式影响着资本成本。比如，如果资本收益的税率相对于普通收入的税率降低，那么股票将变得更具吸引力，这会使股权成本相对于债券成本来说有所降低，这将会改变一个公司的最优资本结构[①]，使公司的债务减少，股权增加。

2）公司可控因素

（1）资本结构政策。在本章，我们假设公司的目标资本结构已经给定，并且我们使用以这个目标结构为基础的权重来计算资本成本。显然，公司可以改变它的资本结构，而这种改变将影响到资本成本。第一，贝塔系数是财务杠杆的一个函数，所以资本结构的变化会影响股权资本成本。第二，债务的税后成本要低于股权资本成本，所以如果企业决定使用更多的负债和更少的普通股，由于在WACC计算公式中权重的变化，WACC趋向于降低。然而债务的增加会增加债务和股权的风险，要素成本的增加也会增加债务和股权的风险。

（2）股利政策。企业净利润收入中以股利的形式发放给股东的部分所占的百分比可能会影响股票的要求收益率。而且，如果一家公司的股利支付率太高以至于它不得不通过发行新股来为资本预算融资的话，就会增加权益的成本，从而也会影响公司的加权平均资本成本。

（3）投资政策。当我们估算资本成本的时候，我们首先考虑公司发行在外的股票和债券的要求收益率。这些比率反映了公司现有资产的风险。因此，我们在计算公司的加权平均资本成本时假设新的资本会被投资在与现有资产风险相同的资产上。然而，当一家公司的投资政策发生重大改变的情况下，这一假设就不成立了。比如，一家传统制造业企业打算投资于互联网领域，那么这种经营领域的改变一定会影响公司的资本成本。

6.3.4 融资规模、项目风险与WACC

1）融资规模与WACC

我们在前文讨论了各种要素资本成本和加权平均资本成本的计算，它们都是公司过去筹集资本或目前使用资本的成本。但是，公司不可能以不变的成本筹集到无限多的资金，随着公司融资规模的扩大和融资条件的变化，新增资本的成本也会发生变化。因此，公司在未来追加融资时，不仅要考虑目前使用的资本的成本，还要考虑新融资的成本，即边际资本成本。资本的边际成本（marginal cost of capital）是指新增资本的加权平均成本。从

① 我们将在后面资本结构的相关章节加以阐述。

理论上讲，资本需要量越大，资本供应者要求的收益率越高，公司的融资成本也会越高，也就是说，边际资本成本会随着融资规模的扩大而上升。如果资本成本在某一规模发生变化，那么加权平均成本也会在这一规模上发生变化，这个融资规模被称为融资突破点（breakpoint of finance），或融资总额分界点，其计算公式如下：

$$\text{融资突破点}=\frac{\text{资本限额}}{\text{资本权重}} \tag{6-21}$$

其中，资本限额是指某一特定成本能够筹集到的该项资本的限额；资本权重是指该项资本在资本结构中的既定比重[①]。

【例6-19】假设ZW公司目前的资本结构较为理想，即债务资本占40%，股权资本占60%，根据测算，在不同的筹资规模条件下，有关资本成本的资料见表6-21，计算公司的加权边际资本成本。

表6-21　有关资本成本的资料

资本来源	筹资比例	筹资规模（元）	资本成本
债券	0.4	100 000以内（含）	5%
		100 000~200 000	6%
		200 000~300 000	8%
		300 000以上	10%
股票	0.6	150 000以内（含）	12%
		150 000~600 000	14%
		600 000~900 000	17%
		900 000以上	20%

为计算边际资本成本，我们首先要计算各要素资本成本以及要素资本的资本结构，在本例中，这两项已经给出，接下来我们需要计算公司的融资突破点。根据公式（6-21）可得表6-22。

表6-22　计算公司的融资突破点

资本来源	融资突破点（元）	总筹资规模（元）	资本成本
债券	100 000/0.4=250 000 200 000/0.4=500 000 300 000/0.4=750 000	250 000以内（含）	5%
		250 000~500 000	6%
		500 000~750 000	8%
		750 000以上	10%
股票	150 000/0.6=250 000 600 000/0.6=1 000 000 900 000/0.6=1 500 000	250 000以内（含）	12%
		250 000~1 000 000	14%
		1 000 000~1 500 000	17%
		1 500 000以上	20%

① 需要说明的是，作为公司的内部融资来源可以直接用于项目的投资，其资本成本可等同于留存收益的成本，但折旧的额度并不出现在资本结构的计算中，所以当公司有可用的折旧资金时，融资突破点的计算公式修正为：$\text{融资突破点}=\frac{\text{资本限额}}{\text{资本权重}}+\text{折旧}$。

计算不同融资区间的边际成本（见表6-23）。

表6-23 计算不同融资区间的边际成本

融资区间	资本来源	资本结构	资本成本	边际资本成本（k_m）
250 000以内（含）	债券	0.4	5%	0.4×5%+0.6×12%=0.092
	股票	0.6	12%	
250 000~500 000	债券	0.4	6%	0.4×6%+0.6×14%=0.108
	股票	0.6	14%	
500 000~750 000	债券	0.4	8%	0.4×8%+0.6×14%=0.116
	股票	0.6	14%	
750 000~1 000 000	债券	0.4	10%	0.4×10%+0.6×14%=0.124
	股票	0.6	14%	
1 000 000~1 500 000	债券	0.4	10%	0.4×10%+0.6×17%=0.142
	股票	0.6	17%	
1 500 000以上	债券	0.4	10%	0.4×10%+0.6×20%=0.16
	股票	0.6	20%	

2）项目风险与WACC

在计算公司的加权平均资本成本作为项目评估的贴现率时，我们假设：第一，新项目具有与公司相同的财务风险，即新项目的资本结构保持不变；第二，新项目具有与公司相同的经营风险。如果新的投资项目与企业目前的经营风险相差较大，或者项目的资本结构与企业目前的资本结构有显著差异，则不宜再直接使用公司的加权平均资本成本作为该项目的贴现率。为此，我们需要先从投资项目的风险说起。

我们来识别投资项目三种不同类型的风险：独立风险、公司风险和市场风险。

（1）独立风险。独立风险（stand-along risk）是项目本身的风险，在这里不用去考虑该项目只是公司资产组合中的一项，并且该公司的股票只是投资者股票组合中的一种这个事实。独立风险是通过项目预期收益的波动性来衡量的。只有当该项目是公司唯一的资产并且该公司的股票是投资者持有的唯一股票时，独立风险才能准确地衡量投资者的风险。

（2）公司风险。它是项目对公司的风险，既然该项目只是公司资产组合中的一种资产，该项目的部分风险就会被分散掉。公司风险是通过项目对公司未来收入不确定性的影响大小来衡量的。

（3）市场风险。市场风险也称为项目的贝塔风险，它是指对一个风险被完全分散的股东来说一个项目带给他的风险。这个股东认为该项目只是公司资产中的一种，并且该公司的股票只是其总的资产组合中的一种。市场风险的大小是通过项目对公司贝塔系数的影响来衡量的。

实施一个有着很高的独立风险或者公司风险的项目并不一定会影响公司的贝塔值。然而，如果项目有着非常不确定的收益，并且这些收益跟公司其他资产的收益以及经济体系中的其他资产高度相关，那么这个项目的各种风险都将非常高。比如，假设福特汽车公司（Ford Motor）决定扩张到电动汽车领域。福特汽车公司还不确定它的技术是否适用于大规模生产，所以这个项目有很高的风险——它的独立风险很高。管理层估计，如果经济形势很好的话，这个项目会收到非常好的效果，因为人们可以有更多的钱去购买汽车。这意味着如果福特汽车公司的其他部门都表现良好的话，这个项目也会表现良好；如果福特汽车公司的其他部门业绩不佳的话，该项目也会业绩不佳。在这种情况下，该项目有着很高的公司风险。最后，由于福特汽车公司的利润跟其他很多公司高度相关，这个项目的贝塔值也会非常高。这样这个项目的三种风险都非常高。

在以上三种风险概念中，从股东角度看待的项目的市场风险是最重要的风险，因为它是唯一影响股东预期收益的风险，会直接影响股票的价格，这也是理论上与资本预算相关的风险度量。如果把一个项目看作一个证券，我们可以借用资本资产定价模型的证券市场线（SML）来描述项目的要求收益率与加权平均资本成本（WACC）之间的关系（如图6-8所示）。

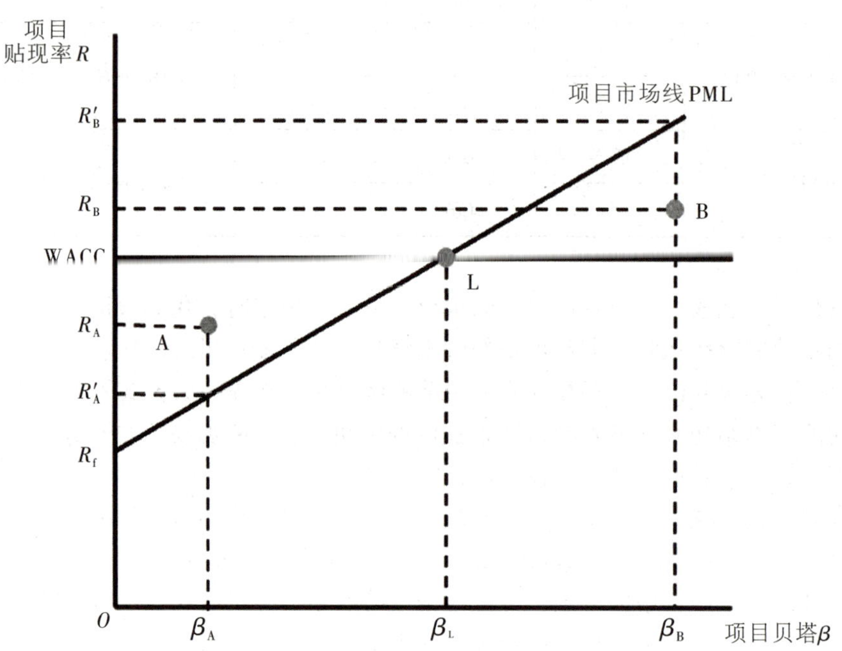

图6-8 项目市场线与项目的要求收益率

在图6-8中，PML是项目市场线，它揭示了项目的市场风险（用贝塔值衡量）与项目的贴现率之间的关系。公司的加权平均资本成本（WACC）在图中表现为一条水平线，因为它独立于新的投资项目，不会随着项目风险的不同而变化。当我们假设新的投资项目与公司现有风险（包括经营风险和财务风险）完全相同时，我们计算公司的加权平均资本成本WACC作为新项目的要求收益率（即项目的贴现率）。在图6-8中，只有PML与WACC线的交点L项目可以采取这种计算方法，L点以外的其他项目都不能这样计算。以项目A为例，根据PML，市场对于项目A这种具有β_A的风险的项目要求的收益率是R_A'，而项目A的预期收益率是R_A，也就是说，项目A的内部收益率大于投资者要求的收益率，所以A是应该接受的投资项目。但是如果我们用计算出的公司WACC作为项目A的贴现率，就会得出一个负的净现值，从而拒绝项目A，这就是由于贴现率选择不当而出现的决策错误。同理，如果我们用WACC来评价项目B，就会导致“接受一个原本应该拒绝的项目”这样的错误决策。因此，当拟投资的新项目的风险与公司的现有风险不同时，我们不能直接使用公司的WACC作为贴现率。

综上所述，在资本预算决策中，当我们需要为新的投资项目确定贴现率时，一般遵循以下原则：当新项目的风险与公司的典型风险相同时，用WACC作为贴现率；当新项目的风险与公司的典型风险不同时，用WACC加减一定的风险溢价确定贴现率（这被称为主观法），或者使用CAPM确定贴现率，具体步骤如下：

第一步，寻找公开上市且只在项目所处行业里进行经营的可比公司（因为这些公司的经营风险与项目的风险相当）；

第二步，运用CAPM回归分析或者直接使用数据库估计这些公司的权益贝塔，并求出行业权益贝塔的平均值；

第三步，运用哈马达公式$\beta_S = \beta_A[1 + (1 - T)\frac{D}{E}]$[①]去杠杆，把权益贝塔中的财务风险分离出来，只留下可比公司的经营风险；

第四步，再次运用哈马达公式$\beta_S = \beta_A[1 + (1 - T)\frac{D}{E}]$代入新项目的财务杠杆，得到与新项目的经营风险和财务风险相匹配的贝塔值；

第五步，将项目的贝塔值代入CAPM计算项目的要求收益率作为贴现率。

本章小结

资本预算决策是选择长期投资项目的过程。资本预算的方法主要有以下五种：净现值法、内部收益率法、获利能力指数法、回收期法和平均会计收益法。

投资项目的净现值是项目期望未来现金流的现值与初始投资成本之间的差额，或者投资项目寿命期内所有现金流的现值之和：

$$NPV = \sum_{t=0}^{n}\frac{NCF_t}{(1+k)^t}$$

内部收益率是使项目净现值为零的贴现率，或者现金流入量现值与现金流出量现值相等时的贴现率：

$$\sum_{t=0}^{n}\frac{NCF_t}{(1+IRR)^t} = 0$$

获利能力指数是指未来净现金流的现值与初始投资成本的比率：

$$PI = \frac{\sum_{t=1}^{n}\frac{NCF_t}{(1+k)^t}}{Cost_0}$$

回收期是指收回最初投资支出所需要的年数，可以用来衡量项目收回初始投资速度的快慢。

进行资本预算项目选择时，我们应接受那些NPV不为负数、IRR不小于投资者要求收

---

① 哈马达公式$\beta_S = \beta_A[1 + (1 - T)\frac{D}{E}]$是哈马达模型的推论，我们将在第8章讨论这个模型。

益率、PI不小于1、回收期小于设定时间的资本预算项目。

在资本预算实践中，获利能力指数是从相对数的角度考虑问题，因而容易忽略投资的绝对数规模；回收期法有忽略了货币的时间价值、忽略了回收期以后的现金流以及评价标准的主观性等缺点。因而这两种方法并未广泛应用。净现值法和内部收益率法在面临非常规项目以及互斥项目时会产生排序矛盾，这是由于两种方法对于隐含的再投资收益率的假设不同导致的。通过比较，我们发现，净现值法是进行资本预算项目选择最为可靠的方法。

根据NPV模型进行资本预算决策，首先要确定项目的相关现金流量。通常遵循三条原则：实际现金流量原则、增量现金流量原则、税后现金流量原则。其中，确定实际现金流量要考虑固定资产成本、非现金费用以及净营运资本投资等的影响；增量现金流量原则需要注意附加效应、沉没成本以及机会成本等的影响。使用NPV模型进行资本预算决策还要计算投资项目的贴现率，即资本成本。资本成本，也称为加权平均资本成本，是各种不同融资来源资本成本的加权平均数。计算投资项目的资本成本需要分别计算各项融资来源各自的成本。

公司不可能以不变的成本筹集到无限多的资金，随着公司融资规模的扩大和融资条件的变化，新增资本的成本也会发生变化。我们用资本的边际成本，即新增资本的加权平均成本来反映这一变化。同时，投资项目的风险不同于公司的风险，使用加权平均资本成本作为投资项目的贴现率时要考虑这两种不同风险的影响。

关键概念

净现值　内部收益率　获利能力指数　回收期　净现值曲线　费雪交点　修正的内部收益率　附加效应　沉没成本　加权平均资本成本

综合训练

计算题

1.一个项目每年的现金流量为17 300元，持续9年，当前的投资成本为79 000元。如果要求的收益率为8%，那么这是不是一个值得投资的项目？如果它的要求收益率为20%呢？在什么样的贴现率水平下，拒绝或者接受这个项目不存在任何区别？

2.FN公司正在考虑在以下两个互斥的设计项目之间进行选择（见表6-24）：

表6-24　两个互斥的设计项目的现金流量　单位：元

年份	现金流量（Ⅰ）	现金流量（Ⅱ）
0	-35 000	-50 000
1	45 000	24 000
2	65 000	22 000
3	65 000	19 500
4	440 000	14 600

当你对投资项目要求的收益率为15%时，你会投资于哪个项目？

（1）如果采用回收期法则，你应该选哪一项投资？为什么？

（2）如果采用贴现回收期法则，你应该选哪一项投资？为什么？

（3）如果采用NPV法则，你应该选哪一项投资？为什么？

（4）如果采用IRR法则，你应该选哪一项投资？为什么？

（5）如果采用获利能力指数法则，你应该选哪一项投资？为什么？

（6）根据从（1）到（5）的答案，你最终会选哪一项投资？为什么？

3.MQ公司正在评估某个有着如下现金流量的项目（见表6-25）。该公司对所有项目要求的收益率均为10%，计算该项目的MIRR。

表6-25 某项目现金流量

年份	0	1	2	3	4	5
现金流量（元）	-29 000	11 200	13 900	15 800	12 900	-9 400

4.WA公司目前每年以每辆45 000美元的价格销售30 000辆房车，并以每辆85 000美元的价格销售12 000辆豪华摩托艇。公司想要引进一种轻便型车以填补它的产品系列，公司希望能每年卖21 000辆，每辆卖12 000美元。根据咨询顾问的评估，如果引进这种新车，每年应该使目前的房车多销售5 000辆，但是，摩托艇的销量每年将减少1 300辆。在评估这个项目时，年销售收入额应该是多少？为什么？

5.某公司正在考虑一条安装费用为390 000元的香肠生产线。这笔成本将在项目的5年寿命内采用直线法折旧完毕，届时该生产线的残值为60 000元。这条生产线每年可以为公司节约120 000元的税前运转成本，但是需要28 000元的初始净营运资本性投资。如果税率为34%，贴现率为10%，这个项目的NPV是多少？

6.一个5年期投资项目的初始固定资产投资为210 000美元，初始净营运资本投资为20 000美元，年OCF为-32 000美元。固定资产在项目寿命内折旧完毕，没有残值。如果必要收益率为15%，这个项目的约当年金成本（EAC）是多少？

7.某公司目前的资本来源状况如下：债务资本的主要项目是公司债券，该债券的票面利率为8%，每年付息一次，10年后到期，每张债券面值1 000元，当前市价为964元，共发行100万张；股权资本的主要项目是普通股，流通在外的普通股共10 000万股，每股面值为1元，市价为28.5元，β系数为1.5。当前的无风险收益率为4.5%，预期市场风险溢价为5%。公司的所得税税率为25%。

要求：（1）分别计算债务和股权的资本成本；（2）以市场价值为标准，计算加权平均资本成本。

8.大光公司是一家房地产开发公司，经营业绩良好，公司现决定开展多元化经营，主要有以下两个投资机会：（1）投资于计算机零部件生产和组装领域，估计购买生产线及其他配套设施等至少需投资6 500万元，预计这些投资短期内就可以获得15.61%的收益率；（2）投资于摄影器材的生产领域，估计投资额至少为3 000万元，预期收益率为10.72%。

公司目前的资本结构为：债务资本40%，股权资本60%。预计下年度可实现的净利润为6 000万元，公司将保持支付给普通股（800万股）股东每股3元的股利（但是根据需要，这一股利水平也可能有变化）。公司的所得税税率为25%，假设不考虑个人所得税。

各种融资方式的资本成本如下：发行新债券成本为10%（税前）；普通股当前售价每股50元，发行后可净得48元，留存收益资本成本为12.80%。

要求：（1）假设公司当前的股利政策和目标资本结构保持不变，计算该融资总额分界点及分界点前后的边际资本成本；（2）根据上述资料，结合（1）的计算结果确定大光公司的资本支出计划。

思考题

1.为什么说投资回收期某种程度上是会计意义上的盈亏平衡计量手段？

2.在哪些情况下，IRR法则和NPV法则所得到的决策结果是相同的？在哪些情况下它们所得到的决策结果是不同的？

3.什么是沉没成本？什么是机会成本？为什么侵蚀是相关的现金流而利息支出是项目评估中无关的现金流？

4.为什么在计算现金流量时，考虑净营运资本变动是非常重要的？

5.一项投资的要求收益率和它的资本成本之间有什么联系？

即测即评

综合训练参考答案

第7章

资本预算扩展

目标引领

1. 掌握项目的敏感性分析、场景分析和盈亏平衡分析方法；
2. 了解项目不确定性分析的风险调整贴现率法和等价现金流法；
3. 熟悉最佳资本预算决策的过程；
4. 了解资本限额条件下的资本预算方法；
5. 了解负债企业资本预算中的权益现金流法和修正现值法；
6. 熟悉不同生命周期项目的选择和管理期权的DCF分析法。

思维导图

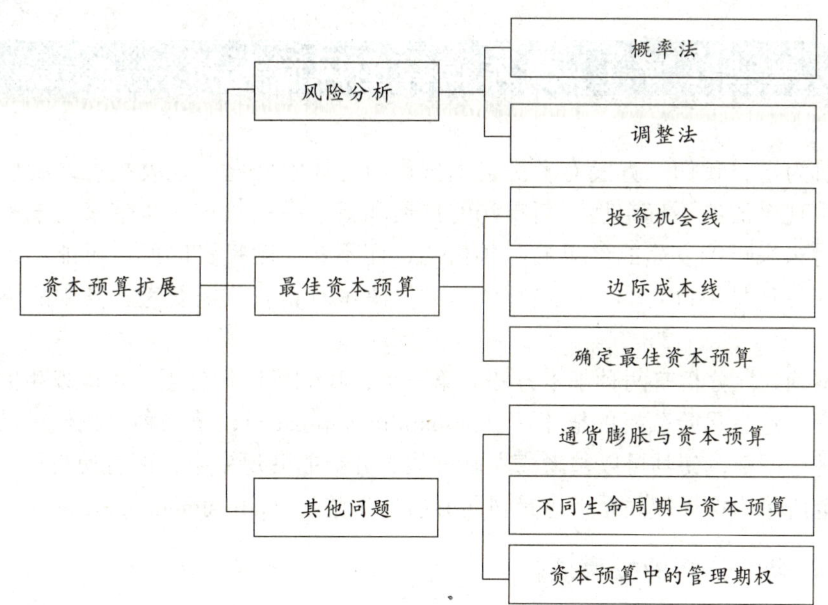

开篇导读

家得宝公司（Home Depot，以下简称“HD”）是全球领先的家居建材用品零售商，美国第二大零售商，连锁商店遍布美国、加拿大、墨西哥和中国等国家。在过去的30多年中，它的增长惊人。1990年年初，HD拥有118家商店，年销售额28亿美元。到2024年，HD已有2 234家商店，年销售额为347.86亿美元。HD的股价从1990年分拆调整后的每股1.87美元上升到2024年6月的每股350.88美元。股东从股价上涨中获益颇丰。

然而，在此期间，有关HD的消息并非一直都是正面的。众所周知，在2008—2009年的金融危机和房地产市场低迷期间，HD公司也一度挣扎前行。

在2008财年，为了增加自由现金流量和提供更高的收益，以及通过对现有店铺的投资来继续提升顾客的体验，HD缩减了建筑面积增长计划。作为该项促进店铺合理布局计划的一大成果，HD取消了大约50家正在筹划中的美国新店。在2008财年的第二季度，HD关闭了15家营业不佳的美国店铺。

在之后的几年里，HD又在一些被认为店铺能够兴旺起来的街区慢慢地开设新店。HD在对新增投资进行评估时非常仔细。这种小心谨慎是可以理解的，因为新投资需要花费几百万美元购置土地、建造店铺和储备存货。

HD用现有店铺的信息来预测新开店铺的预期现金流量。到目前为止，HD公司的预测非常准确，但是也一直存在一些风险。首先，一家店铺的销售额可能低于预测水平，尤其是在经济衰退的时候。其次，一些HD的客户可能完全绕过商店，通过互联网直接向制造商购买。最后，新开店铺可能会蚕食或降低现有店铺的销售额。理性的扩张决策需要详细评估其预测的现金流量，衡量无法实现预期销售额的风险，确定与每一个潜在项目相关的基于风险调整的净现值（NPV）。本章将阐述HD等公司经常使用的估计项目现金流量和项目风险的方法。

7.1 资本预算的风险分析

到目前为止，我们一直没有考虑资本预算中的风险问题，也就是说，我们没有考虑项目评估中现金流的不确定性。新市场的扩展和新产品投放市场所带来的未来现金流实际上只是对未来可能发生的结果的一种估测，而不是一项投资的所有可能结果。在现实中，现金流往往是不确定的。在进行资本预算决策时，我们需要考虑其中的不确定性和风险。

进行不确定性分析有两种基本方法。第一种，我们可以估计项目可能发生的结果及其发生的概率，这是风险分析的概率法（probability approach）；第二种，我们可以对项目的风险因素进行调整，使其可以被考虑在基础状态分析的贴现率中，或者使其可以与衡量项目预期现金流量的指标相联系，这是风险分析的调整法（adjustment approach）。

7.1.1 风险分析的概率法

在第6章所介绍的资本预算原理中，投资决策主要基于单一的NPV或IRR指标，而这些指标又基于一系列根据项目的未来前景所作的假设条件。就每一个假设本身而言，这也许是合理和可行的，但是这种假设仅仅代表了所依据的众多可能结果中的一种情况，我们下面将要介绍的方法将根据项目所属变量的一系列结果估算出相关的净现值和内部收益率，并据此评估项目的风险。

1）敏感性分析

敏感性分析（sensibility analysis），是研究投资决策方法（NPV法、IRR法等）对项目假设条件变动的敏感程度的一种分析方法，又称what-if分析。敏感性分析的步骤如下：

第一步：基于对未来的预期，估算基础状态现金流量和收益，即基础状态分析(base-case analysis)。这是运用项目各项要素最可能发生的价值作为基础资料所进行的项目分析（我们在第6章所讨论的就是这种分析）。

第二步：找出基础状态分析中的主要变量（variables in base-case）。通常基于以下两类假设的研究比较有意义：①最具影响力的因素；②最不确定的因素。这些变量可能是公司的详细情况，如营业利润率、项目寿命期、营运资本需要量等；可能是宏观经济情况，如税率、总体经济增长等。

第三步：改变分析中的一个假设条件，并保持其他假设条件不变，估算该项目在发生以上变化后的NPV或IRR。例如，在一个涉及产品销售的项目中，产品销售量改变，但价格、成本、贴现率保持不变。

第四步：把变动结果列在图形或表格中，以反映每一个变量的变动对NPV或IRR的影响。

第五步：把所得到的信息与基础状态分析相联系，从而决定该项目是否可行。

【例7-1】Stewart生物制药公司正在考虑投资研制一种治疗普通感冒的药物。公司组织了一个由生产部门、营销部门、工程部门及财务部门的人员组成的资本预算委员会，该委员会认为公司可以继续进行市场测试并进入研发阶段。市场测试将历时1年并耗资100万美元，而且资本预算委员会认为市场测试成功的概率是60%。如果最初市场测试成功，Stewart公司就可以进行满负荷生产。为此公司需要投入16亿美元，生产4年。

公司市场测试成功、满负荷生产状态下项目的现金流量见表7-1。

表7-1 Stewart公司新药项目现金流量 单位：百万美元

	第1年	第2—5年
销售收入		7 000
变动成本		-3 000
固定成本		-1 800
折旧		-400
税前利润		1 800
所得税 （34%）		-612
净利润		1 188
现金流	-1 600	1 588

我们对这个项目进行基础状态分析可得：

$$NPV = -1\,600 + \sum_{t=1}^{4}\frac{1\,588}{1.10^t} = 3\,433.75(\text{百万美元})$$

现在我们假设未来的销售收入预计每年为6 000百万美元，而其他变量保持不变，则现金流量见表7-2。

表7-2　　销售量变动的情况下Stewart公司新药项目现金流量　　单位：百万美元

	第1年	第2—5年
销售收入		6 000
变动成本		-3 000
固定成本		-1 800
折旧		-400
税前利润		800
所得税（34%）		-272
净利润		528
现金流	-1 600	928

计算项目的净现值可得：

$$NPV = -1\ 600 + \sum_{t=1}^{4} \frac{928}{1.10^t} = 1\ 341.64(\text{百万美元})$$

在这个变化过程中，销售收入下降了14.29%，项目的净现值下降了60.93%。

$$\text{销售收入变动} = \frac{6\ 000 - 7\ 000}{7\ 000} \times 100\% = -14.29\%$$

$$\text{净现值变动} = \frac{1\ 341.64 - 3\ 433.75}{3\ 433.75} \times 100\% = -60.93\%$$

销售收入下降14个百分点就会导致*NPV*减少61%。销售收入1个百分点的下降会引起*NPV*下降4.25%。通过敏感性分析我们发现，*NPV*对销售收入的变动非常敏感。

$$\frac{-60.93\%}{-14.29\%} = 4.25$$

通过敏感性分析，投资者可以找出对投资结果影响最大的变量，并对这些变量作进一步的分析，以尽可能地降低这些变量的预测误差。由于某些变量是受管理部门控制的，针对它们的敏感性分析可以帮助管理部门提高项目的价值。然而传统的敏感性分析存在一些局限，主要表现为：①这一分析方法仅仅提供了针对一组数值的分析结果，但是无法给出每一个数值发生变动的可能性；②在进行敏感性分析时，只允许一个变量发生变动，而其他变量必须保持不变。在现实世界中，这些变量通常是一起变动的。例如，在同一案例中当增长率降低时，成本可能也在降低。③关于敏感性分析结果的主观性应用。针对同一个敏感性分析结果，某决策者可能会因此而拒绝该项目，而其他的决策者却可能因此而接受这一项目。这一态度上的区别可能取决于决策者对项目风险的好恶程度。

2）情景分析

情景分析（scenario analysis）是指对一系列特定的远景概况（基于宏观经济因素、产业结构因素或公司因素）之下项目的NPV和IRR所进行的分析，又称bop分析。它属于敏感性分析的一种。敏感性分析的局限之一就是无法给出变量发生变动的可能性，而情景分析则考虑了关键变量变化的概率，同时使我们可以一次改变多个变量。在情景分析中，我们从基础状态开始，也就是从输入变量的最可能情况开始，通过询问营销人员、工程人员以及其他业务人员，确认最坏情况（也称为悲观情景，pessimistic scenario）和最好情况（也称为乐观情景，optimistic scenario）。通常我们假设悲观情景和乐观情景的发生概率均为25%，而基础状态的发生概率为50%。情景分析的步骤如下：

第一步：选择建立情景概况所需要的因素，通常基于公司经营业务的类型和影响项目未来成功的最大不确定性因素。

第二步：估算每种情景下投资分析变量的价值。

第三步：估算每种情景之下项目的NPV和IRR。

第四步：基于所有情景之下的项目NPV进行决策。

【例7-2】某项目成本200 000美元，寿命期5年，采用直线折旧法，期末无残值。要求收益率为12%，税率为34%。项目未来的预测情况见表7-3。

表7-3 项目未来5年销售及成本预测 单位：美元

	基础状态	悲观情景	乐观情景
销售量	6 000	5 500	6 500
单价	80	75	85
单位变动成本	60	58	62
年固定成本	5 000	4 500	5 500

对项目进行基础状态分析，计算项目的现金流（见表7-4）。

表7-4 项目基础状态现金流预测 单位：美元

项目	金额
销售收入	480 000
变动成本	360 000
固定成本	50 000
折旧	40 000
息税前利润（*EBIT*）	30 000
所得税	10 200
净利润	19 800

计算项目基础状态下的净现值为：

$$NPV = -200\,000 + \sum_{t=1}^{5}\frac{59\,800}{(1+12\%)^t} = 15\,567(\text{美元})$$

计算项目在不同情境下的*NPV*与*IRR*（见表7-5）。

表7-5 项目情景分析 金额单位：美元

	基础状态	悲观情景	乐观情景
销售收入	480 000	412 500	552 500
变动成本	360 000	319 000	403 000
固定成本	50 000	45 000	55 000
折旧	40 000	40 000	40 000
息税前利润（*EBIT*）	30 000	8 500	54 500
所得税	10 200	2 890	18 530
净利润	19 800	5 610	35 970
现金流量	59 800	45 610	75 970
NPV	15 567	35 586	73 855
IRR	15%	4.54%	26.05%

给定不同情景的发生概率，我们就可以计算项目的期望NPV或期望IRR，并根据这个结果对项目进行判断。

情景分析可以使公司意识到项目可能产生的最差的现金流量和净现值状况，这一信息可以被用于项目决策的制定，有助于公司预防最差情况的发生。但是这种分析方法也有其局限：大部分关于情景概况的分析都假设未来的情景可以被清楚地描绘，并且这些情况的结果也可以被加以辨别，但是在许多情况下这种假设并不现实。比如，现实世界中的经济发展并不会被截然分为三个阶段——繁荣、衰退和稳定——这三种状态可以存在于一个连续过程中的任一时刻，人为地把一个连续性的过程分为互不相干的阶段将会忽略一些重要信息，造成得出的结论不具有可比性。

3）盈亏平衡分析

盈亏平衡分析是通过盈亏平衡点（break-even point，BEP）分析项目成本与收益的平衡关系的一种方法。各种不确定因素（如投资、成本、销售量、产品价格、项目寿命期等）的变化会影响投资方案的经济效果，当这些因素的变化达到某一临界值时，就会影响方案的取舍。盈亏平衡分析的目的就是找出这种临界值，即盈亏平衡点，判断投资方案对不确定因素变化的承受能力，为决策提供依据。

在这里，我们定义两个盈亏平衡的概念：会计盈亏平衡和财务盈亏平衡。会计盈亏平衡（accounting break-even）是指项目的净利润为零；财务盈亏平衡（financial break-even）是指项目的净现值为零。盈亏平衡分析通常根据销售量来计算，所以我们通常所说的盈亏平衡点是指盈亏平衡点销售量。下面我们来计算各种类型的盈亏平衡状态下的盈亏平衡点。

为此我们需要重温几个成本的概念。变动成本（variable costs，VC）是随着产量的变化而变化的成本；固定成本（fixed costs，FC）是在一个特定的期间内不会发生变化的成本①；总成本（total costs，TC）指某一产量水平下的总成本，它是固定成本和变动成本之和。

$$TC = VC + FC = v \times Q + FC \tag{7-1}$$

其中，v表示单位变动成本；Q表示总产量。

由于会计盈亏平衡是净利润为零，所以：

$$\begin{aligned} NI &= (S - TC) \times (1 - T) \\ &= (S - VC - FC) \times (1 - T) \\ &= (p \times Q - v \times Q - FC) \times (1 - T) \\ &= 0 \end{aligned}$$

整理可得：

$$(p - v) \times Q - FC = 0$$

所以会计盈亏平衡点为：

$$Q = \frac{FC}{p - v} \tag{7-2}$$

其中，p表示单位价格；$(p-v)$表示单位边际贡献（marginal contribution）。

我们再来计算项目的财务盈亏平衡点。

① 固定成本并非永远不会发生变化，它只是在特定的时间范围内是固定的。只要时间足够长，任何固定的成本都可以被改变或消除。比如，在一定期间内，生产设施的租赁费、公司高管的薪酬都是固定的成本；但超出这个期限范围，租赁合同可以终止，高管可能退休。所以，从长远来看，所有的成本都是可变的。

根据NPV的公式求解一个使净现值等于零的销售量的计算过程十分复杂，我们采取一种简便的计算方法。由于净现值等于零意味着项目所有现金流入量的现值与所有现金流出量的现值相等，我们可以先求出年均现金流入和年均现金流出，然后在每年的范围内求解使现金流入量与现金流出量相等的销售量。

如图7-1所示，我们把项目的经营现金流OCF当作年平均现金流入量，把初始的现金流出平摊到项目寿命期的每一年（即求解一个现值为初始现金流出额的年金，我们称之为约当年金成本EAC①），然后令二者相等，即：

$$OCF=EAC$$

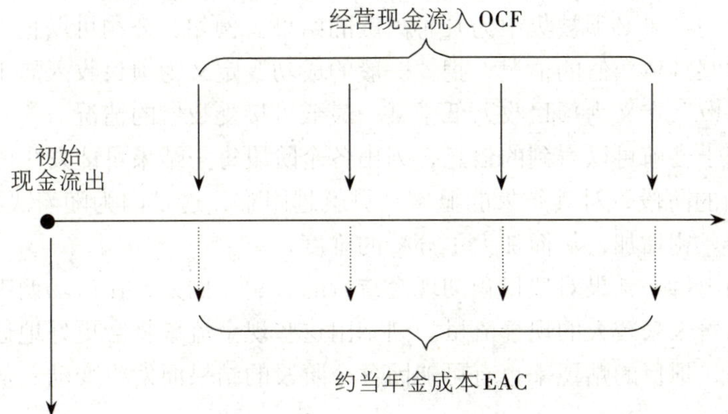

图7-1　财务盈亏平衡点的计算

由于：

$$OCF = NI + D = [(P - v) \times Q - FC)] \times (1 - T) + D$$

$$EAC = \frac{\text{初始现金流出}}{PVIFA_{i,\ n}}$$

即：

$$EAC = [(P - v)Q - FC](1 - T) + D$$

所以财务盈亏平衡点为：

$$Q = \frac{EAC + FC(1 - T) - D}{(P - v)(1 - T)} \tag{7-3}$$

盈亏平衡分析可以在两个方面有所帮助：在项目决策方面，它提供了一种安全幅度指标，表明了项目被接受后决策者可以获得的安全幅度；另外它可以帮助决策者作出最终判断。一旦项目被接受，盈亏平衡分析还可以提供一个有用的水准基点，据此可以判断项目是否真正为公司增加了价值。

4）决策树分析

决策树（decision tree）直观地表示了一个多阶段项目决策中每一阶段的投资决策和可能发生的结果及其发生的概率。决策树可以帮助公司分析项目的不确定性。我们可以把某个项目分成几个阶段来进行分析，每一阶段的决策将取决于前一阶段的结果。在一个典型的决策树中，项目被分为明确界定的几个阶段，各个阶段可能发生的结果及其发生的概率和每个结果所导致的现金流量被明确列示在决策树中。决策树分析的步骤如下：

第一步：把项目分成明确界定的几个阶段。例如，某计算机软件公司可以把引进某个

① 关于约当年金成本（equivalent annual costs，EAC），我们在本章第3节还要展开讨论。

新的软件包项目分为四个阶段：研究开发阶段、市场调查阶段、有限生产阶段和正常生产阶段；在每一个阶段，是否对下一个阶段进行分析的决策将取决于前一个阶段的分析结果。

第二步：列出每一个阶段可能发生的结果。当这些结果是离散的时候，我们会很容易进行这一步分析。例如，某制药厂打算引进一个新药项目，并且只有在取得医药管理部门同意以后才能进行该药品的生产，因此在最初的评估阶段只有两种结果可能发生——取得或不能取得医药管理部门的同意。但是，在多数情况下这些结果并不是离散的，例如，某个市场分析的结果可能属于从完全成功到完全失败之间的任意一种情形。在这种情况下，各个阶段所产生的结果必须被集中为几种离散的结果。例如，公司可以把“很成功”定义为项目收入超过某具体数值的情况，把“一般的成功”定义为项目收入居于某一较低值域的情况，把“失败”定义为项目收入低于某一最低可接受数值的情况。

第三步：基于当前可以得到的信息，列出各个阶段每一结果可能发生的概率。在决策树上，越靠后面的阶段，对其结果的概率计算就越困难，这是因为随着决策树向后延伸，有关的信息量会急剧增加，从而加大了分析的难度。

第四步：列出每一结果对项目预期现金流量的影响。例如，在市场调查中，一个很成功的项目将意味着未来较大的现金流量。列示出这些现金流量将会更好地运用决策树进行项目分析。另外，项目的贴现率也有可能因各个阶段的结果而发生变动，从而影响项目的决策。

第五步：根据前面阶段的结果及其对现金流量和贴现率的影响，从后向前评估决策树各个阶段所采取的最佳行动。

第六步：基于整个项目的预期现金流量和所有可能的结果，并考虑与各个结果相应的发生概率，估算第一阶段所采取的最佳行动。

我们回到【例7-1】，如果Stewart公司市场测试失败，则投资回报情况见表7-6。

表7-6　市场测试失败情况下Stewart公司新药项目现金流　单位：百万美元

	第1年	第2~5年
销售收入		4 050
变动成本		-1 735
固定成本		-1 800
折旧		-400
税前利润		115
所得税（34%）		-39.1
净利润		75.9
现金流	-1 600	475.9

计算此时投资项目的净现值可得：

$$NPV = -1\,600 + \sum_{t=1}^{4}\frac{475.9}{(1+10\%)^t} = -91.461(\text{百万美元})$$

Stewart公司新药项目决策树如图7-2所示。

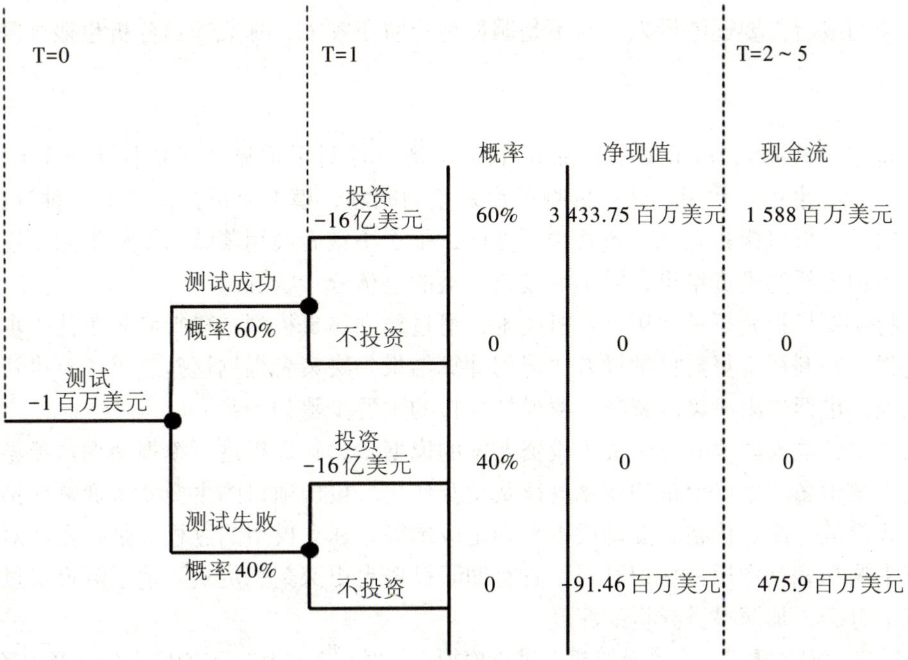

T=0　T=1　T=2～5

概率　净现值　现金流

测试
-1百万美元

测试成功
概率60%

投资
-16亿美元　60%　3 433.75百万美元　1 588百万美元

不投资　0　0　0

测试失败
概率40%

投资
-16亿美元　40%　0　0

不投资　0　-91.46百万美元　475.9百万美元

图7-2　Stewart公司新药项目决策树分析

对于Steward公司来说，这个项目面临两个决策：第一个决策是在t=0时是否“测试”的决策，第二个决策是在t=1时是否“投资”的决策。由于测试有两个可能的结果——成功与失败，这两个结果又各有“投资”与“不投资”两个选择，所以Steward公司的新药项目未来的各种可能情况就形成了一个“树形结构图”。根据未来所有的四种可能情况的发生概率，我们可以计算出第一年末（即t=1）期望的净现值：

$$EXP(NPV) = 60\% \times 3\,433.75 + 40\% \times 0 = 2\,060.25 \text{（百万美元）}$$

进而计算第一年初（即t=0）的净现值：

$$NPV = -1 + \frac{2\,060.25}{1 + 10\%} = 1\,871.95 \text{（百万美元）}$$

由于这个净现值大于零，我们可以得出结论：Steward公司应该投资100万美元进行市场测试。

决策树分析为项目决策者提供了许多有用的信息，但是进行决策树分析本身也需要大量的信息。决策树要求被分析的项目可以被区分为几个明确的阶段，要求每一阶段的结果必须是相互离散的，这些要求减少了可被分析的项目的数量。具体来说，决策树要求所分析的对象具有以下特征：第一，进行项目分析的公司需要把项目分成几个明确的阶段来进行；第二，每一阶段发生的结果至少可以被广义地归为几个种类；第三，结果发生的概率及其对现金流量的影响可以被事先预测，这意味着公司在过去已经进行过类似的项目。

例如，石油公司评估油田钻探项目时可以采用决策树进行分析。钻探项目通常被分成几个阶段来进行：地质勘察、架设小型实验性钻塔、投资生产性钻塔建设。如今的石油公司通常已经积累了丰富的钻探经验，因此可以估算出新项目发现石油的概率，并且可以区分出高产量油井、中等产量油井以及贫油油井等。相反，对于某些提供新型的或独特的产品和服务的项目，则很难应用决策树进行分析，因为公司缺乏足够的信息和经验来判断消费者是否接受该项目的产品，以及愿意支付多少钱来购买该产品。另外，如果项目的投资发生在期初或者需要逐渐投入，而不是明显地分阶段投入，那么项目分析也很难采用决策树来进行。

5）蒙特卡罗模拟

蒙特卡罗模拟（Monte Carlo simulation），是一种利用重复随机抽样来计算结果的算法。针对多变量相互作用、共同影响项目效益的问题，模拟分析提供了另一种解决方案。如果说情景分析只探索未来少数几种可能性，那么决策者利用蒙特卡罗模拟则可以探索巨量的、各种各样的投资结果，并了解投资收益的整体分布状况。

蒙特卡罗模拟分析是利用计算机技术，通过建立仿真模型，模拟各种条件下项目发展的全过程，并利用重复随机抽样方法得到计算结果。决策者根据这些结果了解投资收益的分布状况，进而作出决策。蒙特卡罗模拟分析的主要步骤如下：

第一步：建模。建立一个关于投资方案的模型，供计算机进行模拟使用。模型主要刻画投资方案中各个主要变量的变化规律及交互作用。投资项目的主要变量通常包括市场规模、市场份额、产品价格、变动成本和固定成本等。建立模型的过程，是投资者对各变量的相互影响和相互作用的认识过程。它有助于投资者更深刻、更实际地了解投资过程和风险状况，有助于加深投资分析的深度。

第二步：确定概率分布。计算机在进行模拟运算时，需要按一定的概率分布产生各个变量预测误差的随机数，供模拟各种可能发生的情况之用。因此，建立模型之后，需要确定各种变量预测误差的概率分布。例如，预测企业销售量为1 500吨，而实际销售量在1 350~1 650吨之间，即预测误差最多为±10%。计算机在模拟运算时按照预先设定的概率分布确定误差。

启智增慧7-1 用Excel实现风险决策的蒙特卡罗模拟分析

第三步：模拟现金流量。建立模型和确定预测误差的概率分布之后，就可以进行计算机模拟运算了。模拟过程开始之前，运算者要输入必要的初始变量，包括第一年的变量预测值、各变量预测误差的分布函数以及必要的约束条件等。在此之后，计算机根据给定的分布函数，产生出各变量的预测误差，并根据模拟模型计算出相应的现金流量和净现值。经过反复模拟，形成净现值的分布函数。

7.1.2 风险分析的调整法

以净现值准则为基础进行风险调整的方法，主要有风险调整贴现率法和等价现金流法两种。前者是调整净现值公式的分母，后者是调整净现值公式的分子。

1）风险调整贴现率法

风险调整贴现率法（risk-adjusted discount rate）的基本原理是按照风险与收益相匹配的原则调整项目的贴现率，这也是CAPM模型的基本原则。任何项目所要求的收益率都应包括对延迟消费的补偿（即无风险收益率）和对其他任何附加风险的补偿。这种方法要求公司确定适用于一定风险水平的项目所要求的收益率，然后用这种风险调整贴现率来贴现有风险的现金流，计算NPV作为决策基础。

$$NPV = \sum_{t=0}^{n} \frac{NCF_t}{(1+k^*)^t} \tag{7-4}$$

其中，NCF_t表示年税后现金流；n表示项目的寿命期；k^*表示风险调整后的贴现率。

这种方法的关键在于确定项目的系统风险水平以及与之相匹配的收益率。一般来说，在资本预算决策中，当我们需要为新的投资项目确定贴现率时，遵循以下原则：当新项目的风险与公司的典型风险相同时，以WACC作为贴现率①；当新项目的风险与公司的典型风险不同时，以CAPM作为贴现率，这里的关键就是确定项目的β系数。我们可以使用会计β值法或同业类比法。

（1）会计β值法

这种方法是通过某项资产的会计收益对市场会计收益进行回归而得出β值。例如，NSG公司的食品部门计划推出一种新食品，这种新产品的系统风险不同于公司总体的系统风险。此时，我们可以用该公司食品部门账面收益的历史数据来估算新食品项目的系统风险。我们把一定时期内食品部门的资产收益率（ROA）和股票市场指数（如标准普尔500指数）的历史数据进行回归分析，可以得到食品部门的β值（即回归系数），以此作为这个新食品项目β值的近似值，从而反映新食品项目的系统风险。当然我们也可以用建立在会计账面数据基础上的多元回归模型来估算β值，未上市公司的β值往往用这种模型来估算。事实上，用会计账面数据估测的β值和用实际股票价格的历史数据估测的β值之间的相关系数仅为0.6，在大多数情况下，用会计β值法计算出来的β值并不可靠。

（2）同业类比法

这种方法是寻找一家经营业务与待评估项目类似且可比的上市公司，以该上市公司的β值来替代待评估的项目或部门的系统风险，用这家公司要求的收益率作为待评估项目的贴现率。运用同业类比法时，应该注意公司的资本结构已经反映在其β值中。如果替代公司的资本结构与项目所在的公司不同，那么在估算项目的β值时，应针对资本结构差异作出相应的调整，我们将使用哈马达公式②解决这个问题。

【例7-3】2024年，家庭百货公司宣布开设一系列新的商店，组建家庭百货商店，新商店利用上档次的家庭装修产品吸引一个与传统家庭百货商店客户所不同的市场，可见新商店的风险状况与传统商店不同。以下是一些以家庭装修产品收入为主要收入的上市公司，其服务对象与拟开设的新商店相似（见表7-7）。

表7-7　家庭百货商店及同行业企业β值与负债-权益比

可比公司	β值	负债-权益比（%）
Bed，Bath and Beyond公司	1.9	2
Bombay公司	1.56	0
Michael商店	1.65	15
Pier 1 Import公司	1.6	10
平均	1.675	6.75
家庭百货商店	?	25

① 详见第6章6.3节。

② 哈马达公式$\beta_S = \beta_A[1 + (1 - T)\dfrac{D}{E}]$是哈马达模型的推论，其中$\beta_s$表示负债公司股票的系统风险指数，$\beta_A$表示公司资产的系统风险指数，它等于公司无负债时权益的贝塔系数。我们将在第8章讨论这个模型。

首先，我们运用哈马达公式去杠杆，计算家庭装修产品公司无杠杆的β值：

$$\beta_{sU}=\frac{\beta_{sL}}{1+(1-T)\dfrac{D}{E}}=\frac{1.675}{1+(1-34\%)\times 6.75\%}=1.606$$

这里β_{sU}表示无负债公司权益的β值，它等于公司资产的β值β_A；β_{sL}表示负债公司权益的β值。

然后我们计算新商店的β值：

$$\beta_{sL}=\beta_{sU}[1+(1-T)\frac{D}{E}]=1.606[1+(1-36\%)\times 0.25]=1.86$$

假设国债利率为7%，风险溢价为5.5%，则计算新商店的要求收益率为：

7%+1.86×5.5%=17.23%

这就是经过风险调整的新商店的贴现率。

2）风险调整现金流法

风险调整现金流（risk-adjusted cash flows）法，又称等价现金流（equivalent cash flows）法或肯定当量法。这一方法要求项目决策者首先确定与其风险性现金流量带来等同效用的无风险现金流量，然后用无风险利率贴现计算项目的NPV作为决策的基础。它是效用理论在风险投资决策中的直接运用。

$$NPV=\sum_{t=0}^{n}\frac{\alpha_t NCF_t}{(1+k_{rf})^t} \tag{7-5}$$

其中，α_t表示期间t的等值系数；n表示项目的寿命期；NCF_t表示期间t的税后现金流；k_{rf}表示无风险收益率。

$$\alpha_t-\frac{确定现金流量}{风险现金流量} \tag{7-6}$$

α_t在0和1之间变化，它反映了管理层对风险的态度，管理层的风险厌恶程度越高，确定等值系数越小，现金流的风险就越大。对于公司而言，如果项目的风险处于正常水平，且资本成本和无风险利率已知，就可以估计确定等值系数。

【例7-4】假设某项目的寿命期为1年，年末预期现金流量为6 000万元，投资者要求的收益率为12%，无风险利率为4%。如果不考虑项目的初始成本，项目的现值为：

$$PV=\frac{6\,000}{1+12\%}=5\,357（万元）$$

根据上述计算结果，采用无风险利率代替资本成本，就可以得到该项目1年期现金流的确定等值系数：

$$\frac{\alpha\times 6\,000}{1+6\%}=5\,357\Rightarrow \alpha_t=0.9464$$

计算结果表明，投资项目1年后收到的是不确定的现金流6 000万元，或者是确定的现金流5 679万元（6 000×0.9464），对项目投资价值的影响是一样的，都可以得到相等的项目现值。

各年的α_t可由经验丰富的分析人员凭主观判断确定，也可根据各年现金流量不同的离散程度（即现金流的变异系数）确定。如果将标准离差率划分为若干档次，并为每一档次规定一个相应的α_t值，那么标准离差率越低，风险越小，α_t值就越大；反之，则α_t越小。标准离差率与确定等值系数之间并没有公认的客观标准。因此，标准离差率如何分档，各档的确定等值系数如何规定，均取决于投资决策者对风险的厌恶程度。

【例7-5】某公司要求的收益率为10%，无风险收益率为6%。公司计划建造一个预期寿命为5年的项目，初始投入为120 000美元，现金流量和α_t如表7-8所示。

表7-8　　项目的等价现金流风险分析

年份	预期现金流（美元）	等值系数（α_t）	等价的无风险现金流（美元）	贴现系数（6%）	现值（美元）
1	10 000	0.95	9 500	0.943	8 959.5
2	20 000	0.90	18 000	0.890	16 020
3	40 000	0.85	34 000	0.840	28 560
4	80 000	0.75	60 000	0.792	47 520
5	80 000	0.65	52 000	0.747	38 844

计算项目的净现值可得：

NPV= 8 959.5+16 020+28 560+47 520+38 844−120 000=19 903.5（美元）

风险调整现金流法是通过对现金流量的调整来反映各年的投资风险，并将风险因素与时间因素分开讨论，这在理论上是成立的。但是，等值系数α_t很难确定，每个人都会有不同的估算，数值差别很大。在更为复杂的情况下，等值系数反映的是股票持有者对风险的偏好，而不是公司管理层的风险态度，因此风险调整现金流法在决策实践中较少采用。

7.2　最佳资本预算

7.2.1　投资机会表和边际成本表

所谓最佳资本预算，就是通过选择项目的投资组合，使所选项目投资组合的NPV最大，从而最大化公司的价值。在确定最佳资本预算时我们需要先了解两个概念：投资机会表和边际成本表。

1）投资机会表

投资机会表按公司潜在投资项目（投资机会）的内部收益率进行降序排列，并在表中标示每个项目相对应的资本需要量。将有关项目用图表的形式表示出来，用以显示潜在的资本项目的情况。具体做法是：将每个项目的内部收益率（IRR）由大到小排序，同时和相对应的新的资本需求量形成投资组合线。图7-3中横轴表示累计投资额，纵轴表示内部收益率，投资组合线是一条逐级向下的阶梯线。

【例7-6】通达公司投资机会分析。通达公司预计下一年的投资机会如表7-9所示（其中A和F是互斥项目）。

表7-9 通达公司未来投资机会 金额单位：元

年份	A	B	C	D	E	F
0	-100 000	-200 000	-650 000	-250 000	-300 000	-100 000
1	20 000	90 000	190 000	720 000	60 000	45 000
2	40 000	90 000	190 000	720 000	120 000	45 000
3	40 000	90 000	190 000	720 000	100 000	45 000
4	60 000	90 000	190 000	720 000	100 000	
5	10 000		190 000	720 000		
6			190 000			
IRR	20.24%	28.49%	18.87%	13.53%	9.59%	16.65%

我们来编制通达公司的投资机会表。

由于项目A与F互斥，所以通达公司下一年的投资机会有两种组合：项目ABCDE和项目BCDEF。

组合1：项目A、B、C、D、E的投资机会表和投资机会线如表7-10和图7-3所示。

表7-10 通达公司项目组合1投资机会表

项目	*IRR*	投资额（元）	累计额（元）
B	28.49%	200 000	200 000
A	20.24%	100 000	300 000
C	18.87%	650 000	950 000
D	13.53%	250 000	1 200 000
E	9.59%	300 000	1 500 000

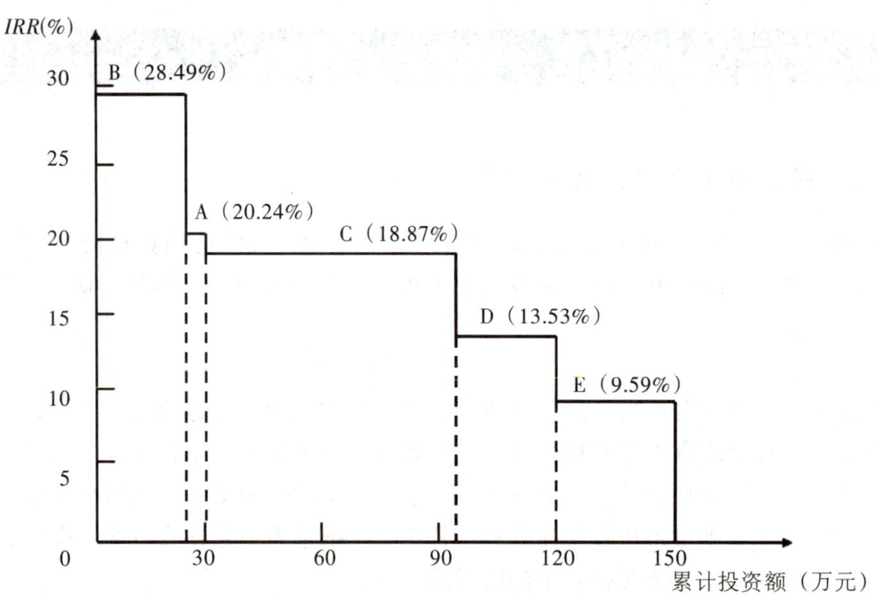

图7-3 项目组合1的投资机会线

组合2：项目B、C、D、E、F的投资机会表和投资机会线如表7-11和图7-4所示。

表7-11　　通达公司项目组合2投资机会表

项目	*IRR*	投资额（元）	累计额（元）
B	28.49%	200 000	200 000
C	18.87%	650 000	850 000
F	16.65%	100 000	950 000
D	13.53%	250 000	1 200 000
E	9.59%	300 000	1 500 000

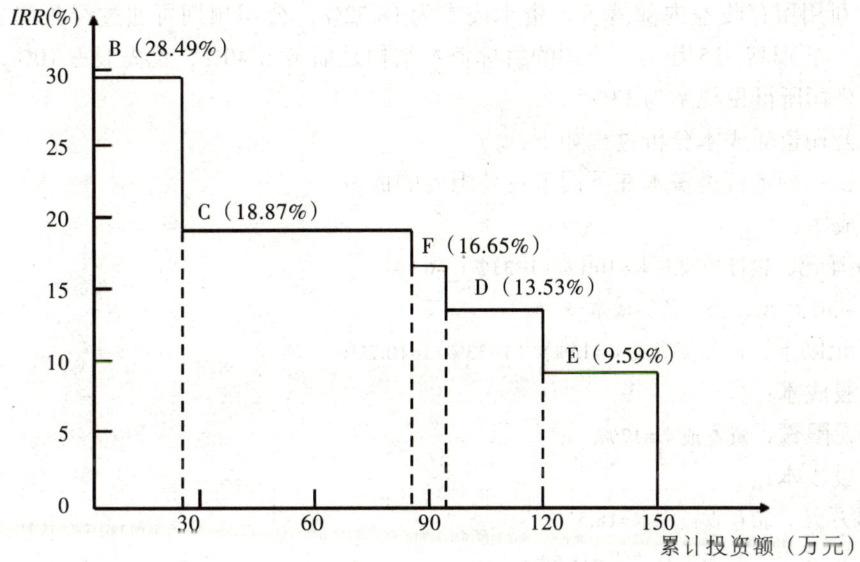

图7-4　项目组合2的投资机会线

将图7-3与图7-4合并，可得到通达公司未来一年的投资机会线（如图7-5所示）。

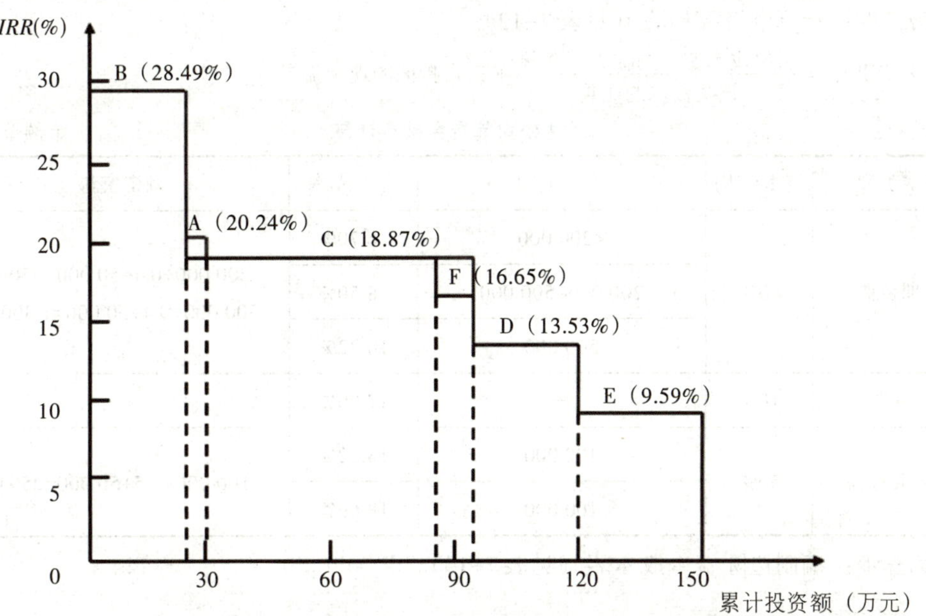

图7-5　通达公司的投资机会线

2）边际成本表

在上一章我们介绍了边际资本成本及其计算，它是指每增加1元的融资所带来的加权平均资本成本，它会随着筹资额的增加而提高。

【例7–7】通达公司边际成本分析。通达公司面临的筹资环境如下：长期负债方面，公司可以从银行贷款20万元，税前成本为10%；可以通过发行公司债券筹集30万元，税后资本成本为8.5%；除上述两种渠道，额外增加负债的税前资本成本为16%。公司发行优先股筹资的成本为17%；普通股权益方面，通过发行新股外部筹资，资本成本为18.96%；利用留存收益内部筹资，资本成本为18.52%，公司预期可通过经营增加留存收益10万元，折旧费用5万元。公司的目标资本结构是债务占40%，优先股占10%，普通股占50%。公司所得税税率为33%①。

通达公司边际成本分析过程如下：

第一步：确定各类资本在不同筹资范围内的成本。

债务成本：

0~20万元，银行贷款成本=10%×（1–33%）=6.7%

20万~50万元，公司债券成本=8.5%

50万元以上，额外负债成本=16%×（1–33%）=10.72%

优先股成本：

筹资无限额，资本成本=17%。

普通股成本：

0~10万元，留存收益成本=18.52%

10万元以上，新股发行成本=18.69%

折旧资金成本：

0~5万元，与留存收益成本同为18.52%。

第二步：计算融资突破点（见表7–12）。

$$融资突破点=\frac{引起成本变化的临界筹资额}{该类资本的比重}+来自折旧的现金流量$$

表7–12　通达公司筹资突破点计算　金额单位：元

资本类型	资本结构	筹资范围	资本成本	融资突破点
长期负债	40%	<200 000	6.70%	200 000÷0.4+50 000=550 000 500 000÷0.4+50 000=1 300 000
		200 000~500 000	8.50%	
		500 000	10.72%	
优先股	10%	—	17.00%	—
普通股权益	50%	100 000	18.52%	100 000÷0.5+50 000=250 000
		100 000	18.69%	

第三步：编制边际资本成本表（见表7–13）。

① 公司所得税税率在不同时期、不同国家有所不同，这里主要需要掌握计算过程。

表7-13　　通达公司边际资本成本表　　金额单位：元

筹资总额	资本成本			边际资本成本
	长期负债（0.4）	优先股（0.1）	普通股权益（0.5）	
<250 000	6.70%	17%	18.52%	13.64%
250 000~550 000	6.70%	17%	18.69%	13.73%
550 000~1 300 000	8.50%	17%	18.69%	14.45%
1 300 000	10.72%	17%	18.69%	15.33%

第四步：绘制边际成本线（如图7-6所以）。

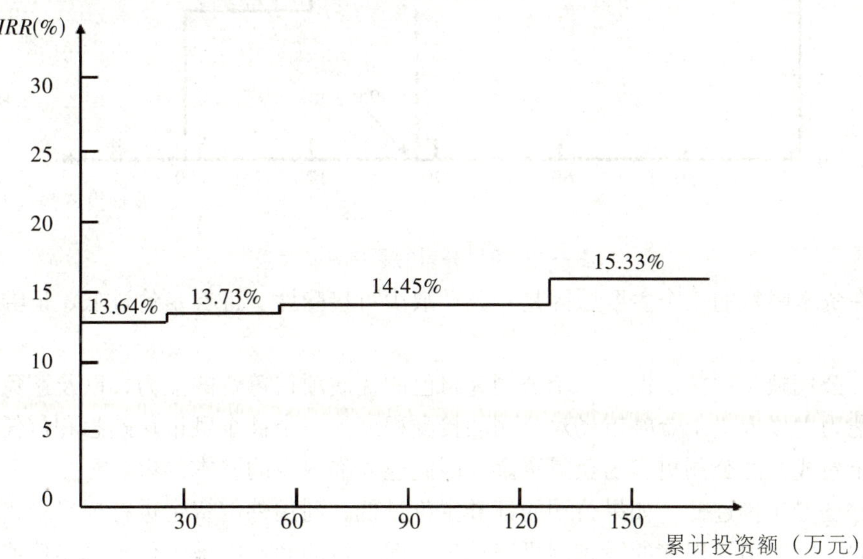

图7-6　通达公司的边际成本线

3）最佳资本预算

把边际成本表与投资机会表相结合，资本预算中的资本成本实际上决定于投资机会线和边际成本线的交点，交点对应的投资规模就是公司的最佳资本预算规模，交点左边的项目就是公司的最佳资本预算项目（如图7-7所示）。

对于通达公司来说，下一年的最佳资本预算规模是95万元，最佳资本预算项目是项目B、A、C或项目B、E、F。

7.2.2　资本限制条件下的最佳资本预算

1）资本限额

最佳资本预算被定义为能够保证公司价值最大化的项目组合。公司金融理论认为所有能产生正净现值的独立项目都应该接受，因此，最佳资本预算由项目组合构成。但在实际业务当中，如果一个公司因为缺乏可用资本或缺乏筹集项目所需资本的能力而不得不放弃某些预期收益率高于投资者要求收益率的项目时，该公司将面临资本限额。资本限额（capital rationing）是指公司有许多净现值为正的投资项目，却无法筹集足够的资金来开展这些项目。

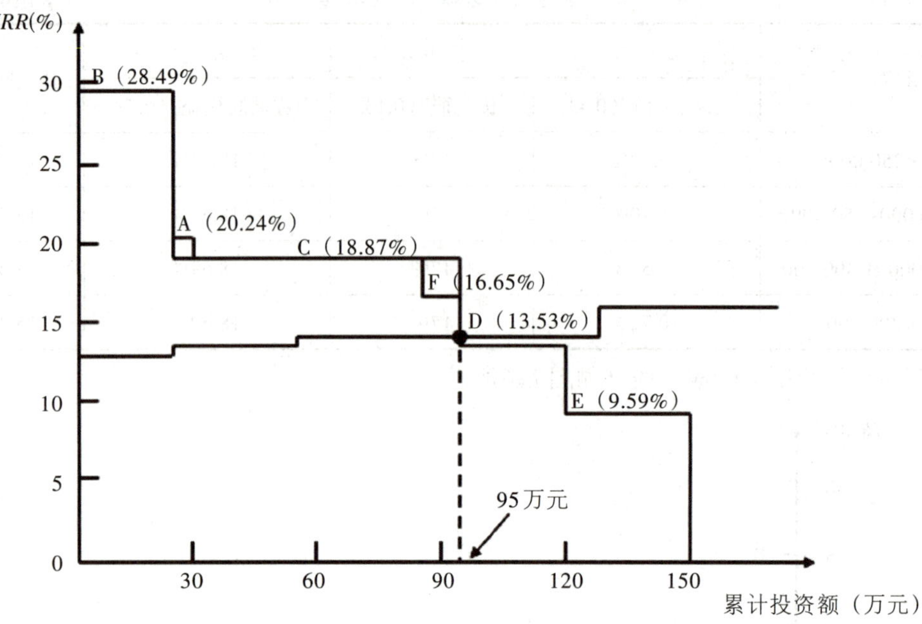

图7-7　通达公司的最佳资本预算

存在资本限额的三个主要原因是：公司缺少可接受性、证券定价过低、证券发行成本过高。

（1）公司缺少可接受性。一个公司为自己的优质项目筹资的能力，以及避免资本限额问题的能力主要取决于金融市场对公司的接受程度。一个被金融市场熟悉和信任的公司要远比一个新成立的公司更容易获得资金，因此也面临更少的资本约束。

（2）证券定价过低。如果公司的证券定价过低，利用外部资金进行项目融资将受到明显的阻碍，因为项目现在的股东因投资该项目而获得的利益将被因低于真实价值卖出该项目证券而导致的损失所抵消。

（3）证券发行成本过高。在金融市场筹集资金的成本有时可能非常高。如果这些成本大于项目的净现值，那么筹集资金投资该项目的意义就不存在了。

资本限额分为两种类型：软性资本限额和硬性资本限额。

（1）软性资本限额（soft rationing）通常发生在公司为其内部不同部门分配某个固定数量的金额作为每年的资本支出时。这种约束的主要作用是对总体支出进行控制和追踪，公司的资本支出可能会超出该目标或达不到该目标。关于软性限额，需要注意的是，公司作为一个整体并不缺乏资金；如果管理层愿意，他们可以以一般条件筹集到更多资本。在软性资本限额的情况下，首先要做的一件事就是设法争取到一个更大的分配额，如果无法做到这一点，那就应在已有的预算内产生尽可能大的净现值。

（2）硬性资本限额（hard rationing）指的是一个公司无论如何都不能为一个项目筹集足够资金的情形。这种约束可能发生在当一个公司遭遇财务困境的情况下，这意味着公司存在破产的可能性。另外，当公司如果不违反现有的合同契约就无法筹集到资金时，也会出现硬性限额的情况。对于大型、健康的公司而言，这种情况一般不会频繁发生。

2）资本限额下的项目选择

（1）获利能力指数法

项目的净现值告诉我们一个项目是否值得投资、价值增值多少，但并没有表明需要多少投资，也就是项目的规模问题。获利能力指数就是将净现值规模化的指标。净现值为正时，获利能力指数才大于1，获利能力指数越大，项目的收益率越高，在资本有限的情况下，公司力求将资金投入收益率高的项目中去。当项目的数目不多时，可以列示出各种项目组合，项目组合的投资规模应不超过资本限额，将它们的NPV总额进行比较，得出具有最大值的一组作为最佳投资组合。

【例7-8】ABC公司现有5个投资项目可供选择，资本限额为600万元，这些项目的获利能力指数、投资规模和净现值见表7-14。

表7-14 ABC公司可选的投资项目

项目	获利能力指数（*PI*）	投资规模（元）	净现值（元）
A	2.0	400 000	4 000 000
B	1.5	1 000 000	500 000
C	2.2	2 500 000	3 000 000
D	0.9	1 500 000	-150 000
E	2.5	2 000 000	3 000 000

第一步：将项目的*PI*由大到小排序（见表7-15）。

表7-15 将项目的*PI*由大到小排序

项目	获利能力指数（*PI*）	投资规模（元）	净现值（元）
E	2.5	2 000 000	3 000 000
C	2.2	2 500 000	3 000 000
A	2.0	4 000 000	4 000 000
B	1.5	1 000 000	500 000
D	0.9	1 500 000	-150 000

第二步：从*PI*较高的项目开始选取，确定投资组合，尽量充分利用资本限额；在本例中，计算各种组合的*NPV*总和，合适的投资组合有以下两个（见表7-16）：

表7-16 合适的投资组合

投资组合	项目	投资规模（元）	净现值（元）
1	E、C、B和50万元的投资机会	6 000 000	6 500 000与余下的500 000带来的净现值
2	E、A	6 000 000	7 000 000

第三步：按照组合的*NPV*总额选取最佳组合。最佳投资的选择取决于投资组合1中未充分利用的50万元能够带来的*NPV*是否超过50万元（700-650）。未被充分利用的这50万元被称为资本剩余；资本剩余即使无法投资实业，也可存入金融机构赚取收益。

【例7-9】表7-17列出了三个相互独立的净现值为正的项目。

表7-17　项目A、B、C的现金流与*PI*、*NPV*　金额单位：万元

项目	预期现金流			*PI*	*NPV*（贴现率为10%）
	0	1	2		
项目A	-1 000	600	1 200	0.54	537
项目B	-1 500	800	1 500	0.31	467
项目C	-3 000	2 000	2 000	0.29	884

如果没有资本限额，这三个项目都值得投资。项目C的净现值最高，但单位资金的获利能力最低。

假设公司的资本限额为3 000万元，公司在限额内可以进行的投资形式，除了对A、B、C单独投资外，还可以选择进行项目间的投资组合：A和B。其他的投资组合“A+C”、“B+C”以及“A+B+C”三种选择都会超过资本限额。

在有限的投资规模下，公司需要寻求最大的增值回报。项目的获利能力指数反映的是单个项目的盈利能力，但从价值量的角度衡量和比较项目，获利能力指数是不能直接体现价值大小的，因为它是一个比率指标；同理，比较投资组合也不能将获利能力指数简单地相加，而必须结合项目规模和投资限额，计算加权平均获利能力指数（见表7-18）。

表7-18　计算加权获利能力指数　金额单位：万元

项目	初始投资	占投资限额权重	*PI*	加权平均*PI*	*NPV*（贴现率为10%）
项目A	1 000	0.33	0.54	0.18	537
项目B	1 500	0.5	0.31	0.16	467
项目C	3 000	1	0.29	0.29	884

比较投资限额3 000万元以内的各投资形式的加权获利能力指数：

项目A+B：0.33×0.54+0.5×0.31+0.17×0 = 0.18+0.16 = 0.34

项目C：1×0.29 = 0.29

项目A：0.33×0.54+0.67×0 = 0.18

项目B：0.31×0.50+0.50×0 = 0.16

项目组合A和B的加权平均获利能力指数为0.34，高于任何其他可能的组合形式，因此是最佳的投资选择。

【例7-10】假设在【例7-9】中再增加一个可以在第一期投资的项目D，假定公司在第一期还可以筹资3 000万元用于投资项目。项目A、B、C、D的现金流与*PI*、*NPV*见表7-19。

表7-19　　项目A、B、C、D的现金流与PI、NPV　　金额单位：万元

项目	预期现金流			PI	NPV（贴现率为10%）
	0	1	2		
项目A	-1 000	600	1 200	0.54	537
项目B	-1 500	800	1 500	0.31	467
项目C	-3 000	2 000	2 000	0.29	884
项目D		-5 000	6 500	0.17	826

项目D的投资规模较大，虽然其获利能力是四个项目中最低的，但是D的出现使得在当期的最佳投资选择是项目C，而不是项目A和B。如果第0期时投资项目A和B，第1期收回现金1 400万元，加上新的资本供应3 000万元，不足以进行项目D的投资，单纯投资项目A和B这种组合的净现值为1 004万元（537+467）；但如果第1期投资项目C，第1期的现金流入加上新的资金正好可以进行项目D的投资，而项目组合C和D产生最高的净现值1 710万元（884+826）。

在资本预算中，对于更复杂的资本限额问题，比如多期资本配置、项目之间有关联关系等，我们可以用更为复杂的方法来进行决策。

（2）线性规划法

在资本配置的条件下进行资本预算实际上是在有约束的条件下求解价值最大化的问题，较为复杂的数学方法（如线性规划法）可以帮助我们求解该问题。我们可以用一种叫作零-整数规划（zero-one integer programming）的分析方法在计算机的辅助下来解决资本限额问题。这种方法尤其适用于比较复杂的涉及多年资本限额的问题。

零-整数规划是线性规划的特殊情况。在零-整数规划中，变量只能是0或1（一般的线性规划的解可以是分数，可正可负）。对于资本限额，我们的目的是使净现值总额在资本限额的限制下最大化。我们通过为每一个项目指定一个变量而把问题数学公式化。

【例7-11】接【例7-10】，假设项目A可供选择的比例为x_A，x_A的取值区间在0到1之间，如果项目A不可分割，x_A就只能取整数0或1，也即完全拒绝或者完全接受。项目A创造的价值为$537x_A$。类似地，设x_B、x_C、x_D为项目B、C、D的投资比例。因此，目标函数为：

$$\max NPV = 537x_A + 467x_B + 884x_C + 826x_D$$

约束条件有三类：

第一，资本限额的约束。本例中在两期有资本限额，因此有两个不等式，表明每年的现金流出总额不能超过3 000万元。

$$1\,000x_A + 1\,500x_B + 3\,000x_C \leqslant 3\,000$$

$$-600x_A - 800x_B - 2\,000x_C + 5000x_D \leqslant 3\,000$$

第二，项目投资比例的约束。项目是否可以分割决定变量是否取整。

$x_A \in [0,\ 1]$或$x_A \in \{0,\ 1\}$

$x_B \in [0,\ 1]$或$x_B \in \{0,\ 1\}$

$x_C \in [0, 1]$或$x_C \in \{0, 1\}$

$x_D \in [0, 1]$或$x_D \in \{0, 1\}$

第三，项目之间相互关系的约束。例如，如果A、B项目互斥，则$x_A x_B = 0$。

用零-整数规划求解上述净现值最大化的问题，就可以得到项目A和D是最佳的组合选择。

7.3 资本预算中的其他问题

7.3.1 通货膨胀与资本预算

在通货膨胀期间，无论是项目的收入还是支出都会受其影响。因通货膨胀造成的货币贬值，将极大地影响投资者的投资收益现值。因此，有效的资本预算分析必须考虑通货膨胀因素的影响。

资产的价值是要求收益率和期望未来现金流的函数，通货膨胀会同时影响项目的期望未来现金流量和资本成本。但即使通货膨胀预期使未来现金流量和资本成本都发生了变化，它们也有可能相互抵消，从而使项目的净现值保持不变。为了准确地进行资本预算，我们在估计期望未来现金流量和资本成本时，或者两者都包括通货膨胀因素的影响，或者两者都不包括。当一项分析包括通货膨胀因素时，我们说它是“名义的”；当它不包括通货膨胀因素时，我们说它是“实际的”。只有各部分完全以实际值来表示或者完全以名义值来表示，才能做到正确计量。

在不考虑通货膨胀因素的时候，实际利率k_r等于名义利率k_n；同时，实际的和名义的预期净现金流量RCF_t和NCF_t也是相等的。实际利率和实际现金流（也称为不变购买力现金流）中没有包含通货膨胀的因素，而名义利率和名义现金流则反映了通货膨胀的影响。我们用两种方法对通货膨胀因素进行调整：一是调整投资项目的现金流，以剔除通货膨胀因素的影响（如按不变价格计算现金流）；二是调整贴现率，以抵消通货膨胀带来的现金流增加的影响。

当通货膨胀率为i时，我们用下面的公式将实际利率转换为名义利率：

$$(1 + k_n) = (1 + k_r)(1 + i) \tag{7-7}$$

此时净现值可以通过以下两种方法来计算：

$$NPV = \sum_{t=0}^{n} \frac{RCF_t}{(1 + k_r)^t} = \sum_{t=0}^{n} \frac{NCF_t}{(1 + k_n)^t} \tag{7-8}$$

【例7-12】假设Christian Dior公司正考虑购买一台印刷机，该机器的使用年限为4年，所需初始支出为100 000美元。在这4年中，机器将以直线法进行折旧直到其账面价值变为零，每年折旧额为25 000美元。这台机器将使公司每年税前营业利润净增50 000美元。公司所得税税率为40%，通货膨胀率预期为每年8%，项目的实际资本成本为10%。购买这台机器的净现值是多少？

首先，我们来计算该项目的实际净现值。为此，我们必须把折旧引起的节税额转换成实际值。表7-20列示的是按实际值计算净现值的过程。第一年的节税额为：

$TD=0.4\times25\ 000=10\ 000$（美元）

表7-20　　按实际值计算项目的净现值　　单位：美元

年	项目	CFBT	CFAT	PV（10%）
0	I_0	-100 000	-100 000	-100 000
1~4	ΔR-ΔE	50 000	30 000	95 090
1	折旧	0	9 259	8 418
2	折旧	0	8 573	7 085
3	折旧	0	7 938	5 964
4	折旧	0	7 350	5 020
				NPV=21 577

在通货膨胀率为8%的情况下，其实际值或以不变购买力表示为9 260美元（10 000÷1.08）；第二年的折旧节税额为8 573美元（$10\ 000\div1.08^2$）；以此类推，可以计算出其他年份的折旧节税额的价值。

为了按名义值计算净现值，我们需要计算名义要求收益率，由公式（7-7）可得：

$$k_n = k_r + i + i\cdot k = 0.10 + 0.08 + (0.08)(0.10) = 18.8\%$$

表7-21是按名义值计算*NPV*的过程。第一年的ΔR-ΔE以名义美元表示为54 000美元（50 000×1.08）；第二年的ΔR-ΔE为58 320美元（$50\ 000\times1.08^2$）；以此类推，可以计算出其他各年的ΔR-ΔE的名义值。

表7-21　　按名义值计算项目的净现值　　单位：美元

年	项目	CFBT	CFAT	PV（10%）
0	I_0	-100 000	-100 000	-100 000
1	ΔR-ΔE	50 000	32 400	27 270
2	ΔR-ΔE	58 320	34 990	24 790
3	ΔR-ΔE	62 990	37 790	22 540
4	ΔR-ΔE	68 020	40 810	20 490
1~4	折旧	0	10 000	26 490
				NPV=21 580

可以看到，用两种方法计算得到了相同的净现值。

如果通货膨胀对现金流量各组成部分的影响程度不同（例如，收入预期每年增长6%而费用预期每年增长9%），那么分析时也必须把这些差距考虑进去。现金流量之间通货膨胀率的不同以及通货膨胀对资本成本和期望现金流量产生不同的影响，都会使分析复杂化，但并不改变分析问题的方法。无论出现哪种情况，我们分析时都要注意：或者以实际值表示各参数，或者以名义值表示各参数。

7.3.2 不同生命周期项目的选择

在资本预算决策中，很多互斥项目的期限是不一致的，当期限差别很大时，简单地比较净现值不一定能得到最合理的结论。因为较短期限的投资项目结束后，公司可以利用从该项目中获得的资金继续投资，而此时较长期限的投资项目仍处于运营阶段没有结束。

如果我们在两个具有不同生命周期的互斥项目中进行选择，那么项目必须在相同的生命周期内进行评价。换言之，我们必须想出能够考虑到未来所有重置决策①的方法。当常规重置决策的各种备选方案的生命周期不同时，我们必须在可比的基础上进行选择，一种方法就是找到一个共同的期距，我们称之为周期匹配（match cycle）法（或共同年限法），即将不同期限的投资项目建立在共同期限上比较，共同年限的值等于所有被评价投资项目期限的最小公倍数。

【例7-13】Downtown 体育俱乐部要对两种网球投掷器进行选择，设备A比设备B便宜但使用寿命较短，表7-22是两种设备的现金流出情况。

表7-22 两种设备的现金流出情况 单位：美元

期限	0	1	2	3	4
设备A	500	120	120	120	
设备B	600	100	100	100	100

设备A价值500美元，能使用3年，3年中每年末需支付120美元的修理费。设备B价值600美元，能使用4年，4年中每年末需支付100美元的修理费。假定两种设备每年的收入都相同，因此在分析中忽略不计。

我们先计算两种设备成本的净现值。

设备A：$500+\frac{120}{(1+10\%)}+\frac{120}{(1+10\%)^2}+\frac{120}{(1+10\%)^3}=798.42(\text{美元})$

设备B：$600+\frac{100}{(1+10\%)}+\frac{100}{(1+10\%)^2}+\frac{100}{(1+10\%)^3}+\frac{100}{(1+10\%)^4}=916.99(\text{美元})$

从计算的结果来看，设备B具有较高的流出量的现值，但是设备B有较长的使用周期。为此我们用周期匹配法对这两个项目进行比较。假定上述项目持续12年，在这12年中设备A有4个完整周期，设备B有3个完整周期，因而这时进行比较将是恰当的。

考虑设备A的第二个周期。设备A的重置发生于第3期，因此，另外500美元将在第3年支付并且要准备在第4、5、6年每年支付120美元的修理费。第三个重置周期开始于第6年，最后一个重置周期开始于第9年。通过前面的现值分析我们知道，第一个周期的现金流出相当于在第0期一次性支付798.42美元。同样，第二个周期的现金流出相当于在第3年年末一次性支出798.42美元。以此类推，设备A在12年里的总成本的现值为：

$$NPV_A=748.92+\frac{748.92}{1.1^3}+\frac{748.92}{1.1^6}+\frac{748.92}{1.1^9}=2\,188(\text{美元})$$

现在考虑设备B的第二个重置周期。设备B的重置发生于第4年，因此，另外600美

① 重置问题有两种情形。那些受周期、技术进步影响的设备重置问题，实际上是一次性决策，随着时间的推移，当机器报废或技术落后时，它的重置实质上又成了一个全新的项目。另一些重置决策是经常发生的，所涉及的机器设备也没有很大的变化，资产的重置或大修理是因为零部件的磨损而不是因为技术进步，这种重置决策的新资产与被重置的资产本质上是相同的，此时，就有一个重置周期的问题，资产的购买、维护和重置都是定期进行的。

元将在此时支付并且要在第5、6、7、8年每年支付100美元的修理费；第三个周期在第12年完成。按照对设备A的计算方法，设备B在12年里的总成本的现值为：

$$NPV_B = 916.99 + \frac{916.99}{1.1^4} + \frac{916.99}{1.1^8} = 1\,971(\text{美元})$$

由于两种设备在12年中具有完整的周期，对12年的成本进行比较是合理的。设备B在12年里的成本现值低于设备A的成本现值，因此应选设备B。

在对生命周期不同的投资项目进行评价时，周期匹配法是一个很直接的方法，但是它有一个缺点：当周期很长时需要大量额外的计算。例如，比较年限为6年的A资产和年限为7年的B资产所需要的共同年限为42年，连续7次购买A资产相当于连续6次购买B资产。若还有一个年限为8年的C资产，这种比较的过程将更加冗长。此时，在各备选方案之间进行选择的一种比较简便的方法就是约当年金成本法。约当年金成本（equivalent annual cost，EAC）是指某项资产在其整个寿命期间各年的约当成本。这种方法分两步应用了货币的时间价值概念：

第一步，计算某项资产整个寿命期所有成本的现值。这些成本包括：购买价格、维修成本和预期经营期间的营业成本。我们用C_0代表初始净支出，用C_1，C_2，…，C_n代表各年税后现金流量成本，其中n表示资产的寿命期，r表示要求的收益率，TC表示资产寿命期内成本的现值之和，则：

$$TC = C_0 + \sum_{t=1}^{n} \frac{C_t}{(1+r)^t} \tag{7-9}$$

第二步，确定与TC有相同现值的年金现金流量，即约当年金成本。我们用确定普通年金的公式进行计算，即：

$$EAC = TC \cdot PVIFA_{(r,\ n)} \tag{7-10}$$

在【例7-13】中，我们计算出了设备A的成本现值798.42美元，我们现在希望能使一次性支付798.42美元和一笔3年期的年金相等。根据公式（7-10）我们计算设备A的约当年金成本，由$798.42 = EAC_A \times PVIFA_{(10\%,\ 3)}$可得$EAC_A = 321.05$美元。

现在我们再来看设备B。根据$916.99 = EAC_B \times PVIFA_{(10\%,\ 4)}$可得$EAC_B = 289.28$美元。

表7-23给出了设备A与设备B的现金流出比较。

表7-23 设备A与设备B的现金流出比较 单位：美元

设备	年份						
	0	1	2	3	4	5	…
A		321.05	321.05	321.05	321.05	321.05	…
B		289.28	289.28	289.28	289.28	289.28	…

设备A的重复使用将在未来无限期内产生每年321.05美元的现金流出，设备B产生每年289.28美元的现金流出，很显然，设备B优于设备A。

7.3.3 资本预算中的管理期权

当应用贴现现金流（DCF）方法对项目进行评价时，我们隐含了一个假设，即公司被动地接受该项目，也就是说，我们完全忽略了项目本身附加的期权——经验丰富的管理者可以利用的选择权。他们完全可以自己决定，顺利时进行投资，而不利时尽量减少损失。当项目的未来结果不确定时，这样的决策机会显然能增加项目的价值。实际上，管理者可以针对市场条件和竞争者的行动作出反应。根据项目的变化情况重新调整投资计划或项目决策的机会称为管理期权（managerial option）；由于这种机会涉及的是实物而不是金融资产，所以也被称为实物期权（real option）；由于这种机会通常与大型战略性项目而不是常规维护性项目相关，所以又被称为战略期权（strategic option）。

我们用贴现现金流方法分析管理期权的价值。一个含有管理期权的项目的市场价值（M）等于不包含拓展或放弃期权在内的NPV与管理期权价值（OPT）之和。

$$M = NPV + OPT \tag{7-11}$$

在项目投资决策中，可能的管理期权的类型包括拓展期权、放弃期权和延迟期权。

（1）扩展期权（option to expand）

如果未来的投资是否执行要视一个先期投资是否成功或是否有利可图，则后者可视为一个扩展期权。例如，RIC公司是否追加投资1 000万元生产电视机装配线用机器人，这一决策相当于一个买进买权。其支付的市场调研费和新产品试制费是期权价格，追加的投资额是履约价格，销售新产品的未定价值（净现值）是标的资产的价格。

【例7-14】某生产商准备投资生产一种新配方的冷饮，初始投资额为300万元，预计该新配方的冷饮每年将产生现金流量20万元。在初始评估的过程中，该项目不论从生产还是市场来看都是不经济的，因为按预期收益率10%贴现后，这个项目的预期净现值为：

$$\frac{20}{10\%} - 300 = -100(\text{万元})$$

然而，营销人员发现该冷饮对年轻消费群体很有吸引力，市场前景很好，如果销售量急剧增长，公司现金流量将会大幅提高。但是，只有现在开始投资才可能激发起更大的市场需求。如果现在不进行初始投资的话，就会失去占领市场的先机。假定市场在两年后迅速扩张的概率为50%，预计第二年年末扩张后的现金流量的净现值为1 500万元，按预期收益率（10%）贴现后的净现值为：

$$\frac{1\ 500}{(1 + 10\%)^2} - 300 = 940(\text{万元})$$

如果接下来的两年里市场衰退，公司将不再投资，从而在第二年年末衰退的情况下现金流量净现值为0。该项目的价值分析如下：

在该案例中，与管理期权相联系的净现值（即拓展期权的价值）为：

$50\%\times940+50\%\times0=470$（万元）

由公式（7-11）可得项目的价值：

$M=NPV+OPT=-100+470=370$（万元）

由此可见，虽然第一次评估该项目会产生一个负的净现值，但我们发现拓展期权的价值足以抵消这一负的净现值。正因为该项目拥有一个有价值的期权，所以应该接受它。

（2）放弃期权（option to abandon）

放弃期权是指在执行某个项目后又放弃该项目。这可能涉及出售该项目的资产或把这些资产用到公司的其他领域。当将某项目的资产在外部市场上出售时，该项目的市场价值就是放弃期权的价值；而当将这些资产用到公司别的领域时，其机会成本就是放弃期权的价值。某投资项目是继续进行还是中途放弃，主要取决于继续使用是否具有经济价值。一般地，当发生以下两种情况时，投资项目应被放弃：第一，项目资产出售时的市场价值（其放弃价值）大于项目后继现金流量的现值；第二，现在放弃项目比未来某时刻放弃更好。

【例7-15】假设我们正在对一种新产品进行分析：该产品每年可销售10单位，每单位每年可永续获得10美元的净现金流量。第一年年末，我们对这一新产品的存活能力有了更多的了解：如果市场接受该产品，销售量可能调整为20单位；如果市场拒绝该产品，销售量则为零；成败机会各半。折现率为10%，初始投资需要1 050美元，可在一年内变卖的机器设备残值为500美元。

按照标准的DCF法，该项目的净现值为：

$$NPV = -1050 + \frac{100}{10\%} = -50(\text{美元})$$

根据净现值的决策规则，该项目应该被放弃。然而这种思路并不正确，因为就这项初始投资为1 050美元的投资项目而言，一年后如果该项目失败，产生的现金流量为：

500 +100 =600（美元）

然而，如果项目成功，产生的现金流量为：

$$\frac{200}{10\%} + 100 = 2100(\text{美元})$$

由于成败的概率均为50%，因此该项目期望的价值是：

600×50%+2 100×50%=1 350（美元）

即在一年后可获得100美元的现金和价值1 250美元（500×50%+2 000×50%）的项日。仍然采用10%的贴现率计算：

$$NPV = -1050 + \frac{100 + 1250}{1 + 10\%} = 177.27(\text{美元})$$

这样看来，*NPV*>0，我们应当投资该项目。

该投资项目的放弃价值为500美元，概率为50%，其现值为：

$$OPT = \frac{500 \times 50\%}{1 + 10\%} = 227.27(\text{美元})$$

这一价值就是放弃期权的价值。

就该案例而言，项目的价值*M*=−50+227.27=177.27（美元）。正因为项目拥有一个有价值的期权，所以应该接受它。

（3）延迟期权（option to defer）

延迟期权是指不必立即执行某项目，通过等待，公司能够获取关于市场、价格、成本和其他一些方面的新信息，因此存在等待接收新信息的期权。但等待意味着公司放弃项目早期的现金流量，而且可能失去抢先优势。比如，对一个新产品进行决策时，管理人员拥有现在推出这种产品或推迟到将来再推出该产品的期权。如果现在推出这种新产品，那么相对于等待来说公司将较早获得现金流量；但如果等待的话，公司可能以更有利的方式推出该种产品。

【例7-16】某投资项目投资成本为100万元，其预期收入在未来价格上升时为150万元，未来价格下降时为90万元，且已知未来价格上升或下降的概率均为50%。为简化分析，假定投资项目的期限为2年且项目预期收益率为10%，按标准NPV法计算：

$$NPV=-100+\frac{50\%\times150+50\%\times90}{1+10\%}=9.09(\text{万元})$$

因为$NPV>0$，所以应接受该项目且现在就投资。假定推迟到下一年待市场明朗化后再进行投资，那么在市场价格下降的情况下：

$$NPV=\left(\frac{90}{1+10\%}-100\right)\times\frac{1}{1+10\%}=-16.53(\text{万元})$$

而在市场价格上升的情况下：

$$NPV=\left(\frac{150}{1+10\%}-100\right)\times\frac{1}{1+10\%}=33.06(\text{万元})$$

由此可见，若价格下降，公司可放弃投资以避免遭受损失；若价格上升，则可在第二年投资，并且可获得比现在投资更高的利润。在该案例中，项目的价值M=9.09+23.97=33.06（万元）。

在本例中，等待是值得的，因为延迟期权的价值为23.97万元。

本章小结

在进行资本预算决策时，我们需要考虑其中的不确定性和风险。进行不确定性分析有两种基本方法。第一种，我们可以估计项目可能发生的结果及其概率，这是风险分析的概率法；第二种，我们可以对项目的风险因素进行调整，使其可以被考虑在基础状态分析的贴现率中，或者使其可以与衡量项目预期现金流量的指标相联系，这是风险分析的调整法。

风险的概率分析法包括敏感性分析、情景分析、盈亏平衡分析、决策树分析和蒙特卡罗模拟分析。

敏感性分析是研究投资决策方法（NPV、IRR等方法）对项目假设条件变动的敏感程度的一种分析方法，又称what-if分析。情景分析是指对一系列特定的远景概况（基于宏观经济因素、产业结构因素或公司因素）之下项目的NPV和IRR所进行的分析，又称bop分析。情景分析属于敏感性分析的一种。盈亏平衡分析是通过盈亏平衡点分析项目成本与收益的平衡关系的一种方法。决策树直观地表示了一个多阶段项目决策中每一阶段的投资决策和可能发生的结果及其概率。决策树可以帮助公司分析项目的不确定性。蒙特卡罗模拟分析是利用计算机技术，通过建立仿真模型，模拟各种条件下项目发展的全过程，并利用重复随机抽样方法得到计算结果。决策者根据这些结果了解投资收益的分布状况，进而作出决策。

风险的调整分析法包括风险调整贴现率法和风险调整现金流法。

风险调整贴现率法的基本原理是按照风险与收益相匹配的原则调整项目的贴现率，这也是CAPM模型的基本原则。这种方法要求公司确定适用于一定风险水平的项目所要求的收益率，然后用这种风险调整贴现率来贴现有风险的现金流，计算NPV作为决策基础。

$$NPV=\sum_{t=0}^{n}\frac{NCF_t}{(1+k^*)^t}$$

风险调整现金流法又称等价现金流法或肯定当量法。这一方法要求项目决策者首先确定与其风险性现金流量带来等同效用的无风险现金流量，然后用无风险利率贴现计算项目的NPV作为决策的基础。它是效用理论在风险投资决策中的直接运用。

$$NPV = \sum_{t=0}^{n} \frac{\alpha_t NCF_t}{(1 + k_{rf})^t}$$

最佳资本预算是通过选择项目的投资组合，使所选项目投资组合的*NPV*最大，从而最大化公司的价值。通过编制投资机会表和边际成本表并绘制投资机会线和边际成本线就可以确定公司的最佳资本预算。资本限制条件下的最佳资本预算又称为资本限额，它是指公司有许多净现值为正的投资项目，却无法筹集足够的资金来开展这些项目。获利能力指数法和线性规划法可以解决资本限制条件下的最佳资本预算问题。

关键概念

敏感性分析　情景分析　盈亏平衡分析　会计盈亏平衡　财务盈亏平衡　决策树分析　风险调整贴现率法　风险调整现金流法　最佳资本预算　资本限额　周期匹配法　约当年金成本　管理期权

综合训练

计算题

1.某公司目前使用的P型设备是10年前购置的，原始购价为30 000元，使用年限为12年，预计还可使用6年，每年经营成本为5 600元，期末残值为1 000元。目前市场上有一种较为先进的Q型设备，价值为40 000元，预计可使用10年，年经营成本为4 400元，期末无残值。如果购买Q设备，P设备的变现价值为10 000元，公司要求的最低投资收益率为12%。请用约当年金成本法判断是否用Q设备取代P设备。

2.考虑一个周期为4年，有着如下信息的项目：初始固定资产投资为420 000美元；在4年周期内按照直线法折旧至零，无残值；产品单价25美元，单位可变成本16美元；固定成本为180 000美元；销量为75 000单位；所得税税率为34%。OCF对销量变动的敏感程度如何？

3.BLT公司关于新的滑轮装配项目的估计数据如下：单位价格为1 900美元，单位变动成本为170美元，固定成本为600万美元，产量为105 000单位。假定公司相信这些估计值在±15%内都是准确的。在最好的情况下进行情景分析时，公司应该对上面4个变量采用什么估计值？在最差的情况下呢？

4.一个项目的估计数据如下：单位价格为70元；单位变动成本为37元；固定成本为6 000元；要求收益率为15%；初始投资为12 000元；年限4年。忽略税的影响，会计盈亏平衡点是多少？财务盈亏平衡点是多少？在产量等于财务盈亏平衡点时，经营杠杆度是多少？

5.我们正在评估一个成本为896 000元的8年期的项目，项目没有残值，假定采用直线法在项目寿命内折旧完毕。预计每年的销售量为100 000单位。单位价格为38元，单位变动成本为25元，每年的固定成本为900 000元。税率为35%，项目的要求收益率为15%。

（1）计算会计盈亏平衡点。在会计盈亏平衡点下的经营杠杆度是多少？

（2）计算基本情况下的现金流量和*NPV*。*NPV*对销售量变动的敏感程度是多少？请解释。如果预计的销售量减少了500单位，解释你的答案告诉了我们什么。

（3）*OCF*对变动成本变动的敏感程度是多少？请解释。如果估计的变动成本减少了1元，解释你的答案告诉了我们什么。

即测即评

综合训练参考答案

第8章

资本结构决策

目标引领

1. 了解股票价值与公司价值的关系；
2. 熟悉经营杠杆和财务杠杆的衡量方法；
3. 熟悉资本结构、资本成本与公司价值的关系；
4. 掌握财务困境的直接成本和间接成本；
5. 掌握利息的节税效应和债务的财务困境成本对公司价值的影响；
6. 了解实践中影响资本结构决策的因素。

思维导图

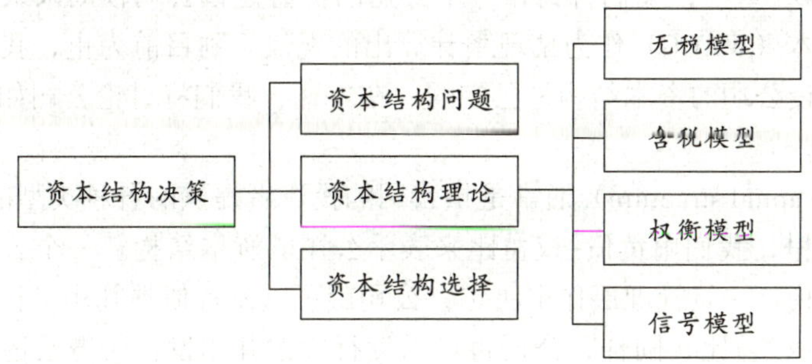

开篇导读

全球最大的土方工程机械和建筑机械的制造商——卡特彼勒公司（Caterpillar，CAT）在2009年发现自身处于微妙的状况。2008年年底，卡特彼勒公司资本结构为：负债占89%，权益占11%。89%的负债率显然是非常高的，卡特彼勒公司的管理人员也清楚地意识到过高的负债率能使一个经营状况良好的公司破产。事实上，当时美国经济处于衰退期，这场经济危机逐步扩散至全球。而卡特彼勒公司在海外的利润占其总利润的67%，因此该公司在这场经济危机中受到了很大的冲击，销售额在2009年出现下降。

卡特彼勒公司的管理层开始通过削减周转资金和管理费用、偿还投资者提供的资本等方式来恢复公司财务的秩序。从2009年第一季度到2013年年底，卡特彼勒公司稳定地降低了其对债务融资的依赖。在经济萧条的大环境下，卡特彼勒公司通过一系列措施，把资产负债率降低到了70%。但是，对于大部分公司来说，70%的资产负债率依旧过高。

如果我们更细致地分析卡特彼勒的资本结构就会发现，实际状况并不像我们所看到的那么简单。以账面价值为基础，2013年年底，卡特彼勒公司大约有477亿美元的负债，与之相对的是209亿美元的资产。但是该公司的市值（股票价格乘以已发行股票数）大约是579亿美元。就市场价值而言，卡特彼勒公司的资产负债率仅为45%，比在账面基础上计算出的70%要低很多。这就是这家公司在70%的高资产负债率下仍具有A信用评级的原因。

事实上，卡特彼勒公司在2014年年初就开始扭转局势，宣布将施行一个2018年年底到期的100亿美元股票回购项目计划，该项目通过减少未偿付权益，再次提升以账面价值为基础的公司负债率。

卡特彼勒公司和其他公司既能使用债务融资又能使用权益融资，这两种方式哪个更优呢？如果真的存在最优选择，公司应该全部依靠债务融资或全部依靠权益融资吗？或者说，如果最优方案是债务融资与权益融资的结合，那么最优化的混合方案是什么？本章将为你解答这些问题。

8.1 资本结构问题

8.1.1 最佳资本结构

在第6章和第7章中，我们看到，一个公司的价值是该公司预期未来自由现金流以其加权平均资本成本（WACC）作为贴现率计算出的现值。到目前为止，我们计算加权平均资本成本时都假设公司的资本结构是已知的。在本章，我们将讨论公司如何选择它的资本结构政策。

资本结构（capital structure）通常是指公司的投资者提供的各种类型的资本[①]占资本总额的比重，在这里，我们用负债-权益比来表示公司的资本结构。一个公司可以选择任何它想要的资本结构。一旦管理层作出决定，公司就可以发行债券并用发行所得回购部分股票，来提高负债-权益比；同样，公司也可以发行股票并用发行所得偿还部分债务，来降低负债-权益比。这种改变公司现有资本结构的活动被称为资本重组。由于公司的资本重组并不影响公司的资产，我们可以把公司的资本结构决策同公司的其他决策（如资本预算决策）分离开来进行研究。因此，本章将忽略投资决策，而集中探讨长期融资问题。

1）股票价值与公司价值

我们在第1章探讨了公司金融管理的目标，得出公司金融管理应以股东财富最大化，即股票当前市场价值最大化为目标。在资本结构决策中，使股票价值最大化实际上等同于使整个公司价值最大化。【例8-1】说明，使公司价值最大化的资本结构政策是财务管理者必须为股东选择的，这两个目标并不冲突。

【例8-1】假设J. J. Sprint公司的市场价值是1 000美元，公司目前没有债务（类似J. J. Sprint这样的公司我们称之为无杠杆公司）。J. J. Sprint公司有100股股票流通在外，每股市价10美元。我们进一步假设J. J. Sprint公司计划借入500美元并将其作为额外的股利发

---

① 资本（capital）是指投资者提供的资金，包括债务、优先股、普通股和留存收益。这里不包括应付账款和应计债务等，因为应付账款和应计债务不是投资者提供的资金，而是来源于供应商、公司员工和税务部门，这是企业正常经营的结果，而不是投资者的投资。

放给股东，每股5美元（500/100）（债务发行后，J.J.Sprint公司将变为有杠杆的公司）。这次重组将会在对公司资产没有直接影响的前提下改变公司的资本结构，这项计划实施后，公司的价值将是多少呢？

表8-1说明了初始的资本结构和新资本结构下的三种可能结果。在情境2下，公司价值没有改变。但是在情境1下，公司价值上升到1 250美元，而在情景3下减少了250美元至750美元。

表8-1　**无杠杆和有杠杆情况下公司的可能价值**　单位：美元

	无债务（初始资本结构）	借入债务并支付股利		
		情境1	情境2	情境3
债务	0	500	500	500
权益	1 000	750	500	250
公司价值	1 000	1 250	1 000	750

在三种可能的情况下，权益的价值都低于1 000美元，这可以从两方面来解释：第一，表8-1显示了在支付额外现金股利之后的权益价值。由于支付了现金，股利代表了公司的部分清算价值，因此公司支付股利之后，股东可拥有的公司价值将减少。第二，当未来公司发生清算时，只有在债权人的债权全部结清之后，股东才能得到偿还，因此债务是公司的一种抵押权，它减少了权益的价值。

由于我们的目标是使股东受益，因此我们接下来会考察表8-2中在不同情境下对股东的净支付额。

表8-2　**有杠杆情况下股东的净损益**　单位：美元

	情境1	情境2	情境3
权益价值变动	-250	-500	-750
股利	500	500	500
股东的净损益	250	0	-250

我们看到，如果公司的价值停留在原来的水平，股东所得到的额外股利将会正好被资本损失抵消，这是情境2的情况。而在情境1中，公司价值上升到1 250美元，结果股东赚取了250美元。换句话说，在这种方案下，重组的NPV是250美元；而情境3的NPV是-250美元。

由此我们可以看出，三种情景下公司价值的变化和股东的净损益是一致的，因此财务经理可以努力选择能够使公司价值最大化的资本结构，因为该资本结构将对公司的股东最有利。接下来，我们的讨论建立在整个公司价值的框架之内。

在没有公司所得税的情况下，公司的价值就是公司的资产产生的所有现金流的现值。而公司的债务和权益的价值是债权人获得的利息和本金以及股东得到的股利的现值。由于公司生产经营产生的现金流完全由债权人和股东以本金和利息以及股利的形式分享，所以公司的价值恒等于公司债务的价值和公司权益的价值之和。

$$V = B + S \tag{8-1}$$

其中，V代表公司的价值；B和S分别代表公司债务和权益的价值。

2）最佳资本结构

公司金融研究的三大主题之一是资本结构，对资本结构问题的研究需要回答以下两个重要问题：第一，公司对资本结构的选择是否会影响公司的价值和资本成本？第二，使公司价值最大化的负债-权益比是多少？这两个问题可以归结为一个根本性问题，即是否存在一个最佳资本结构使公司价值达到最大化。这个问题对于公司的管理层具有非常重要的意义。如果资本结构会影响公司价值，那么公司的管理层可以通过调整债务和权益的比例来增加公司的价值；如果资本结构不影响公司价值，管理层就可以把更多精力投入到公司的投资和其他生产经营活动，而无须过多地关注融资问题。Modigliani和Miller两位学者于1958年发表的论文开创性地研究了公司的资本结构和公司价值之间的关系，为现代公司金融理论的发展奠定了坚实的基础，本章第2节将会详细介绍他们的理论。

最佳资本结构（optimal capital structure）就是使公司价值最大化的债务、优先股和普通股权益的组合，在这里，我们用某个负债-权益比来表示，它也被称为目标资本结构（target capital structure）。由于公司的价值是公司未来能够产生的现金流用公司的加权平均资本成本（WACC）贴现之后的现值之和，在现金流既定的情况下，WACC越小，公司的价值越大。使公司价值最大化的资本结构也将使WACC最小化。因此，在本章中，我们将要探讨的另一个重要问题就是，当我们改变公司的资本结构时，资本成本将会如何变化。

8.1.2 经营风险和财务风险

在第4章中，当我们从股票投资者的角度考察风险时，我们区分了系统风险（或市场风险）和非系统风险（或公司特有风险）。在这里我们将从另外一个角度区分风险：经营风险和财务风险。

1）经营风险与经营杠杆

经营风险（operating risk），或商业风险（business risk），是指企业由于战略选择、产品价格、销售手段等经营决策引起的未来收益（具体指息税前收益）的不确定性。从单一资产的角度来看，经营风险是公司投入资本的收益率的不确定性。公司投入资本的收益率（return of invested capital，ROIC）定义如下：

$$ROIC = \frac{NOPAT}{\text{资本总额}} = \frac{EBIT(1-\text{税率})}{\text{资本总额}} = \frac{NI+\text{税后利息}}{\text{资本总额}} \tag{8-2}$$

这里，$NOPAT$是税后净营业利润（net operating profit after tax）；资本总额是公司的债务和普通股股本之和。

如果公司没有债务，那么它所支付的利息为零，资本将全部为权益，而投入资本的收益率则刚好等于其权益收益率ROE。

$$ROIC_{\text{零负债}} = ROE = \frac{NI}{\text{普通股权益}} \tag{8-3}$$

因此，无负债公司的经营风险可以用权益收益率的标准差来衡量，即σ_{ROE}。

经营风险的大小通常取决于以下因素：

第一，产品需求、销售价格以及投入成本的波动性。公司产品的需求量、销售价格以及投入的成本越稳定，在其他条件不变时，其经营风险越低。

第二，投入成本变化时调整产出价格的能力。当投入成本上升时，一些公司相对于其他公司更易于提高产出的价格。根据成本情况调整产出价格的能力越强，公司的经营风险越低。

第三，能以及时有效的方式开发新产品的能力。公司产品过时的速度越快，其经营风险越高。例如，处于医药和计算机这样的高科技行业的公司，依赖于新产品的不断开发，其经营风险也就比较高。

第四，固定成本在总成本中所占的比重。如果固定成本在总成本中所占的比重很高，当需求下降时成本也不会有很大的降低，公司则暴露于很高的经营风险中，这个因素被称为经营杠杆（operating leverage）。接下来我们将对此进行详细讨论。

如果总成本中很大一部分属于固定成本，我们则称这家公司具有很高的经营杠杆。如前文所述，经营风险部分取决于公司在运营中投入的固定成本的多少——如果固定成本很高，那么售价上的微小下降都能带来权益收益率的大幅下降。通常来说，那些自动化程度较高的资本密集型的公司和行业，其固定成本也较高；如果公司的雇员是拥有高技术的工人，在经济衰退期仍然必须保留并支付工资，那么这也是很高的固定成本；同样，公司的巨额研发费用也是固定成本的一部分。这些公司通常拥有较高的经营杠杆。在其他条件不变的情况下，较高的经营杠杆意味着销量的相对较小的变动会导致利润和权益收益率的大幅改变。经营杠杆的大小一般可以用经营杠杆系数来衡量。经营杠杆系数（DOL）是指息税前利润变动率相对于销售量变动率的倍数，其公式为：

$$DOL=\frac{\Delta EBIT/EBIT}{\Delta Q/Q} \tag{8-4}$$

其中，DOL表示销售量为Q时的经营杠杆系数，反映公司息税前利润对销售量的敏感程度；$EBIT$表示息税前利润；Q表示产品销售量。

根据公式（8-4）可以推导出经营杠杆系数的简化计算公式[①]：

$$DOL=\frac{Q(P-V)}{Q(P-V)-F}=\frac{Q(P-V)}{EBIT} \tag{8-5}$$

其中，P表示单位产品价格；V表示单位变动成本；F表示固定成本总额。

【例8-2】SE公司是一家无负债的公司。在不同的经营杠杆水平下它有不同的经营风险。计划A需要相对较少的固定成本，为20 000元。这个计划中公司的自动化设备并不多，因此其折旧费用、维修费用、财产税等都比较低。计划B需要更多的固定成本，为60 000元。在这种情况下，公司使用的自动化设备相对数目较大。

当权益收益率为0时，公司的息税前利润（EBIT）也为0，我们称之为经营盈亏平衡（operating breakeven）。由此我们可以用下列公式计算盈亏平衡点销售量：

$$EBIT=P\cdot Q-V\cdot Q-F=0 \tag{8-6}$$

其中，P为平均单位售价；Q为产出数量；V为单位变动成本；F为固定经营成本。设Q_{BE}为盈亏平衡销售量，则可得下面的公式：

$$Q_{BE}=\frac{F}{P-V} \tag{8-7}$$

① 公式（8-5）的优点是可以清晰地表明这是在哪一销售水平上的经营杠杆系数。不同销售水平上的DOL是不同的，这一点在计算DOL时应特别注意。

因此，对于A计划，有：

$$Q_{BE}=\frac{F}{P-V}=\frac{20\ 000}{2.00-1.50}=40\ 000(\text{件})$$

对于B计划，有：

$$Q_{BE}=\frac{F}{P-V}=\frac{60\ 000}{2.00-1.00}=60\ 000(\text{件})$$

表8-3　　SE公司不同经营杠杆水平下的经营风险

				计划A				计划B			
售价（元）				2.00				2.00			
变动成本（元）				1.50				1.00			
固定成本（元）				20 000				60 000			
资产（元）				200 000				200 000			
税率				40%				40%			
需求	概率	销售量	销售收入（元）	经营成本（元）	营业利润（元）	净利润（元）	权益收益率（%）	经营成本（元）	营业利润（元）	净利润（元）	权益收益率（%）
极差	0.50	0	0	20 000	-20 000	-12 000	-6.00	60 000	-60 000	-36 000	-18.00
较差	0.20	40 000	80 000	80 000	0	0	0.00	100 000	-20 000	-12 000	-6.00
正常	0.50	100 000	200 000	170 000	30 000	18 000	9.00	160 000	40 000	24 000	12.00
较好	0.20	160 000	320 000	260 000	60 000	36 000	18.00	220 000	100 000	60 000	30.00
极好	0.05	200 000	400 000	320 000	80 000	48 000	24.00	260 000	140 000	84 000	42.00
期望价值		100 000	200 000	170 000	30 000	18 000	9.00	160 000	40 000	24 000	12.00
标准差			98 793		24 698		7.41		49 396		14.82
变异系数					0.82		0.82		1.23		1.23

注：1.经营成本=变动成本+固定成本；

2.净利润=息税前利润×（1-税率）；

3.计划B的盈亏平衡销售量没有在表中列出，它是60 000件。

经营杠杆是怎样影响经营风险的呢？如果其他条件不变，公司的经营杠杆越大，其经营风险越高。表8-3证明了这一点，该表显示了权益收益率在计划A和计划B下的概率分布。

在表8-3中，销售额的概率分布取决于产品需求的变化，与产品在哪个计划下生产的无关，因此相同的销售概率分布适用于两个生产计划。该分布预计销售额为200 000元，在0到400 000元的范围内变化，其标准差为98 793元。从表中我们可以看出，计划B的权益收益率的期望值12%要高于计划A的9%，但计划B也具有更高的发生亏损的概率，其变异系数（1.23）大于计划A（0.82）。也就是说，经营杠杆大的计划B有更大的经营风险。

我们再来计算SE公司不同固定成本占比的计划A与计划B的经营杠杆系数。假设在现有销售价格和成本水平下，销售量为100 000件，计算两个计划的经营杠杆系数如下：

$$DOL_A = \frac{Q(P-V)}{EBIT} = \frac{100\,000 \times (2-1.5)}{100\,000 \times (2-1.5) - 20\,000} = 1.67$$

$$DOL_B = \frac{Q(P-V)}{EBIT} = \frac{100\,000 \times (2-1)}{100\,000 \times (2-1) - 60\,000} = 2.5$$

这个计算结果表明：计划B的经营杠杆系数大于计划A，也就是说，在销售量为100 000件的时候，计划A销售量每增加1个百分点息税前利润增加1.67个百分点，而计划B销售量每增加1个百分点息税前利润增加2.5个百分点；反之亦然。计划B的息税前利润随着销售量的变动而变动的程度更大，因而经营风险更大①。

2）财务风险与财务杠杆

财务风险（financial risk），也称为融资风险，是指举债经营给公司未来收益带来的不确定性。从概念上看，股东首先面临一定的公司经营内在的风险，即经营风险，它被定义为预期未来营业收入的不确定性。假如一家公司使用了债务（财务杠杆），这会将经营风险集中在普通股股东身上，这是因为债权人能收取固定的利息，而不承担任何经营风险。影响财务风险的因素主要有资本供求变化、利率水平变化、获利能力变化、资本结构变化等。财务风险通常用财务杠杆来衡量。

如果一个公司的融资来源包含固定的债务资本（例如，从银行借款、签订长期融资租赁合同、发行公司债券）以及股权资本（优先股），从而使得息税前利润的某个变化引起普通股每股收益更大的变化时，就被认为在使用财务杠杆（financial leverage）。也就是说，在公司资本结构一定的条件下，公司从息税前利润中支付的固定融资成本是相对固定的，当息税前利润发生增减变动时每1元息税前利润所负担的固定资本成本就会相应地减少或增加，从而给普通股股东带来一定的财务杠杆利益或损失。实际上，财务杠杆是收益被放大的两个步骤中的第二步。第一步是经营杠杆放大了销售量变动对息税前利润的影响，第二步是财务杠杆放大了息税前收益的变动对每股收益变动的影响。财务杠杆作用的大小可以通过财务杠杆系数来衡量。财务杠杆系数（DFL）是指普通股每股收益变动率相当于息税前利润变动率的倍数，其计算公式为：

$$DFL = \frac{\Delta EPS/EPS}{\Delta EBIT/EBIT} \tag{8-8}$$

其中，*DFL*表示财务杠杆系数，用于反映公司每股收益对息税前利润的敏感程度；*EBIT*表示息税前利润；*EPS*表示普通股每股收益。

根据公式（8-8）可以推导出财务杠杆系数的简化计算公式：

$$DFL = \frac{EBIT}{EBIT - I - Div/(1-T)} \tag{8-9}$$

其中，*I*表示利息费用；*Div*表示优先股股利；*T*表示所得税税率。

当公司在资本结构中增加负债或优先股融资比例时，固定的现金流出量就会增加，从而加大了公司的财务杠杆系数和财务风险。一般来说，财务杠杆系数越大，每股收益因息税前利润变动而变动的幅度就越大；反之，则越小。较大的财务杠杆可以为公司带来较强的每股收益扩张能力，但固定融资费用越多，按期支付的可能性就越小，由此引发的财务风险就越高。如果公司全部资产收益率低于固定融资费率，那么普通股收益率就会低于公

① 需要指出的是，经营杠杆系数本身并不是经营风险变化的来源，如果公司保持固定的销售水平和成本水平，再高的DOL也是没有意义的。事实上，是销售量和成本水平的变动引起了EBIT的变化，而经营杠杆系数只不过是放大了EBIT的变化，也就是放大了公司的经营风险。

司投资收益率或者出现资本亏损的情况。

【例8-3】我们沿用【例8-2】中SE公司的例子。SE公司目前没有举债，但是公司的财务经理现在正在考虑改变资本结构的可能性。对债务的使用将带来每股收益（EPS）的变化以及风险的变化——两者都能影响公司的股票价格。表8-4展示了当SE公司举债的水平不同时，其债务成本是如何变化的。

表8-4　SE公司在不同的负债比率下的利率

借款金额（元）	负债比率（%）	债务的利率 k_b（%）
20 000	10	8.0
40 000	20	8.3
60 000	30	9.0
80 000	40	10.0
100 000	50	12.0
120 000	60	15.0

由表8-4可以看出，举债比例越高，债务的风险越大，因而债权人要求的利率也会越高。

目前，假设公司考虑两种融资方案——保持100%的权益融资，或者改变为50%的债务和50%的权益。另外，假设未举债时SE公司的普通股流通股数为10 000股。如果它改变了资本结构，普通股可以按当前股价每股20元购回。现在我们来看表8-5，它说明了融资方案是如何影响SE公司的盈利能力和风险的。

首先，我们看表8-5中的融资方案1。假设SE公司根据其经营杠杆选择了计划B。如果SE公司没有举债，那么债务和利息费用均为0，因此税前利润等于EBIT（见表8-3中的营业利润）。按税率为40%计算得到净利润，再用净利润除以权益（即200 000元）计算得到权益收益率（ROE）。用每一销售水平下的ROE乘以该销售水平的概率，得到期望的ROE为12%（这与表8-3的计划B中的期望ROE相等），同时计算出每种销售情况下的每股收益（EPS）。我们可以计算在负债比率为0时代表公司风险的两个指标：每股收益的标准差和变异系数，其结果为：

σ_{EPS} = 2.96元

CV_{EPS} = 2.96元

然后，我们再来看一下当债务成本为12%、公司使用50%的债务融资时的情况（见表8-5）。如表8-5所示，需求和经营成本都不变，因此债务为零和50%的债务两种情况下的EBIT一列是相同的。然而，现在公司将拥有100 000元的债务，其债务成本为12%，因而它的利息费用将为12 000元。无论经济状况如何，这项利息都是必须支付的——因为债务融资是固定支付型的融资方式。因此，在第4列中给出了对于所有需求情况都不变的利息成本12 000元。第5列显示了税前利润，第6列为所得税，第7列为计算得到的净利润，第8列是用净利润除以股东权益得到的权益收益率。如果需求极差，即销售量为零，则会产生巨大的损失，其权益收益率将为-43.2%。然而，如果需求极好，则权益收益率为76.8%。按经济情况的发生概率加权平均计算得到期望的权益收益率，当公司使用50%

的债务时为16.8%。

表8-5　SE公司无债务融资和使用50%的债务时的财务杠杆效应　金额单位：元

融资方案1：债务=0								
资产					200 000			
负债					0			
利率					0			
权益					200 000			
流通股数					10 000			
产品需求(1)	概率(2)	*EBIT*(3)	利息(4)	税前利润(5)	所得税(40%)(6)	净利润(7)	权益收益率(8)	每股收益(9)
极差	0.05	-60 000	0	-60 000	-24 000	-36 000	-18.00%	-3.60
较差	0.20	-20 000	0	-20 000	-8 000	-12 000	-6.00%	-1.20
正常	0.50	40 000	0	40 000	16 000	24 000	12.00%	2.40
较好	0.50	100 000	0	100 000	40 000	60 000	30.00%	6.00
极好	0.05	140 000	0	140 000	56 000	84 000	42.00%	8.40
期望值		40 000	0	40 000	16 000	24 000	12.00%	2.40
标准差							14.82%	2.96
变异系数							1.23	1.23
融资方案2：债务占50%								
资产					200 000			
负债					100 000			
利率					12%			
权益					100 000			
流通股数					5 000			
产品需求(1)	概率(2)	*EBIT*(3)	利息(4)	税前利润(5)	所得税(40%)(6)	净利润(7)	权益收益率(8)	每股收益(9)
极差	0.05	-60 000	12 000	-72 000	-28 800	-43 200	-43.20%	-8.64
较差	0.20	-20 000	12 000	-32 000	-12 800	-19 200	-19.20%	-3.84
正常	0.50	40 000	12 000	28 000	11 200	16 800	16.80%	3.36
较好	0.50	100 000	12 000	88 000	35 200	52 800	52.80%	10.56
极好	0.05	140 000	12 000	128 000	51 200	76 800	76.80%	15.36
期望值		40 000	12 000	28 000	11 200	16 800	16.80%	3.36
标准差							29.46%	5.93
变异系数							1.76	1.76

通常，用债务融资能增加一项投资的期望收益率，但是也会相应地增加给股东带来的投资风险。【例8-3】证明了这种情况：财务杠杆使期望的权益收益率从无负债时的12%提高到50%负债比率时的16.8%，但是也增加了用变异系数来计量的投资风险，从1.23增加到1.76。

我们按照【例8-3】的方法计算得到公司不同负债比例下的每股收益和风险，（见表8-6）。

表8-6　　SE公司财务杠杆、预期每股收益和风险

负债比率（%）	*DFL*	预期每股收益（元）	每股收益标准差（元）	方差系数
0	1.00	2.40	2.96	1.23
10	1.04	2.56	3.29	1.29
20	1.09	2.75	3.70	1.35
30	1.16	2.97	4.23	1.43
40	1.25	3.20	4.94	1.54
50	1.43	3.36	5.93	1.76
60	1.82	3.30	7.41	2.25

从表8-6我们可以看到，期望每股收益随着财务杠杆的增加而增加，直到公司的债务融资比率上升为50%；利息费用也在增加，但是其对于每股收益的降低效应被由债务代替权益导致流通股数下降引起的每股收益增加的效应抵消。尽管如此，每股收益在负债比率为50%时达到峰值。超过该点后，虽然流通股数还在下降，但利率增加的幅度却更大，因此每股收益随利率的增加而下降。

我们再运用公式（8-9）计算SE公司在不同负债比率下的财务杠杆度，见表8-6第2列①。从中我们可以看出，随着公司使用债务的增多，公司的财务杠杆在不断增加，同时预期每股收益的标准差和方差系数也在增大。这表明财务杠杆增加了公司的财务风险②。

综上所述，运用财务杠杆有利有弊：更高的财务杠杆能提高期望每股收益，但它同时也增加了风险。表8-6告诉我们，SE公司的负债比率不应该超过50%，那么在0~50%的区间内，负债比率应为多少呢？我们将在下一节中进行讨论③。

8.2　资本结构理论

8.2.1　资本结构理论概述

资本结构相关理论的发展，经历了三个历史阶段：早期资本结构理论、现代资本结构理论和新资本结构理论。

1）早期资本结构理论

20世纪50年代以前，早期资本结构理论以格雷汉姆（Graham）、威廉姆斯

---

① 这里假设公司没有发行优先股，所以优先股股利*D*为零。

② 公司总风险是指经营风险和财务风险之和，总杠杆主要用于反映销售量与每股收益之间的关系，总杠杆系数是指每股收益变动率相当于销售量变动率的倍数，其计算公式为：$DTL = \dfrac{Q(P-V)}{EBIT - I - Div(1-T)}$。一般来说，公司对财务风险的控制程度相对大于对经营风险的控制程度。公司可以通过资本结构的选择以及债务到期日的选择等财务政策在合理的范围内控制其财务风险；但对于项目或资产的选择通常会受到一些限制，因为技术上的某些问题会迫使公司使用一些固定费用占较大比例的生产工艺，这是由公司的资产组合中各资产的特性决定的。

③ 在这一章中，我们将看到资本结构决策对于公司的价值和资本成本的重要意义。我们会发现资本结构决策中的重要因素是容易被识别的，但是针对这些因素的具体措施总是很难施行。在现实资本市场上，资本结构与公司价值的关系一直被称为“资本结构之谜”（capital structure puzzle）。

(Williams)、杜兰特(Durand)的理论为代表。1952年，大卫·杜兰特在《企业债务和股东权益成本：趋势和计量问题》一文中系统地总结了资本结构的三种理论：净收益理论、净经营收益理论和折中理论。

资本结构理论认为，公司市场价值(V)既可以由企业的权益价值(S)与负债价值(B)加总所决定，也可以由预期收益(PE)除以投资者所要求的收益率(RR)所决定，而且由于投资者通常将息税前收益(EBIT)作为预期收益的参考值，因此公司的市场价值(V)也可由EBIT除以投资者要求的收益率所决定。

$$V = B + S = \frac{PE}{RR} = \frac{EBIT}{RR} = \frac{EBIT}{k_g} \tag{8-10}$$

这里，k_g表示企业的总资本成本。假定企业只有权益和负债两种融资形式，企业的总资本成本率(k_g)等于权益资本成本率(k_S)与负债资本成本率(k_B)的加权平均值，该数值也被称作资本化率(C)。

$$RR = K_g = \frac{S}{V}K_s + \frac{D}{V}K_b = C \tag{8-11}$$

杜兰特(Durand，1952)给出了RR的计算公式：

$$RR = i + V \cdot \frac{\partial K_b}{\partial (B/S)} \tag{8-12}$$

其中，i表示边际利率；V表示公司的市场价值；B/S表示公司的资本结构；$\frac{\partial K_b}{\partial (B/S)}$表示债务资本成本随负债权益比变动而变动的比率。

在对“企业资本结构变动后资本成本率是否也会变动以及如何变动”的认识上，早期资本结构理论内部存在差异。

(1) 净经营收益理论

净经营收益理论又称独立假说，该埋论认为公司的资本成本和股票价格都与公司的资本结构无关。企业无论怎样改变其负债率，加权平均资本成本总是固定的，资本结构对企业总价值没有影响，没有最优资本结构；$\frac{\partial K_b}{\partial (B/S)} = 0$且$\frac{\partial K_g}{\partial (B/S)} = 0$。

净经营收益理论是通过对净经营利润进行资本化来计算公司的市场价值的。该理论认为，公司无法利用财务杠杆提高其价值(如图8-1所示)，其理由是，当财务杠杆(B/V)上升时，即使负债成本k_b保持不变，权益成本k_s也会随之提高(因为负债要求公司定期支付利息并到期偿还本金，从而增大权益资本面临的风险)，其附加的财务风险贴水正好抵消较低的负债成本，加权平均资本成本仍将保持不变。

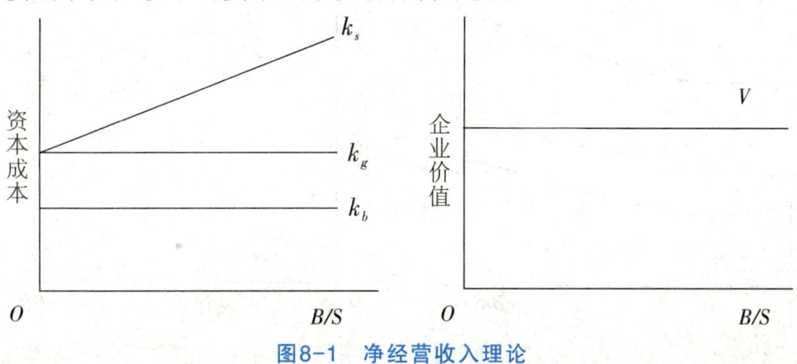

图8-1　净经营收入理论

（2）净收益理论

净收益理论又称依赖假说，该理论认为企业更多地负债可以降低公司的加权平均资本成本，公司股票价格也会因此而上升。由于负债融资可以降低企业的加权平均资本成本，因此企业的最优资本结构是100%的负债；$\frac{\partial K_b}{\partial(B/S)}=0$且$\frac{\partial K_g}{\partial(B/S)}\neq 0$。

净收益理论通过对净收益进行资本化来计算公司的市场价值。该理论认为公司的市场价值并非稳定不变，而是随财务杠杆的增大而上升。其理由是：负债的成本k_b和权益的成本k_s均不受财务杠杆的影响，在此前提下，如果负债成本低于权益成本$k_b<k_s$，则负债越多，公司的加权平均资本成本越低，因而公司的市场价值V越大。当负债程度为100%时，k_g降至最低，此时V将达到最大值（如图8-2所示）。

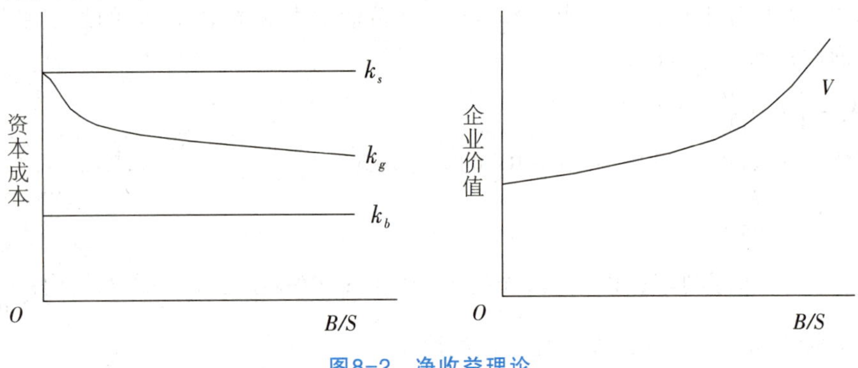

图8-2　净收益理论

（3）折中理论

折中理论认为，企业的权益成本和债务成本从某一时点开始上升，由此加权平均资本成本先下降，而后趋于上升；与此相应，股票价格也会先升后降。因而负债低于100%的某一资本结构可使企业的价值最大，且$\frac{\partial K_g}{\partial(B/S)}\neq 0$。

该理论介于净收益理论和净经营收益理论两个极端理论之间。它认为：适度的负债经营并不会明显地增加企业负债和权益资本的风险，所以企业权益资本收益率和负债利率在一定范围内是相对稳定的，但当企业负债超过一定比例时，由于风险明显增大，企业的负债和权益资本的成本就会上升，从而企业加权平均资本成本就会增加，因此企业确实存在一个可以使市场价值达到最大的最优资本结构，这个资本结构可以通过财务杠杆的运用来获得（如图8-3所示）。

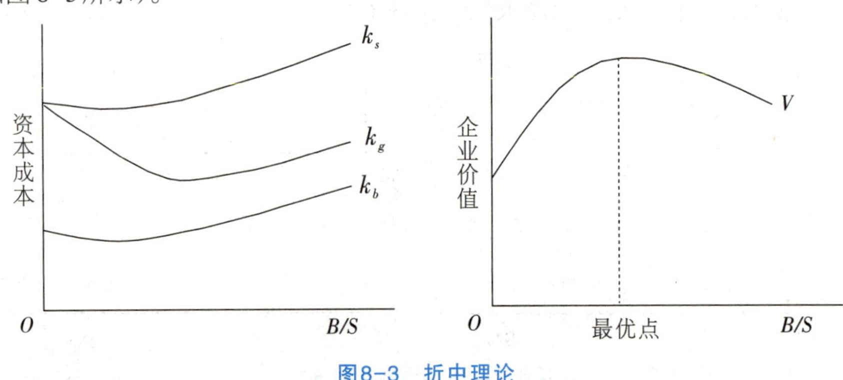

图8-3　折中理论

早期资本结构理论三种观点的不同之处就在于投资者确定企业负债和股本价值的假设条件不同。大卫·杜兰特的归纳都是建立在对投资者行为的假设推断和经验判断的基础上的，而非来自大量的统计数据推断。

2）现代资本结构理论

1958年之前，资本结构理论还仅仅是一些关于投资者行为的简单论断，没有可以进行一般统计分析的严谨模型。直到1958年，莫迪格里亚尼和米勒在《美国经济评论》上共同发表了《资本成本、公司财务和投资理论》一文[①]，提出了著名的MM定理。MM定理的精髓在于分析了公司融资决策中最本质的关系——公司经营者与投资者各自的目标和行为及其相互作用，由此奠定了现代资本结构研究的理论基石。后人对该理论的发展就在于放宽其假定，使理论更加接近于现实。围绕着MM定理在理论界产生了带有浓厚的感情色彩的大论战，秉持不同观点的各方在论战中交替占优，推进了现代资本结构理论的发展。图8-4揭示了现代资本结构理论体系的框架。

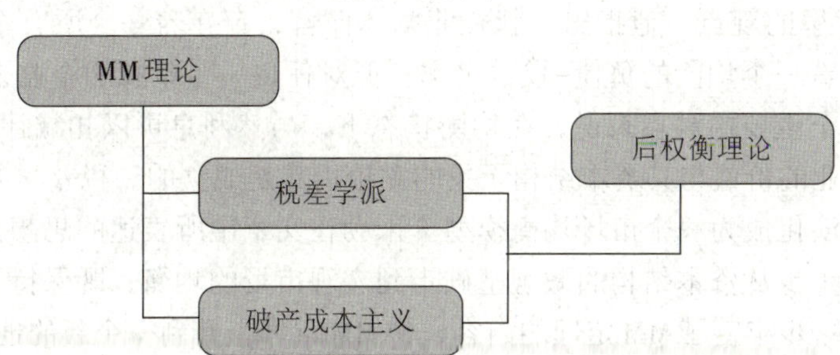

图8-4　现代资本结构理论体系

莫迪格里亚尼和米勒在一个完善市场的框架下利用套利分析方法发展他们的理论。莫迪格里亚尼和米勒最初是在没有公司所得税和个人所得税的假设下分析杠杆的。在此基础上，他们建立并在数学上证明了，资本结构中包含更多的债务并不能增加公司的价值，因为以低成本借入债务所得到的益处会被其较高风险造成的成本所抵消。因此，莫迪格里亚尼和米勒认为在不考虑税的情况下，公司的价值与其资本成本都不受资本结构的影响。

莫迪格里亚尼和米勒在1963年发表的第二篇文章[②]中加入了公司税的因素。由于公司所得税，他们认为借债会增加公司的价值，这是因为利息可以抵减公司所得税的费用，由于税收的减免，杠杆公司的经营收入就会有更多的部分流向投资者。同时，由于负债的节税效应，债务增加而使股东增加的财务风险在一定程度上得到抵减，从而资本成本的增加幅度相应地小于没有所得税时的情形。

对于MM理论来说，两个最主要的不完美条件是“企业利润的课税制度和破产惩罚的存在”。20世纪60年代末，资本结构理论顺着MM定理的假设条件主要分为两大分支：一支（包括莫迪格里亚尼和米勒本人）以法拉、塞尔文、贝南和斯塔普利顿等人为主，试图探讨在引入税收制度后，各类税收差异与资本结构的关系，形成“税差学派”；另一支以斯蒂格利茨、巴隆、巴克特、华纳和阿特曼等人为代表，主要研究破产成本对资本结构的

① MODIGLIANI，MILLER.The cost of capital，corporation finance and the theory of investment [J]. The American Economic Review，1958（48）.

② MODIGLIANI，MILLER.Corporate income taxes and the cost of capital： a correction [J]，The American Economic Review，1963（53）：433-443.

影响，形成“破产成本主义”。

税差学派实际上是许多学者关于税收差异对资本结构产生影响的各种观点和看法。其中税收差异包括两方面：一方面是指在现有税收制度下，因为税收种类的不同所产生的税收差异，主要围绕公司所得税、个人所得税和资本利得税之间在税率上的差异对资本结构选择的影响；另一方面是指在累进所得税制下，投资者因为个人所适用税率等级的不同所产生的税负差异，在米勒1977年发表的文章之后，这方面的研究尤为突出。在米勒模型提出之前，税差学派陷入了一种两难的境地。一方面，他们既承认MM定理在特定假设条件下的正确性，即资本结构可以看成是独立于税收差异的影响之外的；另一方面，税差学派本身又没能得出一个统一的、确定的根本结论，这就造成税差学派在理论上的缺陷。但是，税差学派毕竟认识到了税收差异在资本结构决定中的重要作用，他们的某些观点为后来米勒的突破性研究提供了思路。

1977年，米勒提出了一个把公司所得税和个人所得税包括在内的模型来说明负债对公司价值的影响，这就是米勒模型[①]。米勒从一般市场均衡的角度论证了他和莫迪格里亚尼在1958年文章里的观点。他指出，就企业整体而言，存在着一个所有企业总负债的均衡水平，即存在着一个均衡的负债-权益比率；但对任何一个单独的企业来说没有最优的负债比率。从这个重要的观点来说，在均衡状态下，虽然利息可以扣减计算企业所得税，但是任何一个企业的价值与其资本结构无关的立论仍然是成立的。税差学派传至米勒手中发展到了顶峰，演化成为一个市场均衡模型。米勒在文章中所表达的思想再次回到MM定理的原点，又一步步从资本结构的微观基础走到宏观市场的均衡；既保持了MM定理的前后一贯性，又进一步丰富了MM定理的内容，使MM定理上升到一个新的理论高度。

破产成本主义的研究内容可以粗略地分为两个分支：一支是所谓的“学院派”，以巴克特（Baxter）、斯蒂格利茨（Stigliz）和巴隆（Baron）等人为代表，力图从理论上证明破产成本与MM定理的关系；另一支是所谓的“经验破产成本主义”，以阿特曼（Altman）和华纳（Warner）为代表，从事破产成本的衡量与估计。

巴克特和纳文斯[②]最早将破产成本概念引入理论分析，这相当于放宽MM理论中关于其EBIT不变的假设，其定性结论是财务杠杆的提高会提高破产的可能性，而破产成本的存在又会降低公司的市场价值。斯科特和詹姆斯[③]则为破产成本与资本结构的关系提供了大量的反面证明，他定量分析了仅有次级债务的情况下，公司价值与资本结构无关。虽然学院派为破产成本与资本结构的关系提供了大量的正反两方面的证明，但是他们始终未能准确地估计或衡量破产成本。经验破产成本主义者认为破产成本由直接成本和间接成本两部分构成。“直接成本包括律师费、会计师的费用、其他职业性费用，以及花费在破产行政管理上的管理时间的价值”（华纳，1977）；而间接成本是管理机会的丧失，“包括销售损失、利润损失、信贷成本提高和无力融资等”（阿特曼，1968）。这个学派的研究范围很狭窄，人数也不多，主要局限在破产成本量化问题的探讨上，他们的研究大多是依据经验数据来估计与衡量破产成本。

---

① MILLER.Debt and taxes［J］. The Journal of Finance，1977（32）：261-275.

② BAXTER，NEVINS D.Leverage，risk of ruin and the cost of capital［J］. The Journal of Finance，1967（22）：395-404.

③ SCOTT，JAMES H.Bankruptcy，secured debt，and optimal capital structure［J］. The Journal of Finance，1977（32）：1-19.

针对MM定理的分歧最终由税差学派和破产成本主义归结到斯科特、罗比切克、梅耶斯、考斯、李真伯格等人所倡导的权衡理论，以及迪安吉罗和马苏里斯主张的后权衡理论（即静态资本结构理论），他们认为企业最优资本结构在于权衡债务与非债务的税收利益和破产成本。

权衡理论也称为最优资本结构理论，认为由于税收屏蔽，财务杠杆的提高有助于增加公司的市场价值；但随着公司债务上升，公司破产的风险也在增加，由此增加的破产成本使公司价值下降。因而，最优的资本结构就是在负债的税收利益和破产成本现值之间进行权衡。

就在权衡理论处于高潮的时期，米勒对它提出了严厉的批评。米勒提出的市场均衡模型动摇了权衡理论的基础，因为在均衡状态下公司免税现值正好抵消个人所得税现值，无从与破产成本进行权衡。为此，迪安吉罗、马苏里斯、金等人致力于扩展权衡理论；他们试图把米勒的市场均衡模型与权衡理论协调起来，以构建一个既能联系破产成本主义和代理成本说的主张，又超越税差学派关于企业所得税、个人所得税和资本利得税的各种观点的统一的权衡理论模型，也被称为后权衡理论。

1986年，美国《税收改革方案》实施。在新的税制下，原来固定资产投资所享有的投资税减免和各种相关的税收补贴被逐渐取消，迪安吉罗和马苏里斯笔下的非负债税收利益不复存在，后权衡理论好不容易建立起来的理论框架完全垮掉了。从此，权衡学派也开始淡出主流资本结构学派。

3）新资本结构理论

20世纪70年代后对资本结构理论的研究一反现代资本结构理论只注重“税收”“破产”等内部因素对公司最优资本结构的影响，力图通过“信息”“激励”等概念从公司外部因素来展开资本结构问题的分析，从而把权衡难题转化为结构或制度设计问题，这标志着一种新学术潮流的兴起，因而被称为新资本结构理论。图8-5揭示了新资本结构理论的框架。

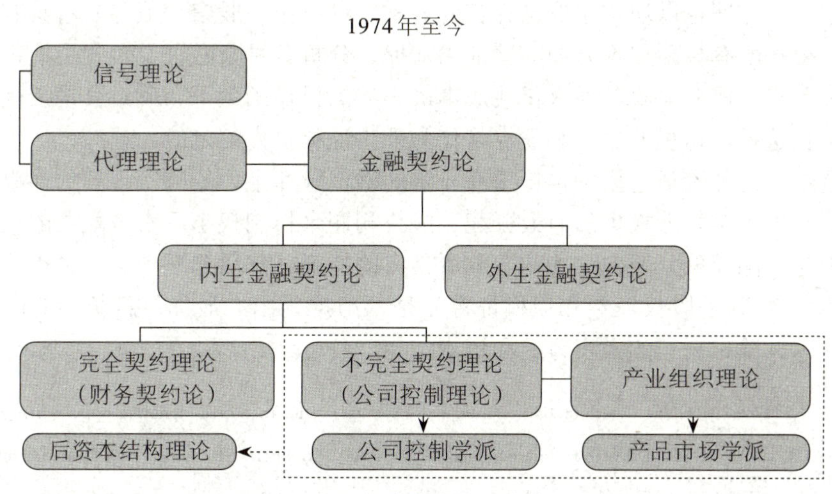

图8-5　新资本结构理论体系

资本结构的信号传递理论探讨的是在筹资前的不对称信息下，公司怎样通过适当的筹资决策向市场传递公司价值的信号，以此来影响投资者的决策。它主要讨论金融契约事前隐藏信息的逆向选择（adverse selection）问题。信号传递模型主要包括罗斯模型①、利兰-派尔模型②和迈尔斯-梅吉拉夫模型③。

当事人的逆向选择行为表现在两个方面：第一，当投资者面临事前信息不对称而可能承担风险时，他要么减少或放弃投资，要么在投资收益中考虑该风险因素而增加企业融资成本；第二，当外部投资者无法确定企业的类型时，他们对所有融资企业发行的证券只愿支付一个平均价格。这样高质量企业证券的价格将被低估，而低质量企业证券的价格将被高估，因而会导致无效率的投资决策：证券高估企业将出现投资过度（overinvestment），证券低估企业则出现投资不足（underinvestment）。既然逆向选择行为源于签约双方在事前的信息不对称，那么由内部人（管理者）向外部投资者传递有关的信息就成为解决逆向选择问题的一种有效方法。不对称信息扭曲了企业的市场价值，从而引起无效的投资，不同的资本结构会传递有关企业真实价值的不同信号，内部人选择合适的资本结构，以增强正面信号，避免负面信号。

资本结构的代理理论④侧重于从筹资后的信息不对称角度研究资本结构，认为公司所有权与控制权的分离以及投资机会受所有者资源限制的事实，引发管理者金融契约事后隐藏行动的道德风险（moral hazard）问题，它以詹森-麦克林的代理成本模型为先导，而后发展成财务契约论、公司控制学派和产品市场学派等几个分支。

詹森和麦克林⑤将资本结构的内涵扩展为“所有者结构”，用代理理论、企业理论和产权理论来系统地分析和解释信息不对称下的企业资本结构。

代理理论回答了什么是代理成本和为什么会产生代理成本的问题，金融契约理论则试图回答如何控制代理成本的问题。在公司投融资过程中，金融契约的设计问题包括公司控制权安排和现金流收益分配两个方面的问题。现代金融契约理论由外生金融契约理论（exogenous financial contracts）和内生金融契约理论（endogenous financial contracts）构成，而内生金融契约理论又包括完全金融契约理论（complete financial contract theory）和不完全金融契约理论（incomplete financial contract theory）。

外生金融契约理论以现实中业已存在的各种金融证券（股票和债券）所具有的现金流收益分配、公司所有权配置等方面的特征为前提，分析各种金融证券融资可能带来的收益和成本损失，在确保公司收益最大化或成本最小化的目标函数下，确定公司最优的融资工具和资本结构选择。这里的股票和债券是作为外生证券事先给定的。

内生金融契约理论通过模型推导出在一定的融资条件下，能够实现契约当事人之间现金流收益流量即剩余索取权事后有效分配，或公司剩余控制权事后有效配置的最优激励相容契约（内生金融契约）所包含的内容和所具有的特征，然后判断现实金融市场上所存在的金融证券（主要是股权证券和债权证券）是否与推导出的最优金融契约的内容及特征相吻合，并以此确定公司的融资方式和资本结构。

---

① ROSS，STEPHEN A. The determination of financial structure：the incentive signaling approach［J］. The Bell Journal of Economics，1977（8）：23-40.

② LELAND，HAYNE E，DAVID H. Informational asymmetries，financial structure，and financial intermediation，［J］. The Journal of Finance，1977（32）：371-387.

③ MYERS，STEWART，MAJLUF，et al. Corporate financing and investment decisions when firms have information that investors do not have［J］. Journal of Financial Economics，1984（13）：187-221.

④ 代理成本学说有两篇起奠基作用的经典文章：詹森，麦克林. 企业理论：管理行为、代理成本和所有权结构［J］. 财务经济学刊，1976（4）：78-79. 迈尔斯. 企业借贷的决定［J］. 财务经济学刊，1977（2）：151-153.

⑤ JENSEN，MICHAEL C，WILLIAM H. Theory of the firm：managerial behavior，agency costs and ownership structure［J］. Journal of Financial Economics，1976（3）：305-360.

金融契约理论中的完全契约理论，是指在有关事后的企业投资项目收益方面存在着信息不对称和为克服信息不对称而产生监督成本的前提下，契约当事人在订立契约时能够完全预期到契约期内可能发生的所有状态，并将所有状态进行特定化，运用“成本状态验证”（costly state verification，CSV）方法，推导出与事后的现金流收益分配相对应的激励相容契约的理论。在新资本结构理论体系中，我们称之为“财务契约论”。

不完全金融契约理论假定融资契约签订时，企业家和投资者均无法完全预期事后投资收益的各种状态以及企业家可能采取的行动；当发生契约中未明确规定的状态或事件时，契约的当事人必须对不可预测状态或事件的处理以及收益的分配进行再谈判，在这个再谈判的过程中，剩余控制权的拥有者拥有决策权。不完全金融契约理论所要解决的就是不确定状态下最优剩余控制权的分配问题，我们称之为“公司控制理论”。

新资本结构理论经过20世纪80年代初期的迅猛发展，到了80年代中期却因信息不对称理论在发展上出现颓势而难以为继。在这一学术背景下，后资本结构理论应运而生。它包括两大分支：资本结构管理控制学派和资本结构产品市场学派。

资本结构管理控制学派是在新资本结构理论走向式微、公司控制权市场理论发展到顶峰阶段的背景下崛起的。自20世纪80年代初以来，公司间收购活动愈演愈烈，到1988年更是达到顶峰。据估计，美国企业兼并活动的交易额在1980年仅为443亿美元，1988年激升至2 469亿美元。与之相适应，自曼恩（Manne）（1965）以来的公司控制权市场理论得到学术界的空前重视，产生了一大批有重大影响的经典文献，公司控制权市场理论很快成为西方财务学的一大主流理论，财务学文献开始考察公司控制权市场和资本结构之间的联系面，于是诞生了建立在公司控制权市场理论上的资本结构管理控制学派。它着重考察资本结构和公司控制权市场之间的联系，并突出了管理者在资本结构决策中的重要作用。它主要包括Stulz模型、Harris-Raviv模型和Israel模型等三个重要的理论模型。

资本结构产品市场学派是以产业组织理论为基础发展起来的，其核心观点是：在竞争性的市场环境中，公司的目标转变为公司价值最大化；为了实现这个目标，采取不同竞争策略的厂商会制定不同的产出政策（积极或保守），而产出政策又影响到厂商对资本结构的选择。如果公司的债务超过某一界限，就可能面临破产和清算，这不仅给股东和债权人带来成本，而且还会给其他的利益相关者施加成本。基于产业组织理论的资本结构模型着重研究两类关系：一类是在竞争性的产品市场中，公司的资本结构和它的竞争策略之间的关系；另一类是公司的资本结构与它的产品特征之间的关系。其代表作详见布兰德（Brander）和路易斯（Lewis）（1986）、蒂特曼（Titman）（1984）等。

除此之外，资本结构的行为金融理论在近些年也有所发展。舍夫林（Shefrin）（2001）分析了金融市场上投资者的非理性与公司管理者的非理性对公司融资行为的影响。斯坦恩（Stein）（1996）研究了投资者是非理性的而公司管理层是理性的情况下公司的融资行为。

启智增慧8-1
卡特彼勒融资租凭公司

8.2.2　资本结构理论：MM模型

1）MM理论的假设

关于资本结构的MM理论建立在严格的理论分析基础之上，其基本假设包括一般性假设和完美市场假设。

一般性假设包括：第一，企业的预期现金流EBIT为永续年金，即投资者预期的EBIT不变，企业的增长率为零；第二，企业的经营风险可以用σ_{EBIT}衡量，有相同经营风险的企业处于同一风险等级；第三，所有目前和潜在的投资者对企业未来EBIT的期望值和分布状况估计相同；第四，企业只有长期负债和普通股两项长期资本，资产总额不变。

完美市场假设[①]：第一，市场是完全竞争的；第二，所有投资者可以用相同的无风险利率借贷；第三，没有信息不对称；第四，没有交易成本和破产成本；第五，没有公司所得税和个人所得税。

2）MM无税模型

【例8-3】告诉我们，财务杠杆对股东的预期收益和股票风险都有影响，那么财务杠杆对公司的价值是否也会产生影响呢？答案是否定的，原因是，股东可以通过他们自己的借入和借出来调节杠杆的程度，这种方法被称为自制财务杠杆（homemade leverage）。我们来看下面这个例子。

【例8-4】SE公司股票价格为每股20元。假设某股东拥有计划的资本结构下2 000元的股票（100股）（见表8-7）；经济状态呈现五种不同情形时，他在SE公司的收益分别为-1 440元、-640元、560元、1 760元和2 560元。现在假设SE公司没有采用计划的资本结构，在这种情况下，该股东借入利率为12%的债务2 000元[②]，连同他原有的2 000元，一起购买SE公司股票200股。他的净收益与计划的资本结构下的净收益是相同的。

表8-7　计划资本结构与自制杠杆下的初始资本结构　单位：元

计划的资本结构（债务占50%）					
	极差	较差	正常	较好	极好
EPS	-14.40	-6.40	5.60	17.60	25.60
100股的投资收益	-1 440.00	-640.00	560.00	1 760.00	2 560.00
净收益	-1 440.00	-640.00	560.00	1 760.00	2 560.00
净成本=100股×20元=2 000元					
初始资本结构（无负债）和自制杠杆（借入利率12%的资金2 000元）					
	极差	较差	正常	较好	极好
EPS	-6.00	-2.00	4.00	10.00	14.00
200股的投资收益	-1 200.00	-400.00	800.00	2 000.00	2 800.00
减：利息（12%）	240.00	240.00	240.00	240.00	240.00
净收益	-1 440.00	-640.00	560.00	1 760.00	2 560.00
净成本=200股×20元-借入金额2 000元=2 000元					

① MM模型的假设是MM理论最重要的贡献之一，资本结构理论的后续发展主要是通过逐步放开各项假设完成的。

② 当我们在投资者层面复制公司的计划资本结构时，这里的2 000元是如何确定的呢？由于计划的资本结构中负债-权益比是1。为了在个人层面复制这个资本结构，股东必须借入足够的金额以创造同样的负债-权益比。因为该股东已经投资2 000元，所以另行借入2 000元将使个人的负债-权益比为1。

【例8-4】说明了MM理论的基本结论，MM最初是在没有公司或个人所得税的假设下分析杠杆的，在此基础之上，他们建立并在数学上证明了两个定理[①]。

定理1：负债公司的价值等于无负债公司的价值。

MM理论认为，公司的市场价值取决于按照与其风险程度相适应的贴现率进行资本化的预期收入水平，即EBIT的大小，而与其资本结构无关。

$$V_L = V_U = \frac{EBIT}{WACC} = \frac{EBIT}{R_{sU}} \tag{8-13}$$

其中，V_U表示无负债公司的价值；V_L表示负债公司的价值；$WACC$表示加权平均资本成本；R_{sU}表示无负债公司的权益成本（即无负债公司股东要求的收益率）。

公式（8-13）表明：（1）公司的价值不受资本结构的影响；（2）负债公司的WACC等于同一风险等级中无负债公司的权益成本。

MM理论认为，在其他条件一定的情况下，无负债公司的现金净流量完全归股东所有，公司价值等于其股票的市场价值（S），即$V_U = S_U$；而负债水平为B_L的公司，其现金净流量CFL可分为两项：一项是流入债权人手中的利息（$I = R_b B_L$），另一项是流入股东手中的股利，即息税前利润扣除利息后的剩余部分（$EBIT - R_b B_L$），公司价值等于股票价值与债券价值之和，即$V_L = S_L + B_L$。因此，公式（8-13）也可以写成：

$$V_L = V_U = \frac{EBIT}{WACC} = \frac{EBIT}{R_{sU}} = \frac{EBIT - I}{R_{sL}} + \frac{I}{R_b} \tag{8-14}$$

如果两个公司规模相同并且能产生相同的现金流量，负债经营所影响的只是现金流量的流向，而不是现金流量的总额。也就是说，无论这笔现金流量在股东和债权人之间如何分配，总是存在一个恒定的投资价值，即公司现金流量的组合方式并不影响公司的价值。MM定理1说明，由于公司的总体价值是其各类投资者在公司中所拥有的价值之和，在没有公司所得税的情况下，这一价值只取决于公司创造收益（EBIT）能力的大小和风险程度的高低（贴现率），与谁向公司提供资本无关，公司资本结构的差异只影响不同投资者在公司价值中的分配比例。

莫迪格里亚尼和米勒用套利方法来证明其命题[②]。他们认为在前文提到的假设条件下，如果两家公司只是在融资方式和总市场价值上有所不同，那么投资者必然会卖掉价值被高估公司的股票，买进价值被低估公司的股票，并且持续这一过程直到两公司具有完全相同的市值。

为了证明以上结论，假设两个公司处于同一风险等级，都具有相同的预期收益$EBIT$。U公司完全依靠普通股进行筹资，其市场价值为V_U，公司的股份为S_U；而L公司部分依靠债券融资B_L，假设利率为R_b，其市场价值为V_L。某一投资者持有L公司股份（S_L）的比率为a，其投资收益为Y_L，则：

$$Y_L = a \cdot (EBIT - R_b \cdot B_L) = a \cdot EBIT - a \cdot R_b \cdot B_L \tag{8-15}$$

这里的R_b为公司的借款利率。

现假设该投资者考虑卖掉所持有的L公司的普通股股票，再借入相当于$a \times B_L$的资本，

---

① MM实际上建立并证明了三个命题，其中定理3认为，在任何情况下，公司投资决策的选择点只能是纯粹权益流量的资本化比率，它完全不受用于为投资提供融资的证券类型的影响，即投资决策与融资决策相分离，它也被称为分离定理（separation theorem）。

② 这里套利是指以不同的价位同时买卖同类的资产。买入行为会相应地提高被低估的资产价格，而同时卖出行为会相应地降低被高估资产的价格。套利行为一直持续到价格被调整到一个均衡点，套利者不能再从中获利，此时市场达到均衡。在没有交易成本的情况下，均衡要求这两种资产的价格相等。

以便买入U公司的普通股，那么其持有U公司股票可获得的收益为：

$$Y_U = \frac{a \cdot S_L + a \cdot B_L}{S_U} \cdot EBIT - R_b \cdot a \cdot B_L = a\frac{S_L + B_L}{S_U} \cdot EBIT - R_b \cdot a \cdot B_L$$

由于 $S_L+B_L=V_L$，$S_U=V_U$，所以：

$$Y_U = a \cdot \frac{V_L}{V_U} \cdot EBIT - a \cdot R_b \cdot B_L \tag{8-16}$$

这里 R_b 为个人的借款利率。

比较公式（8-15）和公式（8-16）我们发现，只要 $V_L > V_U$，就必然存在 $Y_L < Y_U$，市场投资者的套利行为就会存在，这种套利行为最终将导致市场均衡，公司L和公司U的价值相等，即公司价值在均衡条件下独立于资本结构。MM无税模型定理1的关键点在于：个人能以和公司相同的利率借款的假设；如果个人的借款利率较高，那么公司就能轻易地通过借款来增加公司的价值。

定理2：负债公司的权益成本等于同风险等级无负债公司的权益成本，加上一定的风险溢价，风险溢价的大小由无负债公司债务成本与权益成本之差以及公司的财务杠杆决定。

$$R_{sL} = R_{sU} + \frac{B}{S}(R_{sU} - R_b) \tag{8-17}$$

其中，R_{sL} 表示负债公司的权益成本；R_{sU} 表示无负债公司的权益成本（也是公司的资产收益率）；R_b 表示债务成本；B 表示债务资本的价值；S 表示权益资本的价值。

定理2指出，随着公司负债的增加，其权益成本（权益收益率）也随之增加。因为财务杠杆的增加使股东承担的风险增大，股东要求的报酬率上升，权益成本也随之上升。权益成本的上升刚好抵消债务资本的低成本带来的好处，而公司的加权平均资本成本保持不变，公司的价值不会因债务资本的增加而增加。

定理2的推导如下：

假设U、L两家公司有相同的EBIT，其中U为无负债公司，L为负债公司，对于公司U，其价值就是股东权益的价值，$V_L = S_U$，公司的资产收益率 R_A 与股东权益收益率 R_{sU} 相等，即：

$$R_A = R_{sU} = \frac{EBIT}{V_U} \tag{8-18}$$

公司L的资产收益率为：

$$R_A = \frac{EBIT}{V_L} = \frac{EBIT}{B_L + S_L} \tag{8-19}$$

由于负债公司的营业利润分别由债权人和股东所有，即：

$$EBIT = \text{利息支出} + \text{股东收益} = B_L \cdot R_b + S_L \cdot R_{sL} \tag{8-20}$$

将公式（8-20）代入公式（8-19），可得：

$$R_A = \frac{B_L \cdot R_b + S_L \cdot R_{sL}}{B_L + S_L} = \frac{B_L}{B_L + S_L} \cdot R_b + \frac{S_L}{B_L + S_L} \cdot R_{sL}$$

移项整理可得：

$$R_{sL} = R_A + \frac{B_L}{S_L}(R_A - R_b) \tag{8-21}$$

根据公式（8-18），可得：

$$R_{sL} = R_{sU} + \frac{B}{S}(R_{sU} - R_b)$$

MM资本结构无关论的基本思想是：在没有公司所得税时，增加公司的债务不能提高公司的价值，因为负债带来的好处——债务资本的低成本——完全被其同时带来的权益成本的增加所抵消。

MM定理1和定理2可以用图8-6来描述。

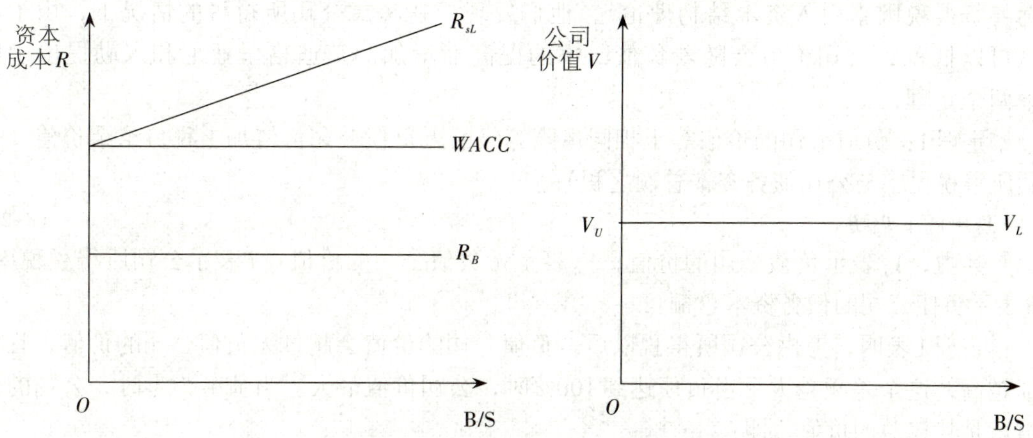

图8-6　无税条件下的公司价值、资本成本与财务杠杆

【例8-5】U公司与L公司是两家除了融资方式之外其他条件都相同的公司，它们具有永续的息税前收益*EBIT*每年300万元。U公司的权益成本为15%。L公司的债务资本为900万元，利率8%。在MM定理的各项假设条件下，求U、L两公司的价值V_L和V_U，权益价值S_U和S_L，权益成本R_{sU}和R_{sL}，以及L公司的加权平均资本成本*WACC*。

计算*U公司股东权益的价值*S_U为：

$$S_U = \frac{EBIT - R_b B_U}{R_{sU}} = \frac{300 - 0}{12\%} = 2\,500\text{（万元）}$$

U公司的市场价值V_U为：

$$V_U = B_U + S_U = 0 + 2\,500 = 2\,500\text{（万元）}$$

根据MM定理1，*L公司的市场价值为：*

$$V_L = V_U = 2\,500\text{万元}$$

L公司权益资本的价值 为：

$$S_L = V_L - B_L = 2\,500 - 900 = 1\,600\text{（万元）}$$

根据MM定理2，*L公司的权益成本*R_{sL}为：

$$R_{sL} = R_{sU} + \frac{B}{S}(R_{sU} - R_b) = 12\% + \frac{900}{1\,600} \times (12\% - 8\%) = 14.25\%$$

L公司的权益价值S_L为：

$$S_L = \frac{EBIT - R_b B_U}{R_{sL}} = \frac{300 - 8\% \times 900}{14.25\%} = 1\,600\text{（万元）}$$

L公司的加权平均资本成本WACC为：

$$WACC = \frac{B_L}{B_L + S_L} \cdot R_b + \frac{S_L}{B_L + S_L} \cdot R_{sL} = \frac{900}{2\,500} \times 8\% + \frac{1\,600}{2\,500} \times 14.25\% = 12\%$$

3）MM含税模型

公司所得税的存在将改变公司现金流的分配。这是因为，公司所得税是从税前利润中扣除的，而税前利润是息税前收益*EBIT*与利息支出*I*的差。考虑公司所得税后，公司的息税前收益不再是由债权人和股东两类投资者来分享，而是由债权人（得到利息）、政府（得到所得税）和公司股东（得到税后利润）三方来分享。由于公司价值仅仅是债权人收益的现值与股东收益的现值之和，如果资本结构不同导致了公司不同的所得税支出，那么公司的资本结构就会影响公司的价值。1963年，莫迪格里亚尼和米勒将所得税因素引入资本结构理论①，他们发现，在考虑公司所得税的情况下，由于利息可以抵税，公司价值会随着负债比率的提高而增加。莫迪格里亚尼和米勒提出了以下两个定理。

定理1：负债公司的价值等于相同风险等级的无负债公司价值加上税负结余价值（公司所得税税率与公司债务资本总额之积）：

$$V_L = V_U + T \cdot B \tag{8-22}$$

其中，V_L表示负债公司的价值；V_U表示无负债公司的价值；T表示公司所得税税率；B表示负债公司的债务资本总额。

定理1表明，考虑公司所得税以后，负债公司的价值会超过无负债公司的价值，且负债越高，这个差额越大。当负债达到100%时，公司价值最大。当债务为零时，公司的价值就是其权益的价值，即：

$$V_U = S_U = \frac{EBIT(1 - T)}{R_{sU}} \tag{8-23}$$

定理1证明过程如下：

假设公司预期收益为$EBIT$，债务融资为B，利率为R_b，则公司的税后现金流为：

$$EBIT(1 - T) + T \cdot R_b \cdot B \tag{8-24}$$

其中，$EBIT(1 - T)$是无负债公司的税后现金流量，T R_b D是债务的节税额，即负债公司增加的现金流量。根据假设这项现金流是永续的，前者用无负债公司权益成本贴现，后者用债务的利息率贴现，因而负债公司的价值是：

$$V_L = \frac{EBIT(1 - T)}{R_{sU}} + \frac{T \cdot R_b \cdot B}{R_b} = V_U + T \cdot B$$

定理2：负债公司的权益成本等于同风险等级的无负债公司的权益成本加风险溢价，风险溢价取决于无负债公司权益成本与债务成本之差、公司的财务杠杆以及公司所得税税率。

$$R_{sL} = R_{sU} + \frac{B}{S} \cdot (R_{sU} - R_b)(1 - T) \tag{8-25}$$

其中，R_{sL}表示负债公司的权益成本；R_{sU}表示无负债公司的权益成本（也是公司的资产收益率）；R_b表示债务成本；B表示债务资本的价值；S表示权益资本的价值；T表示公司所得税税率。

定理2表明，由于公司可以扣除利息支出但不能扣除股息支出，公司的财务杠杆使税收支出减少；由于权益的风险随财务杠杆增大，权益成本随财务杠杆的增大而增加。

定理2证明过程如下：

根据含税模型定理1（即公式（8-22）），可知：

$$V_L = V_U + T \cdot B = B + S \tag{8-26}$$

---

① MODIGLIANI，MILLER.Corporate income taxes and the cost of capital：a correction［J］. The American Economic Review，1963（53）：433-443.

这里B和S分别表示负债公司的债务价值和权益价值。

在有公司所得税情况下，负债公司的市场价值资产负债表可以写成（见表8-8）：

表8-8　负债公司的市场价值资产负债表

V_U = 无负债公司的价值	B = 债务
$T \cdot B$ = 税盾	S = 权益

无负债公司的价值仅仅是不含杠杆利益的资产价值。资产负债表表明了当增加债务B时，公司的价值增加了$T \cdot B$，所以，上述资产负债表中左边的期望现金流量可写成：

$$V_U \cdot R_{sU} + T \cdot B \cdot R_b$$

资产负债表右边，属于债权人和股东的期望现金流量合计，可写成：

$$S \cdot R_{sL} + B \cdot R_b$$

资产负债表左右两边的现金流相等，联立上述两个等式可得：

$$S \cdot R_{sL} + B \cdot R_b = V_U \cdot R_{sU} + T \cdot B \cdot R_b$$

上式两边同时除以S，整理可得：

$$R_{sL} = \frac{V_U}{S} \cdot R_{sU} - (1 - T) \cdot \frac{B}{S} \cdot R_b \tag{8-27}$$

由于负债公司的价值$V_L = V_U + T \cdot B = B + S$（公式（8-26）），所以：

$$V_U = S + (1 - T) \cdot B$$

将上式代入公式（8-27），可得定理2模型（公式（8-25））：

$$R_{sL} = R_{sU} + \frac{B}{S} \cdot (R_{sU} - R_b)(1 - T)$$

MM含税模型定理1和定理2可以用图8-7来描述。

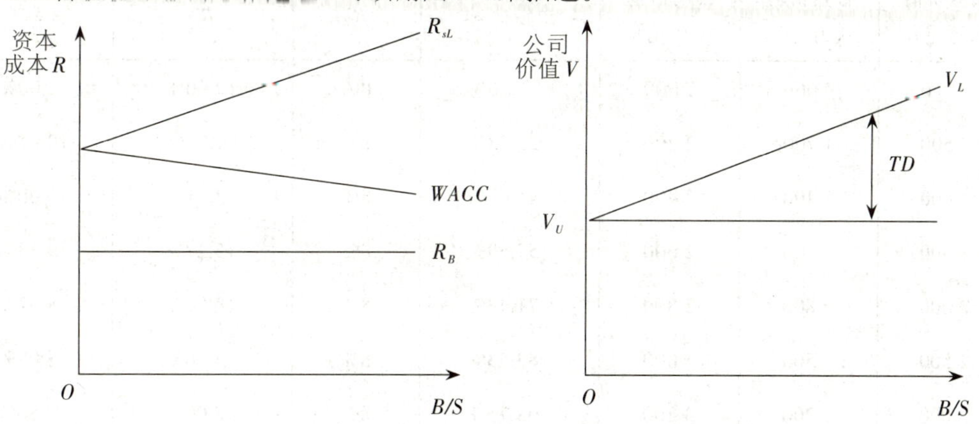

图8-7　含税条件下的公司价值、资本成本与财务杠杆

【例8-6】假设FR公司目前没有负债，是一个全权益公司。预期$EBIT$为400万元且保持不变。公司不需要新投资，收入全部用于支付股利。如果公司需要借款1 000万元，其利率为8%（即R_b = 8%），且该利率保持不变；所有借来的资金用于回购普通股，因而FR公司的资产保持不变。公司的经营风险使其在无负债条件下的要求收益率为12%（即R_{sU} = 12%）。公司所得税税率为40%（T = 40%）。在MM定理的各项假设条件下，求FR公司无负债和有负债时的价值V_U和V_L，负债时的权益价值S_L，负债时的权益成本R_{sL}，以及公司的加权平均资本成本$WACC$。

FR公司无负债时的价值为：

$$V_U = \frac{EBIT(1-T)}{R_{sU}} = \frac{4\,000\,000 \times (1-40\%)}{12\%} = 20\,000\,000（元）$$

FR公司有负债时的价值为：

$$V_L = V_U + T \cdot B = 20\,000\,000 + 40\% \times 10\,000\,000 = 24\,000\,000（元）$$

公司有负债时权益的价值为：

$$S_L = V - B = 24\,000\,000 - 10\,000\,000 = 14\,000\,000（元）$$

公司有负债时的权益成本为：

$$\begin{aligned} R_{sL} &= R_{sU} + \frac{B}{S} \cdot (R_{sU} - R_b)(1-T) \\ &= 12\% + \frac{10\,000\,000}{14\,000\,000} \times (12\% - 8\%) \times (1-40\%) \\ &= 12\% + 1.71\% = 13.71\% \end{aligned}$$

公司的加权平均资本成本为：

$$\begin{aligned} WACC &= \frac{B}{V} \cdot R_b \cdot (1-T) + \frac{S}{V} \cdot R_s \\ &= \frac{10\,000\,000}{24\,000\,000} \times 8\% \times (1-40\%) + \frac{14\,000\,000}{24\,000\,000} \times 13.71\% \\ &= 2\% + 7.99\% \approx 10.0\% \end{aligned}$$

表8-9列示了FR公司在不同的负债水平下公司的价值和加权平均资本成本。我们可以看出，随着负债的增多，公司的加权平均资本成本越来越低，公司的价值越来越大。

表8-9　FR公司不同负债水平下财务杠杆的作用

债务价值（万元）	权益价值（万元）	公司价值（万元）	负债比率	R_b	R_{sL}	$WACC$
0	2 000	2 000	0%	8%	12.00%	12.00%
500	1 700	2 200	22.73%	8%	12.71%	10.91%
1 000	1 400	2 400	41.67%	8%	13.71%	10.00%
1 500	1 100	2 600	57.69%	8%	15.27%	9.23%
2 000	800	2 800	71.43%	8%	18.00%	8.57%
2 500	500	3 000	83.33%	8%	24.00%	8.00%
3 000	200	3 200	93.75%	8%	48.00%	7.50%
3 333	0	3 333	100.00%	8%	—	12.00%

从内容上看，MM定理建立在经济理论之上，是一般市场均衡理论在资本结构问题上的应用。以MM定理为中心的现代资本结构理论与以马克维茨的资产组合理论为中心的资本资产定价理论，使财务理论独立成为一门理论学科并被普遍接受，同时它反过来又深刻地影响了经济理论的发展[①]。从方法上看，莫迪格里亚尼和米勒通篇所用的方法基本上是着重于企业和行业的一种部分均衡分析方法。正如在标准的马歇尔式企业和行业分析方法

① 斯蒂格利茨感慨道："具有讽刺意味的是，一篇声称人们不需要太过于在意资本结构的文章……已经使经济学家的注意力集中到财务学上了。"

里一样，它是一种“分析方法上的贡献”，“永久性地改变了经济分析在资本结构问题讨论上的作用”。MM定理的提出标志着现代资本结构理论的建立。随着MM定理的不断修正与完善，资本结构理论逐步完成了从早期观点向现代理论的过渡，这是资本结构理论的一次质的飞跃①。

4）MM理论的扩展

（1）Hamada模型：引入市场风险

罗伯特·哈马达（Robert Hamada）把税后的MM模型与资本资产定价模型（CAPM）相结合②，得到了负债企业的权益成本公式：

$$R_{sL}=R_f+\beta_{sU}(R_m-R_f)+\beta_{sU}(R_m-R_f)(1-T)\frac{B}{S} \tag{8-28}$$

其中，β_{sU}是公司无负债时的贝塔系数，其他各项定义如前。实际上哈马达模型把负债公司的权益收益率划分为三个部分：R_f是无风险收益率，补偿股东的货币时间价值；第二项$\beta_{sU}(R_m-R_f)$表示公司的系统性经营风险溢价；第三项$\beta_{sU}(R_m-R_f)(1-T)(B/S)$表示公司的系统性财务风险溢价。如果公司没有负债，即财务杠杆为零（B=0），那么财务风险溢价就为0，权益投资者就只需要经营风险的补偿。

哈马达又从公式（8-28）引出另一个模型用以分析财务杠杆β值的影响，即哈马达公式：

$$\beta_{sL}=\beta_{sU}[1+(1-T)\frac{B}{S}]^{③} \tag{8-29}$$

【例8-7】Heaven公司拟投资一个与以往业务领域明显不同的高风险项目，为此选择一家替代公司来评估其风险。该替代公司普通股的β_{sL}=1.33，负债比率B/S=200/800，所得税税率T=30%。

根据哈马达公式，我们计算无负债公司权益的β值：

$$\beta_{sU}=\frac{\beta_{sL}}{1+(1-T)\frac{B}{S}}=\frac{1.33}{1+(1-0.3)\times 0.25}=1.13$$

若拟投资项目的资本结构为：

B/S=300/500

则项目的β值为：

$$\beta_{sL}=\beta_{sU}[1+(1-T)\frac{D}{E}]=1.13\times[1+(1-0.3)\times 0.6]=1.60$$

（2）米勒模型：引入个人所得税

1977年，米勒提出了一个把公司所得税和个人所得税包括在内的模型来说明负债对公司价值的影响，即米勒模型④。为了说明米勒模型，我们定义T_c为公司所得税税率，T_s为股票收入的个人所得税税率，T_b为债务收入的个人所得税税率。这里股票收入包括股利和资本利得，所以T_s是股利和资本利得的加权平均有效税率；而所有的债务收入都来自利息，其有效税率就是投资者的最高税率。

---

①　“MM定理对财务经济学的影响可以与凯恩斯对宏观经济学的影响相媲美。”（韦斯顿（Weston），1961）

②　HAMADA Portfolio analysis, market equilibrium and corporation finance［J］. The Journal of Finance, 1969, 24（1）: 13-31.

③　证明过程如下：根据资本资产定价模型，$R_{sL}=R_f+\beta_{sL}(R_m-R_f)$，代入哈马达模型可得$R_f+\beta_{sL}(R_m-R_f)=R_f+\beta_{sU}(R_m-R_f)+\beta_{sU}(R_m-R_f)(1-T)\frac{B}{S}$，整理可得$\beta_{sL}=\beta_{sU}[1+(1-T)\frac{B}{S}]$。

④　MILLER.Debt and taxes［J］. The Journal of Finance, 1977（32）: 261-275.

引入个人所得税后，在MM模型原先的各假设条件下，无负债公司的价值为：

$$V_U = \frac{EBIT(1-T_c)(1-T_s)}{R_{sU}} \tag{8-30}$$

这里的分子是公司经营收入扣除了无负债公司的公司所得税和股东为权益收入支付的个人所得税，因为个人所得税减少了投资者的收入，在其他条件保持不变时，个人所得税会降低无负债公司的价值。

米勒的结论可以用以下方法推导：

首先，在公司税和个人税后，负债企业的投资者（包括股东和债权人）的年现金流量为

CF_L=股东的净现金流量+债权人的净现金流量

$$=(EBIT-I)(1-T_c)(1-T_s)+I(1-T_b)$$

$$=EBIT(1-T_c)(1-T_s)-I(1-T_c)(1-T_s)+I(1-T_b) \tag{8-31}$$

公式（8-31）中，第一项是无负债公司的税后现金流（与公式（8-30）的分子相同），用R_{sU}作为贴现率贴现得到其现值；第二项和第三项反映出杠杆是由债务融资的现金流得来的，在MM模型的假设下是无风险的，以债务成本R_b贴现得到其现值。把这三个现值加总，我们就可以得到负债公司的价值：

$$V_L = \frac{EBIT(1-T_c)(1-T_s)}{R_{sU}} + \frac{I(1-T_b)}{R_b} - \frac{I(1-T_c)(1-T_s)}{R_b} \tag{8-32}$$

把公式（8-30）代入公式（8-32），整理可得：

$$V_L = V_U + \frac{I(1-T_b)}{R_b}\left[1 - \frac{(1-T_c)(1-T_s)}{(1-T_b)}\right]$$

这里，永续的税后利息除以债务的利率就等于债务的市场价值B，把B代入上面的公式，就可得到下面的表达式，它就是米勒模型：

$$V_L = V_U + \left[1 - \frac{(1-T_c)(1-T_s)}{(1-T_b)}\right] \cdot B \tag{8-33}$$

在米勒模型中，$\left[1 - \frac{(1-T_c)(1-T_s)}{(1-T_b)}\right]$乘以$B$，代表公司的杠杆收益，因此中括号内这一项替代了MM含税模型$V_L = V_U + T \cdot B$中的公司税税率T。

对此，米勒模型作出了以下解释：

（1）如果$T_c=T_s=T_b=0$，即不考虑公司所得税和个人所得税，那么该模型与MM无税模型相同；

（2）如果$T_s=T_b$（$=0$），即利息所得税等于权益分配所得税（或者忽略个人所得税），那么该模型与MM含税模型相同；

（3）如果$(1-T_c)(1-T_s)=(1-T_b)$，中括号内的值为零，这意味着税赋结余也为零，说明公司负债减税的好处恰好被个人所得税抵消，此时公式又回到了MM无税模型。

米勒认为，总的来说，公司会发行一系列债务和权益的证券，公司证券的税前收益和投资者的个人所得税税率会不断调节这些证券直到达到一个均衡点，在均衡点处，$(1-T_b)$等于$(1-T_c)(1-T_s)$，因此公司债务的税收利益会被个人所得税抵消，这样资本结构对公司价值或资本成本就没有影响。米勒再次证实MM无税模型的结论是正确的。

8.2.3 资本结构理论：权衡模型

从广义上来讲，相对于权益，负债为公司提供了两种不同的收益：首先是负债的利息可以在税前扣除从而产生税收利益；其次是为偿还债务而加强对公司的管理。但同时负债也有成本，借入资金后公司会面临违约风险并可能最终导致企业破产清算；由于权益投资者的利益与债权人的利益存在冲突，公司不得不付出代价以解决二者之间的矛盾；负债还会降低公司目前或者将来经营行为上的灵活性。关于财务杠杆对公司价值的影响，MM模型和米勒模型的一些假设条件可以放宽而不会改变其基本结论；然而当引入财务困境成本和代理成本时，结论就大为不同了。

1）财务困境成本与代理成本

（1）财务困境成本

财务困境（financial distress）是指公司无力支付到期债务或费用的一种经济现象，包括从资本管理技术性失败到破产以及处于两者之间的各种情况。无论公司是否会因为陷入财务困境而破产，财务困境都会给公司带来损失，这被称为财务困境成本，它包括直接成本和间接成本两部分。

① 财务困境的直接成本。其主要是指破产成本，它是公司进行破产清算或重组而支出的各项费用，以及公司因陷入财务困境而造成的资产贬值损失。比如，在公司破产时，债权人可能会为争夺企业剩余资产的求偿权以及为清偿方式而争吵不休，使企业的破产过程一再拖延；在此期间，公司的厂房、设备等固定资产将无法得到充分的利用，并且很容易贬值；公司的各项存货可能因得不到及时处理而过期，其价值会大幅下降，等等。例如，在2008年9月，著名的投资银行雷曼兄弟申请破产，这是截至当时美国最大的破产案。直到2011年初，破产案还没有结束。但是直接破产成本却是惊人的：雷曼公司预计在律师、会计师、咨询师和调查机构等方面将花费大约20亿美元。Warner（1977）等的研究表明，公司平均直接破产成本占破产前公司资产市值的3%~4%①。由于破产成本的存在，债权人得不到他们应得的全部。公司的部分财产会在破产程序中“消失”，这就构成了“破产税”。此外，破产还会引发公司无形资产价值损失，及以及与公司相联系的技术优势、发展机会以及和人才资源的损失。

【例8-8】假设FR公司计划一年以后彻底退出所在行业。根据市场预期，下一年经济继续繁荣和开始衰退的概率各为50%，在两种经济状态下公司以及债权人和股东的现金流见表8-10。

表8-10 两种经济状态下公司以及债权人和股东的现金流 单位：万元

	无破产成本		有破产成本（15万元）	
	经济繁荣（概率50%）	经济衰退（概率50%）	经济繁荣（概率50%）	经济衰退（概率50%）
公司的现金流	100	50	100	50
债权人现金流	60	50	60	35
股东现金流	40	0	40	0

① WARNER .Bankruptcy costs：some evidence［J］. The Journal of Finance，1977，32（2）：337-347.

在经济衰退的情况下，公司的现金流不足以偿还全部债务，公司破产，债权人接管公司所有的资产，股东没有任何收益。但债权人在公司破产的时候能得到多少收益取决于是否有破产成本。正如表8-10所示，如果没有破产成本，债权人在公司破产的情况下可以得到公司的50万元现金；但是如果公司需要聘请律师处理法律事务，需要第三方资产管理公司托管，总计费用15万元，那么债权人在公司破产的情况下只能得到35万元现金。

假设无风险利率为10%，并且公司的股东和债权人都是风险中立的[①]，计算权益和债务在两种情况下各自的价值。

在破产成本为0的情况下，债务的价值为：

$$B_0=\frac{60\times 0.5+50\times 0.5}{1+10\%}=50\text{（万元）}$$

权益的价值为：

$$S_0=\frac{40\times 0.5}{1+10\%}=18.18\text{（万元）}$$

公司的价值为：

$$V_0=\frac{100\times 0.5+50\times 0.5}{1+10\%}=68.18\text{（万元）}$$

公司的价值正好是权益的价值与债务的价值之和。

在破产成本为15万元的情况下，债务的价值为：

$$B_1=\frac{60\times 0.5+35\times 0.5}{1+10\%}=43.18\text{（万元）}$$

权益的价值$S_1=S_0=18.18$万元

公司的价值为：

$$V_0=\frac{100\times 0.5+35\times 0.5}{1+10\%}=61.36\text{（万元）}$$

比较V_0和V_1我们发现，公司价值在破产成本为15万元的情况下比没有破产成本的情况下少了6.82万元，这一差值正好等于预期破产成本的现值，即：

$$\frac{15\times 0.5}{1+10\%}=6.82\text{（万元）}$$

破产的可能性和伴随的费用，降低了债权人的索偿价值，贷款人把预计的破产费用计入他们要求的收益率中，这就降低了股东的索偿价值。

【例8-9】假设AB公司想借入为期1年的债务100万元，公司能够完全偿付这笔贷款的概率为90%，公司在年末破产的概率为10%。如果公司破产，其资产的出售价格为60万元，假设AB公司破产的法律费用等共计6万元。如果贷款无风险，银行要求的收益率为10%，即年末银行需要获得110万元的现金流。如果AB公司破产，银行到年末只能获得54万元（60-6）。假设公司不破产时银行获得的现金流为X，则：

$$100\times(1+10\%)=0.1\times 54+0.9X$$

计算可得：

$$X=116.22\text{(万元)}$$

这个结果表明，为了得到110万元，银行对这笔贷款要收取16.22%（（116.22-100）/100×100%）的利率。如果不考虑破产费用6万元，银行在破产时可以收到60万元，

① 风险中立的投资者在计算现金流现值的时候用无风险利率进行贴现，不需要调整风险溢价。

它只需要对此贷款收取15.56%的利率（计算方法同上）。

【例8-9】表明，为了反映债务人违约对债权人造成的损失，债权人通过提高贷款利率来反映债务人违约时他们必须承担的预期成本，或者说，破产直接成本的预期现值被包含在公司的借款成本中。由于借款成本的提高降低了公司价值，因此股东间接地承担了预期破产成本。

②财务困境的间接成本。其是指公司因陷入财务困境而在经营管理方面遇到的种种困难和损失，包括为避免破产而付出的代价等各种成本的总和。当公司处于财务困境、濒临破产而尚未破产时，公司的各类利益相关者[①]为最大化自己的私人利益很可能做出有损公司整体利益的行为，这种行为对公司价值产生的负面效应就是财务困境的间接成本。比如，公司无力偿债导致债权人对公司正常经营活动的限制，原材料供应商因担心公司不能按期付款而要求公司必须用现金购买原材料，顾客因担心公司的生存能力以及售后服务等而不愿购买其产品，关键管理人员和技术人员因担心失业而选择跳槽，债权投资人和权益投资者不愿意继续承担风险而导致公司放弃有利可图的投资项目，等等。另外，公司为了避免破产，可能会采取有利于企业短期生存但会损害企业长远利益的措施。比如，降低设备的维修保养频率以节省资金，以较低价格出售优质资产以筹措资金，以降低质量、损害产品市场形象为代价来削减生产成本，优秀人才因得不到合理报酬而离开公司，等等。

20世纪70年代，美国三大汽车公司之一的克莱斯勒陷入财务困境，并且有很大概率对债务违约申请破产。当时美国政府并没有进行干预和救助。1979年，克莱斯勒对旗下的小汽车和拖拉机进行打折销售，以吸引那些由于公司陷入财务困境而远离克莱斯勒产品的消费者。据克莱斯勒自己的估计，当时平均每辆车折扣300美元，打折后总共卖掉143.8万辆。基于这些数据，我们可以简单地估算出克莱斯勒在这次财务危机中为留住客户而损失的销售额为4.31亿美元（0.01438×300）。克莱斯勒由于财务困境而遭受的4.31亿美元的损失几乎相当于当时整个公司的权益市场价值。而对该项损失的简单估算甚至还没有包括由于对产品的顾虑而选择放弃克莱斯勒转而购买其他公司产品的顾客。

这些都是间接的财务困境成本。不管这些公司最后是否破产，公司都会因为它们在资本结构中选择了债务融资而面临价值流失。正是这种价值流失的可能制约着公司选择债务融资的数量。

财务困境的直接成本和间接成本之和金额巨大。Altman（1984）以26家破产公司为样本，发现直接破产成本和间接破产成本超过公司价值的20%[②]。公司陷入财务困境的可能性及伴随发生的费用，降低了债权人的索偿价值，贷款人把预计的财务困境成本计入他们必要的利率之内，就会降低公司的价值。由于财务困境的可能性与负债比率呈同方向发展，一个公司负债越多，其财务困境成本越高，公司价值越低。

---

① 现代企业理论和现代金融理论认为，企业是各种与企业有关的利益相关者的集合。企业的利益相关者可分为两大类：财务利益相关者（financial stakeholders）和非财务利益相关者（non-financial stakeholders）。企业的财务利益相关者就是企业的投资人，包括企业的股东和债权人。财务利益相关者把自己的资金投资于企业，并预期获得财务（投资）收益；企业的经营状况会影响到股东和债权人的财务（投资）收益。非财务利益相关者主要包括企业的客户、供应商、员工和政府。尽管这些经济体或个人并不是企业的投资者，但他们的自身利益也和企业的状况密切相关，所以被称为非财务利益相关者。财务困境的间接成本主要来自非财务利益相关者。

② ALTMAN. A further empirical investigation of the bankruptcy cost question［J］. Journal of Finance, 1984 (September)：1067-1089.

（2）代理成本

代理问题（agency problem）是委托人与代理人之间的利益冲突，是所有权与控制权相分离、委托人与代理人目标不一致以及信息不对称的产物，它是现代经济学的一个重要研究内容。不论是基于信息不对称而产生的事前的逆向选择，还是事后的道德风险，它们都会给委托人造成损失。不论是代理人给委托人造成的损害，还是为防止代理问题发生或减少代理问题造成的损害而采取的措施，都必然产生一定的成本，这些被称为代理成本（agency costs）。

当债权人将资金借给企业之后，就货币资金而言产生了两权分离：股东即债务人（货币资金的代理人）拥有对资金的控制权（至少是直接控制权），而债权人（货币资金的委托人）只保留了资金所有权带来的相应的收益权。由于债权人和股东的利益不完全一致，他们之间的利益冲突在所难免。公司的经营控制权由代表股东利益的董事会和管理层掌握，当公司陷入财务困境时，股东可能会作出某些“利己”决策——为维护股东利益而采取的损害债权人利益的举措。这种“利己”决策在公司的投资、融资以及股利支付等方面均有所表现。

①投资过度（over-investment）。当公司陷入财务困境时，公司的股东和他们的代理人——管理层会采纳一些高于债权持有者预期的风险水平的投资项目。这种现象被称为投资过度或风险转移（risk shifting）[①]。

【例8-10】某公司目前已陷入财务困境，其债务将在一年后到期，公司当前的资产负债表见表8-11。

表8-11 公司当前的资产负债表

资产	账面价值（元）	市场价值（元）	负债和权益	账面价值（元）	市场价值（元）
现金	20 000	20 000	长期债券	30 000	
固定资产	40 000	0	所有者权益	30 000	
资产总计	60 000	20 000	负债和权益总计	60 000	20 000

假设公司有这样一个投资机会：投资20 000元，一年后项目有10%的可能收入100 000元，而有90%的可能一无所获（即现金流入为零）。投资项目的要求收益率为50%。作为公司股东的代言人、债务资金的代理人，公司的管理者会做出什么样的选择呢？

就该投资项目而言，它的净现值为：

$$NPV = -20\,000 + \frac{10\,000 \times 10\% + 0 \times 90\%}{1 + 50\%} = -19\,333.33\text{（元）}$$

根据净现值的决策规则，这个项目应该被拒绝。但是公司的管理者会选择投资于这个项目，其决策过程如下：

如果投资于该项目，股东的预期现金流贴现后得到的净现值为：

$$NPV = \frac{(100\,000 - 30\,000) \times 10\% + 0 \times 90\%}{1 + 50\%} = 4\,666.67\text{（元）}$$

① JENSEN，MECKLING. Theory of the firm：managerial behavior，agency costs and ownership Structure［J］. Journal of Financial Economics，1976（3）：305-360.

债权人的预期现金流贴现后得到的净现值为：

$$NPV = \frac{30\,000 \times 10\% + 0 \times 90\%}{1 + 50\%} = 2\,000 \text{（元）}$$

如果公司不投资该项目，那么它会由于不能清偿到期债务而进入破产清算程序，由于公司资产的市场价值为20 000元，因此债权人将获得这20 000元，而股东的现金流为0。

两相比较：债权人不希望公司投资于该风险项目，因为公司立即破产能使其收回更多的现金；而股东却希望投资于该风险项目，因为他们会因此得到更多的现金流。在信息不对称的情况下，管理者作出投资于该项目的决策实质上就是投资过度，这是股东利己投资决策的表现之一。

②投资不足（under-investment）。与选择高风险的投资项目相反，股东会在公司濒临破产时主动放弃净现值大于0的投资项目，这种现象被称为投资不足[①]。

【例8-11】上例中，某公司现在面临一个政府资助的投资项目，现在投资30 000元，确保一年后有35 000元的现金流入，项目的要求收益率为10%。公司的管理者会如何选择？

就该投资项目而言，它的净现值为：

$$NPV = -30\,000 + \frac{35\,000}{1 + 10\%} = 1\,818.18 \text{（元）}$$

根据净现值的决策规则，这个项目应该被接受。但是公司的管理者会选择拒绝这个项目，其决策过程如下：

公司目前有20 000元现金，而该投资项目需要投入30 000元，这意味着股东需要拿出10 000元投入该项目。

如果投资于该项目，股东的预期现金流的现值为：

$$NPV = \frac{35\,000 - 30\,000}{1 + 10\%} - 10\,000 = -5\,454.55 \text{（元）}$$

债权人的预期现金流贴现后得到的净现值为：

$$NPV = \frac{30\,000}{1 + 10\%} = 27\,272.73 \text{（元）}$$

如果公司不投资该项目，那么它会由于不能清偿到期债务而进入破产清算程序，由于公司资产的市场价值为20 000元，因此债权人将获得这20 000元，而股东的现金流为0。

两相比较：债权人希望公司投资于该项目，因为债权人从中得到的现金流现值大于公司立即破产能够得到的现金价值；而股东却不愿投资于该项目，因为他们现金流的现值为负数。在信息不对称的情况下，管理者作出不投资该项目的决策实质上就是投资不足，这是股东利己投资决策的另一表现。

③债权稀释（debt dilution）。债权稀释是指公司在未经原有债权人同意，或在没有为原有债权人提供有效担保的情况下借入新债务，提高公司的资产负债率，从而提高原有债权人的风险，损害原有债权人利益的行为。

当为选定的投资项目筹集资金时，股东和债权人的利益冲突会变得尖锐起来。公司的权益投资者愿意借入新债，用公司的资产作为担保并给予新的债权人比现有债权人更为优

---

① MYERS.Determinants of corporate borrowing［J］. Journal of Financial Economics，1977（5）：147-175.

先的求偿权，从而可以降低新债的利率。很显然，公司现有债权人不愿意这样做，因为这会加大他们债权的风险。类似地，一家公司可能期初会采取一种保守的融资策略并借入极少的资金以期望将它的违约风险降至最低；然而一旦借入资金后该公司可能会转而采取一种高负债高风险的战略方针。1988年，RJR Nabisco公司宣布它要进行一项杠杆收购（即大量举债），从而震动了公司债券市场，起初公司的债券信用等级较高，在杠杆收购的消息被宣布之后，公司债券的价格大幅度下跌。

④资产转移（milking the property）。资产转移是指公司在陷入财务困境、面临破产威胁的情况下，不但不愿将新的资本注入公司，反而会想方设法将资本转移出去以保护股东的利益，如公司会试图以发放股利的方式将公司的现金分掉。

由于股东和债权人的冲突而产生的代理成本主要表现在以下两个方面：

第一，如果债券持有者认为股东的行为可能会损害自己的利益，那么他们通过对债券要求较高的利率而将这种预期在债券价格上表现出来。

第二，如果债券持有者可以通过在债券合约中加入限制条款的方式保护自己的利益，那么会产生以下两种成本：一是监督债券合约执行的直接成本。合约越详细，限制性越强，该成本越高。二是灵活性损失的间接成本。这是由于公司不能采纳某些特定的投资项目、使用特定的筹资方式或者改变特定的偿债方式从而产生的成本。同样，债务合约的限制性越强，该成本越大。

2）权衡模型

债务融资既有节税的好处，又可能带来财务困境成本和代理成本，因此公司在确定资本结构时需要同时考虑债务的收益和成本，在两者之间进行权衡，以使公司价值最大化。在考虑到财务困境成本和代理成本之后，负债公司的价值为：

$$V_L = V_U + T \cdot B - PV(FDC) - PV(AC) \tag{8-34}$$

其中，V_L表示负债公司的价值；V_U表示无负债公司的价值；T表示公司所得税税率；B表示负债公司的债务资本总额；PV（FDC）表示财务困境成本的现值；PV（AC）表示代理成本的现值。

公式（8-34）就是权衡模型。在这个公式中，随着负债的增加，债务的节税价值在增加，两种成本的现值也随负债一同增加。当$TB > PV(FDC) + PV(AC)$时，可以增加负债；当$TB < PV(FDC) + PV(AC)$时，公司债务规模过大，节税的好处已被增加的成本抵消；当$TB = PV(FDC) + PV(AC)$时，负债的规模使公司的价值最大，资本结构最佳。

权衡模型可以用图8-8来表示。图中的水平直线表示在没有所得税也没有财务困境成本和代理成本的情况下，公司价值和负债水平之间的关系。在这种情况下，公司的价值不受负债水平的影响。最上方的斜线表示在有公司所得税而没有财务困境成本和代理成本的情况下，公司价值和负债水平之间的关系。由于债务给公司带来了节税效应，公司的价值随负债的增加而提高。图中位于两条直线之间的U形曲线表示在有公司所得税和财务困境成本以及代理成本的情况下，公司价值和负债水平之间的关系。当公司没有负债的时候，增加1元钱的债务可以使公司享受节税效应带来的好处，而此时公司陷入财务困境的概率几乎不会因为多借入1元钱而有任何变化，因此公司的预计财务困境成本和代理成本不会有很大的变化。这时债务的边际收益大于边际成本，增加债务融资使公司的价值提高。当公司债务不断增多，债务的边际收益降低而边际成本提高，直到两者相等时，公司的价值达到最大，这时的债务水平是使公司价值最大化的最优债务水平。如果债务融资的数量继续增加，债务的边际成本高于边际收益，公司的价值开始下降。

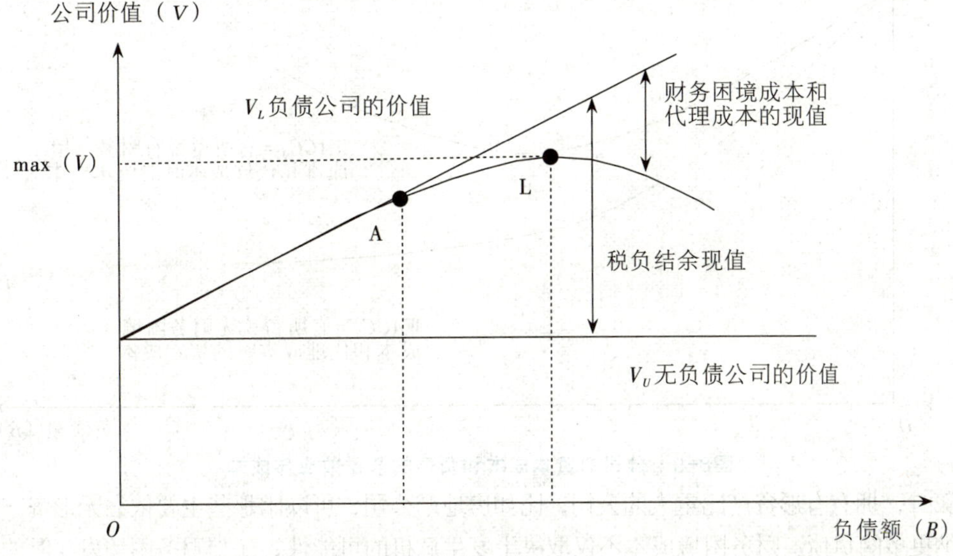

图8-8　公司价值和负债的节税效应与成本

图 8-9 表示了在不同的假设条件下，公司的资本成本和负债水平之间的关系。图中的水平线代表了在没有公司所得税并且没有财务困境成本和代理成本时公司的加权平均资本成本。这时公司的资本成本是个常数，等于公司无负债时的资本成本，体现了公司资产的风险。底部的曲线表示在有公司所得税但没有财务困境成本和代理成本的情况下公司的加权平均资本成本和债务水平之间的关系。这时增加债务融资可以获得节税的好处，降低了公司的加权平均资本成本，所以使用的债务越多，公司的资本成本越小。中间的曲线表示在有公司所得税并且有财务困境成本和代理成本的情况下公司的加权平均资本成本和债务水平之间的关系。无负债的公司每增加 1 元钱的债务，公司增加的节税价值大于公司预期增加的两种成本的现值，公司的加权平均资本成本下降；当公司继续增加债务时，每 1 元钱的债务节税价值开始减少，而每 1 元债务使公司预期增加的成本却在上升；当每 1 元增加的债务给公司带来的节税价值和其使公司增加的预期成本现值相等的时候，公司达到最优资本结构，此时的加权平均资本成本达到最低水平；当债务水平继续增加时，每 1 元钱的债务带来的节税效应小于其使公司增加的预期成本，公司的加权平均成本开始上升。

在权衡模型中，债务的杠杆收益可以大致估计出来，而潜在的财务困境成本和代理成本所带来的价值减少则几乎完全是主观的。我们知道这些成本会随着杠杆的增加而增加，但是目前还没有公式能够准确地测定某公司具体的最优债务水平。尽管如此，权衡模型使我们得到以下关于财务杠杆的结论：

第一，在其他条件不变的情况下，资产收益波动大的企业应该比资产收益波动小的企业更少地使用负债。因为经营风险越高，在各个负债水平下陷入财务困境的可能性越大。因此，经营风险低的公司在财务困境成本和代理成本与负债的税收利益相等（图 8-8 中的 L 点）之前可以多借债。

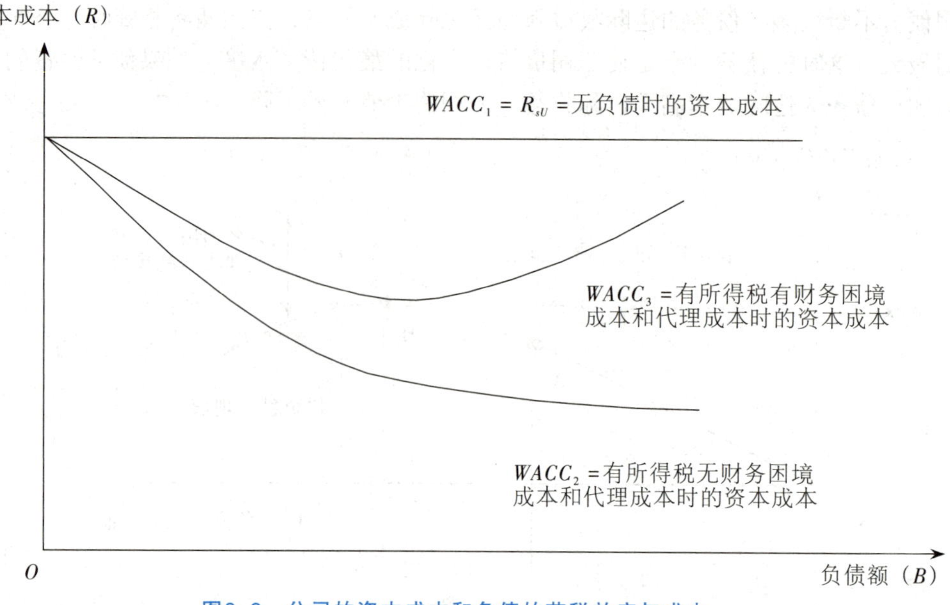

图8-9 公司的资本成本和负债的节税效应与成本

第二，拥有有形资产比重大的公司，比如房地产公司，可以比那些主要依靠无形资产的公司容纳更多的负债。财务困境成本不仅取决于发生危机的可能性，还与财务困境发生时的财务状况有关。当公司陷入财务困境时，专用的、无形的资产比标准的、实物的资产更容易贬值。

第三，高税负企业比低税负企业能容纳更多负债。在其他因素保持不变时，高公司税可以从债务中获得较高的节税收益，所以在债务的节税效应被财务困境成本和代理成本抵消之前可以多使用债务。

根据权衡模型，我们可以找到符合上述三点的目标资本结构。而且我们会发现，在某个特定的行业内，公司应具有相似的资本结构，因为这些公司具有大致相似的资产、经营风险以及盈利能力。

3）权衡模型的扩展

(1) 引入权益的代理成本[①]

负债会增加债权人和股东之间为解决代理问题而产生的代理成本，我们称之为债务的代理成本，它会抵减公司的价值。但是当公司选择用负债而不是权益进行融资时，股东和管理层之间的代理成本会因此而减少，我们称之为权益的代理成本，它会增加公司的价值。当引入权益的代理成本时，权衡模型可以调整为：

$$V_L = V_U + T \cdot B - PV(FDC) - PV(AC_B) + PV(AC_S) \tag{8-35}$$

其中，V_L表示负债公司的价值；V_U表示无负债公司的价值；T表示公司所得税税率；B表示负债公司的债务资本总额；PV（FDC）表示财务困境成本的现值；PV（AC_B）表示债务的代理成本的现值；PV（AC_S）表示权益的代理成本的现值。

新的权益稀释了拥有权益的管理者的所有权，主观上会增加管理者浪费公司资源的动机。债务使自由现金流量减少，自由现金流假说[②]显示债务会客观上减少管理者浪费资源

---

① 引入权益的代理成本的权衡模型实际上就是被列入“新资本结构理论”的代理成本模型。

② JENSEN, MICHAEL C. Agency cost of free cash flow, corporate finance, and takeover [J]. The American Economic Review Papers and Proceedings, 1986, 76 (2): 323-330.

的机会。当公司发行更多的权益时，管理者将很可能增加闲暇时间、与工作有关的在职消费和无益的投资，由于公司的管理者是股东的代理人，这三项被称为权益的代理成本①，这些代理成本最终由原来的所有者承担。

（2）由静态权衡到动态权衡

由于公司的市场价值是经常变化的，最优资本结构模型仅仅给出了在某种特定状态下的资本结构的最优安排，而没有考虑到最优资本结构随公司市场价值的不断变化而应该发生相应变化，因而权衡理论被称为静态权衡理论。

由于静态权衡理论的困境，学者们开始研究动态权衡理论。Fischer、Heinkel和Zechner（1989）②以及Goldstein、Ju和Leland（2001）③提出了投资和分配原则外生情况下的动态权衡模型。Brennan和Schwartz（1984）④、Titman和Tsyplakov（2003）⑤则分析了投资内生情况下的动态权衡模型。

8.2.4　资本结构理论：信号模型

在MM理论中，假设投资者和管理者在获得公司信息的能力和可行性上都是均等的。而事实上，公司管理者总是更了解公司的内部经营情况，总是掌握着投资者无法知道的信息，这就是所谓的信息不对称。

启智增慧8-2 MCI的危机融资

1）罗斯模型（通过负债比例传递信号）

在资本结构理论中，Ross（1977）⑥完全保留了MM理论的全部假设，仅仅放松了关于充分信息的假设。他认为，管理者和外部投资者对企业收益的实际分布存在信息不对称；并且如果资本市场对企业的证券价值评价较高，则管理者将从中受益，反之若企业破产，管理者就要受到惩罚。高质量企业破产的可能性较小，相应地，其边际期望破产成本较低，可以预计这类企业将有较高的负债比率；而低质量的企业在任何数量的债券水平上都有较大的破产可能性，因此其管理者不敢通过发行更多的债券来模仿高质量的企业。如果外部投资者能推测到管理者的上述行为，则较高比例的负债水平将被视为高质量企业的信号。

2）利兰-派尔模型（通过管理者持股比例传递信号）

利兰和派尔认为，公司的管理者对收益的分布了解得比别人更多。由于他是风险规避者，且其财富有限，因而他希望与外部投资者共同分担这个项目。他的问题是如何使投资者相信项目的真实价值。管理者可以变动自己在项目中的股本，并把它用作一种传递有关项目质量的信号，因为市场会认为项目质量是管理者自己所有权份额的一个函数。

在利兰-派尔模型中，基于风险厌恶，利兰和派尔提出了两个定理：①如果并且也只有当企业家对投资项目中的权益需求呈正常状态时，市场对信号反应的均衡估价函数与信

---

① JENSEN，MICHAEL C，MECKLING WILLIAM H. Theory of the firm：managerial behavior，agency costs and ownership structure［J］. Journal of Financial Economics，1976（3）：305-360.

② FISCHER E O，HEINKEL R，ZECHNER J. Dynamic capital structure choice：theory and tests［J］. The Journal of Finance，1989，44（1）：19-40.

③ GOLDSTEIN R，JU N，LELAND H. An EBIT-based model of dynamic capital structure［J］. The Journal of Business，2001，74（4）：483-512.

④ BRENNAN M J，SCHWARTZ E S. Optimal financial policy and firm valuation［J］. The Journal of Finance，1984，39（3）：593-607.

⑤ TITMAN S，TOMPAIDIS S，TSYPLAKOV S. Market imperfections，investment flexibility，and default spreads［J］. The Journal of Finance，2004，59（1）：165-205.

⑥ ROSS. The determination of financial structure：the incentive signaling approach［J］. The Bell Journal of Economics，1977（8）：23-40.

号在相关领域里才呈递增关系。②在信号均衡里，具有正常需求的企业家比在无成本交流时更愿意对投资项目作更多的投资。利兰和派尔最后认为，在信息不对称的市场均衡模型中，如果企业家认为投资项目需要权益融资，他们会比无代价地向市场传递信息更为愿意本身进行投资。

按照这个模型，对于高质量的投资项目，企业家应该通过增持公司股票或者提高负债比例来提高持股比例，然而，利兰和派尔认为，由于增加持股数量会使得风险厌恶的企业家的效用下降，因此，唯有增加负债数量，也就是提高负债比例，来相对地提高企业家的持股比例，从而向市场传递好信息。因此，这个理论预测，具有高质量项目的公司，负债比例应该更高。

3）迈尔斯-梅吉拉夫模型（优序融资理论或啄食顺序理论）

迈尔斯和梅吉拉夫（1984）假设公司经理和外部投资者之间存在着信息不对称，分析了信息不对称对公司融资选择的影响，提出了优序融资理论（pecking order theory）。在解释公司的融资行为与资本结构方面，该理论的重要性可以比肩权衡理论。这一理论主要围绕着两个问题展开：一是通过发行股票来筹集外部资金情况下的信息不对称问题；二是在发行股票和借债之间进行选择时的不对称信息问题。

模型的基本假设包括：

第一，资本市场是完全的和有效的，发行股票时没有交易成本；

第二，公司股票的市场价值等于其将来的预期值，这个预期值依赖于市场所具有的信息，并且可以按照货币的时间价值进行贴现；

第三，管理者代表原有股东（$t=0$期开始时的股票持有者）的利益，即管理者行动的目的是最大化原有股东的价值。

（1）在发行与不发行股票之间的选择

假设公司为投资新项目必须寻找新的融资方法。由于管理层比潜在的投资者更了解投资项目的实际价值，如果项目的净现值是正的，说明项目具有较好的获利能力；这时候管理者代表原有股东的利益，不愿意发行新股以免把包含项目好消息的信号传递给投资者，从而把投资收益转让给新的股东（投资者）。

投资者在知道管理者这种行为模式之后，自然把公司发行新股的信息当成一种坏消息，在有效市场假设下，投资者会根据项目价值重新正确进行估价，从而影响到投资者对新股的出价，公司融资成本可能会超过净现值，由此可以看出信息不对称对公司融资和投资决策的影响。

投资项目可以经由发行股票、动用公司现金余额或出售短期证券来取得资金，也可以通过发行无违约风险的债券来解决资金需求问题。迈尔斯和梅吉拉夫将企业现金余额、短期证券以及发行无风险债务的能力之和称为“闲置财务资产”（financial slack，以下用FS来表示）。

设I为公司所需要的项目投资额；FS为公司现金和短期证券之和；当$FS<I$时，S为所需发行的股票价值，$S=I-FS$。

令V^{old}为企业原有股东所持有股票的价值；A为企业现有资产的价值；a为管理者在$t=0$时对A的估计值；B为投资项目的净现值；b为管理者在$t=0$时对B的估计值，则：

$$V^{old}=V(a，b，S)$$

现在考虑三个时间段，即$t=-1$、$t=0$和$t=1$。

当$t=-1$时，市场外部投资者与公司管理者具有相同的信息；

当$t=0$时，即管理者已知FS、S、a和b，而市场外部投资者只知道FS和S，其中$S=0$或者$S=I-FS$；

当$t=1$时，管理者和外部投资者都具有FS、a和b的信息。

在$t=0$时，原有股东所持股票价值V^{old}取决于管理者所掌握的a和b以及公司的投融资决策，因而管理者的目标在于V^{old}最大化。

设P为不发行新股公司原有股东所持股票在$t=0$时的市场价值；P'为发行新股后原有股东所持股票在$t=0$时的市场价值。

如果公司不发行新股，即放弃投资项目，则：

$V^{old} = FS + a$

如果公司发行新股，筹集资金，实施投资项目，则：

$V^{old} = \frac{P'}{P' + S}(S + FS + a + b)$

因此，只有当$FS + a \leqslant \frac{P'}{P' + S}(S + FS + a + b)$，即$\frac{S}{P'}(FS + a) \leqslant S + b$时，原有股东才有可能获得收益。

如图8-10所示，$\frac{S}{P'}(FS + a) \leqslant S + b$相当于一条表示原有股东能够从发行股票获得资金并进行投资中得到利益的条件的直线，它把管理者的投资与融资决策分割为两个区域。

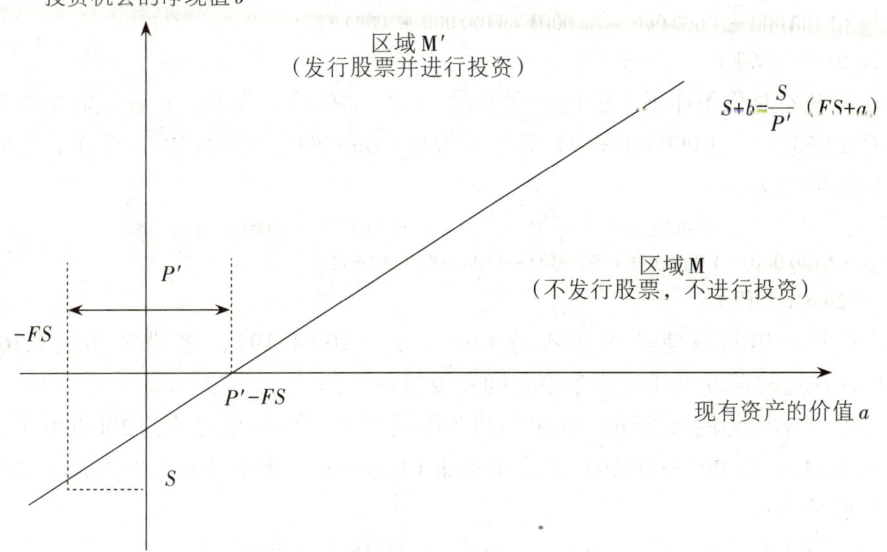

图8-10　信息不对称条件下公司发行与不发行股票的选择

（2）在发行股票与借债之间的选择

假设在t=0时，公司为进行项目投资需要$I-FS$的外部资金，它既可以通过发行股票S来筹集，也可以通过借债B来筹集。

当公司发行股票时，$S=I-FS$，此时市场外部投资者还不知道a和b的值；而在$t=1$时，市场外部投资者已经知道了a和b的真实价值，S的市场价价值变为S_1，且$S_1-S=\Delta S$

（ΔS表示公司新股东的资本收益或资本损失）。

由此可得公司原有股东所持股票的价值为：

$$V^{old}=FS+a+b-(S_1-S)=FS+a+b-\Delta S$$

因而公司发行股票进行投资的条件是：

$$FS+a\leqslant FS+a+b-\Delta E \text{ 即 } b\leqslant\Delta E$$

由此可以得出结论：投资项目的净现值必须等于或超过其新发行股票的资本利得。

同理，当公司借债时，用B和B_1分别替代上述等式里的S和S_1，可得企业借债进行投资的条件是：

$$b\leqslant\Delta B$$

为了证明优序融资理论的观点，迈尔斯和梅吉拉夫必须证明$\Delta B<\Delta S$。遗憾的是，迈尔斯和梅吉拉夫并没有做到这一点。

【例8-12】假设某公司发行在外的普通股有100 000股，当前价格为19元/股。现在公司有一个预计净现值为50 000元的项目。由于信息不对称，投资者对这个项目的收益预期低于管理者的预期21元/股。现假设通过发行普通股筹集该项目所需要的资金为1 000 000元，公司是否应该接受该项目？

现在我们分以下几种情况分析新老股东在该项目中的利益：

（1）在对称信息条件下，所有参与者都预计股价为21元/股，这时公司应发行47 619股（1 000 000÷21）新股为项目融资，该项目投资会使公司股价上升。新老股东共同收益0.34元/股。

新股价 =（原市场价值 + 新增资金 + 新增净收益）÷（原有股数 + 新增股数）

=（2 100 000 + 1 000 000 + 50 000）÷（100 000 + 47 619）

= 21.34（元/股）

（2）在信息不对称条件下，公司管理者对股票的估值高于投资人，在这种情况下，公司就得发行52 632股（1 000 000÷19）新股来筹集1 000 000元新项目所需资金，这时公司发行新股后的股价为：

新股价 =（原市场价值 + 新增资金 + 新增净收益）÷（原有股数 + 新增股数）

=（2 100 000 + 1 000 000 + 50 000）÷（100 000 + 52 632）

= 20.64（元/股）

按19元/股出售新股使新股东收益1.64元/股（20.64−19），老股东损失0.36元/股（20.64−21），在这种情况下现有股东不会同意发行新股。

（3）在信息不对称的条件下，如果项目预期更有利，假设净现值为200 000元，公司同样发行52 632股（1 000 000÷19）新股来筹集1 000 000元新项目所需投资，这时公司发行新股后的股价为：

新股价 =（原市场价值 + 新增资金 + 新增净收益）÷（原有股数 + 新增股数）

=（2 100 000 + 1 000 000 + 200 000）÷（100 000 + 52 632）

= 21.62（元/股）

按19元/股出售新股使新股东收益2.62元/股（21.62−19），老股东收益0.62元/股（21.62−21），在这种情况下如果现有股东同意发行新股，那么大部分利益会流向新股东，公司在可能的情况下会更多地依赖负债融资。

（4）在信息不对称的条件下，如果公司前景不乐观，公司管理者预计到了这种情况，且预计股票的实际市场价格为17元/股，但投资者仍认为公司股票价值为19元/股，公司管理者决定以19元/股的价格发行新股100 000股，共计筹资1 900 000元，并用这些资金还本付息和支撑本年度的资本预算，这时公司发行新股后的股价为：

新股价 = (原股本的实际市场价值 + 新增资金) ÷ (原有股数 + 新增股数)
= (1 700 000 + 1 900 000) ÷ (100 000 + 100 000)
= 18(元/股)

公司前景不好，资产收益率将会大幅下降，按19元/股出售新股，股价显然被高估了，这使新股东损失1元/股（19-18），老股东损失3元/股（21-18），新股东替老股东分担了1元/股的价值损失。假设此时选择负债融资，公司经营风险将全部由股东承担，所以公司的股东和管理者愿意发行新股筹集资金。

（5）在信息不对称的条件下，如果公司举债1 000 000元为新项目提供融资，这时公司发行新股后的股价为：

新股价 = (原市场价值 + 新增净收益) ÷ 股数
= (2 100 000 + 50 000) ÷ 100 000
= 21.5(元/股)

该投资项目的收益全部为股东所获得（21.5-21=0.5元/股），所以当公司发展前景看好时，股东更愿意举债融资。

在迈尔斯-梅吉拉夫模型的基础上，Myers（1984）①提出了不对称信息条件下的优序融资理论。根据这一理论，公司应按下列顺序进行融资，首先是内部资金（即留存收益）；如果需要外部融资，公司将首先进行债务融资，直到因债务增加引起公司陷入财务困境的概率达到危险区域时，才发行股票进行融资。这个结论与美国1965—1982年公司融资的结构基本相符，这一期间，公司内部资本占总资本的61%，债务融资占23%，新发行股票平均每年仅占2.7%。

优序融资理论认为，一些经营好的公司负债率低，不是因为这些公司的目标负债比率低，而是因为高收益的公司有足够的内部资金来源，而低收益的公司只能依靠外部融资，且不断积累负债。优序融资理论认为，不存在明确的目标负债率，当实际的现金流量、股利和实际的投资机会出现不平衡时负债率就会发生变化。而债务的税收收益、财务困境成本、代理成本等因素在融资排序中并不重要。

8.3　资本结构选择

8.3.1　资本结构的决定因素

当公司面临资本结构的选择时，通常会考虑以下因素：

1）经营风险

公司没有负债时经营的内在风险越高，其负债比率越低，这种经营风险通常与公司经营所处的行业直接相关。未来投资机会大的高成长型行业，如制药、电子及计算机行业的

① MYERS.The capital structure puzzle，[J]．The Journal of Finance，1984，39（3）：575-592.

负债水平较低；有形资产比重大的行业，如房地产、建筑和机械行业的负债水平较高。同一国家不同行业间的资本结构差异较大。

2）利息节税能力

利息是可以从应税收入中扣除的费用，而这种扣除对那些适用高税率的公司具有很大的价值，因此公司的税率越高，债务的优势越大。假如公司的大部分收入已经由折旧费用、流通在外的债券的利息或者向前追溯的税收损失等税盾所抵减，公司的有效税率就会降低，因此额外的债务将不如公司的有效税率高的时候作用显著。只有在预期免税额的现值超过预期财务困境成本和代理成本的现值增量时增加负债才会带来正的价值。

3）融资弹性

融资弹性是指公司在年景不好时用合理条款筹资的能力。资本的稳定供应是稳定经营所必需的，这对长期的成长至关重要。当经济不景气，或是公司处于经营困难时期的时候，资金的提供者更乐于为财务状况良好的公司提供资金。因此，未来对资金的潜在需求和资金短缺带来的后果会影响目标资本结构——未来对资金的潜在需求越大，资金短缺的后果越严重，公司的财务状况应该保持得越好。

4）资产结构

如果公司借入额外负债会导致无力偿付，它就不应该借债。无力偿付的风险不仅取决于预期的偿债保证能力，也取决于公司获得现金、出售权益性证券或资产的能力。各类资产抵偿负债的能力各不相同。风险较低、具有稳定市场价值的有形资产对负债能提供更可靠的抵押保证。这就使得公司可以借入相当于这些资产市场价值的较高比例的负债。

5）成长机会

一家公司的经营价值等于其有形资产价值加上其成长机会。两者的组合随着不同的公司有可能大不相同。有形资产和成长机会的组合对于资本结构有四方面的含义：第一，拥有大量的有形资产的公司比拥有高成长机会的公司更易于获得抵押贷款。第二，破产成本和由财务困境导致的分裂瓦解对于拥有高成长机会的公司更为不利；其中部分原因是缺少良好的抵押品，同时也因为成长机会是以智力资本的形式存在的，当公司陷入财务困境时，雇员会离职从而导致智力资本损失。第三，管理者比外部人更了解公司的前景；在信息不对称的情况下，债权人担心管理者会投资于风险过高的项目从而对这些具有高成长机会的公司收取更高的利息费用。第四，融资弹性对于有成长机会的公司更为重要；尽管这些公司更有可能发现需要额外融资的新项目，但由于信息不对称，它们也更难使投资者相信这些项目是可以接受的，因此拥有高成长机会的公司比拥有有形资产的公司更需要财务弹性。

6）公司控制权

债务和权益对管理层控制程度的影响会反过来影响公司的资本结构。公司发行新股，公司的股权结构就会发生变化。为了保持公司原有的权力结构，当公司需求外部资本时，公司管理者一般首先选择债务融资；只有当公司经营出现潜在危机时，管理者认为进一步举债会使公司雪上加霜，才会选择发行股票。公司管理人员还会考虑到公司未来重组时他们的地位，一般来说公司负债比率小，管理层被接管的可能性更大，这就需要在举债带来的财务困境成本及被接管的可能性之间进行权衡和判断。

7）管理者的风险态度

不同类型的管理者对待收益-风险关系的价值判断存在差异。一般情况下，管理者更关心潜在危机，如果采取激进的融资政策，公司预期收益的现值风险较大，情况严重的就会危及公司管理者的收益、地位和信誉，所以公司管理层的外在目标是公司股价最大化，但在实际操作时常常是趋于保守型的融资选择。

8）销售稳定性

销售很稳定的公司相比那些销售容易波动的公司能够安全地使用更多的债务，并产生更高的利息支出。例如，公用事业公司的需求较稳定，所以有能力使用比工业企业更多的财务杠杆。

9）盈利能力

投资收益率高的公司使用的债务相对较少，一个可能的解释就是，这些盈利能力好的公司不需要很多的债务融资，它们的高收益率使它们能够使用内部资金进行绝大部分的融资活动。

8.3.2 确定资本结构的权重

要素资本占全部资本的权重主要有三种计算方法，它们分别是账面价值权重、市场价值权重和目标价值权重。

1）账面价值权重

账面价值权重，是指债券、股票以账面价值确定的权重。按账面价值确定权重，资料容易获取。但是，当资本的账面价值与市场价值差别较大时，如股票、债券的市场价格发生较大变动，计算结果会与实际有较大的差距，从而导致错误的决策。为了克服这一缺陷，可以采用市场价值权重和目标价值权重。

2）市场价值权重

市场价值权重，是指债券、股票以市场价格确定的权重。这样计算的加权平均资本成本能反映公司目前的实际情况。由于市场价格的频繁波动，运用市场价格将导致资本成本不稳定。尽管这样，市场价值权重仍被广泛采用。原因在于，公司为了证实自身价值，必须根据当时的市场价格为债权人和股东提供有竞争力的回报率。为了弥补证券市场价格变动频繁的不便，可选用平均市场价格。

3）目标价值权重

目标价值权重，是指债券、股票以未来预期的目标市场价值确定的权重。这种权重能够体现预期的资本结构，而不是像账面价值权重和市场价值权重那样只反映过去和现在的资本结构，所以按目标价值权重计算的加权平均资本成本更适合于公司筹措新资金。由于公司很难客观合理地确定证券的目标价值，这种方法不易推广。

8.3.3 资本结构的EBIT-EPS分析法

分析公司税息前收益（EBIT）和每股收益（EPS）之间的关系，比较不同筹资方案对上述指标的影响，是判断公司资本结构是否合理、筹资渠道选择是否合理的一种方法。

【例8-13】设ABC公司已有的1 000万元长期资本均为普通股，现在公司希望再筹措500万元长期资本来扩大公司的经营活动。筹资方案有三种选择：

①全部依靠发行普通股股票筹资；

②全部利用年利率为10%的公司债筹资；

③全部利用股利率为12%的优先股筹资。

公司目前每年的税息前收益为200万元，公司所得税税率为40%，发行在外的普通股股票为20万股；按照方案①，公司可按每股50元的价格出售普通股股票，即需要增发10万股新股。

首先，计算不同筹资方案的临界点；在不同的税息前收益假设下计算*EPS*（见表8-12），然后进行比较。

表8-12　三种筹资方案的每股收益（*EPS*）　单位：元

方案	①普通股筹资	②债务筹资	③优先股筹资
税息前收益（*EBIT*）	2 400 000	2 400 000	2 400 000
利息支出	—	500 000	—
税前收益	2 400 000	1 900 000	2 400 000
所得税（40%）	960 000	760 000	960 000
税后收益	1 440 000	1 140 000	1 440 000
优先股股利	—	—	600 000
普通股收益	1 440 000	1 140 000	840 000
普通股股数（股）	300 000	200 000	200 000
每股收益（*EPS*）	4.80	5.70	4.20

其次，计算筹资方式临界点。

方案i在临界点的每股收益EPS_i为：

$$EPS_i=\frac{(EBIT^*-I_i)(1-T)-DIV_{pi}}{S_i}$$

其中，$EBIT^*$为临界点处的*EBIT*值；I_i为利息支出额；T为公司所得税税率；DIV_{pi}为优先股股利；S_i为筹资后的普通股股数。

临界点$EBIT^*$为：

$$\frac{[(EBIT^*-I_1)\times(1-T)-DIV_{p1}]}{S_1}=\frac{[(EBIT^*-I_2)\times(1-T)-DIV_{p2}]}{S_2}$$

方案①和方案②的临界点：

$$\frac{(EBIT^*-0)\times(1-0.4)}{300\ 000}=\frac{(EBIT^*-500\ 000)\times(1-0.4)}{200\ 000}$$

解得：

$EBIT^*=1\ 500\ 000$元

方案①和方案③的临界点：

$$\frac{(EBIT^*-0)\times(1-0.4)}{300\ 000}=\frac{(EBIT^*-0)\times(1-0.4)-600\ 000}{200\ 000}$$

解得：

$EBIT^{*}=3\ 000\ 000$元

最后，根据计算结果，画出三种筹资方案的临界点（如图8-11所示）。

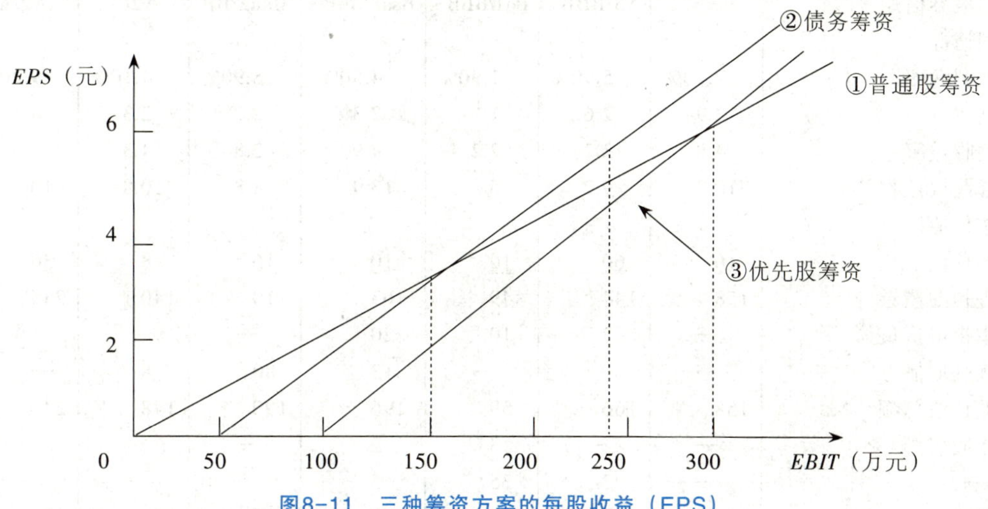

图8-11　三种筹资方案的每股收益（EPS）

由图8-11我们可以看出，当*EBIT*=150万元时，普通股筹资与债务筹资带来的*EPS*相同，是为临界点；当*EBIT*<150万元时，普通股优于债务；当*EBIT*>150万元时，债务优于普通股。当*EBIT*=300万元时，普通股筹资与优先股筹资带来的*EPS*相同；当*EBIT*<300万元时，普通股优于优先股；当*EBIT*>300万元时，优先股优于普通股。债务筹资与优先股筹资之间没有临界点，债务筹资在任何条件下均优于优先股筹资。

EBIT-EPS分析可以告诉公司财务管理人员，在什么情况下哪种筹资方案或资本结构可以为普通股股东提供期望值更高的每股收益，但是这种方法没有考虑到负债增加所导致的风险的增加，因而财务人员有必要：分析投资期望收益率或最可能出现的投资收益率与临界点的差异，高于临界点越多，债务筹资的风险越低，对普通股股东越有利；分析未来的EBIT落在临界点之下的可能性，这种可能性越小，债务筹资越安全，对普通股股东越有利。

8.3.4　资本结构的比较信用分析法

比较信用分析法是选择合适的资本结构时使用最广的一种方法。它将公司对资本结构的选择建立在其他有着相同预期债券信用等级的可比公司资本结构的基础上。具体来说，这种方法包括以下步骤：

① 选择预期信用等级的目标；

② 确定一系列有着相同目标优先债券信用等级的可比公司；

③ 比较这些公司的信用等级，以确定最符合债券等级目标的资本结构或资本结构范围。

【例8-14】表8-13列示了MN化学制品公司与可比的华盛顿化学制品公司之间的信用等级。有6个有一定信用等级负债的化学制品公司，其负债的等级（穆迪/标准-普尔）从较低的Ba1/BB到较高的A2/A不等。

表8-13　MN化学制品公司的比较信用分析　单位：百万美元

	华盛顿公司	梅尔斯公司	西北公司	德罗威尔公司	西方工业公司	约翰逊公司	威尔逊公司
优先债券信用等级	—	A3/BBB+	Ba1/BBB-	Baa2/BBB-	Baa2/BB	A2/A	A2/A
获利情况							
营业利润率	7.40%	5.90%	1.90%	4.50%	8.90%	4.10%	9.20%
净利率	3.9	2.6	1	2.3	2.2	2.3	4.1
资产收益率	4.8	3.2	2.2	4.9	2.8	4.3	4.9
普通股权益收益率	10.3	9.2	5	13.9	8.8	10.8	10
资本化情况							
短期负债	16	60	10	10	16	8	36
优先长期债券	158	144	49	163	110	140	245
资本化租赁负债	—	22	10	20	—	—	1
次优长期债券	—	—	—	13	80	8	—
长期负债总额	158	166	59	196	190	148	246
少数股权	—	—	3	2	—	—	—
优先股	—	2	35	5	—	—	—
普通股	321	253	165	334	162	278	659
资本化总额	479	421	262	537	352	426	905
长期负债比率	33%	39%	23%	36%	54%	35%	27%
负债总额与资本化率	35	47	25	38	56	36	30
营运资金与长期负债比率	60	42	45	35	27	51	63
营运资金与负债总额比率	55	31	39	33	25	49	55
流动性							
流动比率	2.4倍	1.9倍	2.7倍	2.1倍	1.9倍	2.2倍	2.6倍
固定费用保障比率							
前12个月	3.5倍	2.3倍	2.4倍	3.3倍	2.0倍	3.3倍	3.7倍
最近会计年度	4.3	4	3.8	2.9	2.3	4.4	4.2
前1年	5.6	3	3.2	2.7	2.8	5.4	5.7
前2年	6.3	4	2.8	2.2	3.8	7.9	4.9

华盛顿化学制品公司预期的目标信用等级是A。表中有3个公司至少被某一个评级机构评为A类，而约翰逊化学制品公司和威尔逊化学制品公司被两个评级机构都评为A类。比起两个被评为A2/A的公司，华盛顿化学制品公司明显比其中的一个获利情况好，却略逊于另一个。其负债资本化比率、营运资金负债比率及固定费用保障比率也都介于这两家公司之间。华盛顿化学制品公司的比率明显好于信用等级为A3/BBB+的梅尔斯公司。从这些分析中我们得出结论，华盛顿化学制品公司的财务状况处于A类的中等水平。

在作出决策之前，华盛顿化学制品公司也要向投资银行家进行咨询，来评估其预期获利情况。该公司相信它的获利情况将好于其A类的竞争者。因此，它在利用杠杆时可以比其他A类竞争者更激进些。另外，它决定向公众发行债券（而不是继续向银行借款）。在认真考虑了所有这些因素和表中给出的主要财务比率及其平均数后，华盛顿化学制品公司决定某些比率的范围为：年固定费用保障比率：3.5~4.0倍；年营运资金负债比率：50%~

60%；长期负债比率：30%~35%。在计算第三个比率时，华盛顿化学制品公司将短期负债的长期稳定部分视作长期负债的一部分。

在确定以上各比率的具体值之前，华盛顿化学制品公司意识到在考虑其预期情况时也应该考虑到合理的悲观情况的存在。因此，在表 8-14 中给出了四种情况，它们分别对应着两种负债水平（长期负债比率分别为 30% 和 35%）以及两种经营状况（10% 的增长率和 5% 的增长率）。

表8-14　　华盛顿化学制品公司预计资本结构分析　　单位：百万美元

情形 1：杠杆比率为预定范围中最大值——预计经营结果						
	初始年度	第 1 年	第 2 年	第 3 年	第 4 年	第 5 年
息前应税收益①	61	67	74	81	89	98
利息	18	20	22	24	26	28
盈余（亏损）	43	47	52	57	63	70
固定费用及税前盈余	70	77	85	93	102	113
固定费用②	20	22	24	26	28	30
固定费用保障比率	3.5 倍	3.5 倍	3.5 倍	3.6 倍	3.6 倍	3.8 倍
净收益	30	33	36	42	45	51
非付现费用	65	72	79	84	94	102
营运资金	95	105	115	126	139	153
股利	-10	-11	-12	-14	-15	-17
内部产生的现金	85	94	103	112	124	136
资本支出	-125	-125	-125	-135	-150	-160
现金需求	40	31	22	23	26	24
外部负债融资需求量③	20	17	14	15	17	17
外部权益融资需求量	20	14	8	8	9	7
营运资金负债总额比率④	55%	55%	56%	57%	59%	60%
情形 2：杠杆比率为预定范围中最小值——预计经营结果						
	初始年度	第 1 年	第 2 年	第 3 年	第 4 年	第 5 年
息前应税收益①	61	67	74	81	89	98
利息	18	19	21	23	25	26
盈余（亏损）	43	48	53	58	64	72
固定费用及税前盈余	70	77	85	93	102	113
固定费用②	20	21	23	25	27	28
固定费用保障比率	3.5 倍	3.7 倍	3.7 倍	3.7 倍	3.8 倍	4.0 倍
净收益	30	33	36	42	45	51
非付现费用	65	72	79	84	94	102
营运资金	95	105	115	126	139	153
股利	-10	-11	-12	-14	-15	-17
内部产生的现金	85	94	103	112	124	136
资本支出	-125	-125	-125	-135	-150	-160
现金需求	40	31	22	23	26	24
外部负债融资需求量③	17	15	12	13	15	15
外部权益融资需求量	23	16	10	10	11	9
营运资金负债总额比率④	55%	56%	57%	59%	61%	63%

续表

情形3：杠杆比率为预定范围中最大值——悲观经营结果						
	初始年度	第1年	第2年	第3年	第4年	第5年
息前应税收益①	61	64	67	71	74	78
利息	18	20	22	24	27	30
盈余（亏损）	43	44	45	47	47	48
固定费用及税前盈余	70	74	78	82	86	90
固定费用②	20	22	24	26	29	32
固定费用保障比率	3.5倍	3.4倍	3.3倍	3.2倍	3.0倍	2.8倍
净收益	30	30	33	33	33	33
非付现费用	65	70	72	77	82	88
营运资金	95	100	105	110	115	121
股利	−10	−10	−11	−11	−11	−11
内部产生的现金	85	90	94	99	104	110
资本支出	−125	−125	−125	−135	−150	−160
现金需求	40	35	31	36	46	50
外部负债融资需求量③	20	18	17	19	23	25
外部权益融资需求量	20	17	14	17	23	25
营运资金负债总额比率④	55%	52%	50%	48%	46%	44%
情形4：杠杆比率为预定范围中最小值——悲观经营结果						
	初始年度	第1年	第2年	第3年	第4年	第5年
息前应税收益①	61	64	67	71	74	78
利息	18	19	21	23	26	28
盈余（亏损）	43	45	46	48	48	50
固定费用及税前盈余	70	74	78	82	86	90
固定费用②	20	21	23	25	28	30
固定费用保障比率	3.5倍	3.5倍	3.4倍	3.3倍	3.1倍	3.0倍
净收益	30	30	33	33	33	33
非付现费用	65	70	72	77	82	88
营运资金	95	100	105	110	115	121
股利	−10	−10	−11	−11	−11	−11
内部产生的现金	85	90	94	99	104	110
资本支出	−125	−125	−125	−135	−150	−160
现金需求	40	35	31	36	46	50
外部负债融资需求量③	17	16	15	17	20	22
外部权益融资需求量	23	19	16	19	26	28
营运资金负债总额比率④	55%	53%	51%	50%	48%	46%

注：①息前应税收益、固定费用及税前盈余和营运资金在“预计情况”下每年以10%的增长率递增，在“悲观情况”下每年以5%的增长率递增；

②假定每年租金费用为6 000 000美元，其中1/3为固定费用；

③公司保持35%的长期负债融资和65%的普通股权益融资；

④初始年末负债总额为174百万美元（见表8-13），预期未来每一年的负债水平都等于初始值加上该年外部负债融资需求量。例如，在情形1中，预期未来第2年的负债水平为205百万美元（174+17+14），所以营运资金负债总额比率为56%（115÷205×100%）。

在情形1、2中，华盛顿化学制品公司采用了35%的长期负债比率。其固定费用保障比率和营运资金负债比率稳步增长并保持在目标范围内。而且，该公司能够充分运用负债在税收上对权益的优势并要求全部利息免税。由于公司的股利政策是以净收益的1/3来发放现金股利，要执行这一政策同时保持目标资本结构则需要公司进行中等数量的外部权益融资（若长期负债比率为35%，则5年中需要筹资46 000 000美元；若为30%则需筹资56 000 000美元）。因此，华盛顿化学制品公司可能不得不在其中某个目标上妥协。

在悲观情况下（即情形3、4），华盛顿化学制品公司的固定费用保障比率和营运资金负债比率完全低于其目标范围。这种恶化在情形4中还不那么严重，因为长期负债比率仅为30%，但是公司的外部融资需要量增加了。为保持稳健，公司决定将负债比率提升至33%。由于它能充分利用税收上的好处（包括在悲观情况下），公司不打算采用负债性租赁或优先股来筹资，所以其筹资比率将为33%的常规长期负债和67%的普通股。

本章小结

资本结构通常是指公司的投资者提供的各种类型的资本占资本总额的比重，在本章中，我们用负债-权益比来表示公司的资本结构。在资本结构决策中，使股票价值最大化实际上等同于使整个公司价值最大化，这两个目标并不冲突。对资本结构问题的研究围绕以下两个重要问题：其一，是否存在一个最佳资本结构使公司价值达到最大化？其二，当公司的资本结构改变时，资本成本将会如何变化？

资本结构相关理论的发展，经历了三个历史阶段：早期资本结构理论、现代资本结构理论和新资本结构理论。

早期资本结构理论包括净收益理论、净经营收益理论和折中理论三种观点，它们是建立在对投资者行为的假设推断和经验判断的基础上的，并非来自大量的统计数据推断。现代资本结构理论以莫迪格里亚尼和米勒提出的MM定理为基石。后人对该理论的发展就在于放宽其假定，使理论更加接近于现实。本章主要介绍资本结构的MM理论和权衡理论。

在一系列假设条件下，MM无税模型认为负债公司的价值等于无负债公司的价值，负债公司的权益成本等于同风险等级无负债公司的权益成本加上一定的风险溢价。在引入了公司所得税之后，MM含税模型认为，负债公司的价值等于相同风险等级的无负债公司价值加上税负结余价值，负债公司的权益成本等于同风险等级的无负债公司的权益成本加风险溢价。权衡模型在含税模型的基础上考虑了负债对公司价值的负向作用，它在引入了债务的财务困境成本和代理成本的基础上，认为债务融资既有节税的好处，又可能带来财务困境成本和代理成本。因此，公司在确定资本结构时需要同时考虑债务的收益和成本，在两者之间进行权衡，以使公司价值最大化。

20世纪70年代后围绕着信息不对称兴起的资本结构理论被称为新资本结构理论。其包括主要讨论金融契约事前隐藏信息的逆向选择问题的信号传递模型：罗斯模型、利兰-派尔模型和迈尔斯-梅吉拉夫模型，以及主要讨论管理者金融契约事后隐藏行动的道德风险问题的代理理论，它以詹森-麦克林的代理成本模型为先导，而后发展成财务契约论、公司控制学派和产品市场学派等几个分支。

资本结构决策受诸多因素的影响，其中包括经营风险、利息节税能力、融资弹性、资产结构、成长机会、公司控制权、管理者的风险态度、销售稳定性以及盈利能力等。在实践中可以用EBIT-EPS分析法和比较信用分析法等确定公司的资本结构。

资本结构　经营风险　财务风险　代理成本

计算题

1.Nina公司没有债务，加权平均资本成本是13%。如果权益的现行市场价值是3 500万美元，而且没有税，*EBIT*是多少？

2.Nina公司没有债务，加权平均资本成本是13%。如果权益的现行市场价值是3 500万美元，公司税税率是35%，*EBIT*是多少？*WACC*是多少？请解释。

3.Moon Beam产业公司的债务权益率是1.5，*WACC*是12%，债务成本是12%，公司税税率是35%。

（1）Moon Beam公司的权益资本成本是多少？

（2）Moon Beam公司不利用杠杆的资本成本是多少？

（3）如果债务权益率是2，权益成本是多少？如果债务权益率是1呢？如果债务权益率是0呢？

4.Tool制造公司的预期*EBIT*是永续的35 000美元，税率是35%。公司有70 000美元的债务以9%的利率流通在外，无杠杆的资本成本是14%。根据MM含税模型定理1，公司的价值是多少？如果该公司的目标是使公司的价值最大化，那么Tool公司是否应该改变它的债务权益率？请解释。

5.暴雪软件公司正试图建立最优资本结构。该公司现有资本结构由25%的负债和75%的权益组成，而CEO认为公司应该使用更多的负债。公司的无风险利率为5%，市场风险收益为6%，公司的税率为40%。目前暴雪公司通过资本资产定价模型确定的权益成本是14%。如果公司将资本结构变为50%的负债和50%的股本，权益成本是多少？

6.MIT公司是一家正在考虑成立的从事国际贸易的公司，预计公司的账面价值为1 000万元，这些资产预期息税前利润为300万元。由于该公司同外国政府订有税收协议，所以公司没有任何税收负担，即税率为零。经理们正在考虑如何筹集所需要的1 000万元资本。已知在这个经营范围内全股本公司的资本成本为15%，即R_{sU}=15%。公司能够以R_b=8%的利率负债。假设本题适合于MM理论的假设条件。要求：

（1）根据MM理论，在公司无负债和负债为400万元、利率为8%时，分别计算公司的价值。

（2）分别计算在负债*B*=0、*B*=400万元、*B*=900万元时，公司的股权资本成本和加权平均资本成本，并分析说明负债杠杆对公司价值的影响。

（3）在上述条件（R_b=8%，*EBIT*=300万元，R_{sU}=15%）的基础上，假设公司的所得税税率为30%，根据MM理论分别计算该公司在*B*=0、*B*=400万元、*B*=900万元时，公司的股权资本成本和加权平均资本成本。

7.Pendergast公司没有发行在外的债券，总市场价值为180 000美元。如果经济状况正常的话，预计息税前盈余（*EBIT*）为23 000美元。如果出现经济强劲扩张，那么EBIT将较原先高出20%。如果经济出现衰退，那么EBIT将降低30%。Pendergast公司正在考虑以7%的利率发行75 000美元债券。发行所得将用于回购股票。公司目前有6 000股股票流通在外。

（1）忽略税收因素影响，计算在发行债务之前，3种经济状况下的每股盈余（*EPS*），并且计算当经济出现扩张或衰退时，*EPS*变动的百分比。

（2）假设Pendergast公司的市净率为1.0，计算在发行债务之前，3种经济状况下的权益收益率（*ROE*），并计算出当经济出现扩张或衰退时，*ROE*变动的百分比。

（3）假定Pendergast公司的税率为35%，重新计算问题（1）和问题（2）。

即测即评

综合训练参考答案

第9章

股利政策决策

目标引领

1. 掌握现金股利和股票股利支付方式的优缺点；
2. 熟悉现金股利的发放程序及股票分割和股票回购的财务处理方法；
3. 熟悉股票分割与股票回购对公司价值和投资者收益的影响；
4. 了解股利无关论和“在手之鸟”理论与税差理论的基本思想；
5. 了解股利政策的信号传递理论、客户效应理论和代理成本理论；
6. 掌握股利政策的决定因素和实践中的股利政策。

思维导图

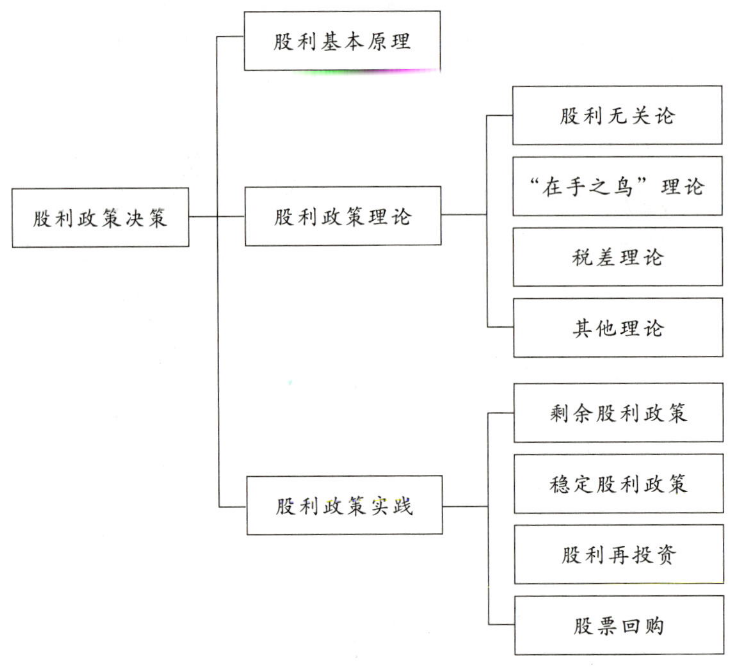

开篇导读

盈利的企业通常面临三个重要的问题：①自由现金流量有多少要分配给股东？②是否通过提高股利或回购股票向股东支付现金？③应该保持稳定、一贯的股利支付政策，还是应该随着环境的变化而改变股利政策？

正如我们将看到的，拥有稳定现金流而缺少成长机会的成熟企业倾向于通过支付股利或通过现金回购股票将更多的现金返还给股东。相反，具有良好投资机会的快速成长的企业则倾向于将现有的大部分现金投资于新产品，从而较少支付股利或回购股票。被视为成长企业象征的苹果公司印证了这种倾向。它的销售额从2003年的62亿美元上升到2013年的1 709亿美元，年平均增长率接近40%。其增长大部分来源于新产品和技术的巨额长期投资。由于强调增长，苹果公司长期以来一直不愿意发放股利。

2010年年初的一次股东大会证明了这个观点，苹果公司传奇式的共同创始人兼首席执行官乔布斯重申，即使苹果公司的资产负债表上有超过500亿美元的现金和短期证券，苹果公司也不打算发放股利。根据《华尔街日报》的报道，乔布斯说，他更倾向于为未来的收购做准备，即使目标还未出现，他强调这些现金将会派上用场。然而，在2011年年底乔布斯去世之后，苹果公司面临的将部分现金发放给股东的压力变大。从那时开始，苹果公司持有的现金快速增长，与此同时人们开始担心苹果公司增长的动力可能会减缓。

重新审视新的环境之后，苹果公司的新任首席执行官库克转变了策略。在2012年年初，苹果公司开始分发股利并宣布了一个回购普通股的计划。尽管苹果公司为将现金分发给股东做出了许多努力，但现金依然大量流入，截至2013年年初，苹果公司的资产负债表上依然有1 370亿美元的现金和证券。因此，苹果公司采取了更为戏剧化的措施。2013年4月，它宣布每季度股利增长15%，并计划提高股票回购的金额，从100亿美元上升至600亿美元，这个趋势一直持续了1年。2014年4月，苹果公司宣布它再次将股利提高8%，回购股票的金额提升至900亿美元。苹果公司从2012年到2022年合计分红1 320亿美元，合计回购5 544亿美元，这二者合计共6 864亿美元。而且公司多次出现分红加回购跟当年净利润倒挂的现象，甚至长期不惜增加有息负债，也要保证回购和分红。苹果公司持续产生大量现金的同时，近年来大规模地通过分派股利和回购股票将现金返还给股东代表了股利政策上的重大转变。本章我们将讨论影响公司现金分配政策的问题。

9.1 股利基本原理

9.1.1 股利与股利政策

当公司开始通过自己的业务活动取得现金流时，就会面临这样一项决策：是将这些现金重新投入生产经营活动，还是将其分配给投资者。公司的税后利润分配通常包括盈余公积（reserves）、留存收益（retained earnings）和支付给股东的股利（dividends）。前两者为公司的未来成长储备资金，后者则是为回报股东（或投资者）所作的投资。公司一般先提取盈余公积，然后根据自身需要决定余下的部分如何在留存收益和股利之间进行分配（如图9-1所示）。公司的利润分配顺序一般为：法定盈余公积、任意盈余公积、股利。此外，《中华人民共和国公司法》还规定：（1）资本公积不得用于弥补公司的亏损；（2）公司持有的本公司股份不得分配利润；（3）如果公司章程另有约定，可以按照章程约定进行“同股不同利”的分配。

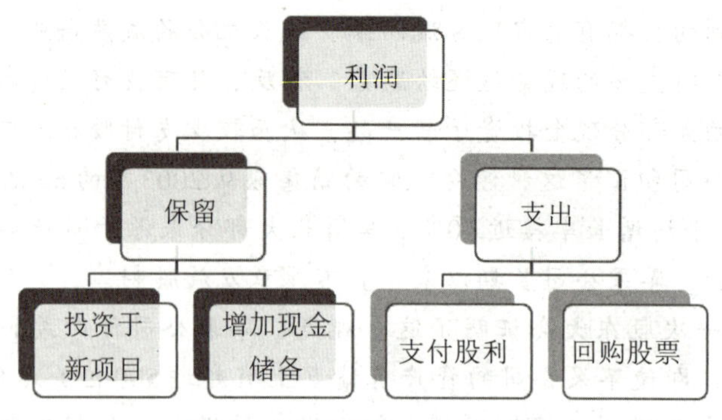

图9-1 公司税后利润的分配

股利（dividend），是指股份公司依照持股份额支付给股东的公司盈余。从投资者的角度看，投资者持有一家公司的股票，他们期望获得的收益包括两项：一是所持股公司的利润分配，二是该公司股票在市场上买卖的价差收入；前者称为股利收益，后者称为资本利得收益。股利包括股息和红利，其中股息是指公司根据股东出资比例或持有的股份，按照事先确定的固定比例向股东分配的公司盈余；而红利是公司除股息之外根据公司盈利的多少向股东分配的公司盈余。显然，股息率是固定的，而红利率是不固定的。

股利有两种表示方式：股利支付率和股利收益率。股利支付率（payout ratio）是指股份公司以现金形式派发的股利占公司净收益的比重，它是股利的账面价值计量方法。股利收益率（dividend yield）是股份公司以现金形式派发的股利与股票买入价格的比率，它是股利的市场价值计量方法。

股利政策（dividend policy）是指公司就是否发放股利、发放多少股利以及何时发放股利等所采取的策略。它有狭义和广义之分。狭义的股利政策就是指探讨留存收益和普通股股利支付的比例关系问题，即股利发放比率的确定；广义的股利政策则包括：股利宣告日的确定、股利发放比例的确定、股利发放时的资金筹集等问题。

9.1.2 股利支付方式

1）现金股利（cash dividend）

现金股利是指上市公司分红时向股东分派现金。发放现金股利将减少公司资产负债表上的现金和留存收益，同时股东得到现金股利需要纳税[①]。一旦公司宣布发放股利，股利就成为公司的一项不可撤销的负债。现金股利是公司最常采用的股利支付方式。

股份公司的股利分配方案通常由公司董事会提出，经股东大会批准后实施。公司每年发放股利的次数因不同公司、不同国家而异。例如，中国的股份公司一般每年发放一次股利，而美国公司则多为每季度发放一次股利。

【例9-1】2012年6月1日，招商银行发布2011年度利润分配方案实施公告，表示将于2012年6月13日向6月6日休市后登记在册的股东派发每股0.42元（含税）的现金股利。

在这个例子中，有四个与现金股利的支付程序有密切关联的日期。

（1）宣告日（declaration date）。这是董事会宣告发放股利的日期。公司董事会根据发

① 股利所得税是指对上市公司的分红征税。

放股利的周期定期举行董事会会议，讨论并提出股利分配方案，由公司股东大会讨论通过后，正式公布股利发放方案。然后，在发放股利之前不久，公司发布股利实施公告，内容为股利发放方案与具体日程。股利宣告日通常是公司发布股利实施公告的那一天。在股利宣告日，公司应登记有关股利负债（即应付股利）。在【例9-1】中，6月1日即为公告日。

（2）登记日（date-of-record）。这是确定股东是否有资格领取股利的截止日期。由于实施方面的原因，自股利公告日至公司将股利实际发放需要有一定的时间间隔。由于上市公司的股票在不停地交易之中，股东会随股票交易而不断变化。为了明确股利的归属，公司事先确定股权登记日，凡在股权登记日列示在股东名单上的股东，都有权利获得此次宣布的股利，而在这一天之后才出现在股东名册上的股东，将无权得到本次股利。在【例9-1】中，股利登记日是6月6日。

（3）除息日（ex-dividend date）。这是指领取股利的权利与股票彼此分开的日期。在除息日之前（不含除息日）股票交易价格中含有将要发放的股利，在除息日之后（含除息日）股票交易价格中不再包含股利，因此除息会导致股价下降。除息日与股利登记日的先后关系，取决于股票交易与过户之间的时间间隔。由于各国证券登记结算方面的差异，不同国家的股利登记日和除息日的先后有差异，比如在美国，除息日在登记日之前，一般是登记日之前的两个营业日，所以在除息日之前购买的股票可以得到即将发放的股利，而在除息日当天及以后购买的股票则无权获得当期股利。但在中国，股权登记可以在交易当天收盘后完成，所以将股利登记日之后的第一天作为除息日，这一天或以后购入该公司股票的股东，不再享有公司此次股利分配的权利。在【例9-1】中，除息日为6月7日。

（4）支付日（date of payment）。这是公司向股东发放股利的日期。在这一天，公司可以按规定采用各种方式支付股利，并冲销股利负债。在【例9-1】中，6月13日就是股利支付日。

【例9-1】的股利发放程序如图9-2所示。

图9-2 招商银行2012年现金股利发放程序

2）股票股利（stock dividend）

股票股利是指公司将应分给投资者的股利以股票的形式发放[①]。股票股利只是将资本从留存收益账户转移到其他股东权益账户，并未改变每位股东的持股比例，也不增加公司的资产。

从会计处理的角度来看，发放股票股利只是将相应的资本公积、盈余公积和未分配利润转变成为资本，同时通过交易所的登记系统增加股东持有股票的数量。从公司价值的角度来看，股票股利只是改变流通在外的股票数量，并不会对公司现金流量产生实质性的影

① 股票股利也称为“送股”。送股是指股份有限公司向股东赠送股份，主要包括：①股份有限公司通过股利分配的方式向股东送股（即股票股利）；②股份有限公司通过盈余公积的分配向股东送股（即转增股）；③股份有限公司通过资产评估增值向股东送股。送股不同于股权再融资。股权再融资是上市公司为了融资而再次发行股票的行为，它包括配股和增发两种方式；配股是对原有股东发行股票，增发可以对原有股东也可对其他投资者发行股票。送股只是将资本在股权内部项目之间进行转移，不产生现金流动。而股权再融资则是将新股东手中的现金变成股东权益，公司增加现金，增加相同的股东权益。

响，因而不会增加股权价值总量。

【例9-2】LN公司准备发放10%的股票股利，公司股票当前价格为25元/股，税后利润为200万元。股票股利发放前后公司的所有者权益状况见表9-1。

表9-1　股票股利发放前后公司的所有者权益状况　单位：元

股票股利发放前		股票股利发放后	
普通股（100万股，2元/股）	2 000 000	普通股（110万股，2元/股）	2 200 000
资本公积	8 000 000	资本公积	10 300 000
留存收益	15 000 000	留存收益	12 500 000
股东权益	25 000 000	股东权益	25 000 000

公司发放10%的股票股利，相当于公司要增发100 000股普通股股票，现有股东每持有100股即可收到10股增发的股票。随着股票股利的发放，留存收益中有2 500 000元（1 000 000股×10%×25元/股）的资本要转移到普通股和资本公积账户中。由于普通股的面值不变（2元/股），因此增加的100 000股股票使得普通股股本账户增加200 000元，其余2 400 000元转移到资本公积账户，而公司股东权益总额不变。

从公司的角度来看，股票股利发放前后，股票的市场价值并没有改变，仍然是25 000 000元，而公司发行在外的股票数量增加了10%。这样，股票的价值从原来的每股25元下降为22.73元（25÷（1+10%）），公司的每股收益从原来的每股2元（2 000 000÷1 000 000）降低为每股1.82元（2 000 000÷1 100 000）。

从股东的角度来看，假设在股利发放前，某股东拥有该公司10 000股，则在股票股利发放前后其财务状况见表9-2。

表9-2　股票股利发放前后的财务状况

项目	股票股利发放前	股票股利发放后
每股收益*EPS*（元）	2 000 000÷1 000 000=2	2 000 000÷1 100 000=1.82
持股比例	10 000÷1 000 000×100%=1%	11 000÷1 100 000×100%=1%
持股收益（元）	2×10 000=20 000	1.82×11 000=20 000

对于股东而言，股票股利除了使其所持股票增加之外，几乎没有任何其他价值。由于公司的收益不变，股东所持股份的比例不变，每位股东所持有股票的市场价值总额也保持不变。但如果公司在发放股票股利之后还能发放现金股利，且能够维持每股现金股利不变，那么股东会因所持股数的增加而能获得更多的现金股利。

对于管理者而言，发放股票股利可以获得以下好处：第一，在盈利和现金股利预期不会增加的情况下，股票股利的发放可以有效地降低每股价格，由此可以提高投资者的投资兴趣；第二，股票股利的发放是让股东分享公司的收益而无须分配现金，由此可以将更多的现金留存下来，用于再投资，有利于公司的长期健康和稳定发展。

3）股票分割（stock split）

股票分割是指将一股面额较高的股票交换成数股面额较低的股票的行为。从本质上讲它也不是股利，但它产生的效果与股票股利十分相近。

就会计而言，公司的资本结构不发生任何变化，只是发行在外的普通股股数增加，每股面值降低。

【例9-3】在【例9-2】中，如果LN公司改变财务方案，决定对股票进行1：2的分割，则股票分割前后公司的所有者权益状况见表9-3。

表9-3　股票分割前后公司的所有者权益状况

股票分割前		股票分割后	
普通股（100万股，2元/股）	2 000 000	普通股（200万股，1元/股）	2 000 000
资本公积	8 000 000	资本公积	8 000 000
留存收益	15 000 000	留存收益	15 000 000
股东权益	25 000 000	股东权益	25 000 000

进行股票分割没有改变资产负债表上所有者权益的数额，但是可以降低股票市场价格。从管理层的角度出发，股票分割有利于将公司的股票价格保持在一个合理的范围之内。如果股票价格的上升超过了这个范围，通过股票分割就能够使股价回落到该范围之内；相反，如果公司认为自己的股票价格过低，为了提高股价，可以采取逆分割（也称为股票合并）措施，即将数股面额较低的股票合并为一股面额较高的股票，股票逆分割之后，股价通常会上升。股票分割的目的是促进投资者购买该公司的股票。股票分割也有利于公司发行新股；同时，在并购过程中，并购方通过对自己的股票进行分割，可提高对被兼并方股东的吸引力，有助于公司兼并收购政策的实施。

表9-4对股票股利和股票分割进行了比较。

表9-4　股票股利和股票分割的比较

项目	股票股利	股票分割
股东的现金流量	不增加	不增加
普通股股数	增加	增加
股票市场价格	下降	下降
股东权益总额	不变	不变
股东权益结构	变化	不变
收益限制程度	有限制	无限制

尽管在实践中现金股利比股票股利和股票分割使用得更加频繁，但是很多人认为股票股利和股票分割可以为公司保留现金，可以通过填权效应①使股东极大地获益，在公司前景看好，尤其是股价远远超出正常水平的时候实行股票股利和股票分割很有意义。同时，尽管股票分割与发放股票股利都能达到降低公司股价的目的，但一般来说，只有在公司股价暴涨且预期难以下降时，才会采用股票分割的办法降低股价；而在公司股价上涨幅度不

① 股票除权后的除权价不一定等同于除权日的理论开盘价，当股票实际开盘价高于这一理论价格时，就是填权。填权效应在这里表现为，理论上当公司发放股票股利和进行股票分割之后公司股票价格会下降，然而现实中，股票价格不会降低到理论上的低点，股东可以因此而获利。

大时，公司往往通过发放股票股利将股价维持在理想的范围之内。

4）股票回购（stock repurchase）

股票回购是指公司出资购回其本身发行的流通在外的股票的行为。被购回的股票一般作为库藏股，如果需要也可重新出售。股票回购实际上是现金股利的一种替代形式，一般会改变公司的资本结构，减少流通在外的普通股股数，提高财务杠杆比率。

【例9-4】在【例9-2】中，假设公司本年度拿出250万元发放现金股利或者进行股票回购，表9-5是公司发放现金股利和股票回购前后的资产负债表。

表9-5　公司发放现金股利和股票回购前后的资产负债表　金额单位：元

资产		负债和所有者权益	
1.股利分配前的资产负债表			
现金	10 000 000	负债	5 000 000
其他资产	20 000 000	股东权益	25 000 000
合计	30 000 000	合计	30 000 000
流通在外的普通股股数：1 000 000股			
每股市价=25 000 000÷1 000 000=25元			
2.发放现金股利后的资产负债表（每股发放1元现金股利）			
现金	9 000 000	负债	5 000 000
其他资产	20 000 000	股东权益	24 000 000
合计	29 000 000	合计	29 000 000
流通在外的普通股股数：1 000 000股			
每股市价=24 000 000÷1 000 000=24元			
3.股票回购后的资产负债表（以每股25元的价格回购股票）			
现金	7 500 000	负债	5 000 000
其他资产	20 000 000	股东权益	22 500 000
合计	27 500 000	合计	27 500 000
流通在外的普通股股数：900 000股			
每股市价=22 500 000÷900 000=25元			

对于公司的管理者而言，股票回购具有以下优点：

第一，采用股票回购不会提高投资者对于公司未来股利的预期。与定期分配的现金股利相比，股票回购通常被看作一次性的现金回报，因此对于那些暂时取得了超额现金流量，但是不能保证未来继续创造这些现金流量的公司而言，股票回购更为适当。

第二，可以更加集中地向那些需要现金的股东支付现金。这种好处来源于股票回购的自愿原则：需要现金的股东可以将股票卖给公司，相反，不需要现金的股东可以继续持有股票。

第三，改善公司的资本结构。当公司认为其股东权益占比过大、负债-权益比例失衡时，就有可能对外举债，并用举债所得现金回购本公司的股票，由此实现资本结构的合理化。

第四，用于公司兼并收购。在并购过程中，产权交换的支付方式主要有现金收购和换股合并两种。如果公司有库藏股，就可以使用公司本身的库藏股交换被并购公司的股票，由此可以减少公司的现金支出。

第五，有助于认股权和转换权的行使。在公司发行可转换证券或附认股权证的情况下，公司可以使用库藏股票来满足认股权证持有人以特定的价格认购股票，以及可转换证券持有人将其转换成普通股的要求，而不必另外发行新股。

表9-6比较了现金股利与股票回购。

表9-6　现金股利与股票回购比较

	现金股利	股票回购
返还现金的方式	对全部股东按持股数量派发现金	从某些股东处买回股票
股东参与程度	非自愿（持股者都将收到红利）	自愿（股东自己选择是否出售其所持股票）
普通投资者纳税	通常作为一般所得纳税	作为资本利得纳税
对股价的影响	股价下跌，跌幅等于每股股利数额	只要按公允市价回购，股价不受影响

9.2　股利政策理论

股利政策问题一直以来被人们称为“股利之谜”（dividend puzzle）。在第1章我们已经知道，公司金融管理的目标是股东财富最大化（即股票价格最大化）。当公司决定分配给股东多少现金的时候，目标支付率（即现金股利占净利润的比例）在很大程度上取决于投资者对股利和资本利得的偏好：投资者是更偏好公司以现金股利的形式分配收入，还是用它来回购股票抑或将盈利重新投入公司——公司的最优股利政策就是要在当前的股利和未来的成长之间寻求平衡以使股票价格最大化。传统的股利理论主要围绕着股利与公司价值（股票价格）和资本成本是否相关这一问题展开，主要包括股利无关论、“在手之鸟”理论和税差理论。

9.2.1　股利无关论：MM理论

股利无关论（dividend irrelevance theory）①的主要倡导者是莫迪格里亚尼和米勒，也称为MM理论②。他们认为，在完善的资本市场条件下，股利政策不会影响公司的价值。公司价值是由公司投资决策所决定的本身获利能力和风险组合所决定的，而不是由公司股

① MILLER，MODIGLIANI. Dividend policy，growth，and the valuation of shares [J]. Journal of Business，1961 (10)：411-433.

② 莫迪格里亚尼和米勒（MM）关于资本结构和股利政策都提出了自己的观点，他们在作出一系列假设的前提下，证明公司的资本结构与公司的价值无关，公司的股利政策同样与公司价值无关，这些观点统称为“MM理论”。

利分配政策所决定的。

MM理论的基本假设是：(1)没有公司所得税和个人所得税；(2)没有股票的发行成本和交易成本；(3)投资者和管理者对于未来的投资机会拥有相同的信息；(4)投资者对于股利收益和资本利得收益具有相同的偏好；(5)公司的投资决策独立于其股利政策，即与股利分配方案无关。MM理论认为，在不改变投资决策和目标资本结构的条件下，无论用剩余现金流量支付的股利是多少，都不会影响股东的财富。对此他们从三个方面展开分析：

第一，如果公司在满足项目投资需要之后仍有剩余现金N元可以支付股利，那么在股利支付前，股东对公司资产具有N元的要求权；股利支付后，一方面公司现金账户与股东权益账户等额减少，另一方面股东在得到N元现金之后，也丧失了对公司资产相应的要求权（如图9-3所示）。

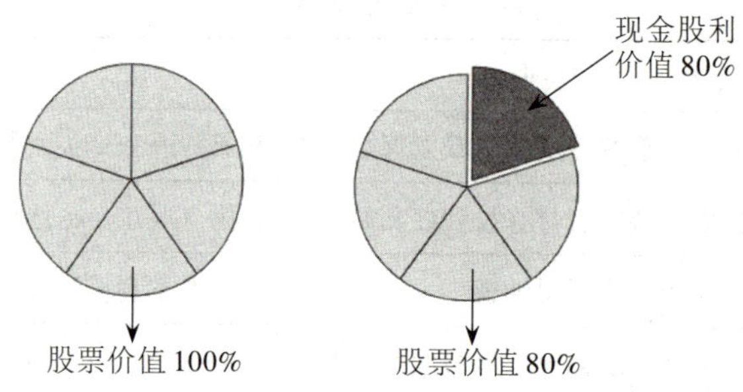

图9-3　公司用剩余现金发放股利时的价值转移

第二，如果公司没有足够的现金用来支付股利，那么在股利支付之前它必须增发与股利支付额相等的新股，这可以暂时地增加公司的价值；在股利支付后，公司价值又回到原来发行新股前的价值（如图9-4所示）。

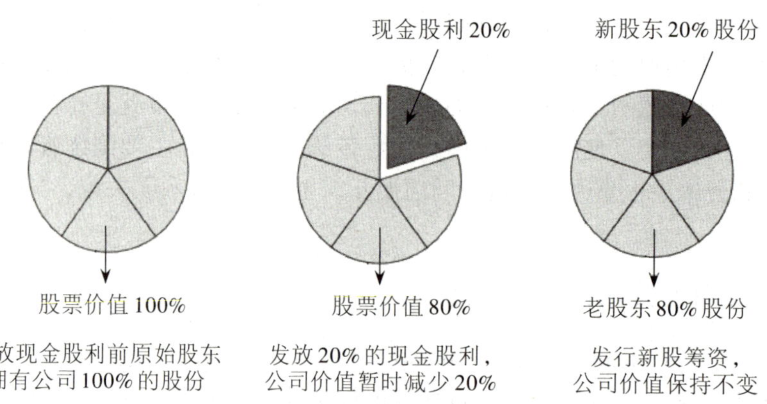

图9-4　公司通过发行新股筹资发放现金股利时的价值转移

第三，如果公司不支付股利，但现有股东希望获取现金股利，那么他们可以通过寻找并出售部分股票给新的投资者来换取现金。现有股东在换取现金的过程中，将自己的一部分股权让渡给新的投资者。在完善的市场条件下，新股东购买股票的意愿价格必须与公司股票价值一致。因此，这一活动的结果是新老股东之间的价值转移——老股东将自己拥有的一部分资产转让给新股东，新股东则把同等价值的现金支付给老股东，公司的价值保持不变。这种直接交易（股东通过出售股票以换取现金）被称为“自制股利”（homemade dividend）（如图9-5所示）。

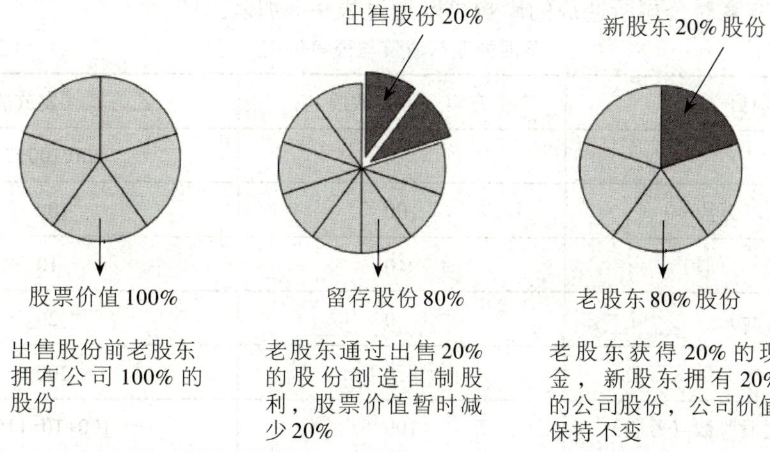

图9-5　原始股东通过出售股票自制股利时的价值转移

【例9-5】假设XYZ公司现在有一个净现值200万元的投资机会，需要初始投资200万元。XYZ公司的基本情况如表9-7所示。现在有两个方案可供选择：甲方案是将公司的200万元净利润留存作为初始投资；乙方案是将公司的200万元净利润作为股利发放给股东，并在资本市场上发行新股来募集投资所需资本。现在我们来比较这两种不同的股利政策方案对公司价值的影响。

表9-7　XYZ公司基本财务状况　金额单位：万元

当期公司价值	2 000
每期经营现金流量	200
投资收益率	10%
发行在外普通股（万股）	100
每股价格（元）	20
投资者要求的收益率	10%
新项目NPV	200
投资项目所需资本	200

如果公司采用甲方案，公司既不发放股利，也不必募集新股，因此在接受新项目之后的价值等于公司原来的价值加上新项目的净现值，为2 200万元（2 000+200）。而股东在该期间内获得的投资收益率为10%（（2 200−2 000）/2 000×100%）。此时，公司当期的价值应当为2 000万元（（0+2 200）/（1+10%））。

如果公司采用乙方案，公司将当期的净利润200万元作为股利发放，每位股东获得股利2元（200/100）。此时，公司需要通过发行新股来募集200万元的项目初始投资。公司按照现时股票价格20元发行股票10万股来完成资本的募集任务。此时，公司发行在外的股票达到110万股（100+10），公司的价值为2 200万元（20×110）。在该段时期内，公司的股票价格没有发生变动，股东的投资收益来自公司发放的现金股利，股东的投资收益率为10%（2/20×100%）。公司当期的价值为2 000万元（（200+100×20）/（1+10%））。

选择两个方案对公司所造成的影响可以通过表9-8加以比较。

表9-8 不同的股利政策与公司价值 金额单位：万元

项目	甲方案（不发放股利）	乙方案（发放股利）
每股股利	0	200/100=2
当期普通股股数（万股）	100	100
发行新股的数量（万股）	0	10
新股发行价格（元）	0	20
新股发行募集资本数量（万股）	0	200
新股发行后普通股股数（万股）	100	100+10=110
投资后公司市场价值	2 000+200=2 200	2 000-200+200+200=2 200
股票价格（元）	2 200/100=22	2 200/110=20
投资者收益率	（22-20）/20×100%=10%	（2+20-20）/20×100%=10%
当期公司市场价值	（0+2 200）/（1+10%）=2 000	（200+100×20）/（1+10%）=2 000

从表9-8可以看出，对于投资项目，无论是留存收益，还是发放股利之后，在资本市场上募集新股，都不会对公司的价值产生影响。这两种方案的区别在于股东控制权发生变化。如果采用甲方案，投资项目前后公司的普通股股数都是100万股，原有股东仍然拥有对公司100%的控制权。如果采用乙方案，投资项目后公司的普通股股数增加为110万股，原有股东对公司的控制权下降为91%（100/110×100%），发行新股导致老股东的控制权被稀释。

MM关于股利政策与公司价值无关的结论，证明如下①：

假设公司的资金来源全部为权益资本，NI_t为第t期公司的净利润，DIV_t为第t期的现金股利，INV_t为公司第t期的投资额，N_t为公司第t期流通在外的股票数量，S_t为第t期公司股东权益总额，P_t为第t期公司的股票价格，r为贴现率。第t期公司股票的价值等于其第t+1期的股利支付额与股票市值总额的现值，即：

$$S_t = \frac{DIV_{t+1} + N_t \cdot P_{t+1}}{1 + r} \tag{9-1}$$

由于公司的资金来源与资金运用相等，所以有：

$$NI_{t+1} + M_{t+1} \cdot P_{t+1} = DIV_{t+1} + INV_{t+1}$$

其中，M_{t+1}是第t+1期公司新发行的股票数量；P_{t+1}是第t+1期新发行股票的价格。将上式整理可得：

$$DIV_{t+1} = NI_{t+1} + M_{t+1} \cdot P_{t+1} - INV_{t+1}$$

---

① 关于MM股利无关论的证明，参考MILLER，MODIGLIANI.Dividend policy，growth，and the valuation of shares［J］. Journal of Business，1961（10）：410-414.

代入公式（9-1）有：

$$S_t = \frac{NI_{t+1} + N_t \cdot P_{t+1} + M_{t+1} \cdot P_{t+1} - INV_{t+1}}{1 + r} \tag{9-2}$$

由于第t+1期公司流通在外的股票数量是第t期的股票数量与第t+1期新发行股票数量之和，所以：

$N_{t+1} = N_t + M_{t+1}$ 即 $N_t = N_{t+1} - M_{t+1}$

将其代入公式（9-2）可得：

$$\begin{aligned} S_t &= \frac{NI_{t+1} - INV_{t+1} + (N_{t+1} - M_{t+1}) \cdot P_{t+1} + M_{t+1} \cdot P_{t+1}}{1 + r} \\ &= \frac{NI_{t+1} - INV_{t+1} + N_{t+1} \cdot P_{t+1}}{1 + r} \\ &= \frac{NI_{t+1} - INV_{t+1} + S_{t+1}}{1 + r} \end{aligned} \tag{9-3}$$

公式（9-3）中没有出现股利，表明只要公司的投资决策不因股利发放数量的变化而变化，公司的股票价值就不会因股利发放额的不同而不同，即公司股利政策与公司股票的价值无关。

MM股利无关论的实质是，公司股票的价值仅取决于公司的投资决策，即公司如何利用它所筹集到的资金在一定的风险条件下创造出足够的收益，而与公司如何筹集投资所需的资金无关。由此衍生出一个结论：无论公司以何种方式筹集资金，它都不应该放弃净现值为正的投资项目。

MM的股利无关论是以多种假设为前提的，而在现实中这些假设条件并不存在。股票的交易要付出交易成本，发行股票要支付发行费用，管理当局通常比外界投资者拥有更多的信息，政府对公司和个人都要征收所得税，等等。因此，股利无关论的结论在现实条件下可能就不正确。

9.2.2 股利相关论："在手之鸟"理论和税差理论

1）"在手之鸟"理论（bird-in-hand theory）

"在手之鸟"理论的主要代表人物是Myron Gordon①和John Lintner②。MM股利无关论的最初结论是股利政策不影响权益的要求收益率k_s。这个结论在学术界引起了热烈的讨论。Gordon和Lintner认为，k_s随着股利支付率的增加而减少，因为投资者对股利收益与资本利得收益的偏好是不同的。现金股利，特别是正常现金股利，是投资者有把握按时、按量得到的收入，好比手中之鸟，风险很小。而资本利得取决于留存的收益的经营情况，它不像直接得到股利那样确定；同时资本利得要靠出售股票才能得到，股票价格的波动使资本利得更具风险。因此，资本利得好比林中之鸟，虽然看上去很多，但不一定抓得到。股利和资本利得相比，"一鸟在手，胜于数鸟在林"。由于资本利得风险高于股利收益的风险，投资者都是厌恶风险的，他们更倾向于相对可靠的股利收入。公司的股利支付率与公司价值成正比，与权益成本成反比，公司必须制定高股利政策才能使公司价值最大化。

---

① GORDON.Optimal investment and financing Policy [J]. Journal of Finance，1963（5）：264-272.

② LINTNER.Dividend，earnings，leverage，stock prices，and the supply of capital to corporations [J]. Review of Economics and Statistics，1962（8）：243-269.

投资者偏好现金股利的观点源于心理与行为的偏差[1]，对股利政策的解释存在一定的问题。从长远来看，无论是现金股利还是资本利得，都需要公司的实际业绩支撑才能真正实现。尽管公司可以在短期内依靠资金的调度和安排来满足投资者多发股利的要求，但是如果没有长期业绩的支撑，必然会在一段时间之后无法保证现金股利的发放。相反，如果公司能够长期保持良好的业绩，尽管市场在一段时间内可能没有充分认识公司股票的价值，但从长远来看，公司的实际价值一定会反映到股票价格上来。

2）税差理论（tax differential theory）

税差理论是由Litzenberger和Ramaswamy[2]提出的。这种观点认为，由于股利收入所得税税率高于资本利得税率，这样，公司保留收益而不是支付股利对投资者更有利。由于资本利得税要递延到股票真正售出的时候才会发生，同时考虑到货币的时间价值和风险价值，即使股利和资本利得这两种收入所征收的税率相同，实际的资本利得税率也比股利收入税率要低。因此，支付股利的股票必须比具有同等风险但不支付股利的股票提供更高的预期税前收益率，才能补偿纳税义务给股东造成的价值损失。在这种情况下，股利支付率与公司价值成反比，与权益成本成正比，公司必须制定低股利政策才能使企业价值最大化。

启智增慧 9-1
税差理论

【例9-6】假设股利所得税税率为40%，资本利得所得税税率为零。现有A、B两个公司，有关资料如下：A公司当前股票价格为100元，不支付股利，投资者期望一年后其股票价格为112.5元，因此股东期望的资本利得为每股12.5元，则股东税前、税后期望收益率均为12.5%（（112.5−100）/100×100%）。

B公司除在当年年末支付10元的现金股利外，其他情况与A公司相同。扣除股利后的价格为102.5元（112.5−10）。由于B公司股票与A公司股票风险相同，B公司的股票也应当或能够提供12.5%的税后收益率。在股利纳税、资本利得不纳税的情况下，B公司的股票价格应为多少？

假设股利所得税税率为40%，则股利税后所得为6元（10×60%），B公司股东每股拥有的价值为108.5元（102.5+6）。为提供12.5%的收益率，B公司现在每股价值应为预期未来价值的现值，即：

$$每股价格 = \frac{108.5}{1 + 12.5\%} = 96.44(元)$$

B公司股票的税前收益率为：

$$税前利润率 = \frac{112.5 - 96.44}{96.44} \times 100\% = 16.65\%$$

上述计算结果表明，B公司股票必须提供比A公司股票更高的期望税前利润率。这一较高的利润率用于补偿纳税义务给股东造成的损失。

表9-9列示了税率差别对两个公司股东收益率的影响。支付现金股利的B公司的税前收益率高于A公司，但由于股利所得税税率高于资本利得税率，在其他因素（风险）一定的情况下，投资者无论持有A公司股票还是B公司股票，其税后投资收益率均为12.5%。

---

① 心理学研究发现，人们的心理与行为存在一定的偏差。例如，在确定的收益和不确定的收益之间，人们倾向于选择确定的收益，这种现象被称为确定性效应（certainty effect）。“一鸟在手胜于数鸟在林”就是确定性效应的反映。

② LITZENBERGER，RAMASWAMY.The effect of personal taxes and dividends on capital asset prices：theory and empirical evidence［J］. Journal of Financial Economics，1979，7（2）：163-195.

表9-9　　股东投资收益率　　金额单位：元

项目	A公司	B公司
预计明年股价	112.5	102.5
股利	0	10
税前损益	112.5	112.5
当前股价	100	96.44
资本利得	12.5	6.06
税前收益率	12.5%（112.5/100-1）	16.7%（112.5/96.44-1）
股利所得税（40%）	0	4
资本利得税（0）	0	0
税后收益	12.5	12.06%
税后收益率	12.5%（12.5/100）	12.5%（12.6/96.44）

除股利所得税税率与资本利得税率之间的差异外，研究人员还分析了投资、股利和税收之间的关系，分析了不同税收等级的投资者对股利支付率的不同要求。为了分析的方便，假设：（1）公司支付的有效边际税率 T_c=40%；（2）个人对股利收入支付不同的个人所得税，承担较高税率的股东支付个人所得税税率 T_{ph}=50%，而承担较低税率的股东支付个人所得税税率 T_{pl}=20%；（3）资本利得税 T_g=0；（4）税务当局以向股利支付征税的相同方式对定期的公司股票回购征税；（5）没有债务；（6）对实物资产的投资获得 r=18%的税前利润。

在上述假设条件下，承担较高税率的股东，其股利的税后收益率为：

$r(1-T_c)(1-T_{ph}) = 18\% \times (1-40\%) \times (1-50\%) = 5.4\%$

如果这笔资本由公司留存，要获得相同的税后收益率要求的税前收益率为：

$r(1-T_c) = r(1-40\%) = 5.4\%$

所以：

$r = 9\%$

承担较低税率的股东，其股利的税后收益率为：

$r(1-T_c)(1-T_{ph}) = 18\% \times (1-40\%) \times (1-20\%) = 8.64\%$

如果这笔资本由公司留存，要获得相同的税后收益率要求的税前收益率为：

$r(1-T_c) = r(1-40\%) = 8.64\%$

所以：

$r = 14.4\%$

上述分析表明，对于承担较高税率的股东而言，要想获得5.4%的税后收益率，用留存收益进行投资所要求的税前利润率为9%，而当这笔收益支付给股东，既要缴纳公司所得税又要缴纳个人所得税时，要求的税前利润率为18%。同样，当股东仅仅支付20%的个人所得税时，要求的税前利润率为14.4%。较低纳税等级的股东所得到的股利税后利润率高于较高纳税等级的股东所能得到的收益率，因此，对股利有较大的偏好。而较高纳税等级的股东却愿意将税后利润留存于公司进行再投资，直到税前利润率下降到9%为止。

在其他因素一定的情况下，留存收益是股东对公司的追加投资，股东所要求的税后利润率就是公司使用这部分资本的成本或代价。对于股票由承担较高税率的股东所持有的公司而言，留存收益的税前成本为9%，如果低于外部融资成本，公司将不会支付股利，而是将该资本留存用于投资需要；如果是股东处于低税率等级的公司，则会支付等于它的内部资本的股利，而扩大投资所需的资本则主要依靠外部融资获得。由此可见，所得税税率的高低对公司股利支付率的高低具有一定的影响，并由此影响公司扩大投资所需资本的筹集方式。

9.2.3 股利的其他理论

随着MM理论假设条件的不断放宽以及对其进行实证研究，理论界涌现出信号传递理论、客户效应理论、代理成本理论、股权结构理论、迎合理论和寿命周期理论等内容，一般称为现代股利政策理论。

1）信号传递理论（signaling theory）

股利政策的信号传递理论放开市场摩擦的假设，考虑信息不对称对股利政策的影响。如果公司的管理者比投资者拥有（质量上和数量上）更好的关于公司未来前景的信息，他们的股利决策就有可能传递这一信息。

（1）现金股利与信号传递

股利政策的稳定性对于公司来说非常重要。股利的稳定性包括两个方面：①股利增长率的可靠性；②是否能指望未来至少能收到和现在一样的股利。对于投资者来说，最稳定的股利政策是公司的股利增长率可以预测；较稳定的股利政策是股东可以确信目前的股利不会减少——可能不会以一个稳定的速度增长，但管理当局会尽量避免降低股利[①]。公司可以随时调整股利，但实际上对股利规模的调整并不频繁，股利的波动要比收益的波动小得多。公司这种维持股利相对稳定的做法被称为股利平滑（dividend smoothing）。在对公司管理者的一项经典调查中，林特纳（Lintner）[②]认为这些观察结论产生于：①管理者相信投资者偏好持续成长基础上的平稳股利；②管理者希望将股利的长期目标水平维持在收益的一定比例。因此，只有当公司认为期望未来收益将长期持续增长时，才会增加股利，而削减股利只能是无奈之举。

公司的收益变化时，如何保持股利平滑？公司通过调整回购或发行股票的数量和保留现金的额度，可以在短期内维持任意的股利水平。但是，若通过发售新股募集股利所需资金，由于存在税收和交易成本，管理者不希望承诺分配超出公司的正常收益、公司不堪支付的股利，因此，公司往往基于对未来收益前景的预期来设定公司能够维持的股利水平。

如果公司平滑股利，公司的股利政策选择就将包含和体现管理者对未来收益预期的信息：公司增加股利，会向投资者传递一个积极的信号，即管理者预期在可预见的未来有能力向投资者提供较高的股利；公司削减股利，会向投资者传递一个消极的信号，即管理者对近期内收益的反弹不抱希望，所以需要削减股利以节约现金。股利的调整反映了管理者对公司未来收益前景的看法，这一观点被称作股利的信号传递假说（dividend signaling

① 管理人员轻易不会改变既定的股利政策这一特征也被称为股利的“黏性”。股利这种增加比削减更为频繁的特征也被称为股利的“刚性”。

② LINTNER. Distribution of incomes of corporation among dividends, retained earnings and taxes [J]. American Economics Review, 1956 (46): 97-113.

hypothesis)。

为了让新股东认为其对公司支付的股价是公允的，管理者认为应确定一个长期的目标股利支付率。林特纳（1956）提出了一个关于公司股利分配的模型（股利调整模型）：

$$DIV_{t+1} - DIV_t = a \cdot (P^* \cdot EPS_{t+1} - DIV_t) \tag{9-4}$$

其中，DIV表示每股股利；a表示股利的调整系数；P^*表示目标股利支付率；EPS表示每股收益。

股利调整模型表明公司的股利分配与以下四个因素有关：（1）公司具有长期的目标股利支付率；（2）公司股利分配的变化与公司的长期盈利能力相关；（3）公司管理人员不愿意股利在增加之后又减少；（4）公司管理人员更重视股利的变化而不是其绝对水平。

根据这一模型，公司现在以DIV_t支付每股股利，它的目标股利支付率是P^*。公司将随其每股收益（EPS）的变化调整其股利支付率（但不是全部调整）。如果公司一直按照目标股利支付率进行股利的支付，那么其下一期的每股股利就是$DIV_{t+1} = P^* \cdot EPS_{t+1}$。但公司会控制其每次股利的支付以使股利支付的总体过程显得更为平滑。因此，a的值会小于1，以便使股利支付率到目标股利支付率的过程为一渐进过程，而不是一次到位。显然，这种做法会降低已增加的股利在未来又回落的可能性。这就是为什么股利的改变会成为信息传递工具的原因：当公司相信它能通过较高的预期收益来保持增长时，公司会提高其股利支付率。

在这里值得一提的是，增加股利向外界传递了管理者关于公司未来现金流的乐观估计的信息，但同时它也可能表明公司缺乏投资机会。例如，微软公司从2003年开始支付股利，市场和投资者大多将其视为公司预期成长的下降，而不是未来盈利能力增强的信号①。相反，削减股利可能表明公司对新的正NPV投资机会的利用。在这种情况下，股利削减可能带来正的而非负的股价反应。总之，我们必须将股利传递的信号内涵，置于管理者可能拥有的新信息类型的背景下进行理解和阐释。

（2）股票回购与信号传递

股票回购也可能向市场传递管理者掌握的信息，但是它与现金股利有几点显著的区别：

第一，管理者较少承诺股票回购。公司宣布正式委托金融中介进行公开市场股票回购时，一般会公告计划回购的最大数额。然而实际回购的股数和花费的金额可能要少得多，而且公司也许要经过几年时间才能完成股票回购。

第二，公司并不对每年的股票回购进行平滑。今天宣布股票回购，未必代表长期的股票回购义务和责任，股票回购不大可能像现金股利那样成为传递公司未来收益的信号。

第三，股票回购的成本取决于回购时的股票市价。如果管理者认为股票当前市价被高估，则股票回购的成本就高。也就是说，按当前市价回购被市场高估的股票，是一项NPV为负的投资。相比之下，股票被市场低估时的回购，是一项NPV为正的投资。显然，管理者更希望回购他们认为价值被市场低估的本公司股票。

股票回购可能向市场传递这样的信号：管理者相信公司的股价被低估（或至少没有被严重高估）。股票回购是关于股票价格被低估的一个可信信号，因为如果股价被高估，则

① 参见《经济学人》杂志2004年7月22日相关文章的介绍。

股票回购对公司当前股东而言势必带来高昂的成本。如果投资者相信管理者掌握了更多有关公司前景的信息，并且代表公司当前股东的利益，那么投资者将对公司宣告股票回购反应积极。

2）客户效应理论（clientele effect theory）

客户效应理论是对税差理论的进一步扩展，研究处于不同税收等级的投资者对待股利分配态度的差异。首先提出客户效应概念的是Miller和Modigliani（1961），他们认为，正如设计产品往往针对某一特定目标市场一样，公司在制定股利政策时同样遵循市场学中的市场细分原理，“每个公司都会试图以其特定的股利支付率来吸引一些喜好它的追随者”。Black和Scholes（1974）①认为，投资者在按照某种潜在标准权衡收到股利的成本效益之后，一些投资者会偏好高股利而另一些投资者则希望获得低股利。他们将投资者归纳为三种类型的客户群体：股利偏好型、股利厌恶型和股利中立型。每一种股票都会吸引一批偏好该公司股利水平的投资者。Pettit（1972）②通过对914位投资者的资产组合进行分析后，测试了1964—1970年的股利政策的客户效应，发现富裕或年轻的投资者、股利所得税税率和资本利得税率差异较大的投资者、资产组合的系统风险较高的投资者，常常偏好低股利的股票，而年龄较大、收入较低的投资者偏好高股利的股票。

不同群体或客户的股东对股利政策有着不同的偏好，比如退休人员、养老金基金和大学捐赠基金等通常希望获得现金收入，所以他们可能希望公司多分配股利。这样的投资者通常属于低税率或免税的群体，所以不需要考虑税收问题。然而，年收入较多的股东可能倾向于盈利再投资，因为他们不太需要现在的投资回报并且只会将收到的股利纳税后进行再投资。

如果公司留存收益并进行再投资而不是分配股利，对那些需要现时收入的人群就不利。他们所持股票的价值可能会增加，但是他们可能要花费成本去卖掉一部分股票来获取现金。然而，那些目前正在储蓄而非花费股利现金的股东可能会喜欢低股利政策，因为公司分发的股利越少，股东此时需要支付的税收就越少，他们用税后股利再投资的成本费用也越少。因此，当前需要投资收入的股东会持有支付高股利公司的股票，而那些不需要当前投资收入的股东则会持有支付低股利公司的股票。

从另外一个角度讲，股东可以改变投资的公司，公司也可以改变其股利支付政策，然后让那些不喜欢新政策的股东把股票卖给喜欢这个股利政策的其他股东。但是，频繁的改变是低效率的，原因是：第一，存在佣金成本；第二，卖掉股票的股东可能还要支付资本利得税；第三，喜欢新的股利政策的股东在数量上可能没有那么多。因此，管理当局对于改变股利政策总是很慎重的，因为这样的变动可能会使现有股东卖掉他们的股票从而使股价下跌。

3）代理成本理论（agency cost theory）

代理成本理论放松了MM股利无关论中“委托人和代理人之间没有利益冲突”的假设，使理论研究与现实更加吻合；代理成本、自由现金流量概念的引入拓宽了股利政策研究的范围，从代理成本角度解释股利政策。

---

① BLACK，SCHOLES. The effects of dividend yield and dividend policy on common stock prices and returns［J］. Journal of Financial Economics，1974，1（1）：1-22.

② PETTIT . Dividend announcement，security performance，and capital market efficiency［J］. The Journal of Finance，1972，27（5）：993-1007.

最早将代理成本理论应用于股利政策研究的是Jensen和Meckling（1976）关于代理成本的经典论述，他们分析了公司股东、管理者与债券持有者之间的代理冲突及解决措施，从代理关系角度对困扰公司的融资问题作了新的解释：股东和管理者的利益冲突主要通过股利政策的选择表现出来，由管理者控制的公司倾向于支付较低的股利，并将现金投入风险较高的项目或盲目扩大组织规模；而由股东控制的公司更倾向于执行较高的股利支付率，并适时根据未来发展调整股利政策。随着股东控制力的增强，公司会拿出更多的现金选择更高支付率的股利政策，并通过更有力的投资决策实现股东价值最大化。因此，Jenson认为股利政策有助于缓解股东和管理者之间的代理冲突，进而能够降低权益的代理成本。但是，管理者向股东支付股利的决策有可能将债权人的财富转移到股权投资者，这会增加债务的代理成本。

9.3　股利政策实践

9.3.1　股利政策的影响因素

公司在确定其股利分配政策时，除了考虑理论分析的结果之外，更要考虑诸多实际因素的影响。这些因素主要包括以下四类：契约性约束、法律因素、公司因素和股东因素。

1）契约性约束

当公司以长期借款协议、债券契约、优先股协议以及租赁合约等形式进行外部融资时，常常应对方的要求，接受一些关于股利支付的限制性条款。这些限制性条款通常包括：

（1）债券契约。债务条款经常限制股利的支付额最多不超过贷款发放后所获盈利的数额；而且债务条款经常要求只有当营运资本数额、流动比率、利息保障倍数和其他安全比率超过规定的最低限度时才能支付股利。这样做的目的在于促使公司把利润的一部分按有关条款要求进行再投资（如偿债基金），以保障借款能够如期归还，维护债权人的利益。

（2）资本亏损规定。股利的支付不能超过资产负债表中的留存收益项目。这是为了保护债权人的利益，如果没有这条规定，公司在遇到财务困境时有可能把大部分资产都分配给股东而使债权人一无所有。即使公司可以用资本来支付清算股利，他们也不能使资本减少到低于债务条款中的限制额的水平。

2）法律因素

为了保护公司债权人和股东的利益，相关法律法规会对公司股利的支付进行一定的限制，主要包括：

（1）资本保全，规定公司不能用筹集的经营资本发放股利；公司的资本溢价也不能发放股利。这一限制的目的在于保证公司具有完整的产权基础，以充分维护债权人的利益。

（2）公司积累，规定公司股利只能从当期的利润和过去累积的留存收益中支付。也就是说，公司股利的支付，不能超过当期与过去的留存收益之和。

（3）净利润，规定公司账面累计税后利润必须是正数时才可以发放股利，以前年度的亏损必须足额弥补。

（4）偿债能力，规定公司如果要发放股利，就必须保有充分的偿债能力。也就是说，如果公司无力偿付到期债务或因支付股利将使其失去偿债能力，那么公司就不能支付现金股利。

（5）超额累积利润，规定如果公司的留存收益超过法律所认可的合理水平，将被加征额外的税款。这是因为股东所获得的收益包括股利和资本利得，前者的税率一般高于后者，公司通过少发股利，以累计利润使股价上涨可以帮助股东避税。目前我国的法律对公司累计利润并未作出限制性规定。

3）公司因素

公司因素主要包括：

（1）变现能力。公司资产的变现能力，是保有一定的现金和其他适当的流动资产，是维持其正常商品经营的重要条件。较多地支付现金股利会减少公司的现金持有量，降低公司资产的流动性。因此，公司现金股利的支付能力在很大程度上受其资产变现能力的限制。

（2）举债能力。不同的公司在资本市场上举借债务的能力有所差别。举债能力较强的公司往往采取较为宽松的股利政策；举债能力较弱的公司，为维持正常的经营不得不留存利润，因而常采取较为紧缩的股利政策。

（3）盈利能力。公司的股利政策在很大程度上会受其盈利能力的限制。一般而言，盈利能力比较强的公司，通常支付较高的股利，而盈利能力较弱或不够稳定的公司，通常支付较低的股利。

（4）投资机会。如果公司有良好的投资机会，必然需要大量的资本支持，因而往往会将大部分盈余用于投资而少发放股利；如果公司暂时缺乏良好的投资机会，则倾向于先向股东支付股利，以防止保留大量现金造成资本浪费。因此，成长中的公司通常采取较低的股利支付率，而处于经营收缩期的公司往往采取较高的股利支付率。

（5）资本成本。与发行新股和举债融资相比，留存收益作为内部融资方式，不需要支付发行费用，其资本成本较低。当公司筹措大量资本时，应选择比较经济的融资渠道，以降低资本成本。在这种情况下，公司通常采取较低的股利支付率。同时，以留存收益进行融资，还会提高股东权益资本的比重，进而提高公司未来的借款能力。

4）股东因素

股东要求也会对公司的股利政策产生影响，主要表现在：

（1）稳定收入。公司股东的收益包括股利和资本利得两部分。对于永久性持有股票的股东来说，往往要求较为稳定的股利收入，如果公司留存较多的收益，将首先遭到这部分股东的反对。而且，公司留存收益带来的新收益或股票交易价格产生的资本利得具有很大的不确定性。因此，对于股东来说，不确定的未来收益——资本利得不如得到现实的确定的股利。

（2）股权稀释。公司举借新债，除了要付出一定的代价外，还会增加公司的财务风险。如果通过增募股本的方式筹集资本，现有股东的控制权就有可能被稀释，当他们没有足够的现金认购新股时，为防止自己的控制权降低，股东宁可公司不分配股利而反对募集新股。另外，随着新股的发行，流通在外的普通股的股数必将增加，最终将导致普通股的每股收益和每股市价的下跌，从而对现有的股东产生不利的影响。

（3）税负。股利所得税税率和资本利得所得税税率之间的差异，不同收入水平阶层所得税税率之间的差异，在一定程度上也会影响公司的股利政策。

9.3.2 实践中的股利政策

1）剩余股利政策

剩余股利政策就是以首先满足公司资金需求为出发点的股利政策。根据这一原则，公司在制定股利政策时遵循以下步骤：①确定公司的最优资本结构；②确定公司下一年度的资金需要量；③确定需要增加的权益融资额；④将净利润留存用以满足下一年度的权益融资需求；⑤净利润扣除留存收益之后剩余部分用来向股东支付股利。

根据剩余股利政策，公司在任何一年的股利支付额可以用下式表示：

股利=净利润−目标权益比率×总资本预算 (9−5)

【例9−7】Britton公司正在考虑4个投资项目，有关信息如下：公司的资本成本为14%，融资结构为：债务占40%，普通股权益占60%，可用于再投资的内部资金总额为75万美元。问应投资哪些项目？根据剩余股利政策，股利为多少？各个项目的投资规模和内部收益率见表9−10。

表9−10 各个项目的投资规模和内部收益率

项目	A	B	C	D
投资规模（美元）	275 000	325 000	550 000	400 000
内部收益率	17.50%	15.72%	14.25%	11.65%

根据项目的*IRR*和*WACC*比较，应投资于项目A、B、C，共需资金：

275 000+325 000+550 000=1 150 000（美元）

按照公司的目标资本结构，权益占60%，所以下一年度需要权益资金：

1 150 000×60%=690 000（美元）

由于公司可用的内部资金为750 000美元，所以可用于分配股利的资金为：

750 000−690 000=60 000（美元）

由于投资机会和净利润每年都是变化的，因此严格遵循剩余股利政策会导致不稳定的股利。某一年公司可能会因为有好的投资机会需要融资而不支付股利，但是第二年可能支付大量的股利，仅仅因为没有好的投资机会所以不需要保留很多的收益。同样，即使投资机会稳定，波动的盈利也会使股利发生变化。由于投资者希望得到稳定、可靠的股利，如果公司严格遵循剩余股利政策而不是保持一个稳定的股利，它的要求收益率就会变高，股价就会下降。因此，在使用这种股利政策时，公司应该：

（1）对公司未来五年或若干年的平均盈利和投资机会进行预估。

（2）利用这个预测值制定一个剩余股利模型的平均支付率和计划年度内的平均股利支付额。

（3）依据预测的平均股利数据制定一个目标股利支付率。

总之，剩余股利政策适合被公司用来制定长期目标支付率，而不是用来指导某一年的股利支付政策。

2）稳定的股利政策

这一政策要求公司各年发放的现金股利额保持稳定或稳定增长的态势。它以确定的现金股利分配额作为利润分配的首要目标。这种股利政策有两个优点：① 稳定的股利额给予投资者一个稳定的预期；②许多长期投资者希望公司的股利能够成为其稳定的收入来源，以便安排各项支出。稳定的股利政策有利于公司吸引这部分投资者。这种股利政策的缺点是：股利支付不能很好地与盈利情况配合，盈利降低时也维持不变的股利额或股利增长率，可能会导致现金流短缺、财务状况恶化的后果；在投资需要大量资金的时候还会影响到投资所需的现金流。

在发达的资本市场中，大多数成熟公司每年发放的现金股利都固定在某一特定的水平上，并在一段时期内维持不变。只有当公司认为未来收益的增加足以使它将股利维持到一个更高的水平时，公司才会提高股利的发放额，这是为了留有余地以免不可持续。通常公司既不愿意大幅度提高股利的支付额，也不愿意削减现金股利的绝对额，这两个因素使股利的变化落后于公司盈利的变化。例如，通用汽车公司尽管多年业绩不佳，但仍然一直保持其正常的现金股利，直到2006年陷入财务困境、信用评级被下调为垃圾等级之后才不得不降低现金股利。

受到通货膨胀因素的影响，在固定股利政策下，公司实际发放的股利水平会出现稳定增长的局面。为此，很多公司选用稳定增长股利政策，即公司设定目标股利增长率，并努力实现股利按照此速度稳定增长。从股利和收益的关系来看，固定股利和稳定增长股利基本相同，差别在于是否考虑了通货膨胀因素。当然，只有在收益稳定的情况下，这一政策才是可行的。图9-6描述了沃尔玛公司2000—2018年的现金股利。

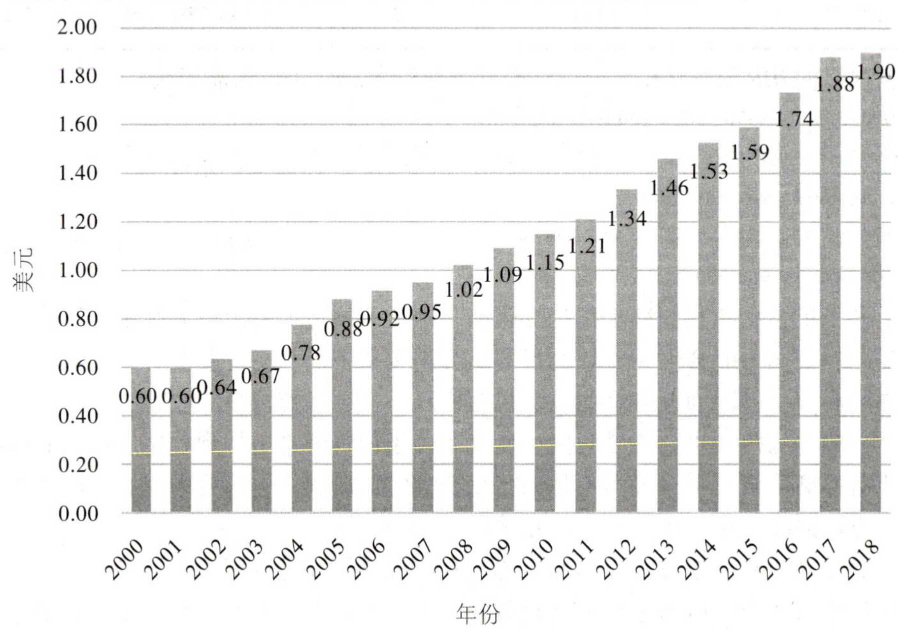

图9-6 沃尔玛公司稳定增长的现金股利（2000—2018年）

3）固定股利支付率政策

这一政策是指公司从其收益中提取固定的百分比，以作为股利发放给股东。在这种情况下，公司每年发放的股利会随着公司收益的变动而变动，从而使公司的股利支付极不稳定，由此导致股票价格的波动，因此公司很少采用这种政策。

【例9-8】SF公司是一家无负债的公司，2024年年初共有发行在外的普通股500万股。长期以来，该公司的再投资比率为60%，税后净利润保持着10%的年增长率。预计自2025年起由于竞争环境的变化，公司会永久性地丧失大量有利可图的投资机会，预期公司的净利润增长率将因此下降至每年5%，但预计公司2024年的盈利能力不受影响。据估计，2024年度公司的税后净利润为2 500万元，可选择的收益率为14%（此为公司的普通股成本）以上的项目需要1 000万元资金。如果公司继续保持原来40%的现金股利支付率，公司2024年底的留存收益将达到1 500万元。目前公司的管理层正在重新考虑他们的股利支付方案。

（1）假设SF公司2024年采用剩余股利政策，并且完全利用税后利润对收益率在14%以上的项目进行投资，该公司2024年度预计的每股现金股利是多少？现金股利支付率是多少？

（2）如果SF公司未来始终保持60%的现金股利支付率，你认为该公司普通股的当前市场价格是多少？

（3）如果SF公司始终保持20%的股利支付率，且留存收益的平均投资收益率（即*ROE*）将因此下降为7.5%，SF公司的普通股价格将如何变化？

分析：（1）2024年预计可用于分配股利的净利润为：

25 000 000−10 000 000=15 000 000（元）

每股现金股利为：

15 000 000/5 000 000=3（元）

每股收益*EPS*为：

25 000 000/5 000 000=5（元）

现金股利支付率为：

3/5×100%=60%

（2）假设2024年度的每股现金股利为DIV_1，且已知未来的现金股利增长率g=5%，则公司的股票价格P_0为：

$$P_0=\frac{DIV_1}{k-g}==\frac{3}{14\%-5\%}=33.33\text{（元）}$$

（3）如果SF公司始终保持20%的现金股利支付率，则其2024年度的现金股利为1元/股，其现金股利增长率为：

$$g=(1-\text{现金股利支付率})\times ROE=(1-20\%)\times 7.5\%=6\%$$

此时的股票价格为：

$$P_0=\frac{DIV_1}{k-g}=\frac{1}{14\%-6\%}=12.5\text{（元）}$$

【例9-8】说明了固定股利支付率政策的应用，同时也说明，如果公司将利润用于低收益的投资，公司的股票价格将明显下跌，股东将因此蒙受损失。

4）低正常股利加额外股利政策

这一政策是指公司每年只支付数额较低的正常股利，只有在公司繁荣时期才向股东发放额外股利。额外股利的运用，既可以使公司保持固定股利的稳定概率，又可以使股东分享公司繁荣的好处。如果公司连续支付额外股利，那么它就偏离了初衷，额外股利就变成了一种预期回报。但如果公司能以适当的方式表明这是额外股利的话，额外股利或者特别股利仍然能向市场传递关于公司目前和未来经营业绩的积极信息。

5）股利再投资计划

股利再投资计划（dividend reinvestment plans，DRIPs）是指公司将普通股股东分得的股利，用于购买额外的公司普通股股票的一种安排。股利再投资计划始于20世纪60年代，发展于70年代。到1984年，美国已有1 000多家公司提出了普通股股东的股利用于再投资的计划。

股利再投资计划可分为两种：只涉及已在市场上流通的“旧股”型计划和包括新发行股票在内的“新股”型计划。在这两种情况下，股东都要为股利纳税，尽管他们收到的是股票而不是现金。在股利再投资计划下，股东要在继续接受现金股利和让公司用其股利再购买更多的公司股票之间进行选择。在“旧股”型计划中，如果股东选择再投资，银行作为受托人用所有再投资的资金在公开交易市场买进公司的股票，并按比例划入参与股东的账户中。因为是成批买入，所以交易费用（佣金）较低，因而这些计划使那些短时间内不需要现金股利的小股东受益。“新股”型股利再投资计划使用再投资的资金购买公司新发行的股票，因此这些计划为公司筹集了新的资金。这种形式的股利再投资计划对于股东来说没有费用，而且许多公司以低于实际市场价格3%~5%的折扣价格提供股票。公司提供折扣是权衡了发行成本的，因为如果不采用股利再投资计划而是通过投资银行发行新股就需要支付发行成本。

股利再投资计划有银行代理再投资和公司代理再投资两种常见形式。

（1）银行代理再投资

由于银行能动员所有的资金并能在公开市场上购买股票，从而它们就可以作为公司或公司股东的代理人，为公司或股东再投资计划的实施代理收取现金股利，并向股东提供进行额外现金分配的选择权等业务。再者，由于银行能够购买大宗的股份，从而就可以大幅度地降低购买股份的佣金成本。因此，对所有投资者来说，通过银行实现股利再投资计划，他们会得到购买股票成本低的好处。

（2）公司代理再投资

公司代理再投资，是由公司发行新的股票以收回现金股利。这样，由公司支付的现金股利通过新股份的发行又流回公司。当然，公司股东仍然留有进行额外分配的选择权。一般来说，这种形式的股利再投资计划适用于公用事业公司。

不同公司的股利再投资计划的形式可能有些差异，但是，它们全都具有一个共同的特征，那就是普通股股东的股利自动地再投资于公司额外普通股股票。对于普通股股东来说，他们在每季或每年取得的股利数量，要想用来购买公司普通股股票，相对来说太少了。或者换言之，他们取得的少量股利，往往不足以购买公司的整股普通股股票。再者，投资者通过经纪人购买普通股股票，还要支付佣金，这又加大了投资者购买股票的成本。但是，通过股利再投资计划，公司允许普通股股东用他们的股利每次购买几分之一的碎股，直到他们的资金足以取得整股股票。虽然股利再投资计划也要求普通股股东支付一部分购买股票的服务性费用，但是，这种服务性费用比起经纪人佣金来说，则少了很多。

股利再投资计划为普通股股东提供的自动、低成本地增加普通股股票的便利条件和方式，是它能够得以推行的根本原因。股利再投资计划不仅有利于投资者，而且也有利于公司。第一，公司可以减少支付股利的手续费；第二，公司可以节约募集资本的费用；第三，公司还可以享受税收减免待遇。

6）股票回购

在成熟的资本市场上，股票回购已经成为一项非常重要的金融活动。公司股票回购主要有以下几种方式：

（1）公开市场回购

公开市场回购（open market purchases）是指公司在股票市场以等同于任何潜在投资者的地位，按照公司股票当前市场价格回购股票。股份公司通常采用此种回购方式在股票市场表现欠佳时，小规模回购特殊用途所需股票。这种股票回购方式由于要支付佣金以及手续费等，成本较高。这种方式最为普遍，在美国股票回购多数采用此种方式，但往往受到监管机构的严格监控。

（2）要约回购

要约回购（tender offer）也称为招标收购股权，即向全体股东依照标的方式回购股票，回购价格通常高于当时的股票市场价格，具体的回购工作一般要委托金融中介机构进行，成本费用较高。要约回购具体又分为固定价格要约回购和荷兰式拍卖回购。

固定价格要约回购（self-tender offer at fixed price）是指公司在回购要约中确定回购价格以购买一定数量的股份。通常确定的回购价格会高于现行市场价格，即有一定的溢价，从而回购成本高于公开市场回购，有效期较短，一般为2~3个星期。固定价格要约回购的优点是：第一，赋予所有股东向公司出售其所持有股票的均等机会，而且通常情况下公司享有在回购数量不足时取消回购计划或延长要约有效期的权利；第二，公司可以在较短的时间内完成回购股票的任务；第三，向市场发出了有关公司经营稳定、现金富裕的积极信号。它的主要缺点是执行成本较高。固定价格要约回购通常被认为是更积极的信号，其原因是要约价格存在高出市场当前价格的溢价。对固定价格要约回购的实证研究表明，为使股东出让股票而给予他们的溢价比现行股票价格高出大约20%，在要约回购期限到期后，股票价格仍然保持在比要约回购宣布前高10%~11%的水平。

荷兰式拍卖（Dutch auction）是一种特殊的拍卖形式。亦称“减价拍卖”。它是指拍卖标的的竞价由高到低依次递减直到第一个竞买人应价（达到或超过底价）时击槌成交的一种拍卖。荷兰式拍卖回购首次出现于1981年Todd造船公司的股票回购。荷兰式拍卖回购赋予公司更大的灵活性。在荷兰式拍卖股票回购中，首先由公司指定回购价格的范围（通常较宽）和计划回购的股票数量（可以用上下限的形式表示）；而后股东进行投标，说明愿意以某一特定价格水平（股东在公司指定的回购价格范围内任选）出售股票的数量；公司汇总所有股东提交的价格和数量，确定此次股票回购的“价格-数量曲线”，并根据实际回购数量确定最终的回购价格。荷兰式拍卖回购中，最终所有接受回购的股东的价格是一致的。

（3）协议回购

协议回购即向个别股东协商回购，也称为定向回购（targeted purchases），是指公司以协议价格直接向一个或几个主要股东购回股票。协议购买的价格通常低于市场价格。由于协议回购不是面向全体股东，价格如果定得不合理可能会损害一部分未出售股票的股东的利益。公司进行定向回购的原因很多，包括为了反收购接受收购方的“绿色讹诈”(greenmail)——被收购方按照协议价格回购收购方已经收购的股票，等等。

金融业比较发达的国家对股票回购业务都有比较具体的规定。各国政府的规定中，美国对股票回购业务规定相对宽松，英国、德国以及我国台湾地区对股票回购的规定相对严格。我国股票回购业务发展相对滞后，我国《公司法》规定，公司只有在以下四种情况下才能回购本公司的股份：一是减少公司注册资本；二是与持有本公司股份的其他公司合并；三是将股份奖励给本公司职工；四是股东因对股东大会做出的合并、分立决议持异议，要求公司收购其股份。

公司因第一种情况收购本公司股份的，应在收购之日起10日内注销；属于第二、第四种情况的，应当在6个月内转让或者注销。公司因奖励职工回购股份的，应不得超过本公司已发行股份总额的5%；用于回购的资金应当从公司的税后利润中支出；所收购的股份应当在一年内转让给职工。因此，我国《公司法》不允许公司持有西方回购实务中常见的库藏股[①]。

启智增慧 9-2 解读微软的股利政策

2005年6月16日，中国证监会发布了《上市公司回购社会公众股份管理办法（试行）》，允许上市公司回购流通股，此举有利于稳定股票市场以及向公司价值的合理回归。上市公司董事会可以根据公司的股价表现和公司的现金流、债务结构和资产结构状况等，自主提出股票回购方案，以对公司持续发展产生积极的影响。

本章小结

当公司开始通过自己的业务活动取得现金流时，就会面临这样一项决策：是将这些现金重新投入生产经营活动，还是将其分配给投资者。股利是指股份公司依照持股份额支付给股东的公司盈余。股利政策是指公司就是否发放股利、发放多少股利以及何时发放股利等所采取的策略。

股利的支付有现金股利、股票股利两种方式。现金股利发放之后，公司的总资产减少，获得股利的股东需要缴纳股利所得税；股票股利支付之后，公司的资产总额并不发生变化，同时股东也不需要纳税，股票股利可以为公司节约现金。

股票分割和股票回购是两种近似于股利发放的行为。股票分割是指将一股面额较高的股票交换成数股面额较低的股票的行为。进行股票分割没有改变资产负债表上所有者权益的数额，但是可以降低股票市场价格。股票回购是指公司出资购回其本身发行的流通在外的股票的行为。股票回购实际上是现金股利的一种替代形式，可以减少流通在外的普通股股数，提高股票价格。

传统的股利理论主要围绕着股利与公司价值（股票价格）和资本成本是否相关这一问题展开，主要包括股利无关论、“在手之鸟”理论和税差理论。

股利无关论认为，在完善的资本市场条件下，股利政策不会影响公司的价值。公司价

① 美国公司可以长期持有自己的股票作为库藏股，并记录在会计报表的资产负债表中，作为股东权益的扣减科目。

值是由公司投资决策所决定的本身获利能力和风险组合所决定的，而不是由公司股利分配政策所决定的。“在手之鸟”理论认为投资者对股利收益与资本利得收益的偏好是不同的。由于资本利得风险高于股利收益的风险，投资者都是厌恶风险的，他们更倾向于相对可靠的股利收入。公司的股利支付率与公司价值成正比，与权益成本成反比；公司必须制定高股利政策才能使公司价值最大化。税差理论认为，由于股利收入所得税税率高于资本利得税率，这样，公司保留收益而不是支付股利对投资者更有利。股利支付率与公司价值成反比，与权益成本成正比；公司必须制定低股利政策才能使企业价值最大化。

随着MM理论假设条件的不断放宽以及对其进行实证研究，理论界涌现出信号传递理论、客户效应理论、代理成本理论、股权结构理论、迎合理论和寿命周期理论等内容，一般称为现代股利政策理论。

公司在确定其股利分配政策时，除了考虑理论分析的结果之外，更要考虑诸多实际因素的影响。这些因素主要包括以下四类：契约性约束、法律因素、公司因素和股东因素。实践中常见的股利政策包括剩余股利政策、稳定的股利政策、固定股利支付率政策、低正常股利加额外股利政策、股利再投资计划以及股票回购等。

关键概念

股利　股利支付率　股利收益率　股利政策　现金股利　除息日　股票股利　股票分割　股票回购　现代股利政策理论　剩余股利政策　荷兰式拍卖　绿色讹诈

综合训练

计算题

1.LA公司宣告每股6元的股利。假设资本利得不必交税，但是股利必须缴纳15%的税。税法规定要求在派发股利的同时就要预扣税。LA公司的股票每股卖80元，而且即将除息。你认为除息价格将是多少？

2.Hexagon公司的股东权益项目如下（见表9-11）：

表9-11　Hexagon公司的股东权益项目　单位：美元

普通股本（每股面值1美元）	10 000
资本公积	180 000
留存收益	586 500
所有者权益总额	776 500

（1）如果Hexagon公司的股票目前每股卖25美元，而且宣告了10%的股票股利，应该分配多少股新股？说明权益项目将如何变动。

（2）如果Hexagon公司宣告25%的股票股利，这些项目将如何变动？

3.如果发生下列情形，说明第2题中公司的权益项目将如何变动：

（1）Hexagon公司宣告4∶1的股票分拆。现在有多少股流通在外？新的每股面值是多少？

（2）Hexagon公司宣告1∶5的股票逆向分拆。现在有多少股流通在外？新的每股面值是多少？

4.CHP公司以市场价值表示的资产负债表如下（表9-12）：

表9-12 市场价值资产负债表 单位：元

现金	20 000	权益	175 000
固定资产	155 000		
总计	175 000	总计	175 000

公司流通在外的股数为5 000股。已经宣告每股1.50元的股利。股票将在明天除息，忽略任何税的影响，今天的股票价格是多少？明天的价格是多少？股利派发后，上面的资产负债表将变成什么样子？

5.在第4题中，假设CHP公司已经宣布要回购价值4 025元的股票。这个交易对公司的权益会有什么影响？将有多少股流通在外？股票回购后每股价格将是多少？忽略税的影响，证明股票回购实质上和现金股利是一回事。

6.下面是Outbox制造公司的市场价值资产负债表（见表9-13）。Outbox公司已经宣告25%的股票股利，股票将在明天除息（股票股利的发放程序和现金股利相似）。目前有15 000股股票流通在外。除息价格是多少？

表9-13 市场价值资产负债表 单位：美元

现金	190 000	债务	160 000
固定资产	330 000	权益	360 000
总计	520 000	总计	520 000

7.PR公司预测下一年的盈余将是5 600万元。PR公司有1 200万股流通在外，保持2.0的债务权益率。

（1）计算在没有发行新权益下，可取得投资资金的最大金额以及此时所增加的借款。

（2）假设公司采用剩余股利政策，拟议的资本性支出总共是7 200万元。根据这个信息，每股股利将是多少？

（3）在（2）中，借款金额是多少？新增留存收益是多少？

（4）假设PR公司计划下一年没有资本性支出。在剩余股利政策下股利是多少？新借款是多少？

8.FLK公司正在评估一项额外股利和股票回购。在任何一种情况下都将花费5 000元。目前的盈余是每股0.95元，每股销售价格40元。有200股流通在外。回答这个问题时，忽略税和其他不完美因素。

（1）从对每股价格和股东权益的影响的角度，评价这两个备选方案。

（2）两种不同的情况对FLK公司的市价盈余比率分别有什么影响？

（3）在现实世界中，你建议选择哪一个项目？为什么？

9.Gecko和Gordon是两家经营风险相同、股利政策却不同的公司。Gecko不派发股利，而Gordon的预期股利收益率则是6%。假设资本利得税率是0，所得税税率是35%。Gecko预期盈余的年增长率是15%，预期该公司的股票价格也会以同样的速度增长。如果这两家公司股票的税后预期收益率相等（因为它们处于相同的风险等级），Gordon股票的税前必要收益率是多少？

即测即评

综合训练参考答案

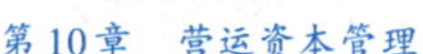

第 10 章　营运资本管理

第 11 章　期权与公司金融

第 12 章　公司兼并与收购

主要参考文献

[1] 罗斯，韦斯特菲尔德，乔丹．公司理财精要：亚洲版［M］．谭跃，周卉，译．北京：机械工业出版社，2016.

[2] 罗斯，韦斯特菲尔德，乔丹．公司理财：精要版［M］．崔方南，谭跃，周卉，译．12版．北京：机械工业出版社，2024.

[3] 刘力．公司财务［M］．2版．北京：北京大学出版社，2014.

[4] 刘淑莲，牛彦秀．公司理财［M］．5版．大连：东北财经大学出版社，2020.

[5] 上海财经大学金融学院《公司金融》编写组．公司金融［M］．北京：中国人民大学出版社，2013.

[6] 布雷利．公司财务原理［M］．赵冬青，译．北京：机械工业出版社，2024.

[7] 张志强．实物期权评估研究［M］．北京：中国财政经济出版社，2019.

[8] 达莫达兰．估值：难点、解决方案及相关案例［M］．刘寅龙，译．3版．北京：机械工业出版社，2019.

[9] 德玛佐，伯克．公司理财［M］．姚益龙，等译．北京：中国人民大学出版社，2009.

[10] 伯克，德玛佐，哈福德．公司理财基础：精要版［M］．姜英兵，译．大连：东北财经大学出版社，2012.

[11] 博迪．金融学［M］．曹辉，等译．2版．北京：中国人民大学出版社，2018.

[12] 黄达，张杰．金融学［M］．北京：中国人民大学出版社，2024.

[13] 威斯通，等．接管重组与公司治理［M］．李秉祥，等译．北京：北京大学出版社，2000.

[14] 博迪，凯恩，马科斯．投资学精要［M］．胡波，等译．9版．北京：中国人民大学出版社，2016.